미누친의

가족치료 마스터하기

성장과 변신의 여정

MASTERING FAMILY THERAPY:
JOURNEYS OF GROWTH AND TRANSFORMATION, SECOND EDITION
by Salvador Minuchin, Wai-Yung Lee, and George M. Simon

미누친의
가족치료 마스터하기
성장과 변신의 여정

Salvador Minuchin · Wai-Yung Lee · George M. Simon 공저
이인수 역

MASTERING FAMILY THERAPY
JOURNEYS OF GROWTH AND TRANSFORMATION (2nd ed.)

학지사

역자 서문

'성장과 변신의 여정'을 안내하며

이 번역서는 1996년에 출간된 『Mastering Family Therapy: Journey of Growth and Transformation』의 2판(2006)을 완역한 것이다. 이 책이 우리말로 번역되는 것은 그 초판을 기준으로 한다면 무려 26년 만이고, 2판을 기준으로 한다 해도 무려 16년 만인 셈이다. 가족치료의 영역에서 살바도르 미누친(Salvador Minuchin)이 가진 위상과 더불어 이 책이 담고 있는 보석 같은 가치와 아름다움을 생각해 볼 때, 이번 번역은 적어도 지금보다는 훨씬 더 이른 시간에 이루어졌어야 했다. 평소에 가족치료의 실천과 교육에서 미누친의 가르침에 적극 공감하고 또 그것을 열성적으로 따르고자 하는 처지에 있는 역자이기에, 이렇게 뒤늦은 번역은 역자로서도 아쉽고 유감스러운 일이 아닐 수 없다. 무엇보다 먼저 독자 여러분에게 진심으로 사의(謝意)를 전한다.

아마도 이 책의 제목과 마주한 독자들은, 그 정도의 차이는 있겠지만, 뭔가 좀 어색하다는 느낌을 받았을 것이다. 그리고 그런 느낌의 이유는 '마스터하기'라는 말에서 비롯하는 어떤 인상에 있을 것이다. '마스터하기'는 얄팍한 속내가 드러나 보이는 어떤 종류의 외국어 학습서를 연상시키거나, 아니면 어떤 분야와 관련하여 이것 외에는 더 이상의 다른 대안은 없다는 식의 그야말로 대책 없는 오만함을 연상시킨다. 그런데 표준국어대사전에서 정의하는 '마스터하다'는 그런 인상과는 다르게, "어떤 기술이나 내용을 충분히 익히다."라는 뜻이다. 그 낱말의 뜻을 확인한다고 해도 이 책의 제목에서 받게 되는 어떤 어색함이나 기이함이 완전히 사라지는 것은 아니다. 그것은 바로 이 책의 부제 때문일 것이다. 미누친을 비롯한 이 책의 저자들은 그 제목을 통하여, 가족치료를 충분히 익힌다는 것을 변화와 성장의 여정을 밟는 것이라 말한다. 어째서 치료라는 실천적 행위가 성장과 변신이라는 수행(修行)의 목표와 연결되는 것일까?

가족치료의 과정이 인식론적 과정과는 결코 같을 수 없는 하나의 실천적 과정이라는 것은 명약관화(明若觀火)하다. 치료과정에서 치료사는 어떤 기계의 설계자가 그 설계에 따라 제작된 기계를 대하는 것처럼 그렇게 내담자(가족구성원)를 대할 수 없다. 같은 인간이지만 내담자에게는 치료사가 알 수 없는, 심지어 그 내담자 자신조차 알 수 없는 어떤 미지의 영역이 있다. 마찬가지로 치료사도 그렇다. 그렇게 스스로의 내부에 미지의 영역을 간직한 주체들이 가족의 기능을 제대로 작동하지 못하게 하여, 가족구성원을 고통스럽게 하는 문제의 해소라는 공동의 목표를 위해 함께 작업하는 것이 가족치료이다. 그 과정은 적극적일 수도 있고 제한적일 수도 있으며 그것들을 통합한 것일 수도 있는 치료사의 개입을 매개로 진행된다. 가족치료의 과정에서 그러한 개입은 단선적이지도 않고 일률적이지도 않다. 치료사의 개입은 내담자의 반응을 낳게 하고 그 반응은 다시 치료사의 반응을 낳게 하며, 반응들의 연쇄와 극적 전개는 매 순간 치료사의 개입에 다시 투영된다.

치료사와 내담자 사이에서 이루어지는 그러한 반응의 연쇄와 극적 전개는 둘 이상의 사물이나 현상이 서로 원인과 결과가 된다는 의미에서 정확히 교호작용(交互作用)이라 부를 만하다. 그러한 교호작용이 전개되는 과정의 어느 한 시점에서 우리가 신비적 치유의 순간이라고 부를 수 있는, 내담자를 고통스럽게 했던 문제가 해소되는 순간이 발생한다. 그 순간은 치료사와 내담자 양쪽 모두에게서 자기 자신과 가족과 인간에 대한 이해가 확대되고 심화되는 순간이다. 그리고 그런 순간이야말로 이 책의 부제가 말해 주는 성장과 변신이 치료사와 내담자에게서 이루어지는 순간이기도 할 것이다.

이 책의 제1부에는 가족치료의 기술들이나 기법들과 관련하여 여러 학파가 주창하고 강조한 것들이 저자들의 독특한 관점에 따라 부여된 매우 정연하면서도 대단히 특징적인 질서로 정리되어 있다. 그리하여 제1부는 가족치료의 개념적 도구들과 임상적 도구들의 지형을 전체적으로 조망할 수 있게 해 주는 매우 선명한 지도를 우리에게 제공해 준다. 그 지도는 가족치료의 이론적 체계의 공시적 짜임관계를 보여주는 동시에 가족치료 이론들이 구축되는 초기 시점의 움직임들에서 최근 이론의 동향들에 이르는 통시적 흐름도 함께 보여 준다는 점에서 대단히 흥미진진하다. 이제 막 가족치료의 분야에 진입한 초보 치료사들에게는 물론이거니와, 가족치료의 임상현장에서 부단히 새로운 방법을 개발하고자 하고 그 자신의 치료능력을 확대·심화하고자 하며 평상적인 치료 관행에 도전하고자 하는 비교적 경험이 많은 치료사들에게도 그 지도는 그들이 얻고자 하고 추구하고자 하는 것과 관련하여 매우 풍부한 자원들을 제공해 줄 것이다.

제2부에서 우리는 8명의 치료사가 미누친에게 슈퍼비전supervision을 받으면서 저마다 겪었던 경험들을 그들 자신의 목소리로 전하는 이야기들과 만난다. 그 경험담들은 모두가 하나의 이야기이자 드라마이다. 그것들에는 각각의 치료사가 맡았던 사례와 연결된 사건이나 상황이 시간의 연쇄에 따라 펼쳐지는 서사가 있다. 그것들에는 또한 그 사례와 연결된 인물들, 곧 내담자의 가족구성원들과 치료사(이자 동시에 슈퍼바이지)와 슈퍼바이저(미누친) 사이에서 발생하는 극적 갈등과 그것이 해소되면서 이루어지는 화해의 드라마가 있다. 그렇게 서사와 드라마가 유기적으로 결합된 8편의 경험담(이자 성장담)에서 우리에게 매우 이채롭고도 인상적으로 다가오는 것은 치료사들의 성장배경과 관련된 개인사가 서술된 부분이다. 그 부분을 통하여 우리는 8명의 치료사를 우리와 별로 다르지 않은, 그렇지만 동시에 우리와는 매우 다른 그들 자신만의 사연과 개성을 가진 한 사람의 개인으로서 만나게 된다. 그리고 8명의 치료사가 저마다 가지고 있는 서로 다른 개성들이 그들의 치료 공간에서 어떻게 도움이 되고 또 어떻게 방해가 되는지 주시하면서, 치료의 중심에는 가족치료의 기술이나 기법을 그 나름의 독특한 개성과 스타일에 따라서 이용하는 치료사라는 '사람'이 있다는 것을 새삼 확인할 수 있다. 그렇게 제2부에 수록되어 있는 슈퍼비전 이야기들은 8명의 슈퍼바이지가 저마다 그들 자신이 갇혀 있는 이런저런 한계들을 돌파하면서 그들 나름의 독특한 치료적 개성과 스타일을 발견해 나가는 성장과 변신의 드라마이다. 그것들을 따라가는 동안 독자들은, 브라울리오 몬탈보(Braulio Montalvo)가 '추천사'에서 매우 적절하게 묘사한 바와 같이, 마치 고급 과정 수준의 가족치료와 슈퍼비전 수업에 직접 참여하고 있는 것 같은 느낌을 받게 될 것이다.

1973년 윌리엄 프리드킨(William Friedkin)이 연출한 영화 〈엑소시스트(Exorcist)〉에는 레건(린다 블레어 분)이라는 이름의 소녀가 등장한다. 그녀의 정신과 육체는 악령에게 완전히 점령당해서 그 어떤 것으로도 스스로의 고통을 표현할 수 없는 지경에 이른다. 그런데 어느 한 순간 그녀의 복부에 "도와주세요(Help Me)."라는 글씨가 또렷하게 새겨진다. 악령이 소유하게 된 그녀의 정신과 육체 내부의 어떤 장소에서 그녀가 절박하고도 간절하게 외치는 도움의 요청이 그와 같은 형식으로 나타났던 것이다. 치료사가 된 이후로 내게 도움을 청하러 오는 가족들을 만날 때마다 나는 그 장면을 기억하고는 한다. 내 앞에서 건조한 표정과 무덤덤한 태도로 있거나 심지어 내 개입에 저항하고 있는 순간조차 그 가족들은 내게 그 영화의 소녀처럼 절박하게 도움을 요청하고 있다고 나는 생각한다. 우리 모든 치료사의 치료 행위는 그렇게 도움을 요청하는 가족들의 부름에 대한 응답이어야 한다. 여기에 가족치료의 '순간을 다투는' 어떤 윤리가 있다. 내담자와 그(또는 그녀)의 가족구성원들과 함께하는 치료적 마주침의 과정에서 그런 부름에 귀 기울이지 못한다면 치료사는 그 자신의 본분을 저버린 것이나 다름없다. '가족치료 마스터하기'의 가장 끝 단계에 치료사에게 놓여 있는 과제는 바로 그런 윤리적 감각의 체화일 것이고, 그런 체화의 과정은 쉼 없이 지속되면서 항상 깨어 있어야 하는 성격의 것이리라.

『미누친의 가족치료 마스터하기』는 대학원 과정이나 슈퍼비전 과정처럼 교육과 지도를 받는 시절에만 해당하는 사안이 아니다. 그것은 한 사람의 치료사가 되고 나서 그 자신이 직접 치료를 수행(遂行)해 나가는 시절에도 해당하는 사안이다. '가족치료 마스터하기'가 부단한 '성장과 변신의 여정'이 되어야 하는 이유도 거기에 있다.

감사를 드려야 할 분들이 많지만 그 이름들은 내 마음의 페이지에 또박또박 적기로 한다. 그런데 한국어판 서문을 대신하는 '한국의 독자들에게'라는 편지를 써서 보내 주신 웨이영 리(Wai-Yung Lee) 박사의 이름은 내가 너무 꾹꾹 눌러 쓰는 바람에 그 흔적이 이 페이지에도 남게 되었다.

2022년 3월, 잔다리 옆 연구실에서

역자 이인수

한국어판 서문

한국의 독자들에게

이 책이 한국어로 번역된다는 소식을 들으니 제 마음이 설레는군요. 저는 한국에 딱 한 번 가 본 적이 있을 뿐입니다. 그렇지만 그때 저는 한국의 치료사 동료들이 치료사들의 서비스 제공 체계에서 가족치료를 주류의 서비스로 만드는 데 성공한 것을 보고 깊은 감명을 받았습니다.

임상과 관련된 슈퍼비전은 능숙한 치료사를 만드는 일에서 매우 중요합니다. 이 책에는 8명의 가족치료사가 슈퍼비전을 받는 동안 떠나는 성장의 여행 이야기들이 서술되어 있습니다. 이런 종류의 슈퍼비전에서는 치료의 기술이나 기법들보다는 치료사 '자기'의 성장에 그 초점이 맞추어집니다. 가족치료는 치료사의 '자기'의 사용에 대단히 많이 의존하기 때문에, 자기 향상은 슈퍼비전에서 주요한 관심사입니다. 이 과정이 때때로 너무 위협적일 수 있음은 물론입니다. 그것은 우리가 감추기를 훨씬 더 선호하는 우리의 내적 자기에 접근하니까요. 제 선생님이 슈퍼비전에서 제 자신을 "드러낼" 필요가 있다고 말씀하셨던 것을 저는 지금도 기억하고 있습니다. 그때 저는 혼자서 '제정신을 가진 사람치고 도대체 누가 그런 일을 하려고 한단 말인가?' 하고 생각했습니다.

이 책에서, 여러분은 우리의 경험이 매우 다를 수 있다는 것을 알 수 있습니다. 하지만 우리가 수행하는 치료의 운영상의 한계들을 대단히 힘들게 확장하고 나면, 슈퍼비전을 시작할 때 이미 우리가 경험이 풍부한 치료사였다 하더라도 그러한 확장은 우리 모두에게 심원한 영향을 끼칩니다. 치료사가 그 자신의 스타일을 확장하는 일은 필수적인 것입니다. 특히 이론과 개념의 기본을 이미 습득한 치료사들에게는 말입니다. 그렇게 기본을 습득했을 때 우리에게 방해가 되는 것은 흔히 우리의 기능과 창조성을 우리 자신도 모르게 제한하는 우리 자신의 개인적인 스타일이기 때문입니다.

어떤 사람들은 이런 방식의 슈퍼비전이 위협적이라고 생각할 수도 있습니다. 그러나 그것을 통과해 버린 우리 같은 사람들에게 그것은 평생에 단 한 번뿐인 만남이었습니다. 제가 슈퍼비전을 경험한 이래로 20년도 넘는 세월이 흘렀지만, 돌이켜보면 그것이 바로 어제 일어났던 일처럼 느껴지기도 합니다. 그 경험은 지금도 생생하고 제 경력 신장의 여러 시기마다 매우 다른 의미를 제공합니다.

이 책은 상당히 도외시되어 온 치료사의 직업적 쟁점들에 초점을 맞추고 있기 때문에 이인수 박사의 이번 번역은 시의적절합니다. 우리는 흔히 아이들에게만 선생님이 필요하다고 생각하고 우리 자신을 권위에 복종시키는 것을 몹시 싫어합니다. 그러나 우리가 한 사람의 전문가로서 그리고 개인으로서 성장하고 변신하는 일에 헌신하는 훌륭한 선생님을 우리 어른들이 찾게 된다면, 그것은 대단히 소중한 기회라고 저는 생각합니다.

2022년은 살바도르 미누친(Salvador Minuchin)의 100번째 생일이 되는 해입니다. 저는 그의 가르침이 우리 치료사들 가운데 많은 사람에게 그랬던 것처럼 이 책을 읽게 될 여러분에게도 계속해서 격려가 될 수 있기를 바랍니다.

웨이영 리(Wai-Yung Lee)

추천사

이 책은 그 밑바닥이 드러나지 않는 도구가방과 같다. 제1부에는 혁신적인 기여가 담겨 있는데, 거기에서 살바도르 미누친(Salvador Minuchin)은 가족치료 분야에 종사하는 명사들의 주요 견해들과 관련하여 그의 독특한 관점을 제공한다. [그러기 위해][1] 그는 어려움을 겪는 가족을 도울 수 있는 가장 흥미진진한 개념적 도구들과 임상적 도구들을 선별한다.

제2부에서는 우리는 8명의 치료사가 능수능란한 슈퍼바이저의 지도 아래 그들 자신과 그들이 돌보는 가족들을 탈바꿈시키기 위해 분투하는 동안에 겪은 것과 관련하여 그들 각각의 개인적인 목소리를 듣는다. 우리는 그들이 그들의 개입의 복잡함과 정확성을 향상시키는 것을 지켜본다. 그리고 우리는 그들이 실행 불가능한 목표를 포기하는 법을 배우는 것을 주시한다. 우리는 촉매 작용을 하는 미누친의 반응들을 그들이 어떻게 이용하는지 목격하면서 그들이 기술을 연마하고 그들의 스타일을 향상시키는 동안에 겪는 그들의 고통과 기쁨을 함께한다.

미누친이 그들의 작업에 대해 계속해서 제공하는 논평들은 물론이거니와, 각각의 치료사가 그 자신의 이야기를 말하는 방식은 이 책을 읽는 것이 마치 [가족치료와 슈퍼비전의] 고급 과정의 수업에 참여하고 있는 것 같은 효과를 발휘하도록 만들어 준다. 우리는 선생과 학생의 관점들 양쪽 모두에 귀를 기울이면서 그들이 어떻게 교차하

1) 역자 주: 본문의 이해를 돕기 위해 역자가 첨부한 내용은 [ ]로 표시하였다.

는지 그리고 그러한 관점들이 치료에 어떻게 영향을 미치는지 보게 된다. 이 작업은 제시된 예시들(높은 난이도의 희생자들과 관련된『정신질환의 진단 및 통계편람』의 가공스러운 회랑)에 비추어 볼 때 특별히 인상적이다.

처음에는 개인 내부에만 있는 것처럼 보이는 문제들에 대한 새로운 접근 방식을 탐색하고 있는 초보자에게, 이 책은 놀라울 정도로 풍부한 자원들을 제공한다. 병리학적 체계들의 균형을 흔들 수 있는 새로운 방법들을 개발하고자 하고, 다양한 분기점을 확장하고자 하며, 평상적인 것에 도전하고자 하는 숙련된 치료사에게는, 수확이 이렇게 풍성했던 적이 없었다. 이 책은 슈퍼바이저의 상상력을 자극하는 데 특히 가치가 있다. 슈퍼바이지들이 선택한 방향과 충돌하는 우리 자신을 발견한 적이 있는 우리 모두는 갈등을 해소하고 성장을 촉진시키기 위하여 미누친이 발견한 독창적인 방법들에서 많은 것을 배울 것이다. 슈퍼바이저가 그 자신과 슈퍼바이지들 사이의, 그리고 슈퍼바이지와 그(또는 그녀)가 함께 작업하는 가족들 사이의 차이들을 생산적인 갈등, 뜻밖의 문제 해결, 그리고 치유하기로 전환시킴으로써 그것들을 어떻게 즐길 수 있는지 미누친은 보여 준다. 그는 슈퍼바이저의 가장 기본적인 도구를 효과적으로 활용하는 방법을 가르쳐 준다. [슈퍼바이저가 활용하는] 그 도구는 슈퍼바이저와 슈퍼바이지 양쪽 모두 행동계획들을 예측하고 창출해 내는 방법들을 그것을 통해서 열심히 찾으려 하는 어떤 가차 없고 정직한 대화에 슈퍼바이지를 합류시키는 능력이다.

이러한 견해들은 치료적 개입들을 계획하고 수행하는 과정에서 부단히 환기시키고 캐묻는 대화를 활용하는 것을 희생시키려는 분야에는 적합하지 않다. 이러한 견해들은 신속하고 자동화된 의례적 절차를 주요한 훈련 수단으로 수용하지 않는다. 그러나 그것들은 개입의 타당성과 유용성을 소중하게 여기는 제공자들이 산출해 놓은, 가족을 기반으로 하는 치료를 고용하는 그 모든 전문적인 직업 환경에 속한다. 그런 임상의들은 이 책의 요점을 열심히 받아들일 것이다. 그 요점이란 실현 가능한 목표를 발견하기와 가족에 대한 체계적인 이해를 쌓음으로써 치료를 위한 융통성 있는 궤적을 그때그때 적절히 만들어 내기이다. 그것을 시작하게 하는 미누친의 지도는 치료사의 변화무쌍한 상상력, 곧 새로운 선택권들을 형성할 수 있는 무한한 능력을 함양하고 풀어놓아 준다. 그는 사례가 요구하는 것에 따라 다양한 형태를 취하는 방법을 가르친다.

앞으로, 사람들이 가족치료 분야를 검토하고 그것의 워크숍에서 이용되는 도구들의 목록을 만들 때, 『미누친의 가족치료 마스터하기』는 가족치료의 구조를 형성해 나가는 도구들의 특별한 수집을 산출해 낸 탁월한 장인의 작품 그 이상으로 평가될 것이다. 이 책은 치료사들이 그들만의 고유한 상상력을 자극하고 그들이 함께 작업하는 가족들을 더 잘 섬길 수 있게 하는 그들만의 고유한 도구를 벼려 내도록 그들에게 영감을 주는 자료집으로 기억될 것이다.

브라울리오 몬탈보(Braulio Montalvo)

저자 서문

옛날 옛적에, 지혜로운 늙은 랍비는 그의 총명한 두 제자가 논쟁적인 토론을 벌이는 동안 애정을 듬뿍 담고 그것에 귀를 기울였다. 한 제자가 열정적인 확신을 가지고 그의 주장을 폈다. 랍비는 미소로 찬성을 표시했다. "옳거니."

다른 제자는 그와는 정반대의 것을 설득력 있고 분명하게 주장했다. 랍비는 다시 미소를 지었다. "옳거니."

제자들은 어안이 벙벙하여 말을 못하다가 항의했다. "랍비여, 우리 둘 다 맞을 순 없습니다!"

"옳거니." 하고 현명한 랍비가 말했다.

이 현명한 랍비처럼, 저자들은 가족치료사를 양성하는 것과 관련하여 두 가지 생각을 가지고 있다. '윌리엄 앨런슨 화이트 연구소(William Alanson White Institute)'에서 일하는 아주 뛰어나고 신랄한 훈련 정신분석가인 마이어 매스킨(Meyer Maskin)은 여름 별장을 짓고 싶어서 건축가에게 예전에 그가 설계했던 집들의 설계도들을 보여달라고 부탁한 적이 있다고 슈퍼바이지들에게 이야기하고는 했다. 그런 다음 그는 그것들이 완성되었을 때 어떻게 보이는지 확인하러 갔다. 여기서 매스킨은 극적인 효과를 위해 잠시 멈추고는 했다. "우리가 정신분석가를 찾을 때도 마찬가지로 엄격한 접근 방식을 취해야 하지 않을까요? 다시 말해, 우리가 몹시 힘든 심리적 트레킹을 함께 시작하기 전에, 우리는 앞으로 내 정신분석을 수행하게 될지도 모를 어떤 잠재적 정신분석가가 그녀[2)]의 삶을 어떻게 구성했는지 살펴보아야 하지 않을까요? 그녀는 그녀 자신을 얼마나 잘 이해할까요? 그녀는 어떤 종류의 배우자일까요? 더 중요한 건, 그녀가 그녀의 자녀들을 얼마나 잘 양육했는가 하는 것이겠지요."

임상의들에 대하여 똑같이 비판적인 관찰자인 가족치료사 제이 헤일리(Jay Haley)는 그런 관점에 동의하지 않을 것이다. 평범하거나 형편없는 치료사이면서도 좋은 사람들과 훌륭한 부모들을 많이 알고 있다고 헤일리는 말한다. 그는 또한 그들의 사생활을 엉망으로 만든 좋은 가족치료사들도 알고 있다. 치료사들의 능력을 향상시켜서 좋은 임상의들이 되게 하는 것은 삶의 기술도 아니고 정신분석이나 심리치료를 통해 얻은 자기지식도 아니다. 임상적 기량은 치료 기술의 구체적인 훈련, 곧 계획을 세우는 방법, 지시하는 방법, 위계를 재조정하는 방법 등의 훈련을 요구한다는 것을 그는 목격하고는 했다. 그런 기량은 치료 자체의 슈퍼비전을 통해서만 성취될 수 있다고 그는 말하고는 했다. 헤일리에 따르면, 어떤 가족치료사가 얼마나 훌륭한지 알기 위해서라면, 우리는 그녀가 이전에 맡았던 환자들을 면접해 보아야 한다. 심지어 치료사의 저서들조차 그녀의 치료의 역량에 대해서가 아니라 그녀의 글쓰기 기량에 대해서만 우리에게 알려 줄 뿐이라고 그는 말하고는 했다.

랍비의 이야기에서 그런 것처럼 양측의 주장이 전적으로 다르기 때문에, 우리는 난처한 상황에 처한 우리 자신을 발견한다. 그리고 우리는 그것들 양쪽 모두에 동의하게 된다. 이전의 저작들에서 나(미누친)는 나 자신의 다른 면들을 이용함으로써 환자들의 특정 필요에 어떻게 대응하는지 보여 주었다. 가족이 내게 가하는 견인력에 대한 내 경험적 이해는 그들에 대한 내 반응을 형성한다. 치료의 이러한 측면은 확실히 자기지식을 필요로 한다. 그러나 치료적 반응은 자기지식에 의해서가 아니라 가족기능의 과정들과 그것들의 변화시키기로 향한 개입에 의해서 인도된다고 헤일리가 말할 때, 그 말 역시 옳다.

이러한 역설과 대면하기 위해, 가족치료의 여러 학파에서는 그 수련생들이 가족치료 교육을 받는 동안 심리치료를 받도록 한다. 실제로 일부 유럽 국가에서 이것은 자격증 교부 조건이기도 하다. 버지니아 사티어(Virginia Satir)가 가족 재구성과 관련해서 꾸렸던 초기 전략과 머레이 보웬(Murray Bowen)이 수련생들을 그들의 원가

2) 역자 주: 이 책에서 미누친은 특정되지 않은 분석가나 치료사를 가리킬 경우 종종 여성으로 서술한다.

족에게 보내서 원가족과의 관계를 변화시키게 한 것을 우리는 기억한다. 칼 휘태커(Carl Whitaker)는 수련의 일환으로 그의 제자들과 그들의 배우자들을 치료에 참여시키고는 했다. 그보다 최근에는, 해리 아폰테(Harry Aponte), 마우리치오 안돌피(Maurizio Andolfi), 러셀 하버(Russell Haber)가 치료사로서 자기지식을 지향하는 슈퍼비전 기법을 개발했다.

우리가 이 역설에 맞서기 위해 취할 수 있는 슈퍼비전 전략은 치료사가 선호하는 스타일, 즉 다양한 상황의 다양성 아래에서 치료사(그/그녀)가 활용하는 한정된 조합의 예측 가능한 반응들에 집중하는 것이다. 어떤 치료사는 내용에 매우 잘 관여할 수 있다. 다른 치료사는 페미니즘과 같은 특정한 이념에 비추어 행동을 감지할 수 있다. 때때로 스타일은 치료사의 기본적인 기질적 반응들과, 이를테면 갈등 회피, 위계적 태도, 대면하기에 대한 두려움, 감정이나 논리에 대한 배타적 집중, 또는 행복한 결말의 선호와 같은 것들과 관계가 있다. 하지만 대부분의 경우, 치료사의 스타일은 작은 세부들에 집중하기, 냉담한 태도로 머무르기, 간접적으로 되기, 말을 너무 많이 하기, 설교하기, 또는 자신의 생각을 소유하지 않기와 같이 치료사 자신에게는 잘 보이지 않는 요소들로 나타난다.

따라서 가족 상황에 대한 이해가 비슷하고 치료 목적이 같은 두 치료사는 두 가지 다른 특이한 방법으로 가족에 반응할 것이다. 이러한 스타일의 차이는 치료 과정에 상당한 영향을 미칠 수 있다. 몇몇 반응은 그 밖의 다른 것들보다 더 좋을 수 있다. 슈퍼비전에 이르는 우리의 접근법은 그래서 그 치료사가 선호하는 스타일을 이해하기 위해 그녀와 함께 작업하는 것으로부터 시작하는 것이다. 그녀의 목록들 가운데 어느 반응들을 그녀는 가장 빈번하게 활용하는가? 우리는 그것들을 수용한다. 그것들은 문제없다. 그런 다음 우리는 그것들에 부족한 부분이 있다고 분명히 말한다. 치료사의 스타일은 어떤 범위 내에서는 다 괜찮지만, 그것은 확장될 수 있다. 내용에 집중하는 치료사는 가족구성원들 사이에서 일어나는 상호교류에 그녀의 주의가 향하게 하는 법을 배울 수 있다. 한편, 줄거리에 사로잡힌 치료사는 불연속적인 개입의 기술을 배울 수 있다.

우리가 처음에 식별하는 것은 무엇이든지 출발점이 된다. 우리는 치료사가 목록을 확장하도록, 곧 가족들의 필요에 상호보완적인 방식으로 관점들의 다양성으로부터 대응할 수 있도록 그녀를 자극한다. 목표는 치료상의 변화를 위해 그녀 자신을 능숙하게 다를 수 있는, 그러면서도 자발적일 수 있는 그런 임상의들이다.

다채롭고 특이한 치료사였던 칼 휘태커는, 그의 교육에서 가족과 함께 작업하는 동안 보편적 역할 기능을 취할 필요성을 알려 주었다. 그는 그가 어린 '소녀'였을 때와 관련해서 이야기하는 것을 즐겼다. 우리가 학생들에게 전수해 주려고 애쓰는 것은 바로 변화무쌍해지면서도 그 자신에게 충실할 수 있는 이러한 자유이다.

성공적인 슈퍼비전은 슈퍼바이저와도 다를 뿐만 아니라 슈퍼비전을 받기 이전의 그[슈퍼바이지]였던 사람과도 다른 치료사를 낳는다. 그런 결과를 낳기 위한 비결은 자기 변신의 과정 동안 슈퍼바이지의 사생활의 경계들을 존중하는 것이다.

2판에 관하여

이 책의 전반적인 구성은 초판의 그것과 거의 달라지지 않았지만, 우리는 대부분 새로운 자료의 형태로 그 내용에서 상당한 변화를 만들었다.

제1부에서는 '가족과 함께 작업하기'라는 우리 고유의 모델을 포함하여 가족기능과 치료의 이론들에 대한 개요가 제공되는데, 그것은 우리가 치료사를 훈련시키는 슈퍼비전 기초로 쓰일 수 있다. 2판에서, 우리는 2장에 새로운 사례 자료를 포함했는데, 우리는 이 자료가 초판에 포함된 자료보다 빈곤과 민족성이 가족기능에 미치는 영향을 한층 더 분명히 보여 준다고 생각한다. 5장은 초판의 발행 이후 지난 10년간 가족치료 분야의 발전상을 조망한 것으로 완전 새로운 것이다. 그 장의 대부분은 가족치료의 증거-기반 모델을 향해 급성장하는 추세를 조망하는 데에 바쳐졌다. 우리의 고유한 가족치료 접근법이 요약되어 있는 6장에는 미누친이 최근에 개발한, 가족평가를 위한 4단계 모델을 상세히 설명하는 새로운 부분이 포함되어 있다.

이 책의 첫 부분은 표지에 나열된 세 명의 저자가 공동으로 집필한 것이다. 제1부의 대부분에서 저자의 목소리는 '우리'이며, 그것은 세 사람 모두를 지칭한다. 그러나 때때로, 특히 6장에서 토론은 미누친이 수행한 개별적인 치료 작업이나 슈퍼비전 작업에 집중되었다. 여기서 저자의 목소리 '나'는 미누친을 지칭한다.

이 책의 제2부는 치료사가 성공적이었는지 알 수 있는 방법은 내담자 가족들에게 물어보는 것이라는 헤일리의 견해에 대한 응답에 해당한다. 이 책이 슈퍼비전에 관한 것이기 때문에, 우리는 가족에게서가 아니라 슈퍼바이지에게서 응답을 얻으려고 했다. 미누친과 함께한 고급 수준의 수련과정에 참여했던 8명의 슈퍼바이지에게 우리는 그들의 슈퍼비전 경험이 어떠했는지 설명해 달라고 요청했다. 슈퍼바이지들은 그들의 원가족의 구성원으로서 그들 자신이 어떠했는지 설명하는 것으로써 그들의 이야기를 시작했다. (이러한 설명은 그들이 받은 훈련 과정의 일부가 아니었다. 그것은 오로지 이 책의 목적을 위해서 부과되었다.) 그런 다음 슈퍼바이지들은 미누친과 슈퍼비전 그룹 구성원들에게 그들이 사례를 발표하면서 경험했던 것들에 대해 이야기를 이어 간다. 이 책의 그 부분들[8장부터 15장까지]에서 본문과 다르게 편집된 대목[3]은 슈퍼비전 과정에 대한 미누친의 논평을 반영한다.

슈퍼바이지들이 이 책을 위해 처음의 이야기들을 쓴 지 10년이 지났기 때문에, 우리는 그들에게 2판을 위해 첨부될 덧붙이는 말을 써 달라고 요청했다. 그 덧붙이는 말에는 슈퍼비전 경험에 대한 그들의 반응이 시간이 지남에 따라 어떻게 변했는지, 그리고 그들이 현재 수행하고 있는 치료 작업에 그 경험이 어떻게 영향을 미쳤는지, 아니라면 어떻게 영향을 미치지 않았는지 자세히 설명하는 내용이 담겨 있다. 에필로그에서 미누친은 그 덧붙이는 말들에 서간체의 형식으로 응답한다.

우리는 이 책의 두 부분—[제1부의] 이론적인 부분과 [제2부의] 경험적인 부분—이 가족치료에 숙달하기라는 복잡하고 보람 있는 과정을 잘 전달할 수 있기를 바란다.

살바도르 미누친(Salvador Minuchin)

3) 역자 주: 이 책에서 그 대목은 고딕 서체로 되어 있다.

차례

PART 1

가족과 가족치료

01
가족치료: 이론적 이분법

어 머 니: (간절히) 네가 무엇을 했는지 치료사 선생님께 말하고 싶니?

데이비드: 아! 네, 그래요. 내 눈, 내가 좀 문질렀어요. 그럴 필요가 없었는데 말이죠. 그 충동은 그렇게 오래 가지는 않았어요.

길(치료사): (부드럽게) 데이비드, 그 충동 직전에 부모님은 어디 계셨지? 그들은 무엇을 하고 있었지?

수요일 강의에서 우리(미누친과 수련그룹)[1]는 일방경one-way mirror 뒤에서, 길이 데이비드 가족과 고군분투하는 모습을 주의 깊게 지켜보고 있었다. 24세인 데이비드는 그의 삶의 마지막 해를 정신과 병동에서 보냈다. 강박적으로 눈을 비비는 행동 때문에 그가 장님이 될 수도 있는 상황에서 병원에 입원하는 것 말고는 그에게 다른 대안이 없는 듯하였다. 길은 처음에는 데이비드의 개인 심리치료사였지만 지난 4개월 동안에는 데이비드와 그의 부모와 함께 작업하게 되었다.

지난 4개월 동안 길은 수련그룹에게 자신이 진행하고 있는 그 치료의 비디오테이프를 제공해 왔다. 오늘 처음으로 수련그룹은 가족치료 회기를 '라이브live'로 관찰하고 있다. 우리는 마치 이 사람들을 매우 잘 알고 있는 것처럼 느낀다. 우리는 데이비드의 부모가 그들의 아들 주위를 맴돌면서 보여 주는 과도한 관심에 매우 익숙하다.

1) 역자 주: 미누친의 수련그룹(supersivision group)은 가족치료 훈련과정의 하나로 수련생들이 그 자신의 치료 회기를 녹화한 비디오테이프를 통해 각 장면에 대해 슈퍼비전을 받거나, 미누친이 치료 회기에 직접 들어가 컨설팅 상담을 해 주면서 '라이브슈퍼비전(live supervision)'을 받는 형식으로 이루어지고 있다.

아들의 일거수일투족이 부모에게 의미로 다가오고 걱정스러운 문제가 된다. 아들은 숨을 곳이 없다.

아버지는 침울한 표정으로 자신들의 그런 태도가 효과가 있을 것 같다고 변호하면서도 주저하는 듯하다. 둥그스름하고 유쾌한 표정의 어머니의 얼굴은 우리가 필요하다고 생각하는 것보다 더 가까이 아들 데이비드에게 다가가 있다. 데이비드의 더듬거리는 설명은 분명히 부모 사이에서 고르게 나뉘어져 있다. 먼저, 어머니, 그다음 아버지를 만족시키려고 그는 노력한다. 그는 그 자신의 미션이 마음에 드는 것이 분명하다.

남부에서 나고 자라서 심리학자가 된 길은 정중함을 나타내는 조금 떨어진 거리에서 사람들과 관계를 맺는 경향이 있다. 치료사로서 그는 부드러운 목소리로 하는 절제된 해석을 선호한다.

미누친: (그룹에게 말하며) 내 생각에는 치료사 길이 데이비드의 눈 비비기가 그의 어머니의 근접성proximity에 의해 촉발된 것이라고 그들에게 말하고 있는 것 같군요. 말의 힘을 너무 존중하는 길은 데이비드 가족이 그의 해석을 받아들였다고 생각해요. 하지만 그들은 다른 생각을 하고 있지요. 길은 그들이 그의 말을 들을 수 있을 때까지 먼저 소리 지르는 법을 배워야 하겠군요.

나는 올해 초부터 이 가족들을 다루는 길의 치료 스타일에 대해 그와 함께 작업해 왔는데, 그는 그의 스타일의 한계를 인식하고 개입하는 방식을 넓히는 데 힘쓰고 있는 것처럼 보이는 반면에, 협소한 인지적 초점과 부드럽게 내놓는 해석을 계속해서 유지하고 있는 것 같다. 나는 이제 일방경 저 편으로 들어가 잠시 동안 길의 슈퍼바이저이자 공동치료자로서 그와 함께 작업하기로 한다.

내가 들어서자 길은 간단히 "미누친 박사님."이라고 말한다. 나는 앉는다. 그 가족들은 내가 지난 몇 달 동안 길의 슈퍼바이저로서 이 치료를 참관해 온 것을 알고 있다.

미누친: (아버지에게) 당신 아들을 돕고 싶다면 당신 아내가 아들을 그런 식으로 다루지 못하도록 해야 해요. 당신 아내에게 그러지 말라고 말하세요.

아버지: 난 할 수 없어요. 아내에게는 아무 말도 할 수 없어요.

미누친: (데이비드에게) 그렇게 되면, 너는 계속해서 네 스스로 네 눈을 멀게 해야 한단다.

데이비드: 저는 제 스스로 제 눈을 멀게 하지 않을 거예요.

미누친: 왜 그렇게 하지 않을 거라고 생각하지? 착한 아이들은 부모를 위해 그런 근사한 일을 한단다. 네 아버지는 네 어머니를 다룰 수 없다고 결정했어. 네 어머니는 외로워하면서 혼자라고 느낄 거야. 그리고 너는 치료하는 사람이 되기로 결심했지. 그래서 넌 네 어머니가 그녀의 삶에서 과제를 가질 수 있도록, 즉 어머니가 될 수 있도록 네 스스로 네 눈을 멀게 하려는 거고.

나중에 11장에서 길은 이 사례에서 내게 지도를 받았던 경험을 상세히 기술한다. 길이 집필한 장에 관한 내 소개와 그의 서술에 대한 내 논평에서, 나는 그 치료 상담 회기에 개입하겠다고 결정한 내 생각을 내가 방금 기술한 방식으로 묘사한다. 데이비드와 그의 가족 사례는 이 시점에서도 그 사례와 관련하여 내가 지도한 내용의 세부들을 자세히 살펴보려는 마음이 들게 할 정도로 매혹적이다. 그러나 가족치료 슈퍼비전의 탐색에 앞서, 더욱 일반적인 요점이 마련되어야 한다.

치료 상담 회기에 내가 개입했던 방식—사실 내가 일반적으로 지도하는 방식—은 치료적 만남에 대한 나의 비전에 뿌리를 내리고 있다. 그 방식은 사람에 대한 특정한 이해에 근거하고 있으며, 왜 그들은 그 자신들이 행동하는 그런 방식으로 행동하는지, 그들이 어떻게 변하는지, 또한 어떤 맥락이 그런 변화를 요청하는지에 대한 특정한 이해에 근거하고 있다. 치료와 관련된 비전과 슈퍼비전의 방식과 훈련 사이의 내밀한 연결은 비단 구조적 가족치료에만 특정되는 것은 아니다. 가족치료의 영역이 시작된 이래, 이른바 가족치료의 모든 '학파'에서, 우리가 어떻게 슈퍼비전을 수행하는가는 우리가 치료를 어떻게 보는가에 따라서 추진된다.

따라서 가족치료 슈퍼비전에 대한 탐색은 가족치료가 어떻게 수행되는지 살펴보는 것으로 시작해야 한다. 그러나 그 분야에서 사용되고 있는 엄청난 양의 기법을 꿰뚫어 보는 것은 하나의 살펴보기임에는 틀림이 없다. 가족치료에서 무슨 일이 일어나는지에 대한 탄탄한 이해 속에서 슈퍼비전 탐색의 근거를 마련하려면, 우리는 그 기법들의 기저에 놓여 있는 사고를 꿰뚫어 보아야만 하고 그 기법들을 낳는 근본적인 가정들과 가치들을 식별해야만 한다. 이러한 방법으로 가족치료 실천을 살펴보면, 가족치료 '학파들' 사이에 존재하는 분명한 차이들이 사라지게 된다. 그러나 곧 분명해지겠지만, 어떤 차이가 남아 있는지가 결정적인 차이가 된다.

데이비드 가족과 함께 길이 수행한 작업에 대한 내 슈퍼비전으로 돌아가 보건대, 내가 슈퍼바이저로서 초점을 두는 것은 가족 역동이 아니라 치료와 관련된 길의 스타일이었다는 점을 주목하는 것이 중요하다. 우리는 치료사의 개성에 초점을 맞추는 것이 본질적이라고 생각한다. 불행하게도, 가족치료 문헌들은 흔히 변화의 도구로서 치료사 자기 자신보다 치료상의 기법에 훨씬 더 많은 흥미를 드러내 왔다. 치료상의 기법과 **치료사의 자기 사용**therapist's use of self 사이의 구분은 그 영역의 전개에서 상당히 일찍부터 발생하기 시작했다. 부분적으로, 단순히 이것은 정신역동이론과 스스로를 차별화하려는 가족치료의 역사적 필요에서 비롯한 의도치 않은 부산물이었다. 예를 들어, 전이와 역전이라는 정신역동과 관련된 개념들, 곧 치료사의 개성을 매우 많이 포함하는 그 개념들을 고려해 보자. 가족치료 초기 이론가들은 이러한 개념들을 전혀 무관한 것으로 일축해 왔다. 환자의 부모와 다른 가족구성원들이 치료 공간 바로 거기에 있었기 때문에, 환자가 어떻게 가족구성원과 관련된 감정과 환상을 치료사에게 투사하고 있는지 고려하는 것이 필수적인 것으로 여겨지지 않았다. 그러나 이러한 개념들을 무시하게 되면서, 한 사람의 개인으로서 치료사는 가족치료 선구자들의 저술에서 보이지 않게 되기 시작했다. 치료사가 사라짐에 따라서 남은 것은 그의 기법뿐이었다.

가족치료 분야가 발전함에 따라, 가족치료사들은 다른 치료 종사자들이 창안한 기법들을 받아들이고, 복제하고, 변형시켰다. 예를 들어, 제이 헤일리(Jay Haley)의 변화의 자제restraint of change는 밀란학파(Milan School)의 역설paradox과 역-역설counterparadox이라는 개념에서 다시 나타났다. 버지니아 사티어(Virginia Satir)의 조각기법sculpting은 패기 팹(Peggy Papp)의 안무기법choregraphy으로 옮겨져 수정되었다. 그리고 보웬(Bowen)이 개발한 가계도genogram는 거의 모든 가족치료사가 가족지도를 작성하는 데 일반적인 방법이 되었다.

물론, 실제로 임상에서 치료사들이 적용했던 기법의 방식들은 가족, 치료사, 슈퍼바이저들의 관심사였다. 그러나 대부분의 경우, 이 관심은 그 분야의 문헌들에 반영되지 않았다. 기껏해야 그것은 나중에 생각한 것이었다. 예를 들어, 『빈민가의 가족들(Families of the Slums)』(Minuchin, Montalvo, Guerney, Rosman, & Schumer, 1967)에서 나는 다음과 같이 썼다.

> 치료사의 개입선택은 가족체계의 유기적 요구 아래에서 작동해야 하므로 확실히 제한적이다. 그러나 이것은 이러한 '체계 영향력들' 한가운데에서 그 자신의 각성이 그로 하여금 수정을 요구하는 상호작용의 영역들과 그 결과를 바꾸기 위해 그가 참여할 수 있는 방법들을 식별할 수 있게 해 준다는 장점을 가지고 있다. (……) 치료사는 거리감을 상실하고, 가족구성원들이 보통 서로에게서 이끌어 내는 것을 복제하는 경향이 있는 상호보완적인 반응들을 가지고 그들에게 응답하는 역할로 진입하는 순간에 온전히 있게 된다. (p. 29)

이는 치료자가 치료의 맥락에서 그의 자기-인식self-awareness을 사용함으로써 가족을 경험하여 알게 되는 과정에 대한 꽤나 복잡한 설명이다. 그럼에도 불구하고 내 초기 저서들의 주요 초점은 치료사의 자아가 아니라 가족에게 영향을 미치는 기법들에 놓여 있었다. 내가 우리(치료사)보다는 그들(가족)에게 초점을 맞추자, 기법의 매개체로서 치료사는 보편화되었고, 가족들은 점차로 특이해졌다.

치료사가 사라진 과정의 또 다른 예를 밀란학파의 긍정적 암시positive connotation 개념이 수정된 방식으로 다시 나타난 나의 합류joining 개념에서 볼 수 있다. 『가족치료기법(Family Therapy Techniques)』(Minuchin & Fishman, 1981)에서 나는 합류를 다음과 같이 설명했다.

> 가족과 같은 배에 타고 있지만, 치료사는 조타수여야 한다. (……) 그는 어떤 자격들을 갖추어야 하는가? 그가 그 기법을 조언하기 위하여 무엇을 사용할 수 있는가? (……) [그는] 특이한 접촉 방식과 이론적 세트를 가져온다. 가족들은 어떤 식으로든 그 접촉 방식들과 이론적 세트의 요구에 부응할 필요가 있고, 치료사는 그들의 의견을 수용할 필요가 있다. (p. 29)

합류에서 최우선시 되는 개념은 서로의 요구에 부응하는 두 가지 독특한 사회체계(가족과 치료사)와 관계가 있었다.

합류가 긍정적 암시로 바뀌었을 때, 그것은 단순히 가족에게 반응하는 기법이 되었다.

> 이와 같이 시도된 해결책들 중에서 가장 잘 알려진 것은 의심의 여지없이 우리가 긍정적 암시라고 부르는 전략인데, 이는 가족 가운데 누군가를 비난하는 것을 삼가는 것뿐만 아니라 모든 사람의 칭찬을 받을 만한 행동을 효과적으로 크게 강조하는 것을 암시했다. (……) 오늘날 그것을 돌이켜 보면, 긍정적 암시라는 생각은, 원래 가족이나 사회 부적응자와의 역효과를 낳는 충돌로부터 치료사를 보호하기 위한 수단으로 고안되었지만 (……) **전략적으로 조잡한 장치**였다는 점에 (……) 우리는 주목한다.(Selvini-Palazzoli, Cirillo, Selvini, & Sorrentino, 1989, pp. 236-237.)

이 두 개념 사이의 차이가 내용 수준에 있는 것은 아니다. 합류의 많은 부분이 가족구성원의 삶의 방식을 긍정적으로 암시하는 것과 관련이 있다. 그것에만 국한되는 것은 아니지만 말이다. 그러나 합류에서는 치료사를 활발하고 독특한 치료도구로 인정하는 반면에, 긍정적 암시에서는 치료사를 오직 의미와 기법의 수동적이고 보편적인 매개체로만 본다.

우리가 주목한 바와 같이, 가족치료 문헌에서 치료사의 개성이 사라진 것은 가족치료 발달의 역사적 맥락에서 부분적으로 기인되었다 할 수 있다. 그러나 가족치료의 여러 분야에서 치료사의 실종은 이론 선택의 결과로 우발적이라기보다는 의도적인 것이었다. 사실, 가족치료 분야가 시간이 지남에 따라 치료사가 변화의 선동자로서 수행해야 하는 역할에 대한 두 가지 매우 다른 견해를 특징으로 하는 두 개의 진영으로 스스로를 조직해 왔다는 것이 이 책의 핵심 주장 가운데 하나이다. 우리는 이 장의 뒷부분에서 일부 가족치료사로 하여금 의도적으로 치료 공간에서 일종의 비가시성을 추구하는 데 이르게 한 이론적 관심에 대해 논의하게 된다. 그러나 우선, 그들의 글쓰기에서는 항상 치료사의 개성을 치료적 마주침에서 변화의 주요 도구로 보지 않지만 그들의 실천에서는 그렇게 보는 치료 종사자 그룹의 일원이 가족 치료를 수행했을 때, 그것이 어떤 모습이 되는지 살펴보기로 하자. 이러한 종류의 가족치료는 버지니아 사티어가 이끌었던 치료 회기와 관련해서 다음에 언급되는 서술에서 전형적으로 드러난다.

적극적 행동주의 가족치료

1970년대에 '필라델피아 아동지도클리닉(Philadelphia Child Guidance Clinic)'은 두 명의 치료사가 각각 동일한 가족을 연속해서 상담하는 대단히 흥미로운 워크숍을 후원하였다. 이 치료 회기들은 일방경 뒤에서 관찰되고 비디오로 녹화되었다(정신분석의 특징으로 묘사되었던 비밀유지는 당시 가족치료가 전면적으로 반기를 들었던 개념들 가운데 하나였다). 이러한 방식의 이면에 있는 생각은, 각 치료사의 개입이 그의 이론적 전제에 의해 인도될 것이기 때문에, 청중은 가족들의 특성과 변화 과정에 관한 이러한 개념들이 치료사의 스타일에서 어떻게 구체화되는지 관찰할 수 있다는 것이었다.

첫 번째 참가자들 가운데 한 사람은 버지니아 사티어였는데, 그는 어떤 혼합가족 blended family을 상담했다. 그 가족은 아버지와 그의 첫 번째 아내가 낳은 딸(18세), 두 번째 아내와 그녀가 낳은 딸(16세)이 함께 살았다. 첫 번째 결혼에서 얻은 아들(10세)은 그의 전 부인과 함께 살고 있다. 두 가족은 이 소년에 대한 의견 불일치 때문에 약 1년 동안 치료를 받아 왔다. 아버지는 전 부인이 그의 아들에게 부적합한 어머니라고 생각했고, 양육권을 다투기 위해 그녀를 법정에 세웠다. 그들의 법정 다툼은 그 가족들 사이의 쓰라리고 신랄한 논쟁에 반영되었다. 그 딸(18세)은 1년 동안 그녀의 어머니와 말을 하지 않았고, 그 아들은 학교에서 심각한 문제를 겪고 있었다.

큰 키에 금발인 사티어는 그녀의 존재로 방을 가득 채운 여신이었다. 상담실에 들어서자 그녀는 각 가족원들과 악수를 하고 편안하게 앉아 소년에게 칠판으로 가서 거기에 가계도를 그려 달라고 부탁했다. 그녀는 질문을 하면서 그리고 "왜 그 이름이 기억나지 않는지 모르겠어."라거나 "내가 이렇게 느낄 때"와 같은 개인적인 언급을 하면서 편안하게 담소를 했다. 불과 몇 분이 지나자 그녀는 양쪽이 자유롭게 대화할 수 있다고 느끼는 열린 분위기를 조성했다. 분명히 모두가 찬성하는 가운데, 사티어는 각각의 말다툼의 내용을 추적하고 우호적인 논평으로 모든 것에 간간이 끼어들면서 각 가족구성원들을 참여시키기에 이르렀다.

사티어의 언급들은 제멋대로 하는 것처럼 보였지만, 그녀는 곧 그 가족의 정보를 통일된 서사로 조직하였다. 사티어는 그 남편과 그의 두 번째 부인에게 갈등을 해결하는 방식을 서술하게 하였고, 그들에게 그녀를 위하여 싸움을 연출해 보라고 부탁했다. 그런 다음 사티어는 두 개의 가족조각들을 만들었다. 사티어는 그 소년에게 그의 어머니의 무릎에 앉으라고 하였고 그의 누이에게 그 소년의 무릎에 앉으라고 했다. 사티어는 두 번째 부인을 그녀의 남편의 무릎 위에 그리고 그녀의 딸을 그녀 위에 올려놓음으로써 다른 하위체계 거울-양식mirror-fashion으로 그들을 앉혔다. 그러고 나서 사티어는 그 아들에게 그의 누나(18세)를 그의 어머니 무릎 위에 혼자 남겨두고 나가라고 했다. 사티어는 의자를 그 어머니에게 아주 가까이 옮기고 그녀의 딸에게 거기에 앉도록 했다. 그런 다음 그들 옆 바닥에 무릎을 꿇고 앉아서 그 모녀에게 그들의 원망과 배신, 사랑, 그리움을 표현하도록 격려했다. 동정심, 가르침 그리고 지시를 통해 사티어는 그들이 얼마나 서로를 많이 그리워했는지 표현하도록 그 모녀를 움직였다. 이어서 사티어는 전 남편을 그들과 함께 앉도록 했다. 이 두 가족이 갈등 대신 사랑으로 다시 연결될 수 있다는 가능성을 열어 놓으면서 치료 회기는 마무리되었다.

사티어가 각 개인에게 무작위로 관여하는 것처럼 보였던 것에서 딸과 어머니의 화해에 이르도록 움직였던 치료 회기 또는 그 과정의 매우 따뜻한 분위기를 하나의 서사가 전달할 수 있는 방법은 없다. 그녀의 목표는 연결임이 분명했다. 가족구성원들이 그녀의 지시에 저항하는 것이 상당히 힘들었을 정도의 정서적 근접성을 가지고 그녀 자신을 이용함으로써 그녀는 접촉점들을 겨냥했다. 그녀의 관여 스타일과 관련해서 생각해 볼 때, 사티어의 관여 수준은 숨 막히게 하는 측면이 있었고 긍정적 감정을 이끌어 내기 위한 밀어붙이기는 갈등의 솔직한 표현을 중단시키고 억눌렀다고 사람들은 주장할 수 있다. 그럼에도 불구하고, 1시간이라는 시공간에서 그녀는 그 가족들이 1년 동안의 파괴적인 상호작용에서 벗어나 더 협력적인 양육을 시작하도록 도울 수 있었다.

사티어의 치료는 매우 특이하지 않았다면 아무것도 아닌 것일 수 있었다. 그러나 바로 그 특이함 안에서, 그녀의 치료는 적극적이고 활발한 그룹의 가족치료사들이 수행하는 작업의 가치 있는 본보기로서 도움을 준다.

가족치료에 반대하는 관점

사티어가 가족치료에 접근하는 그녀의 방법을 개발하고 있는 동안, 가족치료의 임상 현장에서는 매우 다른 생각들이 탐구되고 있었다. 팔로알토에 있는 MRI (Mental Research Institute)의 그레고리 베이트슨(Gregory Bateson)은 가족을 돕기 위한 노력에 인류학자와 사이버네틱스 전문가가 결합된 감수성을 가져왔다. 인류학자로서 베이트슨은 어떤 사람들의 문화적 가치를 다른 사람들에게 강요하는 위험에 대해 깊이 있고 정확한 관심을 가지고 있었다. 그는 이론뿐만 아니라 역사의 차원에서도 이 영역에서 변화의 방향을 예측하는 것이 불가능하다는 것을 알았다. 아무리 사소하고 잘 계획된 것이라 해도, 하나의 작은 변화를 어떤 문화에 도입해 보라, 그러면 그때부터 계속해서 당신은 곰의 꼬리만 잡게 된다. 베이트슨은 사물을 그대로 놓아두기를 강력하게 감성적으로 선호하는데, 그것에는 "메타로그[2]: 왜 물건들이 뒤죽박죽이 되는 걸까?"라는 멋진 표현이 부여된다.

딸 : 아빠, 왜 물건들이 뒤죽박죽이 되는 거죠?

아버지: 뭐라고? 물건들이 뒤죽박죽?

딸 : 음, 사람들은 물건들을 정리하는 데에는 많은 시간을 들이지만, 그것을 헝클어놓는 데에는 거의 시간을 들이지 않는 거 같아요. 물건들이 그저 저절로 뒤죽박죽이 되는 것 같아요. 그러고 나서 사람들은 그것들을 다시 정리해야 하고요.

아버지: 하지만 네가 손대지 않는다면 그 물건들이 뒤죽박죽이 될까?

딸 : 아니겠죠. 아무도 그것에 손대지 않는다면 말예요. 그러나 아빠가 그것에 손댄다면, 혹은 다른 누군가가 그것에 손댄다면, 그것은 뒤죽박죽이 될 테고, 그렇게 손대는 사람이 내가 아니라면 물건들은 가장 나쁜 수준으로 뒤죽박죽이 되겠지요.

아버지: 그렇지, 그래서 내가 내 책상에 있는 것들을 네가 만지지 못하게 하는 거

2) 역자 주: 메타로그(metalouge)는 생각이나 감정의 의사소통이 그 생각이나 그 감정에 긴밀히 일치하는 방향에서 조직되는 말하기를 지칭한다.

야. 내가 아닌 다른 사람이 내 것들을 건드리면 그것들은 최악의 상태로 뒤죽박죽이 될 테니까.

딸 : 하지만 사람들은 항상 다른 사람의 물건을 뒤죽박죽이 되게 해요! 왜 그러죠, 아빠? (Bateson, 1972, p. 3)

사이버네틱스 전문가로서 베이트슨은 사물을 그대로 놓아두는 것에 대한 그의 감성적 선호를 강화하고 확대하는 인식론적 관점을 가졌다. 사이버네틱스가 어떤 사건을 설명하려고 할 때, 그것은 그 사건의 긍정적인 설명을 찾지 않는다. 차라리 그것은 일어날 수 있었던 모든 대안적 사건들을 고려한 뒤, "왜 그것들은 일어나지 않았는가?"라고 묻는다.

> 사이버네틱스의 언어로, 사건들의 과정은 규제들에 종속된다고 묘사되며, 그러한 규제들과는 별개로, 변화의 경로는 가능성의 균등성에 의해서만 지배된다는 것이 상정된다. 부정적 설명이라는 사이버네틱스의 방법은 다음과 같은 의문을 제기한다. '옳게 하기'와 '틀리지 않게 하기' 사이에 차이가 있는가? (Bateson, 1972, pp. 399, 405)

베이트슨의 감성적이고 지성적인 감수성이 가족을 돕는 임무에 집중되었을 때, 예상되는 결과는 예측 불가능한 방법으로 가족의 균형을 왜곡할 수 있는 어떤 변화를 도입하기와 관련된, 그의 입장에서는 매우 심각한 우려였다. 그는 정신분석이론을 거부했지만, 자료를 수집하는 인류학자로서 가족을 인터뷰할 때, 그의 자세는 환자의 심리적 영역에 침입하는 것을 피하려는 정신분석학적 관심을 반영했다. 따라서 베이트슨은 가족치료 분야에 매우 다른 전통을 도입했는데, 그것은 신중하고 절제된 인터뷰 진행자의 전통, 시간이 지나면서 행해져야만 하는 것('옳게 하기')보다 치료에서 하지 않는 것('틀리지 않게 하기')에 더 집중하게 되었다.

창립자들 가운데 버지니아 사티어도 포함돼 있는 MRI 그룹의 작업은 당시의 개입주의자interventionist의 열정으로 시작되었다. 그러나 나중에, 특히 파울 바츨라빅(Paul Watzlawick)의 영향 아래, 베이트슨이 제기한 개입의 잠재적인 파괴적 측면에 대한 우려가 커졌다. 바츨라빅은 무엇보다 해결의 시도가 정확히 문제를 발생시키는 것이라고 가르쳤다. 따라서 치료는 짧아야 하고 최소한의 개입만 있어야 한다.

베이트슨의 중립적이고 반영적 치료 자세의 도입은 치료에 이러한 접근방법을 추구하고자 하는 가족치료사들에게 부단히 어려운 문제들을 제기했다. 치료 회기에서 치료사의 영향력을 어떻게 통제할 수 있을까?

정신분석학자의 경우, 역전이 반응을 제어하는 도구는 분석 수련을 통해 개발된 자기-인식이었다. 가족치료사에게는 분석 수련에 필적할 만한 것이 제공되지 않았다. 그래서 베이트슨의 절제된 치료 자세를 추구하고자 했던 가족치료분야의 종사자들은 치료사의 개입을 외부적으로 통제하는 것 이외에 다른 방법을 선택할 수 없었다. 이러한 노력 속에서 가장 독창적인 집단은 밀란학파였는데, 그들의 방법은 '4장'에서 더 자세하게 설명될 것이다. 치료사의 지나친 참견을 통제하기 위해, 그들은 일방경 뒤에 있는 관찰자들로 구성된 '치료 팀'을 꾸렸는데, 치료 회기에 있는 치료사는 그들에게 응답할 책임이 있었다. 그들은 치료사의 '나'를 팀의 '우리'로 바꾸고, 가족구성원들이 치료 회기와 치료사의 영향에서 벗어났을 때 그들의 변화 과정을 활성화하도록 작업했다. 치료사들은 가족 내부에서 파문을 일으킬 심리적 자갈돌을 던짐으로써 그 자신들을 거리를 두고 있는 객관적인 개입자로 보았다.

개입주의 치료 대 자제하는 치료

가족치료가 어떻게 이루어지는지 살펴본 결과, 그 짧은 역사 내내 그 분야에는 두 종류의 치료사들이 상주해 왔다는 사실이 드러났다. 그 집단들 사이의 차이점은 치료사가 변화를 가져오기 위한 도구로 그 자신을 이용하는 것을 어디까지 두느냐의 정도와 관계가 있다. 한쪽은 개입주의 치료사인데, 그들은 개입주의의 낙관주의와 에너지, 실험주의, 창조성 그리고 순진함을 모두 갖추고, "해 봐, 다시 해 봐."를 외치면서, 1960년대 산물인 자기관여self-commitment의 적극적인 치료를 실천한다.

아버지: 지미는 정말 매우 거칠어요. 나는 그 아이를 통제할 수 없어요.

치료사: 지미에게 의자를 이쪽으로 가져오라고 하고, 그에게 말하세요. "지미, 난 네가 아빠 말에 귀를 기울였으면 좋겠구나." 그런 다음 "네가 뭘 생각하

는지 아빠에게 말해 볼래?" 그리고 어머니, 방해하지 마세요!

치료사가 보는 가운데, 그 어머니의 검열 없이, 그들이 어떻게 상호작용하는지 치료사가 관찰할 수 있도록 허락한 아버지와 아들 사이의 상호교류transaction를 치료사는 만들어 낸다. 그리고 치료사의 다음 개입은 그녀가 관찰한 바에 따라서 조직될 것이다.

다른 한편에 자제하는 치료사가 있다.

아버지: 지미는 정말 매우 거칠어요. 나는 이 아이를 통제할 수 없어요.
치료사: 왜 그렇다고 생각하세요?

치료사는 의미의 탐색을 독려하면서 다른 질문을 할 수도 있다. 그녀는 아버지와 아들에 관한 그녀 자신의 편견을 강요하지 않도록 주의를 기울이면서 존중하고 조심할 것이다. 그것은 최소주의minimalism 치료 스타일이다.

자제하는 치료사는 여러 가지 자료로부터 최소주의 치료 스타일을 위한 지적인 정당성을 찾아 왔다. 1980년대 동안, 베이트슨이 기반을 닦은 지적 공헌은 칠레 과학자 움베르토 마투라나(Humberto Maturana)와 프란시스코 바렐라(Francisco Varela)의 작업(1980)에서 가져온 생각들로 보완되었다. 그들의 연구는 외부 세계에 대한 유기체의 인식이 주로 내부 구조에 의해 결정된다는 것을 증명했다. 영원[도롱뇽목 영원과의 동물]의 눈이 180도로 회전되었던 실험에서 그려졌던 몇 개의 동그라미들에서 많은 것이 만들어졌다. 움직이는 곤충이 영원 앞에 놓이자, 영원은 이리저리 점프하며 마치 곤충이 그 뒤에 있기라도 한 것처럼 그것을 잡으려고 했다(Hoffman, 1985). 포유류의 눈과 뇌는 파충류의 그것과는 다른 질서를 가진다는 생물학적 근거와 인간과 인간의 상호작용이 신경생물학의 문제에 국한되지 않는다는 인간적 근거에 관한 사소한 반대는 일부 자제하는 치료사들이 그들의 개선행진에서 논리적 결론(객관적으로 알 수 있는 '실재'는 없다)에 이르는 것을 단념시키지는 못했다. 각 유기체가 자신의 내부 구조에 즉각 반응한다면, 어떤 유기체도 다른 내부 구조에서 주어진 상황을 직접적으로 유발할 수 없다. 자제하는 치료사들에게 치료상의 결과는 자명한 것처럼 보였다. 곧 치료사가 한 가족에게서 목표로 삼은 특정 변화를 가져오는 것은 불가능하다는 것이다. 그러므로 치료는 개입하지 않는 것, 즉 사람들 사이에서 이루어지는 간단한 대화 같은 것이 되어야 한다.

1990년대에 자제하는 치료사는 지지와 영감을 얻기 위해 사회구성주의(Gergen, 1985)와 미셸 푸코(Michel Foucault)의 포스트모더니즘(1980)으로 향했다. 사회구성주의는 지식이 외부 실재를 재현하는 것이 아니라 '언어 안에서' 함께 있는 개인들이 구축한 사회적 합의라는 사실을 강조한다. 푸코의 포스트모더니즘은 특정의 대화가 다른 담론들을 깊이 감추고 하찮은 것으로 만듦으로써 특정 관점에 특권을 부여하는 더 큰 사회문화적 담론의 지배를 받는다는 관찰을 거기에 추가한다. 이러한 사고의 학파들이 끼친 영향으로, 자제하는 치료사는 언어language와 내러티브narrative에 초점을 맞추게 되었다. 치료사는 내담자들에게 그때까지 '주어진' 그리고 규범으로 여겼던 의미와 가치를 다시 생각할 기회를 제공하는 질문을 한다. 따라서 치료사는 내담자가 그 과정에서 문화적 담론들을 제한하는 억압들을 내던져 버리게 그들의 삶을 '다시 이야기re-story'하도록 초대되는 맥락을 창출한다.

우리는 사회 현상의 이해에서 사회구성주의와 포스트모더니즘이 가지는 중요성에 의문을 제기하지 않는다. 그러나 우리의 관점에서 볼 때, 치료는 우선적으로 지성의 훈련, 특히 포스트모더니즘 분석에 의해 생산되는 종류의 추상적이고 학구적인 지성의 훈련이 아니어야만 한다. 그보다 치료는 행위에 그 초점이 맞추어져야 한다. 그것은 스트레스를 완화하려는 분명한 목표를 가지고 진행되는, 가족과 치료사 사이에서 이루어지는 비교적 짧은 임기응변의 조정이다. 그러한 조정에 구성주의와 포스트모더니즘의 생각을 수정하지 않은 채 적용하는 것은 우리에게는 베이트슨이 범주의 오류category error라고 부른 것, 곧 추상화의 한 층위에서 다른 층위로 나아가는 개념의 오적용의 한 사례처럼 보인다.

그럼에도 불구하고, 오늘날의 자제하는 치료사는 치료적 개입주의라는 가족치료의 특정 유형을 경계하고 있다. 사람들이 다른 사람들과의 대화에서 그들이 구성한 이야기들에 지배되고 제한되는 방식들을 강조하면서, 자제하는 치료사는 치료와 관련된 전문지식과 규범 모두에 의문을 제기한다. 할린 앤더슨(Harlene Anderson, 1994)은 구성주의 실천에서 수반되는 치료의 이론적 토대의 전환을 다음과 같이 서술했다.

에서	으로
객관적이고 고정된 것으로서 **지식** (주체와 지식의 관계는 독립적)	사회적으로 창조되고 생성된 것으로서 **지식** (주체와 지식의 관계는 상호의존적)
실재의 재현적인, 정확한 그림으로서 **언어**	우리가 실재를 경험하는 방식, 곧 우리가 실재에 의미를 부여하는 방식으로서 **언어**
인공두뇌의 질서를 부과하는, 사회적 단위들로서 **사회체계들** (사회의 단위들은 역할과 구조에 따라서 정의된다)	층을 이루는 사회적 단위들로서 **사회체계들** (사회의 단위들은 사회적 의사소통의 생산물이다)
전문가와 도움이 필요한 사람들 사이의 관계로서 **치료**	서로 다른 관점과 경험을 가진 사람들 사이의 협업으로서 **치료**

출처: AAMFT Conference(1994).

앞의 표에서 어느 칸에도 '가족'이라는 단어가 포함되어 있지 않다. 자아와 타자의 독특한 정의들을 창출하는 중요한 사회적 단위로서 가족의 개념은 사실상 사라진다. 그 안에서 경험의 정형화된 양식이 형성되는 사회체계로서의 가족이라는 활용 가능한 생각은 사회적 단위로서 언어체계라는 개념으로 대체된다. 한편, 치료사는 협력적인 대칭적 자세로만 작업해야 한다는 이념적 명령에 의해 그녀의 유연성을 강탈당한다. 도전하고, 유희하고, 의견을 제시하고, 치료공간에서는 복합적이고 다면적인 인물이 될 수 있는 그녀의 자유는 사라져 버린다. 그녀는 그러한 능력의 범위 바깥에 놓이게 된다. 치료사의 역할 안에서 그녀에게 남는 것은 일정한 거리를 두고 떨어져 있는 정중한 질문자가 되는 것이다.

하나의 집단으로서 구성주의 치료사들은 그들의 환자들을 위한 지지와 존중의 치료법을 창안하기 위해 열심히 노력해 왔다. 그들의 실천에서 병리학은 가족 바깥으로, 가족을 둘러싼 문화로 밀려난다. 치료사는 정중해야 한다는 절대적인 명령이 지배하는 언어에 그 자신을 국한시킨다. 이러한 접근 방법에서 치료사는 가족 이야기들의 수집가가 된다. 그는 모든 가족구성원이 그들의 이야기를 향하게 하는 사람으로서, 그리고 다양한 내러티브를 연결하는 사람으로서 그의 임무를 수행한다.

자제하는 치료사들은 베이트슨이 민주주의적 치료의 의미를 옹호한 이래로 멀리까지 여행했으며, 그 과정에서 그들은 맥락에 속해 있는 사람들의 위치를 완전히 다르게 개념화하는 데 이르렀다. 베이트슨의 체계적 사고에서 보자면, 가족구성원의 상호교류들은 가족기능을 유지하고 그들 자신과 타자들에 대한 그들의 관점을 유지한다. 비록 체계와 생태학이라는 과학적 용어로 표현되지만, 이 견해는 대단히 도덕적이다. 그것은 상호 책임감, 전체에 대한 헌신, 충성심, 서로를 향한 보호 등을 내포한다. 그것은 임상의와 사회과학자 양쪽 모두에게 개인, 가족, 그리고 맥락 사이의 관계에 초점을 맞추도록 강요한다. 그러나 현대 구성주의자들의 실천은 다른 도덕적 입장을 취해 왔다. 그것은 눈에 보이지 않지만 널리 퍼져 있는 지배적인 담론을 실어 나르는 제약하는 언어의 희생자로서 개인에 초점을 맞춘다. 문화적 제약에 대한 반응은 정치적 해방의 입장, 곧 일반적으로 인정된 의미와 가치에 의문을 제기함으로써 문화에 도전하는 입장이다.

이러한 입장은 개인의 자유라는 철학을 지지하기 위해 집단 구성원들의 상호적 책임감을 회피한다. 그러므로 이 입장을 지닌 사람들에게, 사람들 사이의 최적의 접촉은 상호 존중하면서도 관여하지 않는 것이 특징이다. 이러한 입장은 우리 문화에 대한 포스트모던의 염세적 관점, 정부에 대한 미몽에서 깨어나기, 사회적 제재가 개인에게 해롭다는 확신을 반영하고 있다고 우리는 생각한다.

개입주의 가족치료사의 관점에서 볼 때, 자제하는 치료사의 내용에 초점 두기와 중심적 위치에서 개개 가족구성원을 순차적으로 인터뷰하는 방식은 치료의 가장 큰 자원인 가족구성원이 서로에게 직접 관여하는 치료적 맥락을 빼앗는다. 모든 비언어적 요소들, 모든 비합리성, 그리고 가족 상호작용의 모든 정동affect이 상실된다. 그 결과 가족치료 활동의 가장 중요한 이점이 상당수 버려지게 된다.

개입주의 치료사에게, 가족은 그 안에서 사람들이 모든 그들의 복잡성 속에서 스스로를 가장 온전하게 표현할 수 있는 그런 특권이 있는 맥락이다. 따라서 가족 상호작용은, 파괴와 치유 양쪽 모두의 잠재적 가능성을 가지고 있어서, 우리의 임상 실천에서 지속적으로 중심적 무대를 차지하고 있다. 우리에게 가족생활은 소설만큼이나 드라마틱하다. 드라마처럼 가족생활도 시간 속에서 펼쳐진다. 그것에는 등장인물들이 이야기하는 스토리들로 표현되는 과거가 있다. 그러나 그것에는 또한 등장인물들의 상호작용에서 실현되는 현재도 있다. 그리고 드라마처럼 가족생활은 또한 공간적이다. 가족구성원들은 말로 그렇게 하는 것처럼 그렇게 몸짓과 정동affect으로도 서로 의사를 소통한다.

변화의 과정은 치료사와 가족의 맞물림을 통하여 일어난다. 치료사는 가족 변화를 위한 촉매이다(비록 물리적 촉매와 같지 않지만, 치료사 또한 그 과정에서 변할 수 있다). 그것이 무엇이든 치료 과정에서 발생하는 치료상의 사건들은 이러한 상호 맞물림 때문에 일어난다. 따라서 치료사는 가족드라마를 치료 공간으로 가져와 가족들이 그 안에서 서로 직접 교류하도록 장려되는 맥락을 창출한다. 치료사는 내용, 주제, 이야기, 은유 등에 귀를 기울여 들으면서 또한 보기도 한다. 사람들이 어떤 위치에 있는가? 가족구성원의 상대적 입장은 무엇인가? 그는 움직임, 곧 다양한 등장과 퇴장, 가족구성원들이 서로에게로 향하기도 하고 서로로부터 멀어지기도 하는 이동을 지켜본다. 그는 몸짓들, 곧 미묘한 태도 변화, 그것으로써 가족구성원들이 서로에게 신호를 보내는 무심한 듯한 접촉을 살핀다. 서서히 가족조직의 지도가 가시화되고, 제휴affiliations, 동맹alliances, 연합coalitions을 규정하는 경계선들boundaries이 나타나기 시작한다. 이것들이 일어남에 따라서, 치료사는 가족 세력들을 경험하기 시작한다. 가족은 치료사를 밀고 당기면서 심판, 중재자, 동맹자, 적수, 배우자, 부모, 자녀 등의 역할로 유도한다. 치료사는 가족이 선택한 상호교류의 정형화된 양식에 대한 경험적 이해를 발달시키고, 접근할 수 있게 된, 깊이 감추어진 대안들을 또한 감지하기 시작한다. 아마도 목적을 가지고 가족드라마에 자신을 끼워 넣음으로써, 이제 그는 그의 개입을 안내하기 위하여 그의 개인적 반응들을 사용할 수 있다.

이런 식으로 개입하기에는 그것의 위험 요소들이 있다. 그것은 이미 세력들로 벌집이 된 대인관계의 영역에 또 다른 세력을 더하게 된다. 그러나 이 문제에 대한 답은 관여를 피하는 것이 아니라 모니터링하는 것이다.

치료사는 가족드라마의 참가자와 관찰자 양쪽 모두의 자격으로 작업해야 한다. 관여하는 것도 중요하고, 가족구성원들이 서로 직접 교류할 수 있도록 격려하면서 밖으로 나오는 것도 필수적이다. 가족치료 영역의 정서주의에 의하여 끌어당겨지는 것도 중요하지만 관찰하는 것 또한 중요하다. 치료사의 개입에 촉매 효과를 제공해 주는 것은 바로 이러한 거리 조정modulation of distance이다. 그는 가족의 반응을 촉발시키고 그들의 반응을 관찰한다. 만약 치료사의 개입이 유용했다면, 가족구성원들은 확장하고 풍요롭게 하는 새로운 방식으로 상호작용하는 것을 그들 스스로 발견하게 될 것이다. 치유는 이러한 순간들에서 일어나며, 치료하는 사람은 치료사와 가족 양쪽 모두이다.

개입주의 가족치료사는 개입의 책임감을 수용한다. 그는 그의 무지에 대해서 그리고 그의 지식에 대해서 깨달을 필요가 있다. 그는 사회적 규범이 어떻게 가족을 형성하는지 알 필요가 있다. 그는 생리적, 문화적, 경제적 측면을 자각하고 있을 필요가 있다. 그는 그 자신의 역사에 의해 제한될 수도 있다는 것을 알 필요가 있다. 그러나 이 모든 필요한 제약에도 불구하고, 그는 그저 듣기만 하는 것 그 이상을 해야 한다.

개입하든 자제하든, 그리고 가져오는 개념의 작업 틀이 무엇이든, 가족치료사는 변화의 대행자이다. 그녀[3]는 가족의 요구와 자신의 개인적 스타일에 따라 그녀의 개입의 강도를 조절한다. 자제하는 치료사는 개입의 스펙트럼의 가장 낮은 강도에서 작업하며, 가족구성원들이 그들의 이야기를 어떻게 구성하는지 이해하도록 돕는 데에 만족한다. 그녀의 목표는 '치료 대화'를 위한 중립적인 맥락을 제공하는 것이다. 반대로 개입주의 치료사는 그 스펙트럼의 가장 높은 강도에서 작업할 수 있으며, 아마도 식욕부진 환자 및 환자의 가족과 점심을 함께함으로써 가족 갈등의 장면을 실연할 수도 있다(Minuchin, Rosman, & Baker, 1978).

그러나 치료사가 신중하게 중립적이든 아니면 그 반대이든, 그녀는 항상 '나아지게 하는 사람'이다. 그녀는 체험여행을 위해 치유하는 사람, 교사, 공명하는 자로서 가족들과 합류한다. 그리고 불가피하게 치료사는 그녀와 함께 가족에 대한 그녀의 선입견들을 가지고 올 것이다. 가족들은 어떻게 고착되는가? 이 가족은 갈등을 해결하기 위해 어떤 자원을 가지고 있을까? 이러한 선입견들은 공식화될 수도 있고 분석되지 않은 상태로 남아 있을 수도 있지만, 명시적이든 아니든, 그것들은 치료사가 듣는 내용들을 조직할 것이고, 그녀가 어떤 상호교류들을 보고 그것들에 어떻게 반응하는지 규정할 것이다. 더 나아가, 그녀가 그녀의 삶의 우회로들을 여행하면서 개발해 온 그녀의 스타일은 그녀의 개입 방식에 형태를 부여하게 할 것이다.

3) 역자 주: 이 장의 집필자는 바로 앞의 단락에서는 치료자를 남성으로 상정하다가 이 단락에서는 여성으로 상정하고 있다. 이 책에서 구체적인 정황의 전제 없이 하는 다양한 종류의 치료사가 종종 여성으로 상정되고는 한다. 이 점은 우리에게 매우 흥미로운 사실을 상기시켜 준다. 이 책과 같은 종류의 이론서를 읽을 때, 남성 독자들 대다수는 심리치료의 이론이나 기술을 설명하는 대목에서 구체적인 정황의 전제 없이 등장하는 치료사를 그 자신도 모르는 사이에 남성으로 생각하는 경향이 있다. 그런 경향은 심지어 여성 독자들에게도 나타날지 모른다. 그런데 이 책에서 그 자신의 체험담을 기술하고 있는 8명의 치료사들 가운데 3명이 여성이다.

가족에게도 역시 그 나름의 선입견과 스타일이 있다. 러시아 인형 세트처럼 그 안에 알맞게 포개져 있는 역사, 문화, 정치체계들을 필연적으로 반영하는 것은 하나의 사회체계이다. 가족은 치료사와 몇 가지 보편성을 공유한다. 그들은 언어, 특정한 사회적 개념, 그리고 그들이 함께 속해 있는 공간과 시간 때문에 몇 가지 공통적인 가치를 가지고 있다. 그렇지 않다면, 가족과 치료사는 서로를 이해할 수 없을 것이다. 하지만 그들이 공유하는 사고방식은 또한 그들이 공유하고 있는 맹점들에 이를 수 있다.

우리가 모르는 것을 인정하는 것이 중요하다. 그러나 그녀가 알고 있는 것을 알고 그 자신의 지식을 소유하는 것도 치료사에게는 중요하다. 자제하는 치료사의 알지 못함의 자세position of not-knowing는, 그것들 없이는 어떠한 인간도 여행할 수 없게 되는 편견, 경험, 지식, 무지를 피할 수 없다. 그러한 입장은 그것들을 모호하게 할 수 있을 뿐이다. 그들은 기능적 가족이라는 그들의 관념에 의해서, 그리고 대체로 가족과 사회 사이에 적합한(혹은 적어도 더 나은) 어떤 올바름에 관한 그들의 관념들에 의해서 인도되는 것을 피할 수 없다.

우리 문화가 우리의 깨달음보다 더 빨리 변화하고 있는 것은 당연하지만, 가족치료사라고 주장하는 실천가들은 가족이 무엇인지에 대해 어느 정도 알고 있어야 한다. 우리가 가족구성원의 목록의 유연성을 높이거나 고통과 스트레스를 완화하기 위해 가족에 개입하려면, 우리의 개입은 우리가 그 안에서 개입하고 있는 맥락이라는 알려진 이해에 의해 인도되어야 한다. 이어질 2장과 3장은 서문에 나오는 랍비의 이야기를 회상하게 하는 역설에서처럼, 모두가 다르고 모두가 비슷한 가족들을 숙고하는 것으로 향한다.

02
가족 특수성: 모든 가족은 다르다

가족에 대한 정의는 대부분 혈연이나 헌신으로 연결된 작은 집단의 구성에 초점을 두고 있다. 그러나 어떤 표현이 모든 가능성을 다 포함할 수 있을까? 전통적인 개념은 다음과 같은 예외를 가지고 있다.

가족: 부모와 그들의 자녀로 구성된 집단
예외: 수십 년 동안 서로에게 헌신한 무자녀 부부는 어떤가?

가족: 두 부모의 자녀들, 혈연으로 밀접하게 연결된 사람들의 집단
예외: 재혼 부모들과 계부모자녀들로 구성된 혼합가족은 어떤가?

키부츠의 가족들은 경계선을 확장하여 공동체를 포함시킨다. 현대의 생명공학으로 말미암아, 커플 각각의 난자와 정자로 수정되었지만 제3의 타인의 몸에서 잉태된 어떤 부부의 생물학적 아이가 가족에 포함될 수 있다. 한 예로, 어느 레즈비언 커플은 그들 아이의 생물학적 아버지, 곧 그들이 정자를 기증해 달라고 부탁했던 그들의 이성 친구로 인해 가정법원으로 출정하게 되었다. 그들의 딸이 두 살이 되었을 때, 그 기증자는 부모의 권리를 찾기 위해 소송을 제기했다. 판사는 그 아이에게는 이미 두 명의 부모가 있고 그 아이의 가족 개념을 뒤집지 않는 것이 그 아이에게 최상의 이익이 된다는 판결을 내렸다.

그렇다면 가족이란 무엇인가? 사회학자 스테파니 쿤츠[1](Stephanie Coontz, 1992)는 어느 시기, 어떤 문화에 속한 가족이냐고 묻는다. 가족은 어느 특정 역사적 시기에서 항상 더 큰 집단의 부분이다.

오늘날 사람들은 '가족'을 핵가족 단위로 생각하는 경향이 있다. 그러나 사회학자 로렌스 스톤[2](Lawrence Stone, 1980)에 따르면, 2세기 전 영국에서 지배적으로 나타나는 가족형태는 핵가족이 아니라 친족단위의 확대가족이었다. 당시의 개방적인 혈통체계에서, 결혼은 마음이 통하는 사람들을 통합하려는 시도보다는 재산의 통합과 혈통의 유지에 더 큰 관심이 있었다고 스톤은 말한다. 프랑스 나폴레옹시대와 같은 후대에도, 피에르 리비에르(Pierre Riviere)의 부모들의 결혼계약은 통합의 경제적 토대를 보여 준다(Minuchin, 1984). 자녀들은 토지와 자산이 그랬던 것만큼이나 결혼에서 자산의 일부로 간주되었다.

게다가, 오늘날 가족 단위에 근본적이라 여겨지는 과업들 두 가지—자녀 양육과 배우자들의 정서적 지지—는 친족체계가 훨씬 더 많이 감당해야 하는 일이었다. 실제로, 스톤에 따르면, 배우자에 부여된 중요성은 상대적으로 덜했다. 부부가 서로를 돌보게 되면 그것은 분명히 좋은 일이지만, 서로의 보살핌이 발달하지 않는다 해도 그 결혼을 실패로 여기는 사람은 아무도 없었다.

오늘날 여성이 자녀에게 보이는 양육의 반응은 우리가 그것을 본능이라고 부를 정도로 근본적인 것으로 상정된다. 그러나 프랑스의 역사학자 엘리자베스 바딘터(Elizabeth Badinter, 1980)는 수세기 전만 해도 '모성 본능'은 희귀했다고 주장했다. 아이들은 관례적으로 부모에게서 떠나서 양육되었다—젖먹이 때는 유모에게 보내지고, 아동기가 되면 도제로 보내졌다. 이러한 분리의 한 가지 이유는 아마도 너무 많은 아이가 젖먹이 시절에 죽었기 때문이다. 근대 초기에 유아와 아동의 사망률이 감소하기 시작할 때까지, 아이를 사랑하는 것은 현명하지 못한 일이었다. 중세에 부모들이

1) 역자 주: 스테파니 쿤츠(Stephanie Coontz)는 역사학자로 특히 미국 가족의 역사, 결혼 및 성역할의 변화에 관한 연구를 하였으며, 『진화하는 결혼(Marriage, a History)』 등 여러 저서를 집필하였다.

2) 역자 주: 로렌스 스톤(Lawence Stone)은 유럽 시대의 가족의 정치적 중요성에 대한 연구에서 가족 생활의 내부 구조에 대한 연구로 옮겨 신사회사 분야를 열었다. 『영국에서 1500~1800년대의 가족, 성, 결혼(The Family, Sex and Marriage)』(1977)에서 그는 1500~1800년대의 영국에서 볼 수 있는 가족생활을 양적 방법을 사용하여 연구하였다.

종종 그들의 자녀들 중 몇 명에게 같은 이름을 지어 주었는데 이는 적어도 한 명은 성인이 될 때까지 살아서 그 이름을 간직할 수 있을 것이라는 기대 때문이었다고 스톤은 지적했다.

우리가 아는 바로는 핵가족은 도시화와 산업화와 함께 그리고 과학혁명의 향상된 위생학과 의료 발달의 결과로서 흔해졌다. 유럽 사회가 변하기 시작하면서 가족의 규범도 변했다. 18세기 중반에 이르러 핵가족은 일반적으로 중산층의 이상적인 가족형태가 되었다. 처음으로 배우자들의 상호의존과 자녀양육이 핵가족의 주요 과업으로 여겨졌다. 스톤은 이러한 가족규범의 변화에 약 200년가량이 걸렸다고 추정했다.

더구나 오늘날 핵가족에서 나타나는 자율성과 권위는 최근에 획득된 것이다. 금세기 이전에는, 우리가 가족의 일이라고 여기는 것들의 역할을 공동체가 훨씬 더 많이 맡았다. 17세기 유럽과 마찬가지로 식민지 미국에서도, 예를 들어 버릇이 없어 다루기 힘든 아이들과 같이 사적인 것으로 여겨질 많은 문제를 공동체사회가 직접적이고도 명백하게 규제하였다. 고자질은 차꼬[3]를 채우는 것에 의하여 제지되었고, 물고문 의자는 남편을 꾸짖는 여성들을 훈계하는 데 사용했다.

식민지 시대 동안, 법은 종교와 관습처럼 가족문제에 깊이 관여했다. 학대를 불평한 여성이 사회 질서를 보존하기 위해 남편에게 되돌아가도록 지시를 받는 것은 당연한 일이었다(Skolnick, 1991). 같은 이유로, 여성과 아이들은 법적으로 남편, 아버지 또는 후견인의 지배를 받았다. 소년은 성인이 되었을 때 비로소 법적으로 한 사람의 인간이 되었다. 여성과 관련된 경우를 보자면, 영국의 영향력 있는 법학자 윌리엄 블랙스톤(William Blackstone)은 남편과 아내는 한 사람이고 남편이 바로 그 한 사람임을 법이 규정했다는 의견을 피력했다.

상이한 역사적 맥락들에 따라 가족들이 다르다는 사실을 가족치료사들이 이해해야 하므로, 우리는 이렇게 역사적 윤곽을 그려 보고 있는 것이다. 식민지 시대의 미국의 가족이나 19세기 프랑스의 피에르 리비에르 가족을 치료하기 위한 시간여행을 한다고 상상해 보라(Minuchin, 1984). 우리의 시간여행 치료사는 그가 착륙한 모든 장

3) 역자 주: 차꼬(stocks)는 주로 모질고 사나운 죄인에게서 행동의 자유를 박탈하기 위한 형틀로, 우리나라에서 차꼬는 긴 나무토막으로 두 발목을 고정시켜 중죄인을 가둘 때 쓰였다.

소와 시간에서 그가 가진 가족의 관점을 바꿔야 할 것이다. 다른 시대와 문화에서 이루어지는 요건들은 그가 이제까지 보편적이라 여겼던 규범들을 재평가하도록 강요할 것이다.

우리의 탐색적 치료사는 특정 시대의 가족들에 형태를 부여하는 거대한 힘들, 특히 그 시대의 공공정책에 주의를 기울이고 싶을 것이다. 예를 들어, 소비에트 사회주의 연방공화국에서는 법이 변화하는 국가의 요구에 따라 바뀌었다. 마르크스주의 페미니즘에 대한 충성에 걸맞은 정도로 비교적 평등주의에 입각했던 결혼과 낙태에 관한 초기 법률은 인구가 감소하고 있던 1930년대에는 덜 진보적이게 되었다(Bell & Vogel, 1960). 자크 돈젤로(Jacques Donzelot)의 『가족의 정치화(Policing of the Family)』(1979)에서는 프랑스에서 있었던 비슷한 현상을 탐구하고 있다. 산업화가 지속적인 노동력을 필요로 했을 때, 가족 보존(그리고 그에 따른 인구 증가)을 지원하는 제도가 나타났다. 마찬가지로, 프랑스가 해외 식민지를 건설하고 있을 때, 가족 중심의 자선단체가 흔해졌다. 자녀 양육은 의사와 교육자들뿐만 아니라 유모에게 유아를 넘기는 관행을 공격한 로베스피에르(Robespierre)와 같은 정치인들의 관심사가 되었다. 따라서 가족의 요구가 아닌 우세한 정치적 계층의 목적에 부응하여 정책이 변화하였다.

공공정책은, 서구 문화가 경험하고 있는 급속한 사회경제적 변화가 그렇게 하는 것처럼, 오늘날 미국 가족에 영향을 미치고 있다. 그 결과, 불과 몇 년 전만 해도 당연하게 여겨졌던 가족의 방식들이 지금은 무의미한 것처럼 보인다. 중요한 사회변동 시기 동안에는 항상 그렇듯이, 사회 조직이 위험할 만큼 닳아빠져서 너덜너덜해질 정도가 되었다는 느낌은 가족 변화에 대한 두려움의 표현일 것이다. 어떤 사람들은 1950년대의 이상에 따라 '미국식 가족'이라는 아이콘을 만들어 냈다. 그 아이콘은 교외에 위치한 우아한 가정, 곧 매우 소중한 자녀들과 생계부양을 하는 남편이자 아버지(그는 그 자신만의 고유한 역할을 하는 아내이자 어머니인 한 여성에게 돌아가는 것을 즐거운 마음으로 기다리는 한 남성이다)의 따뜻한 안식처 같은 것이었다. 그러나 1950년대라는 자칭 황금시대의 수면 아래에는 1960년대의 문화적 혁명에 연료를 공급하는 긴장과 불만이 깔려 있었으며, 이는 필연적으로 1980년대의 저항으로 이어졌다. 1980년대의 스태그플레이션Stagflation으로 말미암아, 1960년대와 1970년대의 해방된, "생태계를 중시하는" 미국은 "성(性)과 관련된 공포감, TV 전도사들, 마약과 포르노를 반대하는 십자군

운동"의 땅이 되었다(Skolnick, 1991, p. 5). 이제, 이 새로운 세기에 남성 중심의 핵가족의 지배를 회복하려는 뉴-라이트New Right의 꿈은 엄청난 도전에 직면해 있음이 분명해지고 있다.

가족들은 여기서 어디로 갈까? 우리가 확실하게 예측할 수 있는 한 가지는 변화이다. 개인이나 사회와 마찬가지로 가족은 변화하는 환경에 대응하여 변화할 수 있고 변화해야만 한다.

사회심리학자 알렌 스콜닉(Arlene Skolnick)은 향후 수십 년 동안 가족변화를 지배할 세 가지 요인을 상세하게 기술하고 있다. 첫 번째 요인은 경제적 요인이다. 예를 들어, 공장에서 사무실로 이동한다는 것은 저임금의 핑크-칼라 일자리[4]가 늘어나면서 높은 봉급의 블루-칼라 일자리가 사라지고 있다는 뜻이다. 이러한 변화는 여성의 대규모 인력 이동에 따른 것이었다. 오늘날의 경제체계에서, 많은 여성이 그들이 원하더라도 집에 남아 있을 수 있는 선택권을 가지고 있지 않다. 가정 바깥에서 일하는 여성의 영향은, 페미니즘의 사상과 함께, 결혼이라는 문화적 이상을 더 평등주의적인 방향으로 이동시켰다.

가족변화에 영향을 주는 두 번째 요인은 인구통계학적 요인이다. 과학기술 시대의 사회에서 자녀를 키운다는 것은 가족의 규모가 점점 작아지고 있을 정도로 치명적인 경제적 부담을 부과했다. 2세대 전만 해도 아이를 많이 낳을 것으로 예상됐던 가족들은 이제는 그저 한두 명을 양육하고 교육시키는 데 막대한 자원을 쏟아부으려고 계획한다. 동시에 기대수명은 증가하고 있고, 역사상 처음으로 사람들은 노인이 되는 것을 기대한다. 심지어 자녀 양육 기간이 늘어나고 있다고 하더라도, 부부는 그들의 부모 역할을 끝마친 후에도 함께할 세월의 계획을 세울 수 있게 되었다. 그들이 그들 자신의 부모들의 '부모 역할'을 하는 것은 당연한 일일지라도 말이다.

스콜닉이 이른바 '심리적 젠트리피케이션psychological gentrification'[5]이라고 부르

---

4) 역자 주: 사무실이나 식당 등에서 주로 여자들이 하는 저임금 일자리

5) 역자 주: '젠트리피케이션'은 중하류층이 생활하는 도심 인근의 낙후 지역에 상류층의 주거 지역이나 고급 상업가가 새롭게 생성되는 현상을 뜻한다. 스콜닉은 '젠트리피케이션'이라는 단어 뜻을 활용하여, 사람들이 가정생활에서 기대하는 것과 관련된 심리적 변화를 설명하고자 하였다. 가족이라는 생활공간이 그보다 더 상위체계인 사회라는 생활공간의 기능적 일부로서 의미를 가지던 시절과 비교할 때, 이제 사람들은 가정생활에서 기능적 차원을 넘어 따뜻함이나 친밀함처럼 정서적이고 심리적인 차원에

는 세 번째 주요한 구조적 변화는 가족과 관련된 깊은 함의를 가지고 있다. 교육과 여가시간의 수준 상승 때문에, 미국인들은 더욱 자기 성찰적이게, 곧 내적 경험에 더욱 주의를 기울이게 되었다. 무엇보다도 사람들은 가족뿐 아니라 직장에서도 관계의 정서적 질에 더 많은 흥미를 가지게 되었다. 따뜻함과 친밀함에 대한 이러한 강조는 가족치료 발전에 큰 의미를 가져왔는데, 부분적으로 그것은 가족생활이 사회적 역할에 더욱 순응하는 문제였던 시절에는 생각할 수 없었던 불만을 창출할 수 있기 때문이다. 남편이자 아버지가 좋은 부양자가 되는 것으로는 이제 더 이상 충분하지 않다. 여성은 그녀의 식료품 저장실의 내용물로 그녀의 아내다움의 미덕을 증명할 수 없다. 자녀도 더 이상 단순히 순종적이고 복종적일 수 없다. 가정생활은 행복과 성취감을 제공하는 것이라는 기대를 우리가 가지고 있다면, 인지되고 있는 가족 문제들이 예측되어야 한다.

적응할 수 있는 변화에 성급하게 일탈적이고 병리적이라는 꼬리표를 붙이는 것은 이성적 반응의 산물이 아니라 과민 반응의 산물이다. 이와 동시에, 모든 변화가 구성원들이 성숙한 어른으로 성장할 수 있는, 곧 심리적으로 건강한 인간으로 성장할 수 있는 모체를 가족구성원들에게 제공한다는 그 기본 임무를 수행할 수 있는 가족의 능력을 향상시키는 것은 아니라는 점도 인식되어야 한다. 예를 들어, 최근에 가족치료사 빌 도허티(Bill Doherty)는 미국 중산층 가정에서 계속 증가하고 있는 과잉스케줄이 가족생활의 '접착제'를 제공해 주고 가족이 그 구성원들에게 나누어 주는 서로에게 가장 큰 심리적 선물인 소속감을 어떻게 약화시키고 있는지에 관해 썼다. 도허티는 이러한 과도한 스케줄이 '좋은' 부모가 된다는 것의 의미에 대한 우리 시대의 관념에 끼친 미국 소비지상주의 마케팅 문화의 영향에서 비롯되었다고 본다(Doherty & Carlson, 2002). 좋은 부모들은 물질주의 문화가 풍요롭고 만족스러운 삶을 위한 기초를 제공하는 것으로 인정하는 모든 활동과 경험들—피아노 레슨, 축구 게임, 미술 수업 등과 같은 것들—을 아이들에게 제공해 준다. 그러나 겉으로 보기에 끊임없는 활동들로 아이들을 왔다갔다 미친 듯이 왕복시키도록 부모들을 못살게 굶에 따라 잃게 되는 것은, 같은 장소에 함께 있다는 경험, 동시에 서로의 함께함을

대한 기대를 훨씬 더 많이 가지게 되었다는 점을 지적하기 위해, 스콜닉은 '심리적 젠트리피케이션'이라는 표현을 쓰고 있다.

즐긴다는 경험, 그래서 서로에게 정서적 자양분을 제공한다는 가족구성원의 단순한 경험이다. 21세기의 시작과 함께 미국 중산층 가정에서 일어나고 있는 이 특수한 변화에 맞서려는 노력에서 뜻이 맞는 공동체 구성원들과 함께하는 것이 가족치료사로서 임무라고 도허티는 본다.

가족에 관한 사회경제적 관점

가족에 관한 스콜닉과 도허티의 서술은 미국 백인 중산층 가족에 대한 사회학적 개요를 제공하는 반면에, 그것은 다른 많은 미국 가정의 삶을 반영하는 데까지는 나아가지 못하였다. 빈곤 가족의 경험은 경제적 박탈감을 넘어 가족기능에 막대한 영향을 미친다는 면에서 매우 다르다. 기관의 사생활 침입이 좋은 예이다. 많은 기관은 중산층 가족의 경계는 매우 존중하지만, 빈곤 가족에 침입하는 것에서는 자유로움을 느낀다. 아이들을 돕기 위하여, 그들은 가족 공간으로 들어가 가족 조직의 어긋남을 창출하고 단체와 아이들 사이의 유대감을 창출함으로써, 아이들이 부모에게 이의를 제기할 수 있는 자율권을 부여한다. 학교, 복지부, 주택 당국, 정신건강 기관들은 빈곤 가족의 가족분열에 한 원인이 된 문제들에 대해 가짜의 해결책을 만들어 냈다. 이러한 침입의 효과는 해리스나 로빈슨 가족들과 같은 경우에 잘 나타난다.

해리스 가족: 문이 없는 가족

해리스 가족의 가정으로 들어가 보자. 들어가는 것은 쉽다. 어떤 의미에서 그들 아파트에는 문이 없다. 결혼한 지 10년이 된 스티븐과 도리스 해리스 부부에게는 4명의 어린 자녀가 있다. 트럭 운전기사인 스티븐의 월급으로 자신들의 아파트를 유지하기 위해 수 년 동안 그들은 허우적거렸다. 그러나 6개월 전에 그는 해고되었다. 지난달에 그들은 무주택자가 되었다. 그래서 그들이 지금 살고 있는 아파트는 그들의 소유가 아니라 정부가 지원하는 사회복지기관에 속해 있다.

그들이 회상할 수 있는 한 오랫동안, 해리스 부부는 정부와 사회가 제공하는 서비스와 관계를 맺어 왔다. 그들은 너무나 많은 사회복지사, 아동복지사, 사례관리사,

치료사들을 보아 왔기 때문에 그들의 기억 속에서 그들은 모두 하나로 섞였다. 해리스 가족에게 사회적 지원이 필요하다는 사실이 그들에게, 예고도 없이 그리고 초대도 받지 않은 채, 물리적이고 심리적인 의미에서 가족의 공간에 들어갈 수 있는 권한을 부여한다는 가정을 그들 모두는 공유했다.

조력자들이 그들의 영역에 들어올 때, 그들은 항상 가족이 어떻게 기능해야 하는지에 관한 분명한 생각을 가지고 온다는 것을 해리스 부부는 배웠다. 약물중독상담사는 도리스에게 마약중독에서 회복하는 데에만 전념해야 한다고 말한다. 동시에 아동복지사는 도리스에게 너무 자신에게만 몰두하지 말고 좋은 엄마가 되기 위해 더 많은 에너지를 쏟으라고 말한다. 약물중독상담사는 도리스의 보호관찰관에게 보고하고, 반면에 아동복지사는 그의 면전에서 도리스의 아동방임에 대한 민원이 제기되었던 그 가정법원 판사의 말에 따라 움직인다. 결과적으로, 중독상담사와 사회복지사 모두 도리스에게 그들의 의제들을 수용하도록 강요할 수 있는 위치에 있다. 실제로 이러한 의제들이 정반대로 대립하고 있다는 사실에도 불구하고 말이다.

약물중독상담사와 아동복지사는 결코 서로 이야기하지 않는다. 두 사람 모두 스티븐에게 말을 걸지 않는다. 사실상 스티븐은 그들에게 보이지 않는 사람이다. 부인 도리스는 스티븐을 상대하는 것보다는 약물중독상담사와 아동복지사를 상대하는 데 더 많은 시간과 노력을 들인다. 스티븐은 아내의 눈에도 역시 보이지 않게 되면서 점점 더 많은 시간을 아파트에서 멀리 떨어져 보내고 있다. 그는 여전히 일자리를 찾고 있지만, 해고된 이후 그 어느 때보다도 지금 더 긍정적 반응을 얻지 못하고 있다. 도리스는 압도되고 혹사되고 있다는 기분이 든다. 스티븐은 스스로 실패자라는, 쓸모없는 사람이라는 기분이 든다.

몇 년이 지나, 해리스 가족은 아이와 어른 양쪽 다 모든 조력자의 침입에 대처하는 방법을 개발했다. 아이들은 집에 낯선 사람이 있는 것에 점점 익숙해졌다. 이 낯선 사람들이 그들에게 상냥하고 관심이 있어 하는 자세를 취한다는 사실에 반응하여, 아이들은 그들을 맞이하고 매료시키는 개방적이고 환영하는 자세를 개발했다. 피상적으로 관심을 끎으로써, 좀 더 깊은 층위에서는, 이 거짓-친밀함pseudointimate의 태도는 그것이 보여 주는 경계선의 결여 때문에 불안감을 주고 있었다.

도리스와 스티븐은 그들의 자녀들이 개발한 거짓-친밀함의 태도를 그들 자신의 판본으로 개발했다. 그들은 조력자들이 드러내기('그들의 사안들을 다루기')를 소중히 여긴다는 것을 이해하게 되었고, 그래서 그들은 정형화된 '랩rap'을 개발했다. 내용 수준에서, 그것에는 개방성의 환각과 경험의 수용을 창출하기 위하여 친밀한 세부사항들이 충분하게 배어들었다. 그러나 하나의 의례로 된 그것의 말투에서, 그것은 가족과 그들이 청하지 않은 조력자들 사이에서 완충제 역할을 한다.

조력자로서 역할을 하고 싶어 하는 이들을 달래기 위해, 적어도 한동안은, 이 부부는 조력자들이 제공하는 조언이나 지시의 지혜와 탁월한 분별을 증명하는 것을 배웠다. 그러나 어느 정도 자율성을 가지게 되면서, 그들은 그 제안들을 실행하는 데 열성을 보이지 않는다. 이러한 지체는 언제나 그들에게 '저항적'이라거나 '수동적 공격성향'이라거나 '조작적'이라는 꼬리표를 달아 주지만, 해리스 부부는 잘게 조각난 그들의 존엄성과 사생활을 보호할 다른 방법을 찾을 수 없다. 불행하게도, 그러한 꼬리표의 수가 증가할수록, 문 없는 그들의 집으로 행진하는 조력자들의 수도 그만큼 증가한다.

해리스 부부는 아프리카계 미국인이지만, 그들 사례의 중요한 측면들은 매우 일반적이다. 그들은 삶의 예측 불가능성과 여러 조력자를 상대해야 하는 불가피한 일의 지배를 받는 집 없는 가족들에 속한다.

로빈슨 가족: 악몽 속에서 사는 가족

로빈슨 가족은 해리스 가족과 같은 동네에 산다. 남편 대런과 부인 마이라 로빈슨의 아이들은 지역 공립학교에서 해리스 가족의 아이들과 마주쳤을지도 모른다. 해리스 가족처럼 로빈슨 가족도 가난한데, 당분간이겠지만, 적어도 그들의 주택 상황은 안정적이다.

마이라와 대런이 '우리의 악몽'이라고 부르는 것은 약 2년 전에 시작되었다. 마이라는 대런이 외도를 했고 그 사이에 아이까지 있다는 사실을 알게 되었다. 마이라는 이 사실로 완전히 제정신이 아닌 상태가 되었고, 대런은 죄책감에 사로잡혔다. 그들의 딸 제니퍼(14세)는 어머니 때문에 괴로웠고 아버지에게 격노했다.

거의 모든 가족의 경우, 그 국면은 불안정한 시기를 맞이하게 되어 있다. 그러나 로빈슨 가족과 관련하여 그렇게 이어지는 시기에 있을 것으로 상정됐던 특수한 윤곽들은 그들의 미미한 사회경제적 지위에 의하여 대단히 큰 영향을 받았다. 딸 제니퍼는 어머니에게 저지른 아버지의 죄를 처벌하는 환상들을 마음에 품었다. 그녀는 그녀의 몇몇 친구들과 복수의 욕망을 공유했다. 그녀가 계획한 구상과, 그 구상이 활기를 띠게 한 사건들의 폭포는 정부와 사회의 복지기관들이 빈곤 가정의 내부 드라마에서 얼마나 강력한 역할을 하는지 웅변적으로 그리고 충격적으로 입증했다.

제니퍼의 한 친구가 제니퍼에게 그녀(친구)의 어머니가 수년간 그녀와 불화 상태에 있었던 이웃부인에게 아동학대 혐의가 있다고 아동학대 상담전화에 익명으로 신고함으로써 그 이웃에게 '앙갚음'했다는 이야기를 전해 주었을 때, 제니퍼의 흥미는 북돋워졌다. 제니퍼는 학교사회복지사의 사무실로 곧장 행진하였고, 그녀의 아버지가 그녀를 물리적으로 학대하고 있다고 말했다. 사회복지사는 충실하게 아동학대 상담전화로 신고했고 '악몽'이 시작됐다.

그 신고를 조사하기 위해 로빈슨 가족의 아파트에 나타난 아동복지사는 학대 혐의를 뒷받침할 아무런 증거도 찾지 못했다. 사실, 그녀는 제니퍼가 그녀의 아버지를 학대 혐의로 고발했을 때 제니퍼가 그것을 거짓으로 꾸몄다는 의심이 든다고 보고서에 썼다. 그 복지사의 보고서에서 비슷하게 두드러지게 나타난 것은 로빈슨 가족의 분명한 빈곤에 대한 그녀의 관찰이었다. 그 복지사는 젊고 중산층이었으며 이제 막 학교를 졸업하고 그 일을 시작한 상태였다. 그녀의 보고서는 '불을 때지 않은 굴뚝에서 연기 날 리 없다.'라는 사고방식의 기미가 엿보인다. 여기서, '연기'는 로빈슨의 끔찍한 생활 조건이었고, 그 복지사가 존재해야 한다고 결론을 내렸던 '불'은 일종의 아동방임이나 아동학대였다.

확실한 증거가 없었던 탓에 대런의 학대 혐의는 입증되지 못했다. 그러나 그러한 세부적인 내용은 아동보호국의 권한을 박탈하지는 못했다. 그 기관은 대런과 마이라에게 '가정기반 예방서비스 프로그램(Home-based preventive services program)'에 참여하는 것이 그들에게 '최선'이라는 것을 알려 주었다. 그들은 마지못해 동의했다.

그들의 동의로 대니가 일주일에 3일씩 그들 아파트에서 생활하게 되었다. 대니는 부모들이 자녀들을 학대하지 않으면서도 효과적으로 통제할 수 있도록 돕는 프로그램을 위해 성실하게 일했다. 대니는 최근의 사건들이 대런과 마이라의 동맹관계를 파열시켰다는 것을 분명히 보았다. 대니의 슈퍼바이저는 그에게 그들이 아이들을 상대할 때 "그들과 같은 입장에 있다고 생각하라."라고, 그 슈퍼바이저가 '시한폭탄'으로 여겼던 제니퍼를 상대할 때 특히 그들이 그렇게 하게 하라고 강력히 권고했다.

대단히 솜씨 있게, 대니는 그들이 부부 생활의 트라우마를 잠시 접어 두고 제니퍼를 위한 엄격한 행동의 식이요법을 분명하게 하고 강화하는 데에 서로를 지지하도록 하는 일을 해냈다. 대니나 슈퍼바이저 그 누구도, 로빈슨 가족이 대런의 외도를 알게 되면서 느꼈을 수 있는 죄책감, 배신감, 상실감 같은 감정들을 표현하고 처리하도록 돕는 것을 생각해 내지 못했다. 대니와 그의 슈퍼바이저에게는, 마이라와 대런을 '관리범위 내'에 두는 것이 그들이 해야 할 전부였다.

그러나 제니퍼는 통제되려고 하지 않았다. 아버지를 향한 그녀의 분노에 추가하여, 그녀의 정당한 분노를 포기하고 대런과 동맹을 맺었다는 것 때문에 이제는 어머니를 향한 분노가 더해졌다. 가족을 떠날 필요가 있다고 판단한 제니퍼는 그 학교의 사회복지사를 다시 찾아가 이번에는 자살하겠다고 위협했다. 그 사회복지사는 제니퍼를 병원으로 이송시켰고, 그곳에서 그녀에게 30일 동안의 평가 기간이 인정되었다.

평가 기간이 끝나감에 따라, 병원 직원들은, 로빈슨 가족의 사연 때문에, 이 시기에 제니퍼를 가족에게 돌려보내는 것은 무분별하다고 판단했다. 병원의 권고에 따라, 아동보호국은 여전히 그 사례를 감독하면서, 로빈슨 가족이 사는 곳에서 60마일 떨어진 주거치료시설로 제니퍼를 연계하도록 지시했다. 그 시설에서 마련된 가족치료 회기는 한 달에 한 번 예정되어 있었다. 그들의 일정은 언제나 평일 이른 오후에 잡혔고, 그것은 대런이 겨우 지탱하고 있는 일자리에서 일을 잃게 되는 결과를 수반할 것이기 때문에 그는 참석할 수 없었다. 마이라는 참석했고, 제니퍼의 치료사는 그녀에게 남편의 배신에 대한 격노를 터뜨리도록 권유하였다. 기꺼이 남의 고민을 들어주는 것에 감사하면서, 마이라는 처음에는 마지못해서, 그다음에는 점점 늘어나는 열정을 가지고 그렇게 터뜨리기 시작했다. 그 치료사는 마이라에게 연민을 느꼈다. 그 치료사가 한 번도 만난 적이 없는 대런은 그녀의 눈에는 점점 더 괴물 같은 사람이 되었다. 은밀히, 그 치료사와 그녀의 슈퍼바이저는 제니퍼가 그녀의 아버지와 한 지붕 아래에서 사는 것이 과연 안전한지 의구심을 가지기 시작했다.

로빈슨과 해리스 가족들을 향한 각각의 개입들(그리고 모든 개입자들)은 좋은 의미로 의도된 것들이었다. 개입자들이 제대로 인식하지 못한 것은 그들 자신이 이 가족드라마들의 주인공이 되었다는 사실이다. 이 가족들의 삶에 추진력을 제공하는 엔진과 방향을 제공하는 핸들의 역할을 한 것은 그 가족들이 아닌 복지사들이었다. 온전함과 자율성에 대한 탄탄한 감각을 가지고 있기 때문에, 대부분의 중산층 가정들은 그들의 삶에 이런 침입이 이뤄지는 것을 결코 용납하지 않을 것이다. 단순히 생존하기 위한 그들의 매일매일의 발버둥으로 난타당하고 고갈되었기 때문에, 빈곤 가족들은 거의 반대하지 못하고 흔히 이러한 침입에 굴복하고 만다.

가족에 관한 민족적 관점

불행하게도, 가족치료사들은 종종 백인 중산층의 규범을 받아들이면서 편의주의나 순전한 무지 때문에 관점을 왜곡해 왔다. 하지만 소수민족과 같은 쟁점은 가족문제에서 중요한 결정요인이다. 가족에 미치는 민족성의 영향은 광범위하게 연구되었다(McGoldrick, Giordano, & Pearce, 1996). 민족성과 관련된 쟁점들이 종종 경제적 지위에 얽혀 있다 할지라도, 그것들은 계층 경계들에도 영향을 미친다. 민족 집단 구성원들이 중산층 지위에 도달했을 때 그것은 예기치 못한 문제를 가져온다.

낸시 보이드-프랭클린(Nancy Boyd-Franklin, 1989)에 따르면, 아프리카계 미국인 중산층 가정은 세 가지 문화의 삼각대 위에 서 있다. 아프리카에 그 뿌리를 둔 것으로 추적되는 문화적 요소들, 지배적 미국 문화의 일부에 속한 요소들, 그리고 마지막으로 유색인종이 지배문화의 인종차별에 적응하여 만들어 낸 각색들이 그것들이다. 다양한 요구는 정체성을 강화시킬 수도 있지만, 그것들은 또한 가치들과 역할들의 혼란에 이르게 할 수도 있고 문화적 복합성에 직면하여 무력감에 이르게 할 수도 있다.

아프리카계 미국인 가족과 함께 일하는 치료사는 확대가족을 탐색할 필요가 있을 것이다. 친족 네트워크의 중요성은 모든 길을 아프리카의 뿌리까지 뒤로 펼칠 뿐만 아니라, 측면으로는 빈곤과 인종차별에 대처해야 하는 현대의 필연성에까지 펼칠 수 있다. 그러나 중산층 지위에 도달한 흑인 가정은 확대가족을 돕는 것과 그들과 단절하는 것 사이에서 스트레스가 많은 선택에 직면해 있을 수 있다.

소수민족의 지위에 영향을 미치는 또 다른 영역으로는 가족의 권력구조가 포함될 수 있다. 권력은 백인 중산층 가족들에서 흔히 그런 것보다 일부 흑인 배우자들에게서 더 동등하게 공유되는데, 아마도 이는 역사적으로 흑인 어머니들이 백인 어머니들보다 가정 바깥에서 고용될 가능성이 더 높았기 때문일 것이다. 오늘날 대부분의 중산층 흑인 여성은 전업주부이다. 그러나 특정 가족에서는 이슬람 윤리가 여성들이 정교하게 규정된 가정적 역할에 머무르도록 지시할 수도 있다.

라틴계 가족들에서는, 흑인 가족들에서 그런 것처럼, 상대적으로 유연한 경계를 가진 확대가족 네트워크가 중요할 수 있다. 문중compadres은 가족에서 많은 부분을 차지한다. 협력은 강조되고 경쟁은 제지된다. 위계질서는 세대와 성별에 맞춰 분명하게 조직된 역할들과 함께 극단적으로 확실해질 수 있다. 여성은 순종적이 되도록 기대되고, 남성은 여성을 보호하도록 기대된다. 어머니는 자기-희생적이 되도록, 특히 아이들에게 헌신적이 되도록 기대된다. 부부가 그들의 아이들과 맺는 관계가 부부 자신들이 서로와 맺는 관계보다 더 중요하게 여겨지는 것이 당연할 수 있다. 실제로 동반자들은 부모의 기능으로부터 거의 자유롭지 못할 수도 있다.

여러 종류가 뒤섞인 민족 유산을 가진 디아즈 가족은 그들의 중산층 지위를 그들의 문화적 뿌리와 양립할 수 없는 것으로 여겼다. 가족이 치료에 들어갔을 때, 그들의 치료사는 이러한 제약을 가하는 믿음에 이의를 제기하는 것이 필수적이라는 사실을 발견했다.

디아즈 가족: 푸에르토리코 사람도 아니고, 아일랜드 사람도 아닌

남편 올랜도와 부인 모린 디아즈, 그리고 그들의 딸 신시아(16세)는 학교상담사에게 그녀 자신이 1년을 넘게 면도칼로 손목을 그었다고 폭로한 뒤에 가족치료사에게 연계된 가족이다. 그 치료사가 디아즈 가족을 알게 될수록, 그녀는 민족성이 가족발달에서 맡았던 중추적인 역할에 더욱 큰 충격을 받았다. 그러나 그것만큼이나 두드러진 것은 그 가족이 민족적 뿌리의 중요성을 부정하는 데 쏟은 심적 에너지의 양이었다.

모린과 올랜도는 둘 다 19세가 되었을 때 결혼하였다. 첫 번째 치료 회기가 진행되는 동안, 모린은 "나는 그가 푸에르토리코 사람이기 때문에 결혼했어요."라고 단언했다. 모린의 조부모는 모두 아일랜드에서 태어나서 그들이 청소년이었을 때 미국으로 이민을 왔다. 모린은 그 자신의 부모의 특징을 '노동자계층'과 '무지함'으로 묘사했다. 그녀는 그녀의 아버지를 "아일랜드 사람이 아니면 그 누구에게나 반감을 가졌고 특히 푸에르토리코 사람을 증오했던 거물급 폭군"이라고 묘사하면서 노골적인 분노로 목소리를 높였다. 모린은 그녀의 아버지에게 반항하기 위해 끊임없이 책략을 꾸미며 청소년기를 보냈다. 그녀의 마지막 반항 행위는 최후의 일격이었다. 그녀는 "그가 푸에르토리코 사람이었기 때문에." 올랜도와 결혼했다.

그 당시 올랜도는 푸에르토리코에서 막 도착한 참이었는데, 푸에르토리코에서 그는 권위적인 폭군이었던 그의 아버지의 지배를 받으며 시골에서 자랐다. 그가 남성이었으므로, 올랜도는 스스로 그 자신의 가족의 가장이 됨으로써 아버지의 가부장적 통치에서 어느 정도까지는 벗어날 수 있었을 것이다. 그러나 올랜도는 아버지의 가부장적 통치에서 벗어난다는 문제가 해결되기 위해서는 그가 정확히 아버지보다 [힘이] 더 커져야 한다는 것을 알았다. 그는 그가 독재적이고 권위적인 남성들이 이끄는 가족들의 라틴계 문화 규범이라고 보는 것과 그 자신 사이에 거리를 두고 싶었다. 그는 그 고립된 영토에서 떠나야겠다고 결심했다.

모린과 올랜도가 만났을 때, 그는 영어를 하지 못하는 것과 진배없었고, 모린은 스페인어를 전혀 하지 못했다. 첫 번째 치료 회기가 진행되는 동안 올랜도는 "우리는 서로에게 이방인이었어요."라고 강한 악센트의 영어로 말하며 빙그레 웃었다. 실제 의사소통을 할 수 없음에도 불구하고, 올랜도는 모린이 가진 백인의 모습과 방식에 끌렸고, 모린은 올랜도의 라틴계 남자의 모습과 방식에 끌렸다. 그들은 3개월 동안 서로를 알아가다가 결혼했다. 그리고 결혼 후 그들은 그들 사이에 있는 텅 빈 공간을 채울 무엇인가가 필요하다는 것을 재빨리 깨달았고, 자녀들을 가지기 시작했다. 신시아는 그들에게 두 번째 아이였고, 그녀에게는 그녀보다 어린 네 명의 형제자매들이 있었다.

올랜도는 그가 생각하기에 그의 아버지가 바로 그러했던 것과 같은 폭군이 되지 않기로 작정했다. 그는 따뜻하고 다정다감하며 잘못도 용서해 주는 양육방식을 채택했다. 예상하다시피, 모린은 올랜도의 자유방임주의를 보완해야 할 필요가 있다고 느꼈다. 그녀는 '경찰관'이 되었다. 신시아는 모린이 제한을 두거나 처벌을 내릴 때마다 그녀와 형제자매들이 얼마나 판에 박힌 듯이 올랜도에게 달려가는지를 치료사에게 들려주면서 큰 즐거움을 느꼈다. "아빠는 항상 우리 편을 들어 엄마가 할 수 없다고 한 것도 우리가 할 수 있다고 말해 줄 거예요." 올랜도 때문에 끊임없이 우유부단해진다고 느끼자, 모린은 아이들을 상대하면서 점점 더 날카로워지고 민감해졌다.

올랜도와 모린은 때때로 그들의 다른 양육방식 때문에 싸우지만, 그런 삽화적 사건들은 극히 드물다. 그녀가 아이들과 정한 한계를 올랜도가 어떻게 허물어뜨리는지에 관하여 그렇게 그저 어쩌다가만 그에게 불평하는 이유를 치료사가 묻자, 모린은 미소를 지었다. "그에게 화가 난 내 자신을 발견할 때 나는 내 아버지가 어떤 저질이었는지 기억해요. 나는 올랜도가 내 아버지와 얼마나 다른 사람인지 알아요. 그래서 나는 그저 화가 풀어지게 그냥 둬요." 그리고 아내를 더 지지하지 않는 이유를 치료사가 묻자 올랜도는 단순히 "나는 내 아버지처럼 되고 싶지 않아요."라고 말했다.

그 치료사는 이러한 갈등 회피가 도움이 되지 않는다고 판단하고, 그녀의 양육의 효과를 약화시키는 것을 멈추도록 올랜도에게 더 고집스럽게 요구하라고 모린에게 압력을 가하기 시작했다. 하지만 그 치료사가 압력을 가하면 가할수록, 그 부부는 더 많이 저항했다. 그들 관계의 춤에서 생길 어떤 변화가 그들 각자가 전 생애를 바쳐 저항하면서 그것으로부터 달아나려고 했던, 그 원가족의 문화적 기풍으로 그들을 어느 정도 되돌아가게 할 수도 있다는 사실을 올랜도와 모린 모두 명백히 두려워했다.

그 치료사가 그 부모들로 하여금 그들이 오래도록 간직해 온 신념과 그들 각각의 원가족에게서 진행되었던 것과 관련된 속성들을 다시 조사하도록 시도했을 때, 그녀는 또 다른, 훨씬 더 가공할 만한 장애물과 조우했다. 모린과 올랜도 양쪽 모두 그들의 원가족을 그들 각각의 민족 문화의 표본으로 여겼다. 그들이 그들의 가족을 거절하는 것은 그들의 민족적 뿌리를 거부하는 것의 일부분이었다. 모린은 그것을 간명하게 다음과 같이 표현했다. "우리는 푸에르토리코 사람이 아녜요, 우리는 아일랜드 사람도 아니죠. 우리는 미국 사람이에요." 그들의 근원 문화에 결함이 있다고 판단하면서, 모린과 올랜도는 그들 스스로를 신화적이고 동질화된, 민족적 색깔을 가지지 않은 미국 중산층의 일부로 보려는 욕망을 가지게 되었다.

그들의 원가족과 근원 문화에 대한 모린과 올랜도의 반사적인 거절이, 그들에게서 변화의 가능한 원천들을 박탈함으로써, 그들을 제대로 기능을 하지 않는 관계 배열 안에서 그들 서로서로와 그리고 그들의 자녀들과 접합시키는 것이었다는 사실이 그들의 치료사에게 분명해지게 되었다. 그 결과, 치료사는 디아즈 가족이 연결이 끊겼던 그들의 민족적 뿌리와 다시 연결하도록 돕는 어려운 과제를 그녀 자신에게 설정했다. 그 치료사 자신이 그녀의 아프리카계 미국 사람의 뿌리와 동일시함으로써 이끌어 낸 자양분은, 올랜도와 모린이 그들 각각의 문화유산에 그들을 개방한다면, 그들은 그들 가족의 삶을 위한 원천들—그들 자신과 그들의 과거들 사이에 거리를 두려는 그들의 성급한 밀어붙이기에서는 현재 상상할 수 없는 원천들—을 발견하게 되리라는 확신을 그녀에게 가져다주었다.

가족 다양성에 반응하기

치료 자체가 인종주의나 계급주의의 연습이 되지 않아야 한다는 것을 보증하기 위하여, 일부 가족치료사들은 그 가족이 그것에 끼워 넣어져 있는 모든 다문화적 맥락의 영향력을 강조해야 한다고 추천했다. 셀리아 팔리코프(Celia Falicov, 1983)는 다음과 같이 문화에 대한 생태학적 정의를 제안했다.

> 생태적 환경(농촌, 도시, 교외), 철학적이거나 종교적인 가치들, 국적과 민족성, 가족조직 유형, 사회계층, 직업, 이주형태와 적응단계 등 상이한 맥락의 다양성에서 파생된 [저] 공통된 일련의 적응행동과 경험들, 또는 유사한 역사적 순간이나 특정 이념들에서 도출된 가치들. (pp. xiv-xv)

그녀는 각각의 문화적 맥락에 놓여 있는 각각의 개별 가족구성원이 치료사의 관점에서 다른 그 무엇보다 중요하다고 제안했다.

그들이 놓여 있는 모든 문화적 맥락에서 가족에 접근하는 일은 이론적으로는 옳은 것처럼 보이지만, 가능한 맥락의 다수성은 작업 가능한 일반화를, 불가능하게 하지는 않더라도, 어렵게 만든다. 게다가 '반드시 ~이어야만' 하는 것의 문화적 규범들이 특정 가족이 따르는 규범과 반드시 일치하는 것은 아니다. 팔리코프는 문화기반 culture-bound 접근을 주장해 왔는데, 이는 정확히 그 접근이 다양성을 강조하고 소수민족에게 그것의 가치를 강요하는 지배문화에 이의를 제기한다는 이유에서였다. 그러나 그녀가 민족성과 관련하여 지적했다시피, 치료사가, 비록 최선의 의도를 가지고 있더라도, 가족을 민족적 정형에 끼워 넣지 않도록 문화 규범들은 각각의 개별 가족의 사례에서 검토되어야 한다.

가족치료사들은 종종 가족의 역동은 분명하게 드러내고 사회적 결정요인은 단지 모호하게 표현된 상태로 놓아두는 것을 지나치게 편하게 생각한다. 그러나 문화적 모체의 연구는 그 자체에 목적이 있는 것이 아니다. 민족성에 관한 관심은 가족치료 이론과 실천에 기여하는 많은 요소 가운데 하나이다. 그 자체로 가치가 있지만, 우리는 그것을 많은 기여 요소 가운데 하나로 인식해야 한다.

우리는 또한 다재다능한, '문화적으로 유능한' 치료사를 성장시키려는 현재의 일반적인 노력에 내재된 지나친 단순화에 대해서도 불안한 마음이 있다. 문화는 특정한 민족 집단의 가치와 세계관을 서술한다고 주장하는 개념들의 긴 목록에서 포착할 수 있는 것 이상의 것을 포함한다. 문화를 이해하는 데 수반되는 어려움을 우리는 홍콩에서 가족치료를 가르치려 했던 웨이영(Way-Yung Lee)의 경험과 '필라델피아 아동지도클리닉'에 근무했던 기간 동안 가족치료에서 준전문가를 훈련시키려 했던 나의 시도에서 발견할 수 있다.

홍콩에서 자랐지만 주로 북미의 백인 가족들과 작업하는 웨이영이 오랜 공백 끝에 홍콩에서 가르치기 시작했을 때, 흔히 말하는 '동서양의 만남'식의 조우는 흥미진진한 뒤틀림을 가져왔다. 그녀의 옛 문화 집단에 가족치료를 소개하는 것은 그것이 이방인에게 그럴 수 있었던 것보다 그녀에게 더 혼란스러웠다. 이방인은 전통적 가치들의 현지 전문지식에 관한 그(또는 그녀)의 무지를 당연하게 여겼을 것이다. 그러나 웨이영에게 그녀의 교육과 관계 있는 홍콩 문화에 대한 탐색 또는 재탐색은 연속되는 놀라움을 담고 있었다.

웨이영의 슈퍼바이지들은 중국인 가족과 일할 때 효과가 있는 것과 없는 것에 대한 고정된 관념, 곧 그녀 자신이 공유했던 관념을 가지고 있었다. 그러나 그녀가 이 관념을 받아들이기만 하면, 그녀의 교육이 수련생들과 그들이 새로움을 확장하고 탐색하기 위하여 함께 작업하는 가족들에게 이의를 제기하기보다는 그들을 인정해 준다는 효과가 있다는 것을 그녀는 발견했다.

웨이영은 그녀가 한때 소속해 있었던 문화 집단과 작업하는 그녀의 일에서 가장 큰 도전은 효율적이 되기 위해서 그녀 자신을 문화적으로 강요된 구속에서 자유롭게 풀어 주는 것이라는 점을 발견했다. 그녀가 중국인이었다는 사실이 그녀의 가르침에서 흥미로운 왜곡을 창출했다. 그녀의 슈퍼바이지들이 가지고 있는 그들 자신의 문화의 전문지식은, 가족들을 바라보는 그들의 관점과 치료에서 효과 있는 것과 그렇지 않은 것에 대한 그들의 일반적인 반응에 그녀가 이의를 제기함으로써 위태로워졌다. 그녀가 서양 학생들을 훈련시키거나 백인 가족들과 작업할 때에는 의식하지 못했던 느낌, 즉 그녀의 미국 문화와 그녀의 중국 문화 사이에 그녀 자신이 끼여 있다는 느낌을 그녀는 발견했다. 그녀의 학생들에 둘러싸여 있는 문화의 '수호자들'과 그녀 자신의 내부에 있는 문화의 수호자들을 과거의 것이 되게 한 이후에야, 그녀는 특정 가족 집단과 작업하기가 가지는 임상적 함의들을 탐색하도록 그녀의 슈퍼바이지들을 이끌 수 있었다.

지난 10년 동안, 웨이영의 작업은 홍콩, 중국, 대만에 집중되어 왔다. 요즘, 그녀는 문화적 쟁점들과 관련하여 그녀의 시야가 한층 더 흐릿해졌다고 생각한다. 그녀는 여전히 문화들 사이에는 차이가 존재한다는 것을 인식하고 있지만, 이 문제들과 관련하여 그녀의 사유는 계속해서 심각하게 갈등을 일으키게 하는 관찰들과 직면하고 있다(Lee, 2002).

제이 헤일리, 브라울리오 몬탈보, 마리안 월터스(Marianne Walters), 래 위너(Rae Weiner), 제롬 포드(Jerome Ford) 등과 함께 '필라델피아 아동지도클리닉'에서 준전문가를 훈련하기 위한 프로그램을 시작했던 30년 전에, 나는 문화 의식을 가족치료의 실천으로 가져올 때 발생하는 예측불허의 변화들과 관련된 비슷한 경험을 했다.

우리는 명백한 왜곡을 고치려고 노력하고 있었다. 그 클리닉에서 백인 중산층 임상의들 대다수가 낮은 사회·경제적 수준의 아프리카계 미국인과 라틴 아메리카계 미국인 가족들로 구성된 사람들과 작업하고 있었다. 따라서 우리는 지적이고 강한 의욕을 가졌지만 학문적으로는 충분히 훈련을 받지 못한 지역사회의 사람들, 곧 아프리카계 미국인들과 라틴 아메리카계 미국인들을 모집하였고, 가족치료를 가지고 그들을 훈련시켰다. 그들이 함께 일하게 될 문화 집단의 일원이었기 때문에, 그들은 그들이 임상작업에서 횡단하게 될 문화 영토에 대한 본능적인 지식을 가지게 될 것이라고 우리는 가정했다. 그러나 우리가 순진했다는 사실이 드러났다. 그들 자신의 세계에서 사는 것에 더하여, 이 예비 동료들은 우리를 형성한 지배 문화에서도 살았다. 이러한 문화로부터, 그들은 지배 문화의 편견들을 반영하면서 때로는 과장했던, 그들 자신의 문화와 관련된 편견들을 흡수했다.

이 준전문가 훈련은 3년이 걸렸다. 이 훈련의 목표는 학벌, 인종, 사회·경제적 수준에 상관없이 그 클리닉에서 일하는 다른 모든 치료종사자와 마찬가지로, 치료를 받으러 온 가족의 치료사가 될 수 있는 치료종사자를 배출하는 것이었다. 우리는 이상적이고 순진했을까? 이것은 차이를 흐릿해지게 하려는 맹목적인 시도였을까? 이러한 질문들에 대한 대답은 다양성에 관한 그 분야의 현재적 강조와 함께 오늘날 그 분야 자체에 관한 평결이 될 것이다.

우리는 소수의 집단들에게 다수의 가치를 강요하는 것의 위험에 대한 자각의 중요한 효모로서 현재의 다양성을 향한 관심을 환영한다. 그러나 우리는 또한 정치적으로 올바른 사회적 태도에 위험 요소—일종의 반대(역) 편협성reverse bigotry—가 있다고 생각한다. 치료사로서 우리는 항상 우리와는 다른 사람들과 작업하고 있다. 그래서 우리는 우리 자신의 무지와 우리와는 다른 사람들에 대한 우리의 가정들을 설명할 필요가 있다. 우리는 다양성을 이해하려는 현재의 기풍을 구체화할 필요가 있지만, 그것을 받아들이면서, 또한 우리는 보편성이 있다는 것을 인식할 필요가 있다. 수년 전 해리 스택 설리반(Harry Stack Sullivan)이 지적했듯이, "우리는 누구든지 각자 모두가 인간적인 것과 다르기보다는 오히려 더 인간적이다."

03
가족 보편성: 모든 가족은 똑같다

가족치료사는 민족성, 계층, 여타의 다른 사회적 요인들이 가족구조와 기능에 어떻게 영향을 미치는지, 그리고 그런 영향의 결과가 가족치료에 어떻게 영향을 미치는지 이해해야 한다. 그러나 관련 맥락보다 더 보편적인 것으로서, 발달과 관련된 어떤 긴요한 것들이 있다. 부모는 자녀를 돌볼 필요가 있다. 어떤 필수요건들은 특정 발달단계에 적합하다. 가족의 형태와 조직이 그 역동성을 결정한다. 가족구성원들은 서로 다른 비율로 나이를 먹으므로 서로 상충될 수 있는 욕구들을 가지고 있다. 그 목록들은 계속 이어질 수 있다.

가족치료사는, 역사상으로나 현재에서나 가족형태의 다양성을 인정하면서도, 치료를 이끄는 상위의 원리들이 있다고 믿는다. 이 장에서는 그 아래에서 다양한 치료사가 다양한 절차로 실험할 수 있고 유용하게 의사소통하고 일반화할 수 있는 상부를 구성할 수 있는 가족 개념들의 모델을 제시하고자 한다.

가족 구성하기

가족은 혈연적으로 또는 정서적으로 연결된 사람들의 집단이다. 그들은 상호작용의 정형화된 양식들과 그것들을 정당화하고 설명해 주는 스토리들을 개발할 만큼 오랫동안 함께 살아왔다. 정형화된 양식을 가진 그들의 상호작용들에서, 가족구성원들은 서로를 구성한다. 가족들이 이루는 상호교류의 거미줄에서 이러한 상보적인 구성은 좋게도 나쁘게도 작용한다. 이는 가족구성원들이 항상 불충분하게 기능한다는 것을 뜻한다. 가족에게 통용되는 규칙과 정형화된 양식들에는 활성화되지 않는 자아의 측면들이 있다는 것은 하나의 손실이다. 그러나 공동생활에는 일정한 예측 가능성과 존재하는 장소의 의미가 주는 편안함이 있다.

가족구성원들은 각자의 역할과 기능을 할당해 주는 가족규칙들에 적응한다. 이 적응은 가족구성원들로 하여금 유연하게 기능하도록 촉진하고 반응이나 안도감, 충성심, 그리고 조화 등을 기대하도록 촉진한다. 또한 그것은 관례들이 틀에 박은 듯이 되고 자발성이 불리한 입장에 처하게 되며 성장이 줄어들게 된다는 것을 의미한다. 이는 대인관계의 틀에 갇히고 지루해질 수 있음을 의미한다. 그러나 확장의 가능성은 항상 있다.

가족구성원의 상보적 구성은 오랜 기간 협상하고 타협하며, 재정비하고 경쟁하는 시간을 필요로 한다. 이러한 상호교류들은 대체로 잘 보이지 않는데, 이는 그 맥락과 화제가 끊임없이 변화할 뿐만 아니라 그 교류들이 일반적으로 사소한 일들의 본질적 요소이기 때문이다. 누가 설탕을 건네주는가? 누가 길을 찾기 위해 지도를 보고, 영화를 선택하고, 채널을 바꾸는가? 누가, 누구에게, 언제, 어떤 방식으로 반응하는가? 이것은 가족구성원들이 그들의 관계를 확고해지게 하는 접합제와 같다. 누가 포함되는가? 근접성과 친밀감의 수준은 어느 정도인가? 누가 누구에게 책임이 있는가? 누가 배제되고, 희생양이 되며, 학대받는가? 쾌락을 증진시키거나 긴장을 증가시키는 계기는 무엇이며, 갈등을 해소하기 위한 통상적인 방법은 무엇인가?

수천 가지 아주 작은 방식들로, 가족구성원들은 나와 너에 관련된 그들의 진리들을 교류하는 선호된 양식들을 개발하고 그들이 그들의 관계를 나타내는 방식을 개발한다. 가족들은 자신의 고유성과 관련된 이러한 진리들의 일부를 유지하는 동시에 그들이 진화함에 따라 다른 것들을 변화시킨다. 가족구성원은 그들의 관계를 나타내는 대안적 방식을 자발적으로 발견할 수 있으며, 이런 경우 가족기능의 유연성이 증가한다. 하지만 대부분의 경우, 가족구성원들은 서로에게 예측 가능한 상태를 유지한다. 예측가능성의 기대는 인색한 삶의 연출, 곧 관계를 맺는 데 필요한 경제적인 에너지를 고려한다. 그러나 가족규칙에 충성하라는 요구에는 또한 강압적인 요소들이 들어 있는데, 이는 가족구성원에 의한 성장이나 변화가 배신으로 경험될 수도 있기 때문이다.

가족치료사는 정형화된 양식들을 분류하고 관찰하도록 훈련을 받음으로써, 체스의 장인이 하는 것처럼 가족이라는 말판에 있는 말들의 움직임을 예측할 수 있다. 치료사는 게임의 형식적 특징들을 본다. 특정 쟁점들 주위에 있는 참가자들은 누구인가? 어떤 참가자에 대항하는 연합에 합류한 참가자는 누구인가? 보살핌, 지지, 그리고 권력은 어떻게 발생했는가? 이러한 변수들이 가족구조를 규정한다.

나는 앞서 여기에서 요약될 가족조직에 관한 몇 가지 개념(Minuchin, 1974)을 개발했다. 이러한 개념들이 감히 가족기능과 관련된 포괄적이면서도 과학적으로 엄격한 설명을 제공하리라고 나는 생각하지 않는다. 그것들은 내가 가족들을 관찰하기 위하여 도입한 유기적 구조일 뿐이다.

사실 가족구조와 같은 것은 없다. 가족구조는 치료사가 관찰한 그의 자료에 부과하는 프레임일 뿐이다. 치료사는 크게 북적거리고 급속히 활기를 띠는 가족세계와 관련하여 그가 조직하고 생각하는 방식을 제공하는 체계를 가져야 한다고 우리는 생각한다. 그러나 전략은 그 전략으로 야기될 모든 위험을 가지고 있다. 치료사가 특정 관점을 가지고 관찰할 때, 그는 특정 자료들을, 더 분명히 말해 이미 그가 중요성을 할당해 준 그런 자료들을 보는 경향이 있다. 가계도는 이와 같은 일종의 인위적 구성의 또 다른 예이다. 정보를 정리하는 도구로서 가치가 있으며, 현재의 참여뿐만 아니라 과거의 참여까지 포함하는 데 매우 유용하기 때문에, 가계도는 그것 자체가 가진 특정 종류의 편견을 부과하고 유지한다.

그럼에도 불구하고, 나는 구조적 구성들이 유용하다는 것을 발견했다. 체험적이며 임상적으로 암시하는 바가 많도록 설계되기 때문에, 그것들은 치료사가 그를 효과적인 개입으로 이끄는 방법들을 가지고 그의 인식과 사유를 구성하도록 돕는다. 그것들은 또한 언어적 자료들에 덧붙여서 상호교류와 관련된 치료사의 관찰을 조직한다. 따라서 그것들은 가족의 이야기들보다 관계들에 더 의존하는 가족들의 범위에서 더 효과적일 수 있다. 가족구조의 개념은 가족생활의 몇 가지 보편성들, 곧 소속감과 충성심이라는 쟁점들, 근접성, 배제와 방임의 쟁점들, 권력의 쟁점들, 하위체계 형성, 곧 경계선들의 침투성, 연합과 동맹에서 반영되는 공격성의 쟁점들 등을 다룬다. 구조적인 틀을 사용하는 치료사는 객관적이 될 수 없지만, 나는 어떤 치료사도 객관적일 수 없다고 주장한다. 그리고 기회는 준비된 정신에게 호의를 베푼다.

가족체계

모든 가족체계는 다수의 하위체계subsystems로 구성된다. 가족에서 각 개인은 그 가족의 하위체계이다. 연령의 차이들은 가족 하위체계를 창출한다. 곧 가족의 어른들이 하나의 하위체계를 구성하고, 아이들이 다른 하위체계를 구성한다. 차별화된 성역할을 규정하는 문화에서는 젠더가 하위체계—남성 하위체계와 여성 하위체계—를 창출한다. 혼합가족에서는, 부모와 자녀 사이의 역사와 혈연적 유대가 하위체계—'그의 자식들'과 '그녀의 자식들'—를 창출할 수 있다.

가족생활이라는 것을 구성하는 일상의 교섭들은 가족의 다양한 하위체계 한가운데서 일반적으로 인정된 근접성의 범위로 이어진다. 따라서 우리는 하위체계가 다양한 투과성의 경계선boundaries으로 둘러싸여 있다고 생각할 수 있다. 만약 아버지가 아이와 매우 가깝다면, 우리는 아버지와 아이 사이의 경계가 투과성이 있다고 말한다. 상호 보완적으로, 어머니가 아버지와 아이 사이의 관계에 비교적 관여하지 않을 수 있다. 이런 경우, 우리는 부자 하위체계와 어머니 사이의 경계가 경직되었다고 말할 수 있다. 다른 가족에서, 부모 하위체계와 자녀 하위체계 사이의 경계가 극단적으로 투과성이 있을 수 있는데, 이는 아이들이 부모들 서로가 맺는 교섭에 참여한다는 것 그리고(또는) 부모가 아이들의 작용에 개입한다는 것을 반영한다. 경계선의 은유는 추상적인 것 같지만 치료에서 매우 유용하다는 사실이 나중에 이 책에서 입증될 것이다.

가족생활에서 매일매일의 협상 또한 가족에서 권력 사용과 관련된 정형화된 양식(또는 이해)을 설정한다. 따라서 우리는 위계질서hierarchy를 가족의 유기적 구조의 한 측면으로 생각할 수 있다. 어떤 하위체계가 다른 하위체계에게 권력을 행사하는가? 어떤 방식으로 권력이 행사되는가? 권력은 강압적이고 권위주의적인가, 아니면 토론을 권하고 반대를 용인하는가? 권력의 사용이 가족에서 받아들여지는가, 아니면 저항과 반대를 불러일으키는가?

가족 지도

이러한 질문들에 대한 답은 우리가 구조적 지도structural map라고 부르는 가족의 그림으로 나타난다. 구조적 가족치료사는 가족유형와 가족발달이라는 개념들을 사용하여 이러한 지도를 평가한다. 가족유형는 한 가족의 인구통계학을 가리킨다. 문제가 된 가족은 '전통적인 '양부모 핵가족인가? 한부모 가족인가, 아니면 혼합가족인가? 어쩌면 그것은 가정에서 생활하거나 그렇지 않다면 그날그날의 가족의 삶에 적극적인 역할을 하는 한쪽 원가족 또는 양쪽 원가족을 그 구성원으로 가진 확대가족일 것이다. 아마도 그 커플은 게이거나 레즈비언일 것이다.

상이한 가족유형들은 가족구성원과 관련된 기능적 요구들을 상이하게 만든다. 따라서 어떤 가족유형에 맞춰질 수 있는 가족구조가 다른 가족유형에는 잘못 맞춰질 수 있다. 양부모 가족에 잘못 맞춰져서, 아버지의 주변화marginalization에 따른 결과로서 파악될 수 있는 어머니와 아이 사이의 높은 수준의 근접성은, 어머니와 아이 사이의 관계가 어머니와 그녀의 새 남편 사이의 관계보다 먼저 시작된 역사를 가지는 혼합가족에서는 당연히 매우 전형적이고 이용 가능한 것일 수 있다. 양부모 핵가족에서 부모의 권위를 손상시키는 것으로 보일 수 있는 조부모의 행동은 한부모 가족 또는 확대가족 체계에서는 당연히 매우 필수적이고 유용할 수 있다.

가족발달의 개념은, 문화는 각기 다른 생애주기에 있는 개인들에게 다른 행동을 하도록 규정한다는 사실에 뿌리를 두고 있다. 예를 들어, 현대 미국 문화는 어린 아동들이나 성인들과는 다르게 생각하고 행동하는 청소년들을 예상한다. 이와 유사하게, 부모로부터 벗어나 일정한 독립성(현행의 경제적 상황이 흔히 불가능하게 하는 그런 종류의 독립성)을 개발해야 한다는, 젊은 성인들을 향한 사회의 압력이 있다.

가족구성원의 정체성을 형성하는 구성자로서, 가족은 구성원들의 행동을 위한 사회문화적 규정에 적합하도록 스스로를 조직하여야 한다. 이러한 규정들은 성장과 변화된 상황에 대응하여 수정되기 때문에, 가족은 수정된 요구들과 개정된 기대들에 더 잘 맞도록 그것의 구조를 변경해야 한다.

이 모든 것이 임상적으로 의미하는 것은 어떤 단계에 맞춰지는 가족구조가 다른 단계에서는 맞춰지지 않을 수도 있다는 것이다. 가족발달의 초기 단계에서, 부부 형성은 일단 아이가 태어나면 반드시 달라져야 하는 두 사람 사이의 관여의 양과 질을 요구한다. 그리고 어린 자녀를 둔 가족은 청소년들이라면 질식할 정도로 부모자녀 사이의 관여를 요구한다.

가족유형과 가족발달이라는 개념들은 치료사로 하여금 어떤 가족과 관련하여 그가 그린 구조적 지도를 평가할 수 있게 해 준다. 그것들은 그것에 비추어 가족구조의 상대적 적용성이 평가될 수 있는 규범들을 제공한다. 치료사는 이러한 규범들이 보편적이지 않다는 것을 안다. 그것들은 주어진 시간과 문화적 맥락에 따라 다를 수 있다. 이러한 개념들의 임상적 사용은 가족유형의 다양성의 이해와 결코 모순되지 않는다. 곧 그것이 가정하는 것은 각 가족이 끼워 넣어져 있는 사회문화적 맥락과 합의할 방법을 찾아야 한다는 점이다.

가족 갈등

가족은 필연적으로 그들 자신의 개별적 관점으로부터 세상을 바라보는 개인들로 구성된 복잡한 체계이다. 이러한 관점은 가족을 다각형 격자를 짜 맞춘 돔(dome)의 마디처럼 균형 잡힌 긴장 상태에 있게 한다. 나와 우리 사이에는 소속감과 자율성 사이의 긴장이 있다. 모든 가족에서, 수많은 상호작용에서, 중요하거나 또는 심지어 사소한 결정이 내려지는 어느 시점에서, 매일같이 긴장들이 활성화된다. 거기에는 항상 협상이 있다. 우리는 그것을 내 방식이나 네 방식으로 할 것인가, 아니면 타협점을 찾을 것인가? 가족구성원들이 그들 자신이나 타인을 보는 그들이 선호하는 방식으로 형성된 양식들처럼 갈등의 조정 또한 정형화된 양식으로 구성된다.

가족구성원들은 개별 가족구성원의 전문지식을 받아들인다("그녀는 회계사니까, 그녀가 수표책의 잔액을 맞추게 하자."). 형은 거래 해결사이다("네가 우리에게 그네를 탈 수 있게 해 주면, 너는 우리의 세발자전거를 탈 수 있다."). 어떤 가족은 아버지의 방식이 더 낫다는 것에 동의할 수 있다("우리는 모두 아버지처럼 되려고 노력해야 한다."). 아니면 그것을 알아차리지도 못한 채 그들은 그들 자신의 방식을 채택할지도 모른다("아버지가 뱀을 싫어하니까 우리는 파충류 우리에는 절대 가지 않는다."). 그 대신에, 가족들은 협상하면서 완전히 새로운 결정 방법들을, 우리 각자의 방식이자 가족의 방식이 되는 그런 방식을 개발할 수 있다. 그러나 일치되지 않는 일부의 쟁점들은 해결하기 너무 어려워 가족들은 빈칸을 창출하는 경향이 있다. 모든 경험의 힘든 시기들은, 쟁점들이 처리되지 않음으로써, 가족의 삶의 질이 떨어지는 결과로 봉인된다.

때때로 가족구성원들이 불일치가 해결할 수 없는 것임을 알게 될 때, 그들은 그 쟁점을 해결하는 방법으로 권위를 사용하여 위계적으로 조직한다. 그러면 내용은 사라지는 경향이 있고, 가족구성원들은 양극화된 입장을 취하게 된다. 때로는 확대 가족으로부터 갈등의 동맹자가 영입되는데, 이는 협상을 종결시켜 버린 무장한 상태의 휴전을 강화하기도 한다.

위계질서는 필요하고 유용할 수 있다. 특정 영역에서 어떤 구성원의 전문지식과 권위를 수용함으로써 기능들을 차별화하는 것은 기능이 더 나아지게 하는 데 도움이 된다. 자녀가 있는 가족에서 갈등을 해결하는 데 사용되곤 하는 부모의 권위는 유익할 수 있으며, 그 과정에서 자녀들은 배우게 된다. 그러나 노골적인 권력이 해법을 강요하는 방식이 되면, 그것은 항상 잘못 맞춰지게 된다.

스미스 가족의 구조

이렇게 가족을 포괄적으로 서술하는 것이 피와 살을 가진 사람들에게서 어떻게 표현될 수 있는지 알아보기 위하여, 스미스 가정으로 들어가 그들이 차이들을 협상하는 과정을 관찰해 보자. 이번에는 교외에 거주하고 있는 상위의 중산층 백인 가정을 고려해 볼 것이다. 진은 경영학 석사학위를 가지고 있다. 마크는 변호사이다. 그들은 40대이고 아들(10세)과 딸(6세)이 있다. 그들은 결혼한 지 15년 되었다. 그들은 예술과 음악에서 비슷한 취향을 공유하고 있어서, 항상 즐거운 시간을 보냈고 으레 비슷한 문학 작품을 읽었으며 연주회에 함께 참석했다. 정치적으로 그들은 진보적이고 참여적이다. 그들은 서로를 향한 충절과 책임감, 그들의 가족, 그리고 그들의 직업을 소중하게 여겼다.

그들은 1960년대에 결혼적령기의 젊은이들로서 만났는데, 그때 둘 다 평화봉사단 소속으로 아프리카에서 일하고 있었다. 그들은 3년 동안 함께 살았고, 그런 다음 그들의 원가족에서는 결코 기억하고 있지 않은 생활양식과 조화를 꿈꾸며 결혼했다.

그녀는 무엇보다도 그의 자율성과 그가 어디에 있든 집에 있는 것처럼 편안해 하는 그의 감각에 끌렸다. 그는 달팽이 같았다고 그녀가 말했다. 그는 필요한 것은 무엇이든지 휴대했다. 그는 그녀의 질서의 감각에 끌렸다. 그녀 앞에서는 거친 물도 잠잠해지는 것 같아서, 그는 그들이 햇빛 찬란한 바다에서 영원히 항해할 수 있을 것이라 생각했다.

이상주의적인 1960년대가 냉정한 1970년대에 길을 내주고 그들이 좀 더 나이가 들면서, 그들은 둘 다 조금 더 출세 지향적이 되었고, 훨씬 더 많이 중산층이 되었다. 마크는 바지, 상의, 조끼 세 가지로 이뤄진 정장들을 입었다. 진은 대기업에서 좋은 일자리를 가졌지만 그들의 집을 관리하는 책임도 맡았다. 아이들이 생겼고, 바깥일이 늘어나는 만큼 그녀의 집안일도 함께 늘어났다. 그는 그녀보다 더 많은 돈을 벌었기에, 그들이 교외로 이사했을 때 그녀는 아이들과 함께 집에 머물기 위해 일을 그만뒀고, 마크는 그들의 생활수준을 유지하기 위해 사무실에서 더 많은 시간을 보내기 시작했다.

마크와 진은 이혼을 고려하는 시점에서 치료를 받게 되었다. 그들의 삶은 전체적으로 평온했고, 그들의 삶의 바다에는 폭풍우라고는 전연 없었지만, 그들은 아무데도 가지 않았다. 그의 일은 점점 더 많은 시간을 필요로 했다. 그녀는 다시 바깥일을 시작했고, 일찍 귀가하여 아이들을 돌보느라 지금은 두 가지 역할을 소화하고 있다.

그들은 서로 무관하다고 느낀다. 진은 아이들과 함께 식사를 하고 아이들을 재운 다음 마크가 오기를 기다린다. 그녀는 9시나 10시에 그의 저녁을 준비하고, 그녀가 식기세척기에 접시를 올려놓자마자 그들은 잠자리에 드는데, 피곤에 지쳐 그는 그의 자리에서 그녀는 그녀의 자리에서 각각 잠이 든다.

진은 마크가 끊임없이 자신을 비난한다고 불평한다. 그녀는 그가 이기적이고, 냉정하며, 그녀와 분리되어 있다고 느낀다. 그는 아내가 지켜볼 때만 아이들을 제대로 돌본다. 그는 그녀가 사물을 통제하면서 그것들에 강박적으로 집착하고 있다고 느낀다, 그의 견해에 따르면, 지속성과 질서가 대권을 장악하고 있는 세계에서 그들은 그들의 삶의 낭만을 희생하였다. 그는 그 자신이 가족에게 시간과 열정을 쏟고 있고, 아이들을 사랑하며, 책임을 다하고 있지만, 어떤 결정에서도 중요성이 그에게는 전혀 부여되지 않는다고 생각한다. 그는 가정에서 그 자신이 더 이상 필요치 않다고 느낀다. 그녀는 그 자신이 책임감 있고, 배려심이 있으며, 두 개의 전업 일자리(전업주부와 전업 직장인)에 압도되어 있다고 생각한다. 그녀는 예속되어 있다고 느낀다.

그들 둘 다 옳다. 그리고 서로에 대한 배신감에서 그들은 그들의 말없는 싸움에 참여할 동맹자들을 찾았다. 아들은 어머니를 좋지 않게 보는 그의 시각 때문에 아버지와 합류했다. 어머니는 남편과의 관계에서 말라 버린 모든 사랑과 보살핌을 딸에게 쏟아붓는다.

어느 날 밤 마크가 직장에서 늦게 귀가하고 진이 저녁을 차렸을 때, 그는 그녀가 대단히 피곤해 보인다고 걱정했다. 그는 그녀에게 어서 가서 자라고 권했다. 그는 혼자 먹겠다는 것이었다. 그녀는 그녀가 가진 질서의 감각에 대한 그의 비판을 들었다. 그녀는 아무 말 없이 쓸쓸하게 잠자리에 들었다. 그는 그녀의 침묵을 애정이 식은 것으로 읽었고 그녀에게 다가갈 수 없는 자신의 무능함을 더욱 강하게 느꼈다.

두 사람 모두 공개적인 갈등을 피하기 때문에 그녀는 집안에서 더 바빠졌다. 그 자신이 가정에서 더 이상 필요치 않다고 느꼈기 때문에 그는 사무실에서 더 바빠졌다. 그리고 그들의 말없는 전쟁이 느릿느릿 진행됨에 따라, 가정생활은 간신히 유지되었고, 반성되지 않는 틀에 박힌 일상이 되었다. 문제를 개방하는 것은 전쟁을 시작하는 위험을 무릅쓰는 일이었다.

스미스 가족과 관련된 이 도식적인 연출은 치료사의 구성, 곧 소소한 일상적 사건들, 대화들, 의견충돌들, 가족생활의 정서적 상태 등에서 오려 낸 그림이다. 제휴, 연합, 충성심과 배신감, 협상과 갈등, 이기심과 소속감—언어가 요구하는 깔끔한 이분법들이나 시간상의 연속적인 사건들에 들어 있는 것들이 아니라 설명할 수 없는 감정들의 혼란에 섞여 있는 많은 것—은 가족기능에 대한 더 명확한 설명으로 변형되어야 한다.

치료사는 가족의 이야기에 귀를 기울이지만, 그는 또한 상담실에서 그 자신이 참여하는 상호교류의 관찰들도 선택한다. 치료사는 부부에게 그들 관계에 대해 이야기를 시작하라고 요청한다. 마크는 진에 대해 불평하기 시작한다. 그녀가 강박적으로 통제하고, 사물에 집착하고, 차갑고, 인색하다고 그는 말한다. 그다음으로 치료사는 진에게 그녀의 관점에서 마크를 설명해 달라고 부탁한다. 그는 비판적이고 이기적이며 냉정하고 고립적이며, 그가 그녀를 도와주려 할 때는 언제나 부주의하다고 진은 말한다.

이제 치료사는 두 개의 이야기를 가지게 되는데, 둘 다 사실이다. 그가 너무 냉정하고 무심하며, 항상 그녀를 비난하기 때문에 그녀는 화가 나고 상처를 입는다. 그는 그녀에게 다가가고자 하는 것을 포기했다. 그녀는 항상 뒤로 물러나 있고 그에게 기회를 주지 않는다. 부부 각자가 진실에 대한 자신만의 생각을 고수한 채 갈등에 진입한다는 것을 치료사는 감지하기 시작했다.

그들 체계의 유연성, 그들이 어떻게 서로를 자극하는지, 그리고 관계를 맺는 다른 대안적 방법을 찾는 그들의 능력을 알기 위해, 치료사는 그들에게 그가 주의 깊게 귀를 기울이는 동안 계속해서 이야기하라고 격려한다. 또한 그들의 비언어적인 것들, 곧 몸짓, 이야기 내용에 수반되는 정동affect, 정서적 소음 등을 관찰한다. 진은 그녀가 지칠 대로 지친 밤에 마크의 저녁을 준비하는 것을 묘사한다. 그녀는 그저 좋은 아내가 되려고 했을 뿐인데, 그는 그녀를 침실로 쫓아냈다. 마크는 그가 한 모든 것이 그녀를 쉬게 하려고 한 것이라고 화가 나서 대답한다. 하지만 그것은 전형적이다—그녀 역시 다이아몬드 반지를 슬픔으로 변하게 할 수 있다. 침묵이 흐른다. 침묵이 길어질수록, 그들은 기대하는 모습으로 치료사를 바라본다. 치료사는 그들에게 계속해서 말하도록 권유한다.

낙담하고 매우 경계하면서 그들은 치료사의 권유에 순순히 따른다. 그들이 계속해서 탐색하는 동안, 치료사는 주로 대화가 계속 이어지도록 참여한다. 그는 그의 견해에 대한 마크의 방어가 망설이는 것처럼 보이는 점을 주시한다. 진은 완강하다. 마크는 무심해 보이는 반면에, 진은 감정적이고 대립적이다. 비록 그녀가 그 자신을 희생자라 생각하더라도 말이다. 진이 연대성을 강조할 때는 마크가 말이 없어진다. 마크가 그의 관점을 고집할 때 말이 없어지는 사람은 진이다.

치료사는 이제 그 가족에 관한 초기 지도와 그들의 확장 가능성에 관한 짧은 접촉을 가지게 되었다. 그는 또한 약간의 감정적 반응들도 감지한다. 이 부부와 관련된 어떤 것들이 그로 하여금 방어적인 것을 감지하게 만들었다. 치료사는 아직 그 이유를 알지 못한다. 그들은 모두 그들의 체험 여행을 이제 막 시작한 것이다.

요약

스미스 부부는 내 환자였고, 그들의 존재 방식, 곧 겉으로는 제멋대로인 것처럼 보이는 그들의 상호교류를 내가 조직한 방식의 서술은 내 '쿠키 커터[1]'의 산물이다. 이 책의 제2부에서, 곧 8명의 치료사들이 가족들과 작업하는 이야기들에서, 우리는

1) 역자 주: 쿠키를 만들 때 쓰는 틀, 일률적 접근방식의 비유

그 가족들 각각이 독특하다는 것을 목격하지만, 그 가족들이 치료사들에게 이야기한 바와 같이 그들이 공유하고 있는 보편적 특징들 또한 우리는 주목한다. 그 치료사들은 저마다 독특한 양식들을 가지고 있지만 치료상의 과정에 관한 하나의 관점을 나와 공유하고 있다.

자료를 정리하는 방법에는 여러 가지가 있다. 서로 다른 모퉁이에서 가족들을 관찰하는 개입주의 치료사와 자제하는 치료사는 그들의 개입을 설명하고 거기에 정당성을 부여할 조각만을 볼 것이다. 4장에서 우리는 이러한 부분적 관점들과, 그것들이 가족치료 분야와 관련하여 구성할 복잡한 그림을 탐색하게 된다.

04
가족치료들: 임상 실천과 슈퍼비전

일본 고전 영화 〈미야모토 무사시(Miyamoto Musashi)〉[1]는 무사시를 위대한 사무라이로 만드는 과정을 그린다. 이 영화는 마을 사람들에게 폭군같이 굴던 젊은 반항아의 내면에 있는 잠재성과 재능을 알아본 지혜로운 노스님을 무사시가 만나는 시절에서부터 시작한다.

이 제멋대로인 젊은이를 가르치기로 마음먹으면서, 그 노스님은 무사시에게 온 힘을 다해 그에게 덤벼 보라고 요구한다. 싸움 경험이 풍부한 길거리 싸움꾼인 무사시는 나약해 보이는 노스님과 싸운다는 생각에 웃는다. 그러나 그는 물리적 힘의 우위에도 불구하고 그 스님을 무너뜨릴 수 없다는 것을 곧 깨닫는다. 그 스님은 그저 무사시와 직접 맞서는 것을 피하기만 할 뿐인데도 말이다. 쫓고 쫓기는 숨바꼭질 과정을 통하여, 그 스님은 훨씬 나중에야 무사시에게 확실하게 될 그의 검술을 그 자신도 모르는 가운데 완성하게 한다.

스님을 붙잡지 못해 화가 났던 무사시는 은혜를 모르고 스승이 거주하는 사원을 샅샅이 뒤져 보지만, 또 다시 그가 놓은 덫에 걸린 자신을 발견하고는 하다가, 이번에는 절대로 빠져나갈 수 없는 도서관에 갇힌다. 헛되이 고래고래 상욕을 내퍼붓는

1) 역자 주: 〈미야모토 무사시〉는 요시카와 에이지의 동명소설을 영화로 만든 이나가키 히로시 감독의 대하 3부작 가운데 첫 번째 작품이다. 이 영화가 미국에서 개봉된 것은 1955년이었다. 미야모토 무사시(1584?~1645)는 아즈치모모야마 시대부터 에도 시대 초기에 걸쳐 살았던 인물로, 무사로서 수많은 대결에서 단 한 번도 패하지 않은 전설적인 검객이었을 뿐만 아니라 서화에도 능통한 뛰어난 예술가였다고 한다. 그가 남긴 저서 『오륜서』는 효과적인 전투 기술을 알려 주는 무술 지침서이자 인생의 풍파에 대처하는 지혜를 알려 주는 인생 지침서로서 그 분야의 고전으로 알려져 있다.

몇 달이 지난 후, 무사시는 마침내 진정하게 되고, 그 방에 있는 수많은 책과 진귀한 필사본을 읽기 시작한다. 그는 그곳에서 10년 동안 갇혀서 지낸다. 이 기간 동안 무사시와 그 스님 사이에 무수한 대결이 이루어지고, 매번의 경험과 함께 무사시의 솜씨는 더욱 섬세하게 다듬어진다.

어느 날 무사시는 도서관 문이 열려 있는 것을 발견한다. 문 밖에는 그 스님이 서 있었다. 그 스님은 무사시에게 자기가 알고 있는 모든 것을 가르쳐 주었으니 이제부터는 그 스스로 배워야 한다고 말한다. 그렇게 무사시는 역사상 가장 훌륭한 사무라이가 되는 위대한 모험을 시작한다.

이 독단적인 스승과 그를 마지못해 따르는 제자의 이야기는 스승들과 제자들 양쪽 모두를 위한 뿌리 깊은 환상들을 일깨운다. 스승들에게 이 이야기는 개인과 개인이 마주하는 형태의 학습과정에서 권력 투쟁이 불가피하다는 것을 보여 준다. 우리의 어리석음과 저항에도 불구하고 그토록 우리의 성장과 성취에 헌신하는 스승을 찾고자 열망하는 우리와 같은 사람들에게, 무사시가 그 스님과 함께한 경험은 일생일대의 만남이다. 그러나 위계질서와 통제라는 쟁점에 민감한 사람들에게 이런 사무라이 훈련방법은 악몽 같은 학습경험이 될 것이다.

어떤 학습과정에서 나타나는 이러한 상호교류의 드라마는 사람들 저마다에게 다른 주제와 의미를 담고 있다. 가족치료 분야는, 여러 상이한 그 학파들에서 나타난 바와 같이, 항상 그 다양성을 자부해 왔다. 가족치료사의 훈련에서도 동일한 다양성이 발생한다.

21세기 초, 가족치료는 확립된 한 가지 실천방법이었다. 정신분석학적 수립에 맞선 초기 투쟁은 별개의 영역들에서 가지는 유효함의 관심으로 대체되었다. 가족치료사의 훈련은 전문화된 기관들에 이관되지 않고, 대학의 사회사업학과, 심리학과, 정신의학과, 간호학과 등에서 이루어졌다. 잠재적인 적용 범위가 계속 확대되면서, 가족치료 석사학위를 주는 프로그램들이 미국과 그 이외의 나라들에서 우후죽순처럼 생겨났다.

이 장에서 우리의 과제는 가족치료가 수행되고 치료사들이 그것의 실천으로 훈련받는 수많은 방법의 개요를 제공하는 것이다. 우리의 개요를 위해 몇 가지 체제를 제공한다면, 우리는 가족치료의 영역을 개입주의interventionist 치료와 자제하는restrained 치료로 나눌 수 있다. 이러한 구분은 다소 인위적이며, 우리가 함께 묶은 치료사들이 그 자신들을 서로 비슷하다고 보지 않을 수도 있지만, 이렇게 한데 묶는 작업은 체계적 치료를 향한 다양한 주요 접근법 사이의 중요한 공통점과 차이점을 강조하는 데 도움이 된다.

개입주의 치료

우리는 개입주의 치료사 집단을 보여 주기 위하여 가족치료 선구자들 가운데서 네 명을 뽑았다. 우리 선택이 다소 임의적이긴 하지만, 부분적으로는 임상 방식들을 설명할 수 있는 그들의 치료 작업 테이프를 이미 우리가 가지고 있다는 사실에 기초하고 있다. 비록 현저하게 다르지만, 그들의 방식은 모두 개인적인 개입의 감각을 그 그룹의 특징을 이루는 치료의 과정에 실어 나른다. 나는 6장에서 내 자신의 개입주의 치료 방법을 논의하고 예증할 것이며, 제2부에서, 8명의 내 제자들이자 동료들이 수행한 슈퍼비전 이야기에서 이 방식을 더 정교하게 설명하고자 한다.

버지니아 사티어

따뜻하고 내담자에 밀착하는 버지니아 사티어(Virginia Satir)의 스타일은 이미 1장에서 개입주의 실천의 사례로 서술되었다. 사티어의 치료 목표는 성장이었는데, 그녀는 그러한 성장을 개인의 경우에는 자아존중감 향상으로, 가족의 경우에는 결속력 증진으로 측정했다. 사티어에게, '사람 만들기(people-making)'의 개념은 치료에서 그런 것처럼 슈퍼비전에서도 동일한 것이었다. 따라서 사티어는 가족을 위해 자신이 창안한 경험들과 동일한 종류의 경험, 곧 정서적 표현 향상시키기와 통찰력 얻기를 목표로 하는 경험을 그녀의 제자들을 위하여 창안했다.

사티어는 치료사들이 가족의 일부로서 그들에 관한 지식을 가지는 것이 필수적이라고 믿었다. 그녀가 생각하기에는, 치료사들은 그 자신의 가족관계에서 해결하지 못한 쟁점들을 통해서 작업할 필요가 있었다. 그녀는 종종 그 안에서 수련생이 그의 삶에서 특별한 시기와 그 시기의 가족 맥락을 간략하게 묘사하는 하나의 집단을 구성하는 방식으로 수련생들을 훈련시켰다. 그런 다음, 그녀는 그 집단에 속한 사람들이 가족에서 다른 역할들을 해 보도록 지도함으로써 개별 수련생에게 새로운 성장을 위하여 그의 가족의 역할을 다시 경험해 볼 수 있게 하였다.

사티어가 탄생시킨 제자–추종자들이 전 세계에 퍼져 있기 때문에, 그녀는 그녀의 제자들뿐만 아니라 그들의 가족들도 함께 참석하는 한 달간의 여름 수련회에서 그녀의 '아름다운 사람들'을 만나고는 했다. 이 수련회 동안 이루어지는 그녀의 수업 구성방식의 일부에는 성장과 함께하기의 정신으로 많은 사람 앞에서 진행되는 그녀의 제자들과 그들의 가족들과 면담하기가 포함되었다. 어떤 사람들은 사티어가 학생들에게 '좋은 엄마'가 됨으로써 연루되는 방식이 상당히 거슬리고 압도적이라고 여겼다. 사실 그녀는 지나치게 밀착해 있었으며, 굉장히 보살피는 방식으로 그녀 자신을 이용했다. 슈퍼바이지와의 관계가 친숙하고 정중하며 지나치게 멀지도 가깝지도 않게 되는 것을 선호하는 슈퍼바이저들은 그녀의 지도 방식이 너무 바싹 다가간 것이어서 독립적인 사고가 발생할 수 없게 만든다고 여겼을 수도 있다. 그러나 사티어의 치료는 친밀감의 치료이고, 그녀의 슈퍼비전도 같은 특성을 가지고 있다. 재구성 reframing, 가족나무family tree 사용, 가족조각family sculpting과 같은, 그녀가 개발한 기법들 가운데 많은 것이 가족치료의 영역에서 여전히 폭넓게 사용되고 있다.

칼 휘태커

칼 휘태커(Carl Whitaker)의 방식은 사티어의 그것과는 전혀 다르다. 그녀가 따뜻하고 매력적이라면, 그는 신비적이고 즉흥적이다. 휘태커는 비합리적이고 창의적인 경험하기와 기능하기 같은 '미친(열광) 상태craziness'를 치료 과정에서 필수적인 것으로 옹호했다. 그들 자신이 약간 미친 상태가 됨으로써 가족들이 자발성spontaneity과 향상된 정서성emotionality의 이점들을 누릴 수 있다고 그는 믿었다.

사람들에게서 '미친(열광) 상태'를 끌어내고 그들의 정서적 장애에서 그들을 해방시키기 위해, 휘태커는 자발적으로 그의 감정을 환자들에게 전달하는 기법을 창안하여 그 자신의 이야기는 물론이거니와 감정과 환상까지도 그들과 공유했다. 자살 시도 이후에 병원에 입원했던 소년(10세)의 가족과 함께 수행한 회기에서, 그만의 독특한 방식이 잘 나타난다. 그는 가족사를 물어보면서 그 소년의 아버지와 대화를 시작했다. 그는 죽음들에 특별한 주의를 기울였다. [면담과정에서 밝혀진 것이지만] 조부모 가운데 한 분이 최근에 돌아가셨고, 아버지의 여동생은 그 소년이 시도했던 것과 같은 방법으로 자살했다. 휘태커는 두 번 끼어들면서 "내게 미친 생각이 있어요."라고 말했다. 소년의 아버지가 대답하리라 기대하지 않는 것 같았던 것에, 곧 별로 관계가 없는 것에 그는 말참견을 했다. 소년의 어머니에게 고개를 돌리면서, 그는 그녀의 부모에 관해 물었고, 다시 그녀 아버지의 죽음에 특별한 관심을 기울였다. 그런 다음 그는 그 자신의 아버지의 죽음에 관해 이야기하면서, 그 자신이 살인자가 된 것만 같은 기분이 든다고 말했다. 그는 가족구성원의 죽음 이후에 남겨진 사람들은 아마도 누구나 살인자가 된 것 같은 기분이 들 것이라고 덧붙였다. 그리고 그는 이 가족 역시 그와 같은 기분이 들어야 한다고 넌지시 말했다.

소년의 어머니는 그런 생각을 이해할 수 없다고 말했다. 휘태커는, 그가 가르치고자 했던 것은 이해하는 방법이 아니라 알지 못한다는 것을 참아 내는 방법—'우리가 이 미친 세상에 대처할 수 있는 유일한 방법'—이라고 분개하며 말했다. 그 여성은 날카로운 반응에 깜짝 놀랐지만, 휘태커는 전혀 개의치 않는 것 같았다. 그는 이야기들이 어떤 특정한 방향으로 가야 할 필요가 없다는 뜻을 전달했다. 반복해서 그는 '미친 생각'으로 논리적 흐름을 흐트러뜨렸다. 어떤 한 지점에서, 그는 "당신은 내게 유익해요, 당신의 억양은 내가 애틀랜타에 살았던 때를 기억나게 해요."라고 말했고, 그 자신의 남부 억양이 더욱 맛깔스러워졌다. 또 다른 지점에서, 그는 다시 "내가 미친 생각을 하고 있어요. 난 지금 결투할까 싶어요. 결투하시겠어요?"라고 말했다. 그 가족의 어리둥절한 표정에, "아니, 아닌 거 같아요."라고 말한 뒤, 그의 삶에 관한 언급들을 덧붙이면서 면담을 계속했다. 그는 그의 환자들 가운데 베트남에서 살인 훈련을 받은 환자 한 사람에 관해 그 소년에게 말했다. [그의 이야기에 따르면] 미국으로 돌아와, 진공청소기를 원하지 않는 어떤 여성에게 그것을 팔려고 노력하다가, 그 환자는 진공청소기의 줄을 이용해서, 그가 베트남 전쟁에서 배운 대로, 그녀를 목 졸라 죽이고 싶은 충동을 느꼈다.

그 가족들뿐만 아니라 참관하는 청중들에게도, 휘태커의 면담은 매우 당황스럽고 방향을 잃은 것 같아 보였다. 그러나 이 테이프를 보면서, 우리는 1시간도 채 되지 않는 동안 진행된 인터뷰에서 그가 30번이나 넘게 죽음, 자살, 그리고 살인에 관한 토의를 끌어내거나 제안했다는 것을 깨달았다. 회기 내내 죽음의 이미지와 죽음을 향한 반응이 스며들었고, 결과적으로 죽음과 그 영향의 탐색이 매우 친숙한 것이 되었다. 휘태커는 그 가족들이 내면의 대화를 함께하지 않으려는 가족의 비밀에 관심을 환기시키고 있었다. 그는 그들의 생각에 들어 있는 무의식적인 요소를 그들이 드러내고, 존중하고, 인정하도록 격려하면서, 그들의 과잉합리성overrationlity을 환기시키고 있었다.

버지니아 사티어와 칼 휘태커는 적어도 한 가지 목표를 공유한다. 더 깊은 수준의 경험으로 뚫고 나아가기가 바로 그것이다. 그러나 사티어는 보살핌과 배려를 강조했고, 저 부드러운 감정들을 발굴하는 데 매우 직접적으로 참여했다. 휘태커의 진술은 개인, 가족, 심지어 문화까지도 초월하는 보편적인 사고와 쟁점들에 뿌리를 내리고 있었다. 그는 죽음, 살인, 섹스, 그리고 불연속성 등과 같이 계속 반복되는 요소들을 다루고 있었다. 그가 가족에 합류하는 것이 아니라, 사물들을 아주 자세히 살펴보는 심원하고 불손한 방식으로 오히려 가족구성원들이 그에게 합류하도록 그들의 노력을 촉구하는 것을 통해서 그는 그렇게 했다.

휘태커는 임상 작업에서 이론을 방해물로 여긴다(Whitaker, 1976). 그들의 치료 작업의 기초를 이론에 두고 있는 치료사들은 감정에 좌우되지 않는 기법의 체계로 보살핌을 대체하는 경향이 있다고 그는 생각한다. 그렇기 때문에 치료의 실천은 가르쳐질 수 없는 것이라는 휘태커의 믿음에 우리가 결코 놀랄 필요가 없는 것은 당연한 일이다. 치료하는 일이 가르칠 수 없는 것이라면, 우리가 할 수 있는 유일한 방법은 학생들과 함께 치료하는 일을 수행함으로써 그들을 치료하는 일에 노출시키는 것이다. 그래서 휘태커의 학생들 모두는 그의 공동-치료사들이다. 그와 함께 치료하는 일을 하고, 그로부터 치료를 받고, 그와 대화함으로써, 그들은 그를 닮게 되는 것이 아니라 더욱더 그들 자신이 된다. 그가 시도하는 훈련은 가르침에 의한 것이 아니라 참가에 의한 것이다.

휘태커가 가족들에게 소개한 경험적 치료는 사람들이 그것을 본받기가 항상 쉽지는 않은 것이지만, "이상한 나라의 앨리스처럼, 꿈과도 같은 영역에 있는 사람들에게 감탄하면서, 그것을 실행해 보이는"(AAMFT Founders Series, 1991) 그의 능력은 그가 남기고 싶어 했던 유산인데, 그는 실제로 그렇게 해 왔다. 유희하면서 불합리함의 요소를 융통성 없는 가족체계에 도입하는 것을 배우는 일은, 휘태커의 추종자이든 아니든, 그가 치료사라면 그 누구에게도 유익하다.

사람들의 사고의 의미와 논리, 그리고 가족의 역할기능에 이의를 제기함으로써,

휘태커는 실재에 대한 구성주의적 관점의 도전을 앞서갔다.[2] 치료의 변화 과정에 그 자신이 개인적으로 참여함으로써, 그는 또한 구성주의자들의 실천에서 보이는 인지적 태도에 이의를 제기했다.

머레이 보웬

사티어와 휘태커가 자발적이고 정서적이며 본능적인 반면, 머레이 보웬(Murray Bowen)은 지성적이고 신중하며 이론적이다. 보웬은 가족 내부에서 일어나는, 급성의 것이거나 만성적인 것인 정서적 반응성emotional reactivity의 산물이 증상이라고 생각했다. 보웬은 가족의 주요 문제를 정서적 융합fusion으로 보기 때문에, 치료에서 그의 주요 목표는 분화differentiation이다. 향상된 개별적 자율성과 성장의 조건을 창출하기 위해서, 그는 단절된 가족관계들을 다시 열고 그것들을 삼각관계에서 벗어나게 할 필요가 있다고 생각했다.

변화는 불안이 낮은 정도일 때 발생할 수 있고, 감정이 아닌 지성이 변화의 중요한 매개체라고 보웬은 믿었다. 따라서 치료사들은 스스로 민감해지지 않으면서 가족들의 감정 상태를 용인하는 것을 배워야 한다. 보웬 접근법에서 치료사는 민감하지 않은 상태로, 침착하게, 그리고 가족구성원들 사이의 감정적 얽힘 바깥에 남아 있는 코치이다. 만약 치료사가 가족갈등 속에서 삼각관계에 빠지게 되는 압력을 견뎌낼 수 있다면, 가족의 긴장은 가라앉게 될 것이고, 결과적으로 가족들 사이의 연합도 해소될 것이다.

사티어의 따뜻한 정서 상태와 휘태커의 노련한 혼돈과는 대조적으로 보웬의 합리성은 지나치게 통제되고 멋없어 보인다. 그의 접근법은 항상 싸우기만 하는 부부와의 면담에서 잘 드러난다. 남편과 아내는 말다툼을 멈추지 않고 결코 어떤 것도 해결

2) 역자 주: 구성주의는 태어나면서부터 현재의 삶에 이르는 경험의 총체로 정의되는 성인정신(adult mind)을 가장 간단히 한정할 수 있는 구성요소로 분석하여, 이러한 구성요소들이 복합적 형태로 모아지는 방식을 찾아내고자 했다. 구성주의의 주요수단은 내성법(內省法)이다. 그것은 훈련받은 관찰자가 엄격히 정의된 기술적 어휘를 이용하여 통제된 대상을 주의 깊게 관찰하는 것이다. 구성주의자는 경험이 하나의 사실로 평가되어야 한다고 믿는데, 그들이 그렇게 믿는 이유는 경험이 그 의미나 가치의 분석과 무관하게 실재한다고 생각하기 때문이다.

하지 못하면서 이 주제에서 저 주제로 건너뛰고는 했다. 보웬은 그들 각각에게 그하고만 이야기하라고 부탁하면서 그 회기를 이끌어 갔다. 그는 자신을 삼각형의 꼭짓점이 되게 하면서, 그와 남편이 말하는 동안 아내가 듣게 했고, 그런 다음 그가 아내와 말하는 동안 남편이 듣게 했다. 남편이 아내를 향한 분노를 묘사하기 시작했다.

보웬이 중단시켰다. 보웬은 그의 건조하고도 감정을 드러내지 않는 방식으로 "당신이 뭘 느끼는지 내게 말하지 마세요."라고 말했다. "난 당신이 뭘 느꼈는지는 관심이 없어요. 당신이 뭘 생각했는지 내게 말하세요." 그 회기 전체에 걸쳐서 보웬은 반복해서 끼어들면서, 그 부부의 대화들의 강도를 추적 관찰하기 위하여 인지적 통제를 가했다. 그 회기가 끝날 무렵, 남편과 아내 사이의 모든 교류에 스며들었던 통제하기 위한 투쟁은 덜해졌다. 보웬이 부과한 형식적인 구조 내부에서, 그들은 서로에게 투덜거리는 대신에 그들 자신과 그들 서로의 욕구들을 탐색하기 시작했다.

보웬 이론은 그것이 치료를 설명하는 것과 동일한 방식으로 슈퍼비전을 설명한다. 슈퍼비전의 목표는 치료사가 내담자 가족의 정서적 과정 앞에서 성찰적이고 무반응의 상태를 유지할 수 있는 능력을 향상시키는 것이다. 보웬학파의 용어로 표현하자면, 이것은 슈퍼비전의 목표가 치료사의 자기분화differentiation of self를 향상시키는 데 있음을 의미한다. 이 목표는 치료의 목표와 동일하기 때문에, 슈퍼비전 과정도 치료 과정과 동일해질 것이다. 슈퍼바이지가 먼저 그의 임상적 교착상태와 가족의 다세대 관련 역사 사이의 관계를 이해하고자 하고, 그런 다음 그의 입장을 핵심 가족구성원들에게로 이동하기 위하여 원가족으로 돌아가는 대로 나아가게 됨에 따라, 슈퍼바이저는 침착하고 삼각관계에서 벗어난, 슈퍼바이지의 코치로서 기능할 것이다.

보웬 이론의 문제점은, 그것이 사람들의 분화 수준을 원가족에서 있었던 아동기 경험에 고정시킨다는 것이다. 그의 이론은 새로운 가족에서 있을 수 있는 나중의 삶의 경험에 토대를 두고 있는 변화나 분화의 가능성을 허용하지 않는다. 몇 가지 방법에서, 그의 이론은 정신분석의 억압 이론과 비슷하며, 성장의 잠재력은 초기 관계들의 변화에 의존적이다. 여전히 보웬 이론은 개인들과 그들 가족 사이의 관계에 대한 포괄적인 개념화를 제공하는데, 이는 치료사들이 이해할 수 있는 유용한 틀이다.

제이 헤일리*

제이 헤일리(Jay Haley)는 치료사라기보다는 슈퍼바이저이다. 그러나 그의 사고는 대단히 명료하고 그의 지시들은 치료상의 묘책들로 변형할 수 있을 만큼 정말 쉬워서, 그는 치료 지침을 위한 지도 제작의 명인에 비견될 정도이다. 치료사는 그의 지도들 가운데 하나를 가지고 정확한 길 찾기를 할 수 있을 것이다. 헤일리는 인간의 상호작용을 통제와 권력을 위한 개인들 사이의 투쟁으로 본다. 그러나 그가 가리키는 권력이 반드시 다른 개인의 통제인 것은 아니다. 차라리 그것은 관계의 정의definition를 통제하는 것이다. 치료의 목표는, 그의 관점에서 보자면, 증상이 가족 내부에서 이루어지는 권력 행사의 수단으로 양도되도록 가족구성원들 사이의 관계를 재정립하는 것이다.

헤일리에게 치료는 가족구성원들이 서로 다른 어떤 것을 할 필요가 있는 상황에서 그들이 그들 자신을 '발견하는' 조건들을 창출하려는 시도이다. 치료사의 임무는 사회 공학에서 말하는 하나의 기획 같은 것이 된다. 다음의 물음들처럼 말이다. 이런 증상, 이렇게 제대로 기능을 하지 못하도록 조직된 가족, 이런 삶의 곤경과 압박을 고려할 때, 어떤 상황에서 가족구성원은 변화하는 경향이 있는가? 어떻게 치료사는 그들 자신의 힘으로 해결책에 이르게 된 것처럼 그들 자신을 경험하는 그러한 방식으로 가족구성원들이 그러한 상황들로 향하게 할 수 있는가? 치료는 '간접적인 지침indirect direction'을 통해 이루어지는 연습이 된다.

아내에게 폭식증이 있었던 부부의 치료에서, 헤일리는 치료사에게 배우자들 사이의 불신의 요인들을 탐색하라고 지도하면서, 그 문제가 충분히 다뤄질 때까지 폭식증의 치료를 시작할 수 없다고 말했다. 아내가 그녀의 남편을 믿을 수 있도록 돕기 위해, 그녀는 밤에 자신이 잔뜩 먹을 정크 푸드를 사러 슈퍼마켓에 같이 가자고 그에

* 제이 헤일리의 작업은 클로에 마다네스(Cloe Madanes)와의 동반자관계 이전부터 시작하고, 그와 마다네스는 모두 광범위하게 저작활동을 했으나 결코 공동으로 저술을 하지는 않았다고 하더라도, 10년 이상의 세월 동안 마다네스와 헤일리가 '워싱턴 가족연구소(Washington Family Institute)'의 공동대표로 재직하면서 함께 생각하고 가르쳤다는 사실의 고려 없이 헤일리의 작업을 서술하기는 어려울 것 같다. 지난 20년 동안, 그들은 각자 다르게 진화해 왔다. 헤일리가 전략적인 기법들을 계속해서 탐색하는 동안, 마다네스는 치료의 영성적 측면을 향한 관심으로 옮겨 갔다.

게 부탁해야만 했다. 그 부부는 아내가 먹고 토한 음식의 양의 설명을 작성하도록 권장받았다. 어느 지점에 이르러, 남편은 그녀의 음식을 사오라는 요청을 받았다. 그런 다음 그들은, 나중에 토할 것이므로 그것을 씹는 데 분쇄기를 사용하는 것이 더 낫겠다는 결정을 함께했다. 마지막에는, 아내가 구토할 때의 에너지를 절약하기 위해, 그들은 음식을 사서 분쇄한 다음 변기에 버리기로 합의했다.

부부 역동과 증상 변화에 결정적인 배우자들 사이의 협력, 상호성, 신뢰의 증가는 헤일리의 전략적 공식화에서는 강조되지 않은 채로 남아 있다. 그것들은 거의 제쳐놓은 것처럼 보인다. 하지만 그것이 헤일리의 전략의 본질이다. 헤일리의 전략적 치료는 때때로 조작적이고 무례한 것으로 묘사되어 왔지만, 수십 년 동안 그를 지켜보면서, 우리는 그의 전략적 사고를 변함없이 떠받치고 있는, 사람들을 향한 그의 신중하고 공손한 배려를 증언할 수 있다.

헤일리의 슈퍼비전 또한 '간접적 지침'의 연습이다. 그의 치료 개념과 유사하게, 전략적 치료사의 슈퍼비전은 항상 슈퍼바이저가 고안하는 구체적이고 개별화된 계획(슈퍼바이지와 공유될 수도 있고 공유되지 않을 수도 있는 계획)을 포함한다(Mazza, 1988). 훈련의 맥락은 실제 상황으로 이루어지는 슈퍼비전이다. 일방경 뒤에서 작업하기 때문에, 헤일리는 치료의 움직임을 지도하면서, 인터폰으로 슈퍼바이지에게 지침들을 전달한다. 이 지침들은 슈퍼바이지가 전략적 치료사로서 갖춰야 할 능력의 소유자로 성장하도록 돕기 위하여 고안된다. 슈퍼바이지는 어떤 것을 생각하거나 말하기보다는 어떤 것을 행함으로써 변화한다. 학습은 간접적으로 일어나며, 그녀가 거의 의식하지 못하는 상태에서 일어난다. 따라서 우리가 헤일리를 개입주의 집단에 포함시켰다고 하더라도, 치료사가 그 자신을 치료상의 도구로서 여긴다는 측면에서 그의 입장은 그 집단에 속한 다른 사람들의 입장과는 다르다.

제이 헤일리의 가르침은 종종 MRI나 밀란학파와 같은 극소주의 전략 학파들의 그것에 비교되지만, 그가 개입주의 치료사라는 것이 우리의 생각이다. 그는 환자의 가족이나 더 큰 체계로 들어가는 입구를 찾기 위하여 증상 드러내기를 사용하며, 그의 궁극적인 목표는 증상을 다루는 것일 뿐만 아니라 아니라 체계를 바꾸는 것이다.

방식과 사고의 차이에도 불구하고, 지금까지 논의된 모든 치료사는 어느 정도까지는 변화과정의 계기로서 치료사에게 초점을 맞추고 있다. 불가피하게 그들은 슈퍼바이지가 이상형의 치료사가 되도록 지도하는 방식의 슈퍼바이저로서 그들 자신을 이용했다. 사티어는 그녀의 제자들과 강렬한 정서적 관계를 창출함으로써 그들의 근접성, 충성심, 보살핌을 북돋웠다. 휘태커는 존중과 보살핌과 당혹감을 동시에 창출했다. 그는 슈퍼바이지들의 창의성에 공간을 제공하고, 그와 연결되게 하는 신뢰감은 물론이거니와 그들이 그들 자신의 개별성과 연결되게 하는 데 필수적인 거리를 강조했다. 보웬은 그의 슈퍼바이지들과 예측할 수 없으며 거리를 두는 관계를 유지했다. 코치로서 치료사라는 그의 이상을 그는 그들의 원가족과 작업하고 있었던 그의 제자들을 개별지도하는 과정에서 다시 논의하였다. 헤일리는, 지나치게 가깝지도 멀지도 않은 관계에서 작업하면서, 공손한 지성적 분위기로부터 그의 반-지성적 접근anti-intellectual approach을 가르치기 위하여 그러한 분위기를 창안한다.

사티어와 휘태커 모두 내담자와의 관계가 내담자뿐만 아니라 그들 자신을 변화시켰다고 가정했다. 따라서 그들은 슈퍼바이지들을 변화시키는 데에 어떤 도구적 역할을 채택하는 것에 편안함을 느낀다. 그러나 분화와 자율성을 중요하게 보는 보웬은 슈퍼바이지들로 하여금 원가족과의 작업에서 이루어지는 그들의 변화를 감당하게 한다. 헤일리는 그 안에서 슈퍼바이지들이 지침 내리기를 통하여 치료를 위한 권위를 경험하는 어떤 위계적 관계를 창안했다.

이러한 개입주의 치료사들 각각은 휴먼드라마의 특정한 지점을 선호한다. 곧 사티어는 보살핌을, 휘태커는 창의성을, 보웬은 자율성을, 헤일리는 권위를 각각 선호한다. 이와 같이 다양한 치료 방식은 치료사들이 그들의 치료 작업에서 복합성을 증가시키기 위해 선호하는 방식들을 운용하는 것이 가능하다는 점을 우리에게 보여준다. 그들이 그 방식이 유일한 가능성이 아니라는 점을 이해하기만 한다면 말이다.

자제하는 치료

가족치료에서의 자제restraint는 몇 가지 형태로 나타나는데, 여러 치료학파가 그들의 개입을 자제하는 각기 다른 방법을 채택했다. 첫 번째 그룹의 치료사들은 그들이 개입하는 가족 기능의 영역을 조심스럽게 제한한다. 치료는 단지 가족에 의해 확인되는 문제에만 초점을 맞춘다. 두 번째 그룹은 치료사의 활동들과 태도를 억제하는 일군의 기술을 개발한다. 세 번째 그룹은 언어와 이야기 영역에 관련된 치료사의 반응 양식을 제한함으로써 통제를 행사한다. 그러나 세 그룹 모두 가족에게 가해지는 그들 자신의 강제에 관한 배려, 곧 개입이 억압적이지 않도록 경계하는 배려를 공유한다.

MRI 그룹

존 위클랜드(John Weakland), 파울 바츨라빅(Paul Watzlawick), 아서 보딘(Arthur Bodin), 리처드 피쉬(Richard Fisch) 등이 포함된, 캘리포니아 팔로알토Palo Alto에 있는 MRI의 단기치료Brief Therapy 집단은 체계적 치료를 향한 비규범적 접근법을 선언한 첫 번째 집단이다. MRI 그룹은, 내담자가 불만을 표시하지 않는다면, 어떤 특정한 방식의 기능하기, 관계하기, 또는 생활하기도 문제가 있는 것으로 여기지 않는다고 선언했다(Fisch, 1978).

사람들이 어떤 것에 문제가 있다고 일단 규정하게 되면, 그들은 언제나 그 문제를 해결하기 위한 몇 가지 시도를 하게 된다. 미수에 그친 바로 그 해결책이 때때로 문제를 유지하고 증폭시키는 역할을 한다. 이에 대응해, 동일한 종류의 해결책이 더 많이 시도될 때 악순환이 시작된다. 아마도 해결을 시도해야 할 다음 문제의 장소는 치료사의 사무실이 될지도 모른다.[4)]

만약 치료사가 MRI 모델로 치료를 수행한다면, 그 치료는 의식적으로 극소주의적인 치료가 될 것이다. 치료사는 그 문제에 대한 내담자의 정의를 받아들일 것이다. 비록 그가 내담자에게 그 문제를 행동과 관련된 용어로 서술하도록 강요한다 할지라도 말이다. 그런 다음 치료사는 그 문제가 지속되게 하는 것처럼 보이는, 미수에 그친 해결책들의 연쇄를 평가할 것이다. 치료사는 그 문제를 유지시키는 연쇄를 중단시키도록 설계된 지침들을 고안할 것이고, 내담자의 언어와 신념 그리고 가치를 활용하여 그 문제를 재정립함으로써 그 지침들을 제시할 것이다. 그 치료사는 활동적이고 전략적이 되겠지만, 단지 그 문제를 유지시키는 연쇄를 중단시키는 정도로

4) 역자 주: 이 번역문의 원문은 "The next stop may be a therapist's office."이다. 일반적으로 정류장을 뜻하는 낱말인 'stop'에는 '방해물'이라는 의미도 들어 있어 역자는 그 문장을 본문과 같은 모습으로 번역하였다.

만 그렇게 될 것이다. 내담자가 정의한 바에 따라 문제 드러내기가 해결되면, 치료는 종결된다. MRI 치료사는 치료가 8회기 이상을 넘지 않을 정도로 짧은 것이 되기를 기대한다.

MRI 그룹은 또한 수련과정이 짧아야 한다고 믿는다. 그들의 모델은 단순하기 때문에 그들은 꽤 지적이고 관심을 가진 치료사라면 누구든지 그것을 사용하도록 그들이 가르칠 수 있다고 믿는다. MRI 훈련의 주요 목표는 그것이 무엇이든지 수련생들이 이전에 작업했던 모델들을 버리고 MRI 접근 모델을 취하게 하는 것이다. 무엇을 포함하지 않을 것인가를 배우는 것이 무엇을 포함할 것인가를 배우는 것보다 중요하게 고려된다.

다른 난관은 그 안에서 MRI 모델이 치료상의 적극적 행동주의를 필요로 하는 그런 영역, 곧 미수에 그친 해결책들의 연쇄를 평가하고 중단시키는 영역에서 수련생들이 더 활동적이 되도록 돕는 것이다. 이 영역에서 활동적이 되기 위하여, 수련생들은 내담자들로부터 명확한 문제 정의를 이끌어 내는 능력, 재정립의 틀들을 고안하고 '선전'하는 능력, 그리고 지침들을 고안하고 전달하는 능력을 습득할 필요가 있다. 라이브로 이루어지는 슈퍼비전은 수련생들이 이러한 기술을 습득하도록 돕는 데 사용될 수 있다. 슈퍼비전이 라이브로 이루어질 때, 슈퍼바이저의 중요한 개입은 인터폰으로 수련생에게 지침을 전달하는 것이 된다. 슈퍼바이저는 수련생에게 특정 영역에서 더 많은 질문을 하도록 지도할 수 있다. 그는 수련생에게 특정한 재구성 reframe을 사용하도록 지도할 수도 있다. 또는 그는 내담자에게 글자 그대로 전달해야 할 지침을 수련생에게 줄 수도 있다.

이것은 그 어떤 병력청취(문진)도, 그 어떤 통찰력도 요구하지 않고, 수련생 자신의 원가족으로 거슬러 올라가기도 전혀 요구하지 않는 훈련 모델이다. 이것은 치료사의 개인적 방식보다는 계획하기와 기법에 훨씬 더 초점을 맞춘 훈련 모델이다.

그들의 수련생들이 그들의 모델을 사용하기 위해서는 그들이 이미 배운 것들을 그것이 무엇이든지 버려야 한다는 MRI의 주장은 구속하는 것처럼 보이며, 복잡한 인간의 상황을 다루는 데 필요한 교양이 부족하거나 기법을 주로 지향하는 치료사를 배출할 수 있다. 그들의 문제와 행동에 관련된 내담자의 표현들에 집중함으로써, 그들은 흔히 상호작용 체계로서의 가족을 묵살하고 각각의 현상에만 초점을 맞춘다. 따라서 MRI 치료사들이 그들의 접근방식을 극소주의로 간주할 때, 그들은 그들의 관심을 문제해결의 한 측면으로만 향하게 하는 것에 관해 이야기하고 있는 것이다. 이러한 제한된 정의 때문에, 극소주의는 일차원적으로 보일 수 있다.

현재 MRI 발달의 공헌은 아마도 그것의 단기 모델 그 자체이기보다는 차라리 문제를 처리하는 그것의 방법일 것이다. 문제를 동반하는 해결책이 문제 그 자체보다 더 큰 문제가 될 수 있다는 점—MRI 그룹이 가족치료의 한 방식을 제공하려는 그것의 시도에서 고려할 만한 가치가 있는 교훈—을 이해하는 것은 유익한 일이다.

해결중심 접근

스티브 드세이저(Steve de Shazer)의 해결중심Solution-focused 모델은 MRI 접근으로부터 자라났다. 그러나 MRI 그룹이 내담자 체계가 가지고 있는, 성공하지 못하고 미수에 그친 해결책에 초점을 맞추는 곳에서, 드세이저는 내담자 체계의 구성원들이 하고 있는—또는 과거에 했던—것, 곧 그들에게 알려지지 않았지만 실제로는 문제 드러내기를 완화하는 데 성공적이었던 것에만 집중한다. 따라서 해결중심 치료사들은 내담자가 제시하는 문제에 관심이 있지 않고, 그 안에서 내담자가 그들 스스로 문제를 더 잘 처리할 수 있는 예외적인 경우들에 관심이 있다. 해결중심 치료의 과제는 내담자가 이미 가지고 있는 효과적인 해결의 행동양식을 증폭시킬 수 있도록 돕는 것이다.

해결중심의 치료 접근에는 두 가지 기본적 기법이 있다. 첫 번째는 '예외 질문exception question'이다. 이 질문은 내담자들로부터 현재의 일화들 또는 그들이 그들의 문제들로부터 영향을 받지 않은 상태로 있었던 과거의 일화들의 탐색을 이끌어내기 위하여 고안되었다. 일단 그러한 예외가 확인되면, 치료사는 내담자들과 함께 문제를 완화하는 데 효과적이었던 것으로서 그들이 하고 있었던 것이 무엇이었는지 탐색할 수 있다. 그런 다음에 내담자가 이러한 행동을 더 많이 하도록 도움을 주는 계획들이 개발될 수 있다.

드세이저와 그의 팀은 예외적인 질문을 받았을 때 그들의 문제로 덜 시달렸던 때를 식별할 수 없는 내담자들이 있다는 것을 발견했다. 그들이 현재에 하고 있거나, 그들의 문제를 완화하는 데 조금이라도 성공적이었던 과거에 했던 그 어떤 것도 완전하게 깨닫지 못하는 것 같은 내담자들은 그렇게 문제중심적이다. 이러한 내담자들을 위해 드세이저는, “어느 날 밤 당신이 잠든 사이에 기적이 일어나서 당신의 문제가 다 해결되었다고 상상해 보라. 다음날, 당신의 문제가 사라졌다는 것을 어떻게 이야기할 수 있을까? 당신은 이전과는 다르게 무엇을 하고 있을까?”와 같은 ‘기적 질문miracle question’을 고안했다. 문제중심의 내담자에게, 기적 질문은 예외 질문과 동일한 기능을 한다. 그것은 문제 드러내기를 해결하는 데 도움이 되는 행동에 그들이 초점을 맞추게 해 준다.

해결중심 치료의 슈퍼비전은 그 자체가 해결중심적이다. 프랭크 토마스(Frank Thomas, 1994)는 그것의 특징을 ‘전문적 조언의 구슬리기the coaxing of expertise’라고 묘사했다. 이 접근방식에서 슈퍼비전의 의제를 설정하는 사람, 곧 슈퍼비전의 만남에서 집중되어야 하는 것이 무엇일지 어떤 진행형의 토대 위에서 정의하는 사람은 바로 슈퍼바이지이다.

해결중심 관점이 처음인 슈퍼바이지는 슈퍼비전의 의제를 임상적 ‘교착상태’ 또는 ‘문제’의 측면에서 정의하는 경향이 있다. 그러한 정의에 대한 슈퍼바이저의 대응은, 슈퍼바이지가 이미 이른바 ‘임상적 문제’에 대한 해결책을 표현하는 일을 하고 있다는 해결중심의 가정에 따라 그 특징이 이루어진다. 따라서 슈퍼바이저는 슈퍼바이지가 이러한 미확인의 해결책들에 초점을 맞추고 또 그것을 증폭하도록 돕기 위하여 예외 질문을 한다. 토마스(Thomas, 1994, p. 14)는 슈퍼바이저와 슈퍼바이지 사이에 이루어지는 다음과 같은 표본 대화를 제공했다.

컨설턴트: 회기에서 언제 (내담자의) 경험이 변하죠?
치 료 사: 내담자가 계속 그 과제에 매달리게 하고 그 주제를 고수하게 할 때입니다.
컨설턴트: 당신을 그것을 어떻게 합니까?
치 료 사: 제가 끼어듭니다.
컨설턴트: 그것에 관해 좀 더 이야기해 주시겠습니까?

이러한 슈퍼비전의 방침이 슈퍼바이지가 예외 행동을 식별하는 데 도움이 되지 않을 경우, 슈퍼바이저는 기적 질문에 의지하는 경향이 있다. 내담자들의 경우와 마찬가지로, 슈퍼바이지가 그의 ‘임상적 난국’이 기적적으로 사라질 것이라고 상상하는 것은 그의 문제 초점을 약화시키는 데 도움을 줄 것이고 그가 해결 행동에 집중할 수 있게 하는 능력을 그에게 줄 것이다.

어쩌면 해결중심 치료를 배우는 데 가장 큰 장애물은 정신건강 분야를 지배하는, 문제들에 대한 집착을 극복하는 것인지도 모른다. 해결중심 접근의 가정에 의해 영향을 받은 슈퍼비전을 수행함으로써, 해결중심 트레이너는 문제를 넘어 해결 바라보기의 효용성과 효능에 대한 직접적인 경험을 슈퍼바이지에게 제공한다. 결국, 슈퍼바이지를 해결중심 치료사로 변화하게 하는 것은 바로 이러한 경험이다.

해결중심 모델의 전제는 단기적이고, 효과가 있는 긍정적인 것들에만 초점을 맞춘다는 점에서 매력적이다. 그것은 그 밖의 다른 것에로 열림을 제공하는 데 사용된다면 괜찮다는 낙관론을 제공한다. 그러나, 그것이 주요 사건이 될 때, 그것은 순진한 것이거나 오도된 것일 수 있다. 모델의 핵심 개념들—기적 질문과 예외 질문—은 독특한 것은 아니다. 그것들은 심리치료의 영역에서는 공공연한 것들이지만 이 모델에서는 고도의 기술로 격상되었다. 그것이 치료 모델의 기초를 형성하기에 충분한지는 의문이다. 이것은 이 모델이 정의하는 범위를 넘어서야 할 필요성과 관련하여 그들 멤버들 사이에 있었던 논의(Journal of Systemic and Strategic Therapy, 1994 Nov.)를 잘 설명해 준다. 그 모델이 확장된다면, 그것이 촉진시켰던 특정한 특징들이 상실될 수 있다. 만약 그것이 확장되지 않는다면, 그것의 한계는 그 모델에 따르는 치료사들로 하여금 다른 해결책을 찾도록 촉구할 것이다. 훈련 모델의 경우도 사정은 마찬가지이다. 이미 일반적 모델로 훈련을 받았고 좀 더 초점이 되는 무언가를 원하는 치료사들은 그 명확한 방향에서 이득을 얻을 수도 있다. 그러나 초보 치료사들은 너무 이른 단계부터 기술적 절차에만 집중하게 될 수 있고 또 그렇게 됨으로써 그들의 종합적인 발전을 이루지 못할 수 있다.

다시 말하지만, 해결중심 모델이 그것으로부터 파생되어 나온 MRI 단기 모델의 경우처럼, 그것은 가족치료로 하여금 가족의 구조와 상호작용의 과정에 집중하기에서 벗어나서 더 개별적인 것에 토대를 두는 인지과정에 집중하기에 이르게 한다.

밀란 동인associates의 개념적 탐색

그것의 개시 이래로, 밀란(Milan) 팀은 여러 단계의 변형을 겪었다. 그것은 처음에는 마라 셀비니 팔라졸리(Mara Selvini Palazzoli), 루이지 보스콜로(Luigi Boscolo), 지

안프란코 체친(Gianfranco Ceccin), 줄리아나 프라타(Giuliana Prata)로 구성된 4인조로 시작했다. 1979년과 1980년 사이에 4명으로 구성된 팀이 분열되기 시작했다. 보스콜로와 체친은 교육과 훈련을 맡았고, 팔라졸리와 프라타는 연구 중심의 활동을 계속하다가 '신가족연구센터(New Center for Family Studies)'를 설립하였다.

그것이 구체화한 다양한 것들 가운데에서 여전히 밀란 치료의 특징으로 남아 있는 면담 형식을 고안해 낸 것은 4인조로 구성된 애초의 팀이었다. 치료사가 주제넘게 참견하는 것을 통제하기 위해, 그들은 치료상의 팀, 곧 일방경 뒤에서 관찰하는, 치료에서 필요불가결한 부분이 되는 동료들의 그룹을 창안했다. 그들은 또한 지시와 진술을 조사와 순환질문으로 대체하는 방식으로 치료적 개입의 언어를 수정하였으며, 가설 세우기, 순환성, 중립성과 같은 지금도 유명한 지침들을 체계화했다.

관찰하는 팀과 지침들은 밀란 팀이 사고하기thinking에 몰두하고 있음을 반영한다. 처음의 밀란 팀에게, 성공적인 개입은 치료사가 가족 내부에서 일어나고 있는 일들에 대한 포괄적이면서 미묘한 차이에도 반응하는 체계적인 이해를 명확하게 나타낼 것을 요구하였다. 그 지침들은 치료사가 그러한 이해의 계통적 서술을 중단시킬 수도 있는 방식으로 행동하는 것을 억제하기 위하여 고안되었다. 면담을 진행하고 있는 치료사가 일방경 뒤에 있는 동료들을 의식하는 것은 기능을 억제하도록 한 반면에, 관찰하는 팀이 거울 뒤에서 미친 듯이 해대는 가설 세우기는 각각의 사례에 투입될 수 있는 착상의 총량을 기하급수적으로 증가시키는 데 기여했다.

치료 회기는 한 달에 한 번씩 이루어지는데, 각 회기가 끝날 때마다, 치료사는 가족들에게 가족 내부에서 일어나고 있었던 일에 대한 팀의 이해를 긍정적인 용어로 전달하는 메시지를 건네주었다. 이러한 조치의 목표는 가족구성원들이 치료 공간에서 벗어나 혼자의 힘으로 있게 될 때 그들의 변화과정을 활성화시키는 것이었다.

베이트슨의 저술에서 그 특징을 이루었던, 실천보다 인식론에 부여되는 인식론의 특권은 밀란 팀에 의해 다시 논의되었는데, 그것은 그들의 성공과 한계점 모두를 설명해 준다. 밀란 팀의 실천에서, 치료사의 개입은 가족의 특성이나 욕구보다는 치료사의 사고방식과 더 많은 관련이 있다. 따라서 그들의 치료는 보편적인 가족을 대상으로 하는 치료이다.

역설적이게도, 질문하기, 처방 내놓기, 중립적으로 되기와 캐묻기 좋아하기, 또는 가설 세우기와 같은 치료사의 방식들이 강조되면 될수록, 완전한 인간 독립체로서의 치료사는 이상하게도 공허해 보인다. 치료사는 올바른 개입을 수행하는 올바른 방법을 알아야 한다. 그러나 누가 치료사인가? 팀의 창안은 개별 치료사의 경계를 흐트러뜨림으로써 치료사의 정체성에 혼란을 가져오는 것 같다.

밀란 팀의 2차 인식론을 따라가면서도, 보스콜로와 체친은 가족 내부에서 일어나고 있는 일에 대한 '올바른' 이해라는 관념을 더 이상 받아들이지 않았다. 그 이해가 아무리 체계적일지라도 말이다. 그러나 이러한 인식론적 전환은 사고하기에 대한 그들의 집중을 줄이기보다는 오히려 실제로는 그것을 강화시켰다. 예외 없이 모든 가설은 사회적으로 파생된 구성물에 불과하다는 것을 확인하는 수단으로서 가족에 관한 '호기심 많은' 가설 세우기에 치료사와 팀이 관여한다는 사실을 체친은 옹호했다.

관찰하는 팀이 밀란 치료의 필수 요소가 됨에 따라, 그것은 흥미로운 변형과 함께 밀란 슈퍼비전에서도 핵심 요소가 된다. 훈련이라는 목적을 위하여, 보스콜로와 체친의 수련생들은 두 팀으로 나뉜다. 첫 번째 팀은 가족과 면담하고 있는 수련생이기도 한 치료사를 관찰하는 팀으로서 역할을 수행했다. 두 번째 팀은 치료실에서 일어나는 상호작용과 관찰하는 팀 내부에서 일어나는 상호작용 모두를 관찰했다. 두 팀 사이에는 어떠한 상호작용도 발생하지 않았다. 이들의 분리는 '상호작용적 체계에서의 다른 수준의 분석'을 보여 주기 위하여 의도된 것이다(Pirotta & Cecchin, 1988, p. 53). 치료사를 관찰하고 있는 팀을 관찰하는 팀의 현존은, 치료 회기 동안 관찰되어야 할 체계들이 가족체계뿐만 아니라 치료상의 체계이기도 하다는 원리를 슈퍼바이지에게 서서히 주입시키는 기능을 하였다. 오랜 시간에 걸쳐 양쪽 팀에 참여함으로써, 그리고 면담을 진행하는 치료사의 역할도 수행함으로써, 슈퍼바이지들은 밀란 치료사의 사고하기의 특징인, 다양한 관점들을 즐겁게 받아들이는 지적 습관을 길렀다.

밀란 동인은 하나의 이론을 다른 이론으로 대체하면서 지속적으로 진화했다. 그러나 첫 번째 밀란 팀은 미국의 개입주의 접근법에 하나의 대안을 제시했다는 점에서 여전히 가장 큰 영향력을 미치고 있다. 그들은 또한 가족치료에서 더욱 자제하는 입장을 확립함으로써 구성주의로 향하는 길을 닦았다.

마이클 화이트의 외재화 개념

어떤 면에서는 마이클 화이트(Michael White)의 작업은 스티브 드세이저의 그것과 비슷하다. 둘 다 내담자가 자신의 문제로부터 자유로워지는 시기를 탐색하고 확장하게 하는 데 관심이 있다. 그러나 드세이저는 해결에 집중하기 위해 문제들의 논의를 우회하는 것을 선호하지만, 화이트는 사람들이 그들의 문제로 억압감을 느낀다고 생각하고, 내담자의 잠재된 원천들이 활성화될 수 있기 전에 문제를 내담자로부터 분리하여 내담자가 그것을 분리된 독립체로 볼 수 있도록 돕는 것이 필요하다고 생각한다.

화이트는 문제에 집중된, 문제들이 포화상태에 이른 이야기들, 곧 그 안에서 내담자들이 그들의 문제들에 의하여 통제되는 이야기들을 가지고 사람들이 치료에 진입한다고 생각한다. 외재화는 치료사가 내담자들에게 그들이 어떻게 그들의 문제에 의해 한층 더 지배받지 않고 지내왔는지 설명해 달라고 요구하면서 시작된다. 이제 새로운 이야기가 등장하는데, 그것은 문제가 변형된 것인 외재화된 악당에 맞서 싸울 자원을 가지고 있는 것으로 내담자를 묘사한다.

화이트의 치료는 이 '다시-이야기하기re-storying'의 과정이 전부인데, 내담자는 그런 다시-이야기하기를 통하여 그들 자신의 문제와 관련된 지배적인, 문제들이 포화상태에 이른 이야기들, 곧 치료에 진입할 때 그들이 가지고 들어가는 그런 이야기들을 버리고, 그 대신에 문제중심의 이야기들에 의하여 주변으로 밀려난, 대안적인 권능을 부여하는 이야기들을 채택한다. 따라서 화이트의 치료는 이야기치료이자 의미치료이며 언어치료이다. 그가 사용하는 유일한 개입의 도구는 언어이다. 내담자를 다시-이야기하기에 안내하는 방식으로 언어를 사용하려는 노력을 통하여, 화이트는 치료를 위한 질문들의 광범위한 목록을 고안했다. 곧 문제가 내담자에게 끼친 영향의 서술을 이끌어 내는 질문들, '독특한 결과unique outcomes'(드세이저가 '예외들'이라 부르는 것)의 서술을 이끌어 내는 질문들, '행위의 전경landscape-of-action' 질문들, '의식의 전경landscape-of-consciousness' 질문들, '경험의 경험experience-of-experience' 질문들이 그것이다. 각각의 질문은 중립적이고 잠정적이며 가설적이다. 그럼에도 불구하고, 면담의 종합적인 과정은 지배적인 이야기에 대한 가차 없는 이의제기로 이어진다.

화이트의 이야기치료narrative therapy에서의 슈퍼비전에는 슈퍼바이지가 방금 묘사한 면담하기의 과정을 배우도록 돕는 기술적 목표가 있다. 슈퍼바이지는 슈퍼바이저가 제공한 치료 모델을 복사하라는 요청을 받는다. 화이트는 이것이 '창조하는 복사하기copying that originates'가 될 것이라 기대한다. 그래서 그는 슈퍼바이지들에게 그들이 복사하려는 그들의 시도들에서 시작한다는 것이 무엇인지 확인하라고 요청한다. 슈퍼바이지가 참여한, 라이브로 진행된 회기나 녹화된 회기의 관찰이 슈퍼바이지가 수행하는 일반적인 이야기 모델에서 독특한 것을 확인하는 데 탁월한 기회를 제공하는 것으로 여겨진다.

아마도 그것의 기술적 목표보다 더 중요한 것은 슈퍼비전이 어떤 스토리의 부분적인 특성을 슈퍼바이지가 직접 경험할 수 있도록 제공하는 기회이다. 따라서 슈퍼비전은 슈퍼바이저와의 면담을 그 일부로 포함하는데, 슈퍼바이저는 그 자신, 그의 역사, 그의 직업 경력, 그의 업무 등과 관련된 슈퍼바이지의 이야기를 이끌어 내려고 노력한다. 치료의 과정과 동일한 질문 과정을 통해, 슈퍼바이저는 원작보다 더 풍성한 방식으로 슈퍼바이지로 하여금 그의 자서전을 '재저작하기re-authoring'에 이르게 한다. 따라서 슈퍼바이지는 직접적이고도 개인적으로 다시-이야기하기의 과정에 참여할 수 있다.

아마도 구성주의 운동의 선구자들 가운데서 가장 심오한 사색가일 화이트는 언어와 이야기에 도취되어 있다. 밀란 팀이 중단한 곳에서부터 다시 시작하면서, 화이트는 대부분의 '질문-기법'을 만들었다. 그런 관점에서 볼 때 화이트는 자제하는 치료사 그룹 가운데 한 사람으로 제한되지 않는다. 치료가 진행되는 동안 그의 속사포 같은 질문하기는 그를 절대적으로 중심적인 '감독'의 위치에 올려놓는다.

증상을 외재화하기에서, 화이트는 증상을 의인화하여 그것을 간직한 사람이 그것과 싸울 수 있도록 그것을 그에게 가시적인 것으로 만든다. 이것은 전적으로 혁신적이고 매우 유용한 치료도구이다. 그러나 화이트가 증상을 '문화적 식민지화'나 사회적 담론 탓으로 돌리기 시작할 때, 그는 가시적이게 만들었던 적을 다시 추상적 개념으로 해체할 위험에, 그리고 심리치료를 독특하게 만드는 대인관계와 관련된 관계의 영역을 상실할 위험에 처한다.

갤버스턴의 언어 체계

마이클 화이트처럼, '갤버스턴 가족연구소(Galveston Family Institute)'의 할린 앤더슨(Harlene Anderson)과 해럴드 굴리시안(Harold Goolishian)은 언어와 의미에 확고하게 집중하는 치료 접근법을 개발했다. 그러나 그들의 접근법은 화이트의 그것보다 덜 도구적이고 더 내담자 중심적이기를 열망한다.

갤버스턴 체계는, 문제는 사람들이 그것을 그렇다고 정의하기 이전까지는 문제가 아니라는 오래된 MRI 전제를 지지한다. 앤더슨과 굴리시안의 용어로 말하자면, 문제는 언어에서만 존재한다. 문제들이 합의에 의하여 존재하는 것으로 정의되는 것과 마찬가지로, 그것들은 또한 합의에 의하여 존재하지 않는 것으로 정의된다. 치료의 목표는, 갤버스턴의 관점에서 보자면, 문제가 존재하는 것으로 정의한 사람들('문제-조직하기 체계')을 한데 모으고, 그들을 잘 굴러가는 대화, 곧 그 안에서 의미들이 부단히 진화하고 변화하는 대화 안에 머물게 하는 것이다. 문제-조직하기 대화가 잘 굴러간다면, 그 문제는 필연적으로 존재하지 않는 것으로 정의될 것이다(앤더슨과 굴리시안의 언어로 말자면, 그것은 '분-해dis-solve'될 것이다). 만약 문제-조직하기 대화가 양극화된다면—곧 참가자들이 그들 자신의 특정한 의미에 전념하고 다른 참가자들이 그 의미들의 정확성을 알게 하도록 투자한다면, 문제의 필연적인 분해를 향한 움직임은 교착상태에 빠지게 될 것이다.

치료의 과제는, 이런 관점에서 보자면, 문제-조직하기 대화가 잘 굴러가는 상태로 남아 있다는 것을 보증하려고 노력하는 것이다. 이러한 목표를 향하여, 치료사는 대화의 참가 관리자로서 문제-조직하기 체계에 합류한다. 대화를 유동적으로 유지하기 위한 노력을 통하여, 치료사는 '아무리 놀랍거나 하찮거나 특이하다 해도' 대화에서 진술된 어떠한 입장이든지 존중을 보여 주고 진지하게 받아들인다(Anderson & Goolishian, 1988, p. 382). 치료사는 비록 서로 모순된다 하더라도 대화에서 나타난 모든 생각에 타당성을 부여한다. 그는 참가자들이 그들의 생각을 상세히 설명하도록 요청하는 질문들을 던지면서 드러나게 된 어떤 생각이든 그것을 '이해하는 데 멈칫거린'다. 따라서 치료사는 항상 그것에 대한 대답들이 새로운 질문을 요구하는 그런 질문들을 묻고자 한다.

이러한 방법으로 문제-조직하기 대화를 관리하는 것은 특정 기법을 사용하는 문제가 아니다. (앤더슨과 굴리시안의 치료와 외면화 같은 기법들을 이용하면서 그들과 똑같이 언어에 집중하는 마이클 화이트의 치료를 구별하게 하는 것은 그들이 가지고 있는 기법들에 대한 혐오이다.) 이러한 방법으로 치료상의 대화를 관리하는 데 필요한 것은 일련의 태도들인데, 그 가운데 가장 중요한 것은 알지–못함not-knowing의 태도이다. 치료사로 하여금 어떤 생각에든 타당성을 부여하게 하고, 동시에 어떤 생각이든 더 상세한 설명을 이끌어 내기 위하여 질문이 요구될 필요가 있는 것이라고 여기게 하는 것은 바로 이러한 태도이다. 알지–못함의 태도는 치료사를 '너무 빨리 이해하지 않는 공손한 청취자'(Anderson & Goolishian, 1988, p. 382)로 만든다. 알지–못함을 수행하는 치료사는 어떤 의미도 자명한 것으로 여기지 않으며, "당신이 ~라고 말할 때 그것은 무슨 뜻이지요?"라고 물을 준비가 항상 되어 있다.

갤버스턴의 언어체계 접근에서 슈퍼비전의 과제는 슈퍼바이지가 알지–못함의 태도를 함양하도록 돕는 것이다. 회기에서 관찰된 대화에 대한 자유로운 형식의 표현을 제공하고 팀 구성원들이 그 대화에서 추출한 의미에 대한 논평을 제공하기 위하여, 반영팀reflective team이 훈련을 위해 이용된다.

언어에 특권을 부여하는 모든 학파 가운데에서, 갤버스턴 그룹은 아마도 가장 '언어에 집중하는' 학파일 것이다. 하나의 실천으로서, 그들의 대화가 좋은 일상적인 대화보다 어떻게 더 치료적인지 이해하기는 어렵다. 아마도 이것이 정확히 그들이 만들어 내려고 노력하는 지점—치료는 오직 좋은 대화일 뿐이다—일 것이다. 그들이 일방경 뒤에 있는 반영팀을 이용하는 방식은 그들이 치료에서 옹호하는 구조화되지 않은 과정과 유사하다. 화이트 모델과 마찬가지로, 갤버스턴 모델은 기본적으로 하나의 인지적 모델이다. 화이트가 언어에 집중하기에 적용하는 정교한 구조를 제외한다면 말이다. 아마도 사람들은 이 그룹이 동일시하는 포스트모더니즘과 관련하여 지나치게 단순화된 이 그룹의 접근법을 이해할 필요가 있을 것이다. 이러한 그룹들의 구별에서 더욱 기법적인 방향으로 편향된 다른 학파들과 비교했을 때, 갤버스턴에게는 기본으로 돌아가려는 특징이 있다. 곧 대화에 귀 기울이기와 공감은 여전히 치유의 기술에서 가장 중요한 요소들이다.

치료의 다른 관점: 페미니즘

현재 존재하는 바와 같이 여성주의 치료는 특정 학파라기보다는 심리치료의 철학이다. 여성주의 임상 작업의 본질은 젠더를 향한 치료사의 태도와 개입이 남성과 여성에게 미치는 차별적 영향에 대한 민감성에 놓여 있다. 여성주의 치료사들은 우울증, 섭식장애, 대인관계와 관련된 폭력과 성폭행의 후유증 등과 같이 여성에게서 매우 광범위하게 나타나는 장애들과 관련된 방대한 연구와 지식을 축적하고 있다. 치료의 초점은 일반적으로 내담자가 억압적인 사회적 맥락과의 평화를 유지하기 위해 거기에 적응하도록 돕기보다는, 내담자가 다른 사람과 맺는 관계에 영향을 미치는 사회적이고 대인관계적이며 정치적인 환경을 변화시킬 수 있는 능력을 내담자에게 부여하는 데 있다(Brown& Brodsky, 1992).

여성주의 치료사들이 일반적으로 남성과 여성 모두의 신념체계와 그들을 특정한 입장에 갇히게 만든 역할 개념을 그들이 어떻게 발달시켰는지에 관심을 기울이는 것에서 볼 수 있다시피, 그들은 의미에 대한 관심을 구성주의자들과 공유한다. 그러나 구성주의자들과 달리, 여성주의 치료사들은 권력을 두려워하지 않는다. 반대로 많은 여성주의 치료사가 여성이 저울의 균형을 맞출 수 있는 유일한 방법으로서 권력을 이용할 필요가 있다고 생각한다. 결과적으로, 그들은 여성이 강력한 영향력을 획득하는 방법으로서 연대를 강조한다.

여성주의 치료사들은 그들의 접근법에 따라 다양하기 때문에, 슈퍼비전 또한 다양한 방법으로 제공되지만 항상 공통된 관점과 함께 제공된다. 베티 카터(Betty Carter), 페기 팹(Peggy Papp), 올가 실버스타인(Olga Silverstein)이 포함된 획기적인 '여성프로젝트(Women's Projet)'의 일원인 마리안 월터스(Marianne Walters)는 여성주의 치료에서의 슈퍼비전을 "성역할과 젠더 권력체계가 가족관계를 구성하는 방식과, 우리가 보는 가족에서 일어나고 있는 일들과 관련하여 우리 자신의 생각에 영향을 미치는 방식을 탐색하기 위해 우리 자신의 가설들과 치료 전통에 이의를 제기하는 과정"이라고 묘사했다(Walter, Carter, Papp, & Silverstein, 1988, p. 148). 이러한 틀 내부에서, 치료 회기들 사이에 이루어지는 그녀의 슈퍼비전은 대안적 개입의 기초가 되는 개념과 가설들을 분석하고 비평하는 데 집중된다. 그녀는 이러한 개념들이 각각의 성별에게 가지는 상이한 의미들과 관련하여 체계적인 개념 사용의 중요성을 강조한다.

페기 팹의 현재 작업은, 그녀의 공동작업자인 에반 임버-블랙(Evan Imber-Black)과 함께, 치료와 훈련에서 개념을 통일하기로서 '다체계적 주제multisystemic themes'에 초점을 맞춘다(Papp & Imber-Black, 1996년). 이러한 초점은 가족 주제의 전이와 변형을 포함하기 위해 젠더 쟁점들과 관련하여 그들이 기존에 분명히 보여 주었던 관심을 확장한 것이다. 이들이 고안한 훈련 모델에서, 수련생들은 자신의 삶에 영향을 미친 그들의 원가족에서의 유의미한 주제를 탐구한 다음, 현재 사례 분석에서도 동일한 주제의 지향을 적용하라는 요청을 받는다. 강력한 여성주의 지향을 유지하는 반면에, 이러한 임상적 관점은 포스트모던 치료의 문헌에서는 그것의 유행이 지난 것처럼 보이는 시기에 가족의 의미를 강조한다.

다양한 노력을 통하여, 여성주의 치료 운동은, '여성프로젝트' 구성원들의 연구에서 예시된 바와 같이, 가족치료 분야에서 새로운 가능성을 열었다.

가족치료의 각 학파들이 그들 자신은 모든 것을 포함한다고 여기고 싶은 반면에, 많은 현역 치료사는 그들만의 특정한 스타일과 그들 실천의 특정한 방식들에 적합하도록 다양한 접근법으로부터 이러저런 것들을 취하여 그들 자신이 다방면에 걸쳐 있다고 여긴다. 따라서 가족치료가 개별적 정신분석학의 접근을 대체하지는 못했지만, 낙관론자들이 40년 전에 예견했던 것처럼, 그것은 휴먼 서비스의 모든 분야에 영향을 미치는 (가족 그 자체처럼) 다면화된 실천으로 진화해 왔다.

오늘날 대부분의 치료사와 수련생은 새로운 이론 발달에 주의를 기울인 것이 아니라 더욱 폭넓은 정신건강 전달체계를 통해 가족치료의 보급에 주의를 기울였다. 그렇게 함으로써 그들은 그 분야를 풍요롭게 했다.

상이한 학파들과 접근법들이 계속해서 서로에게 영향을 미치면서, 철 지난 것으로 여겨졌던 생각들이 종종 되살아나는 반면, 새로운 것으로 보이는 생각들도 알고 보면 그렇게 독창적이지 않다. 아마도 향후 10여 년 정도가 지나면, 독창적이어야 한다는 필요가 경쟁 학파에 의하여 필수적인 것으로 여겨지지 않게 될 것이다. 그렇게 될 때 가족치료의 모자이크가 완성될 것이다.

05
현대의 동향들:
가족치료에서는 도대체 무슨 일이 일어났는가

가족치료가 새로운 밀레니엄 시대로 접어들게 되면서 생물학, 공학, 그리고 유전학에서 이루어진 커다란 변혁들은 그 분야의 지형과 성격에 변화를 가져오고 있다. 1990년대를 지배했던 개입주의 치료와 자제하는 치료의 이념들 사이에 있었던 논쟁은 가족기능과 치료의 특정 범위들을 연구하는 데 더 많은 관심을 가진 신세대 임상 선도자들의 더욱 포용적 태도로 대체되고 있다.

이 새로운 시대의 가족치료사들은 이념적 차이들의 너머를 바라보았고 일련의 경험적 지식에 의해 뒷받침되는 실천들을 개발하는 쪽으로 관심을 돌렸다. 포스트모더니즘을 대체하는 새로운 핵심 용어는 증거-기반evidence-based이다.

증거-기반 접근법에 따른 가족치료

지난 10여 년 동안, 많은 요인이 가족치료를 증거-기반 또는 경험적으로 지원되는 접근법의 치료로 그 방향을 전환하는 데 집중됐다. 그러한 접근법들의 효능은 잘 설계되고 잘 제어된 연구 조사에서 입증되었다.

부분적으로는 증거-기반 접근법을 향한 이러한 추세는 가족치료를 정신건강 관련 전문직으로 확립함으로써 정신의학, 심리학, 그리고 사회사업이라는 더 오래되고 더 확실히 자리 잡은 전문 직업들과 어깨를 나란히 하려는 그 분야의 노력의 결과이다. 가족치료 학위 소지자가 직업적으로 실천할 수 있기 위해서는, 정부 관할권으로부터 가족치료 실천의 허가와 규제를 받았다. 그와 같은 행위를 정당화하기 위해서라도 가족치료가 효능이 있다는 증거가 제시되어야 했다.

건강보험에서 이러한 의료보장 개혁에 그 효능을 입증해야 한다는 압박이 더해졌다. 비용 절감을 목표로, 의료보장 회사들은 모든 종류의 정신건강 의료 종사자들에게 ①무엇을 치료하고 있는지, ②치료의 목표는 무엇인지, ③그러한 목표를 달성하기 위해 이용할 절차들, 그리고 ④그러한 절차가 다른 이용 가능한 선택사항보다 선호되는 이유 등을 정확히 명시할 것을 요구했다. 이러한 분위기에서, 가족치료는 그저 '일한다'는 것만이 아니라 다른 치료 접근법들과 마찬가지로 또는 그것들보다 더 잘 '일한다'는 것을 보여 줄 필요가 있었다.

가족치료 연구자들은 그들의 주의를 치료 결과의 조사로 돌림으로써 이러한 자기 입증의 요구에 대응했다. 방금 서술한 압박이 이러한 연구를 형성했다. 단순히 가족치료가 효과적이라는 것을 증명하는 것만으로는 충분하지 않았다. 그 초점이 맞춰져야 할 질문은 '어떤 종류의 가족치료가 어떤 종류의 문제와 어떤 부류의 내담자들에게 효과가 있는가?'와 같은 것이었다.

우리는 이제 그러한 연구로부터 나온 증거-기반 치료 접근법들에 관해 몇 가지 간략하게 설명하고자 한다.

주요 정신질환을 위한 가족중심 심리교육

가족치료는 조현병과 같은 주요 정신질환을 치료할 수 있는 새로운 방법을 찾으려는 시도에서 태어났다. 새롭게 발견된 인공두뇌학과 체계이론의 눈을 통해, 그레고리 베이트슨과 같은 선구자들은 조현병 환자들이 보여 주는 명백하게 무의미한 행동의 의미를 이해할 수 있다고 생각했다. 이러한 사람들의 기괴한 행동은 그들 가족이 어떻게 기능했는지의 맥락에서 볼 때 어떤 의미를 가진다고 베이트슨은 생각했다. 만약 가족이 기능하는 방식이 바뀔 수 있다면, 조현병 환자의 증상도 완화될 수 있을 것이다.

가족치료사들은 발달 초기에 그와 같은 생각으로 매우 흥분했다. '정신 질병'에 대해 탈병리화할 수 있다는 기대가 이러한 흥분을 불러일으켰다. 이러한 사고방식에 따르면, 조현병 환자들은 미치지 않았다. 그들은 단지 미친 대인관계의 맥락에 적응했을 뿐이다. 수십 년의 거리를 두고 생각해 보면, 이제 그러한 사고가 실제로 조현병 환자의 병리를 해소시키는 반면에 그의 가족에게 병리를 제공하고 책임을 지울 위험이 있다. 그러한 사고는 베이트슨이 기초적인 작업을 한 이래로 몇 년 동안 점점 더 많이 보고되고 있는, 조현병에 이르게 하는 생물유전적 원인 제공을 분별없이 도외시한다.

초기 가족중심 작업과 조현병은 이제까지 거의 닮은 바가 없었던 반면에, 조현병과 다른 주요 정신질환을 위한 가족중심 개입은 이러한 상태들을 위한 표준적인 처치의 일부가 되었다. 이러한 개입은 조현병 환자의 가족이 환자의 증상을 '필요'로 했거나 '야기'했다는 생각을 더 이상 전제하지 않는다. 조현병은 개인이나 그의 가족에게 일어나는 일로 간주되며, 치료는 가족이 그들에게 일어난 끔찍한 상황에 가장 잘 대처할 수 있도록 돕는 데 맞춰져 있다.

이것은 줄리안 레프(Julian Leff), 크리스틴 본(Chritine Vaughn), 이안 팰룬(Ian Falloon)과 같은 연구자들에 의해 이루어진 발견, 곧 가족의 상호작용과 의사소통의 양상이 조현병 환자의 재발 빈도와 밀접하게 관련되어 있다는 발견이 이 치료에 활기를 불어넣었다. 이 연구자들이 강하게 '표출된 감정'—환자와의 과도한 감정적 연루와 환자를 향한 적대감—이라 부르는 것으로 그 특징이 표현되는 가족 상호작용은 어느 정도는 환자에게 더 빈번한 재발의 계기가 되는 것 같다.

이러한 조사 결과들을 바탕으로, 마이클 골드스타인(Michael Goldstein), 캐롤 앤더슨(Carol Anderson), 윌리엄 맥팔레인(William Mcfarlane) 등과 같은 가족치료사들은 조현병 환자의 가족들이 재발의 기회를 줄일 뿐만 아니라 가족의 조현병 환자를 위한 최적의 기능을 촉진하는 분위기를 창출하도록 돕기 위해 설계된 개입방법을 고안했다. 이들 치료사들은 가족이 환자의 병을 필요로 하거나 야기한다고 보지 않기 때문에, 그 치료에는 '저항-깨부수기resistance-busting', 곧 이러한 가족들과 이루어지는 초기 치료 시도들의 특징을 나타내는 적대적 태도 제거하기가 들어 있지 않다. 그 대신에, 그 치료의 중심항목은 협력하고 지원하는 분위기 속에서 단순히 가족들에게 정보를 전달하는 것인데, 그 정보는 조현병 환자의 재발 위험을 증가시키는 것으로 보이는 가족 과정들에 관해 알게 되는 것들과 연관이 있다. 가족들을 '고치기'보다는 가족들에게 정보를 제공하는 데 집중하기 때문에, 이 접근법은 심리교육과 동일한 것으로 간주된다. 대개 이러한 심리교육적 개입의 전달을 위한 토론의 장은 다가구로 구성된 집단이다.

증거-기반 접근법의 특징은 그 효능이 시험을 거친다는 것이다. 일단 시험을 거치게 되면, 이 접근법은 표적 집단에게 이용된 다른 치료 접근법과 동일하거나 더 우수한 것으로 증명되기 마련이다. 조현병 환자의 가족들과 이루어지는 작업을 위한 심리교육적 모델은 시험을 거쳤으며, 조현병 환자에게 제공되는 그 어떤 치료도 이러한 [심리교육적 모델에 따른] 개입을 가장 중요한 구성요소로서 포함하지 않으면 비윤리적인 것으로 판단될 위험이 있을 정도로 [조현병의] 재발률을 감소시키는 데 매우 효과적인 것으로 증명되었다. 실제로 최근의 연구는 그 모델이 정서장애와 같은 다른 주요 정신질환의 치료에 효과적이라고 제안한다.

정서중심치료

여기서 개괄하고 있는 경험적으로 입증된 치료들 가운데서, 정서중심치료 emotionally focussed therapy는 정신질환의 용어보다는 관계적인 용어로 표적 집단을 식별하는 방법이다. 이 접근법의 주요 설계자들인 수잔 존슨(Susan Johnson)과 레슬리 그린버그(Leslie Greenberg)는 매우 헌신적인 친밀한 관계에 있으면서도 서로를 상대하는 데에 불만족이나 어려움을 겪는 사람들을 돕기 위한 개입으로서 그것을 고안하였다.

정서중심치료는 애착이론이라고 하는, 유기적으로 잘 구성되고 잘 연구된 토대에 기반을 두고 있다. 정신분석학자인 존 볼비(John Bowlby)가 개척했기 때문에, 애착이론은 다른 사람들과의 안전하고 확실한 정서적 유대를 확립하려는 욕구를 우리의 심리적 삶에 활력을 불어넣는 가장 근본적인 충동이라고 여긴다. 만약 이 충동이 우리의 성장과 관련된 이야기들에서 초기에 좌절된다면, 우리는 아마도 그 이론에 따라 우리 자신의 사랑스러움과 중요한 타인들과의 정서적 유효성을 의심하기 시작할 것이다. 이러한 상황에 대처하기 위해, 우리는 타인에 의해 겪을 것으로 예상되는 거절이나 버림받음에 직면하여 우리 자신을 보호하는 것이 그것의 주요 목표인 애착양식들(중요한 타인들과 맺는 관계양식들)을 발달시켜야 할 것이다. 우리는 친밀한 관계 맺기를 피할 수도 있고, 또는 타인들이 그들 마음대로 할 수 있다면 결코 우리에게 기울이지 않을 주의를 우리에게 기울이도록 그들을 조종하려는 시도에 관여할 수 있다.

애착이론은 주로 어린아이들의 행동을 설명하기 위해 고안되었지만, 그것은 점차로 친밀한 관계들에서 성인들의 행동을 설명하는 수단으로 이용되어 왔다. 그 이론의 영향을 받은 몇몇 연구는 제대로 기능하지 않는 애착양식을 가진 성인들이 상보적이라 해도, 똑같이 제대로 기능하지 않는 애착양식을 가진 동반자들과 결합하는 경향이 있다는 것을 보여 준다. 이런 식으로, 애착이론은 부부치료사들이 그토록 흔히 만나는, 이 세상 어디에서나 볼 수 있는 '추적자-거리 두려는 자pursuer-distancer'의 역동을 설명해 준다.

곤란을 겪는 두 커플들이, 그 관계에서 제대로 기능하지 않는 그들의 애착양식을 계속 보여 주는 한, 더 만족스러운 관계 맺기의 방식을 찾을 기회를 거의 가지지 못할 것이라고 정서중심치료는 가정한다. 따라서 이 접근법은 동반자들이 결합을 향한 그들의 갈망을, 적절하게 그리고 연약하게나마, 표현하기 시작할 수 있도록, 그들이 그들의 문제를 오히려 키우는 자기 방어적인 양식들 너머로 이동하게 하는 데에 그 치료가 집중해야 한다고 지시한다.

내담자의 관계적 양식들을 변화시키기라는 이 치료 과제는 정서에 초점을 맞추는 것이다. 그것들의 기능은 예측된 거절이나 버림받음으로부터 사람들을 보호하는 것이기 때문에, 제대로 기능하지 않는 애착양식들은 분노와 같은 '난폭한' 감정들의 경험과 표현을 포함한다. 정서중심치료는 그와 같은 감정을 방어적이고 이차적인 것으로 간주한다. 그것들 밑에는 갈망과 같은 애착과 관련된 기본적이고 '부드러운' 감정들이 깔려 있다. 따라서 내담자들을 제대로 기능하지 않는 애착양식들 너머로 나아가게 하는 과정은 정서중심치료에서 '유연화하기'의 과정으로 인식된다. 그 과정은 커플이 평소에 서로에게 방어적인, 즉 제대로 기능하지 않는 [관계 맺기의] 춤[1]에 참여하는 동안 처리되지 않고 표현되지 않은 채로 남아 있는 애초의 부드러운 감정들을 동반자들로 하여금 처음에는 경험하게 하고 그다음에는 표현할 수 있게 해 주

1) 역자 주: 미누친을 비롯한 이 책의 공동 집필자들은 인간들 사이의 상호작용과 상호교류에서 드러나는 역동과 관련하여 '춤'이라는 비유를 즐겨 사용한다. 사실 혼자 추는 것이든, 둘 이상이 함께 추는 것이든, 모든 종류의 춤은 언어와 논리를 매개로 하지 않는다. 모든 춤에서는 이성과 논리의 영역을 넘어선 어떤 것과 관련된 정서성과 감응성이 표현된다.

는 과정이다.

그러한 유연화하기를 산출하기 위해, 정서중심 치료사는 그녀가 진행하는 치료에서 매우 적극적인 고도로 집중된 역할을 맡는다. 그 치료사는 각각의 커플 구성원들과 정서적으로 강렬한 대화를 한다. 이러한 대화에서 그 치료사는 질문, 공감적 추측, 그리고 아마도 가장 중요할 부드럽고 친밀한 자세를 이용하여, 내담자가 일반적으로 경험하는 난폭하고 방어적인 감정 밑에 깔려 있는 부드럽고 연약하며 애착과 관련된 감정을 경험하는 위험을 무릅쓰도록 유도한다. 일단 내담자가 이러한 부드러운 감정을 경험하기 시작하면, 그 치료사는 그(그녀)가 동반자에게 그러한 감정들을 표현하도록 지시할 것이다.

수잔 존슨(Susan Johnson, 1996)은 그녀가 그 창출에 도움을 준 치료 모델이 경험적 심리치료와 구조적 가족치료의 통합이라고 생각한다. 조지 사이먼(George Simon, 2004)은 이러한 특징 부여에 동의하지 않으면서, 이들 접근법들 사이에 중요한 이론적, 기술적 차이가 있음을 지적한다. 그러나 논의의 여지가 없는 사실은, 많은 경험적 연구에서 정서중심치료가 커플들 사이의 관계 곤란을 완화하는 데 높은 수준의 효능이 있다는 점이 증명됐다는 것이다.

행동 및 정서 장애 아동을 위한 부모행동훈련

행동적 치료의 기본 전제는 행동이 환경에 의해 도출되고 통제된다는 것이다. 이것은 사람들이 왜 그들이 하는 방식으로 그렇게 행동하는지에 대한 '바깥-안 outside-in' 설명이다. 정형화된 인간행동은 한 개인의 내면에서 일어나는 과정의 결과가 아니라, 한 개인의 환경 속에 존재하는 신호들과 강화들의 결과로 여겨진다. 어른들은 우리 행동이 실제로는 우리 자신의 것이 아니라 우리 자신 바깥에 있는 어떤 것에 의해 규제된다고 하는 생각에 반대할 수도 있다. 그러나 행동주의를 가장 강력하게 비판하는 사람들조차 그러한 사고가 아이들의 행동을 분석하고 수정하는 데에 적용된다는 사실을 인정할 가능성이 높다. 정확히 아이들은 대단히 의존적이기 때문에, 우리는 그들의 행동을 그들의 환경에 의해 통제되는 것으로서 생각하기 쉽다.

행동적 그리고/또는 정서적 문제를 가진 아이들을 치료하기 위해 데려오는 부모들은 이미 아이들의 문제를 처리하려고 애써 왔다. 미수에 그친 그들의 해결책이 실패했다는 증거는 부모들에게 아주 명백하며, 아마 이웃들에게도 널리 전시되어 있을 것이다. 이 부모들은 그들의 자녀들과 함께 시도할 수 있는 새로운 것을 제공하는 치료를 원한다.

부모행동훈련behavioral parent training—제럴드 패터슨(Gerald Patterson), 존 리드(John Reid), 그리고 '오레곤 사회학습센터(Oregon Social Learning Center)'의 동료들의 작업에 아주 많이 의존하는 치료 접근법—은 부모들에게 간단명료한 치료적 경험을 제공한다. 이 접근은 부모들에게 자녀의 행동이 보이는 것과는 다른 어떤 것임을 확신시키려는 데에 그 어떤 시간이나 에너지도 들이지 않는다. 그것은 그 행동을 부부갈등으로부터 주의를 돌리게 하려는 일종의 표출된 정서적 표현이나 어떤 오도된 노력으로서 해석하거나 재정립하지 않는다. 부모행동훈련사에게 아이들의 문제행동은 부모에게 그런 것과 마찬가지로 그것이 무엇인가 하는 것, 곧 가능한 한 빠르고 효율적으로 해결되어야 하는 문제이다.

행동을 효율적으로 바꾸는 것은 우리가 그것을 가능한 한 철저하게 묘사하는 것을 필요로 한다. 우리가 실제로 행동을 바꾸고 있는지 알기 위해서는, 치료의 시작 단계에서 그것이 얼마나 자주 발생하는지 알아내는 것이 중요하다. 따라서 부모행동훈련사는 부모가 치료의 초점으로 제시한 문제행동을 다시 정립하거나 다시 정의하지는 않겠지만, 그는 부모에게 문제행동을 상세하게 설명하도록 압박할 것이며 그것이 얼마나 자주 발생하는지에 관한 기준치 계산을 확립하도록 요구할 것이다.

표적 행동을 정의하고 그것을 세기 시작함에 따라, 훈련사는 이제 부모들에게 사회학습이론의 단기집중과정을 제공한다. 그는 부모들에게 그들의 자녀가 문제행동을 보여 주기에 앞서 무엇을 하고 그 이후에 무엇을 하는지 주의 깊게 돌보라고 요청할 것이다. 이러한 개입은 부모들이 그 행동을 인지할 수 있게 하는 신호들과 그 행동을 강화하는 역할을 하고 있는 결과들을 식별하는 데 도움을 준다. 이런 관찰이 이루어지는 과정에서, 부모들은 그들 자신이 무심코 그 행동의 신호를 주고 있고 그것을 강화시키고 있다는 사실을 발견할 수 있을 것이다.

우리가 행동의 신호들과 강화요인들을 정확히 식별했는지에 관한 결정적인 시험은 그것들을 변화시키는 것이다. 만약 그것들이 실제로 표적 행동을 이끌어 내고 유지하던 환경적 요소였다면, 그것들을 변화시키기는 그 행동의 빈도에서 두드러진 감소라는 결과를 낳을 것이다. 따라서 부모행동훈련사는 그 문제행동이 현저히 감소할 때까지 그들의 자녀의 환경을 조작하도록 고안된 행동적 '실험'에 부모들이 관여하도록 돕는다.

이런 식으로 환경을 방법론적으로 조정하는 것은 말처럼 그렇게 쉽지는 않다. 수년 동안, 부모행동훈련의 종사자들은 이 치료 접근법이 그들에게 수행하도록 요구하는 과제를 시행하는 부모들의 편에서 실패가 자주 발생하는 것과 관련된 요인들을 인식하게 되었다. 두 가지의 공통적 요인은 부모들 사이에 있는 만성적인 부부갈등과 부모의 양쪽이나 한쪽에게 있는 우울증이나 불안 같은 심리적 증상들이다. 치료에 이르는 체계적인 접근법과는 달리, 우리 자신의 경우처럼, 부모행동훈련은 한 가족에서 일어나는 모든 것을 연결하는 순환적이고 반복적인 고리가 있다고 가정하지 않는다. 부모행동훈련사는, 비록 부부갈등이 부모가 치료에 가져왔던 아이-중심의 문제 드러내기를 해소하려는 그녀[2]의 노력에 방해가 되는 것이긴 하지만, 그것을 따로 떨어져 있는 별개의 가족 문제로 간주한다. 그것이 그녀가 수행하는 치료를 방해하기 때문에, 부모들이 부모훈련의 규약들과 절차들을 적절히 준수할 수 있도록, 훈련사는 어떤 요소를 부부갈등이 충분히 개선되도록 고안된 치료에 추가할 수 있을 것이다. 그러나 그러한 조치는 부모행동훈련에서 치료의 중심적이고 핵심적인 요소라기보다는 부수적인 전략으로 간주될 것이다.

행동과 관련된 영향을 드러내는 그것의 '사촌', 곧 우리가 다음에 설명하려는 기능적 가족치료와 함께, 부모행동훈련은 효능의 검증을 치료 과정 자체의 필수적인 부분으로 간주한다. 표적 행동이 발생하는 횟수를 치료 초기에 설정한 기준치 빈도와 비교하기는 그 회기의 초기 단계부터 마지막 단계에 이르기까지 치료의 진화에 어떤 지표를 제공한다. 그것이 효능 검증에 몰두하는 바와 같이, 행동적 부모 훈련은 전형적인, 경험적으로 지원된 치료이다.

청소년 품행장애를 위한 기능적 가족치료와 다중체계치료

지난 50년 동안, 우리 사회에서 청소년의 반사회적 행동은 불행하게도 끊임없이

---

2) 역자 주: 여기서, '그녀'는 부모행동훈련사이다. 1장의 '각주 3)'을 참조할 것.

지속되는 문제가 되었다. 이 문제에 대한 사회적 대응은 시대와 장소에 따라 그 강조점이 크게 달라졌다. 그러나 최근에 치료를 한층 더 처벌적인 대응들의 대체물까지는 아니더라도 최소한 그것들의 부속물은 되는 것으로 보는 광범위한 경향이 나타났다. 우리가 여기서 요약하는 두 가지 가족치료 모델들은 이러한 새로운 국면에서 대단히 중요한 부분이었다.

제임스 알렉산더(James Alexander)는 1970년대에 기능적 가족치료를 개발하기 시작했다. 품행장애를 가진 청소년의 가족들과 함께 치료에 이르는 그의 접근법은 인지-행동적 아이디어와 가족체계 아이디어의 흥미로운 혼합을 동원했다.

많은 다른 가족치료의 경우와 마찬가지로, 기능적 가족치료는 행동을 거리-조절하기 기능에 도움이 되는 것으로 여긴다. 이 접근법에 따르면 특정 행동의 내용이 무엇이든지 그것의 궁극적인 기능은 어떤 행동을 보여 주는 사람을 편안하게 느끼게 할 가까움과 거리두기의 적절한 조합에 이르도록 중요한 타인들을 조종하는 것이다. 다른 가족치료 접근법들과는 달리, 기능적 가족치료는 얼마나 멀어야 지나치게 멀고 얼마나 가까워야 지나치게 가까운지 판단하는 것에는 상관하지 않는다. 그 모델의 유일한 관심은 증상을 수반하는 책략적 행동들을 동일한 기능을 수행하는, 증상이 아닌 행동들로 대체하는 것이다. 예를 들어, 경찰과 벌인 한 청소년의 언쟁이 그를 그의 아버지로부터 멀어지게 하고 그의 어머니와 더 가까워지게 하는 효과를 가져왔다면, 기능적 가족치료는 그 청소년으로 하여금 한층 더 사회적으로 용인된 방법을 찾아 이러한 동일한 거리-조절하기 기능들을 수행하도록 돕고자 한다.

그러나 기능적 가족치료사가 이러한 임무를 수행하기 전에, 어떤 장애물이 극복될 필요가 있다. 대부분의 경우에, 문제가 많은 가족들의 구성원은 그들의 행동, 특히 문제적인 행동을 깊이 몸에 밴, 그래서 변화시키기가 거의 불가능하다고 여겨지는 부정적인 특성, 곧 그들의 개성의 측면의 탓으로 돌리는 경향이 있다. 행동을 표현하는 이러한 방식은 명백히 그들의 행동변화를 목표를 가진 치료적 노력들에 참여하는 사람들의 동기부여를 감소시킨다. 따라서 기능적 가족치료사의 첫 번째 임무는 내담자들이 그들의 행동의 원천과 의미에 관해 다르게 생각하도록 설득함으로써 치료를 향한 그들의 동기부여를 증가시키는 것이다. 치료사는 내담자들의 행동을 정확히 치료사가 그것들이 그렇다고 생각하는 것—거리-조절하기 책략들—이 되도록 재정립한다. 이러한 개입의 밑바탕에는, 가족구성원들이 그들의 청소년기

자녀가 '무책임하고, 거짓말을 하며, 밑바닥 삶을 사는' 환자가 아니라 '당신의 관심을 얻기 위해 애쓰는' 환자로 확인되는 것을 본다면, 그들은 치료에 더 많은 노력을 기울일 것이라는 가정이 깔려 있다.

일단 이러한 재정의하기reframing 과정이 완성되고 나서야—그리고 기능적 가족치료가 그 과정이 오래 갈 것이라고 예측하지 않아야—'실제의' 치료 작업이 시작된다. 기능적 가족치료사는 행동치료의 전통에서 가져온 많은 기법(앞서 부모행동훈련 모델을 서술하는 과정에서 이용된 것들도 포함해서)을 사용하여, 가족구성원들 사이의 대인관계적 거리를 조절하기 위해 그 가족이 사용하는 문제적 행동을 소멸시키고 그것들을 한층 더 사회적으로 용인된 행동으로 대체한다.

행동적 전통에서 영감을 이끌어 낸 치료라면 어떤 것이든 다 그렇듯이, 기능적 가족치료의 이 국면에서 이루어진 강조는, 치료사가 사용하고 있는 기법이 추구되고 있는 변화에 영향을 주고 있음을 양적으로 검증하는 것에 관해서이다. 치료 과정 자체가 효능 검증하기라는 쟁점에 여념이 없기 때문에, 기능적 가족치료는 그 시작부터 증거-기반 치료가 되는 과정에 있었다. 실제로 청소년 품행장애를 개선하는 그것의 효능은 잘 확립되었다.

기능적 가족치료가 거의 전적으로 가족체계에 초점을 맞춘다면, 스콧 헨겔러(Scott Henggeler)와 그의 동료들에 의해 개발된 다중체계치료multisystemic therapy는 어떤 특정한 청소년의 품행장애 행위에 기여할 수도 있는 여러 시스템(예: 가족, 또래집단, 학교 또는 이웃)에서 작용하는 힘들에 관하여 한층 더 광범위하고 생태학적인 관점을 취한다. 이 접근법은 이러한 힘들을 최소화하고, 그 청소년이 미래에는 그런 행동을 피하는 데 도움이 될 수 있는 동일한 체계에서 원천들을 활성화하고 강화하는 것을 목표로 한다. 문제가 있는 청소년의 생태계에서 가능한 한 많은 측면에 걸쳐 변화를 일으키겠다는 그 모델의 진정한 헌신은, 그것이 서술하는 치료가 치료사의 사무실이 아니라, 현장에서, 곧 청소년들의 가정, 이웃, 학교에서 발생한다는 사실에서 분명해진다.

다중체계치료의 특징은 각각의 사례가 가지는 특이한 상황의 윤곽들에서 상세히 설명된다는 것이다. 그러나 치료가 각각의 특정 사례의 생태계에 적합하도록 조정되고 있는 반면에, 그 모델은 선행 연구에서 그것의 효능이 잘 드러난 기법들과 평가 방법들만 사용해야 한다는 요구에 엄격하다. 그 모델은 그러한 기법들과 평가 절차들의 원천에 그 어떤 제한도 두지 않는다. 다중체계 치료사들은 그들이 전략적 치료 같은 한층 더 전통적인 가족치료 접근법들과 일치하는 기법들을 사용해야 하는 만큼이나 인지-행동적 전통에서 가져온 기법들을 사용하는 경향이 있다. 유일한 요구사항은 그 기법들이 당면한 사례의 생태계에 '적합'해야 하고 그것들이 유사한 상황에서 경험적으로 검증된 효능과 관련하여 문서로 잘 기록된 역사를 가져야 한다는 것이다.

기능적 가족치료에서 그렇다시피, 검증에 관한 이러한 강조는 다중체계치료의 어떤 특정 사례가 시간이 지남에 따라 발전하는 방식에 강력한 영향을 미친다. 그 모델은 입증할 수 있는 방법으로 그 효용성을 증명하는 데 실패한 가설이나 기법을 그것의 종사자가 어느 정도이든 긴 시간 동안 사용하는 것을 허용하지 않는다. 검증가능성에 관한 이러한 철저한 강조로 표시되다시피, 다중체계치료가 청소년 품행장애를 위한 증거-기반 치료로서 인상적인 자격 수여를 확립한 것은 그리 놀랄 일이 아니다.

증거-기반 운동 평가하기

우리가 방금 설명한 모델들의 발전을 추동했던 책임지기의 기풍과 가족치료에서 대규모로 이루어진 증거-기반 치료로 향한 운동을 반박하기는 어려울 것이다. 실제로, 이러한 기풍은 그것이 시작된 이래로 그 분야의 문화에서 중요한 요소를 구성해 왔다고 사람들은 주장할 수 있다. 굳게 닫힌 문 뒤에서 비밀리에 수행되는 정신분석과는 구별되게, 가족치료는 그 시작부터 그것의 '공적인' 특성을 자부해 왔다. 가능할 때마다, 가족치료는 굳게 닫힌 문 뒤에서가 아니라 일방경이나 비디오 장비 앞에서 심지어 워크숍에 참여한 청중들 앞에서 수행되었다. 가족치료사들은 그들이 수행하는 치료에서 그들이 하는 일이 무엇인지 일부러 대중의 철저한 검토에 열어 놓았다. 오늘날과 같은 연구의 규약들과 절차들의 엄격함을 결여했을 수도 있겠지만, 가족치료의 유효성을 입증하기 위한 노력이 그 분야의 발전단계에서 비교적 초기에 이루어졌다(예: Minuchin, Rosman, & Baker, 1978).

가족치료사들이 그들이 제공하는 치료의 효능에 책임을 져야 한다는 생각에 우리는 전적으로 동의한다. 그럼에도 불구하고, 우리는 증거-기반 운동이 책임지기를 얼마나 확고히 하였는지에 대해서는 심각한 의구심을 가지고 있다. "우리도 당신만큼 효과적이다."라는 것을 입증한다는 각오로, 가족치료 연구자들은 의학과 정신의학의 연구 방법론을 흉내 냈다. 그들은 임상실험을 결과물 연구의 금본위제로서 받아들였다. 우리는 임상실험 방법론이 우리 분야가 가지고 있는 핵심 가정들과 가치들의 일부를 심각하게 위태롭게 한다고 믿는다.

임상실험에서는, 다루어져야 하는 문제와 그 문제를 다루는 데 사용될 규약들과 절차들 모두 잘 명시될 필요가 있다. 명확성과 신뢰성 모두를 위해, 대부분의 가족치료 연구자들은 미국정신의학협회American Psychiatric Association의 『정신장애 진단 통계 편람(Diagnostic and Statistical Manual: DSM)』에 의지하여 그들 연구에서 다루어야 할 표적 문제를 명시했다. 정서중심치료를 제외하고, 앞에서 개략적으로 설명한 모든 증거-기반 치료는 『DSM』에 포함된 표적 문제들로서 식별된다는 점을 주목하라.

이러한 방식으로 나아가기의 위험은, 『DSM』이 제시한 문제들이 마치 '질병들'(곧, 실제의, 객관적인 질병 독립체들, 인간의 관찰이나 정의와 무관하게, '바깥에' 존재하는 것들)이라도 되는 것처럼 그것들을 다룸으로써, 그 문제들을 마치 하나의 사물처럼 취급하는 경향이 있다는 것이다. 마이클 화이트, 할린 앤더슨, 해리 굴리시안과 같은 구성주의 치료사들은 우리가 세상을 구성하는 방식에 언어가 행사하는 힘을 상기시켜 줌으로써 가족치료에 기여했다. 우리가 우리 자신을 사람이 아닌 '문제들'을 대하는 것처럼 생각하기 시작할 때, 우리는 미끄러운 비탈길을 미끄러져 내려가기 시작한다. 우리는 그러한 사고가 가족치료 분야를 치료적 기획들이 보여 주는 완전히 탈-인격화되고 모든 것을 질병으로 보려는 관점으로 데리고 갈 것 같아 두렵다.

이러한 방식의 사고가 도입하는, 모든 것을 질병으로 보기를 넘어서, 우리는 그것이 수반하는 관계적 관점으로부터의 후퇴 또한 두렵다. 우리에게 가족치료의 본질적 의미를 규정하는 특징은 가족치료가 인간에 관해서 가지는 근본적으로 관계적인 관점이다. 이 견해에서 증상들은 무작위로 상연된 행동이 아니다. 그것들은 정형화된 특유의 방식으로 반응하는 누군가가 다른 누군가에게 하는 어떤 것이다(증상에 관한 이러한 방식의 사고와 관련해서는 6장에서 더 많이 다뤄진다.) 이러한 관계적 관점은 증상-보유자가 어떤 조건이나 장애를 '가지고 있는' 것으로 확인되면 계속 유지되는 것이 한층 더 어렵다. 그런 언어는 우리에게 최면을 걸어서 좁게 증상-보유자에게 초점을 맞추게 하고, 심지어 더욱 좁게, 그가 '가진' 것으로 묘사되는 '문제'에 초점을 맞추게 한다.

유사한 근시안적 태도는, 우리가 생각하기에는, 임상실험이 표적 문제를 다루는 데 사용될 치료의 규약들과 절차들을 가능한 한 상세한 방식으로 명시화하기에 몰두하는 것에서 비롯한다. 그러한 명시화는 연구가 복제될 수 있게 한다. 그것은 또한 연구의 소비자들이 시험을 거친 치료가 무엇을 수반하는지 가능한 한 정확하게 알 수 있게 함으로써, 그 소비자들이 그들의 실천에서 그 치료 방법을 활용할 수 있게 한다. 따라서 경험적으로 지지된 치료 방법은 '안내서로 만들어질' 필요가, 곧 "A의 경우에는 B를 하고, C의 경우에는 D를 하라."와 같은 구성방식으로 제시될 필요가 있다.

그와 같이 안내서로 만들어진 치료의 서술에서 두드러지는 것은 기법들이다. 그러한 서술에서 보이지 않는 것이 치료사들이다. 치료사의 비가시성은 전적으로 의도된 것이다. 임상실험의 요점은, 그 치료를 하는 특정 치료사의 특이한 방식과는 무관하게, 특정 치료가 효과적임을 증명하는 것이다. 치료적 효능은 치료의 기법들과 절차들에 달려 있는 것으로 여겨진다. 치료사는 단순히 익명의 교체할 수 있는 '치료약'의 투여자이다. 증거-기반 치료들은 자제하는 치료들의 줄에 포함될 수 없는 반면에, 내담자들을 특정한 설정된 방식으로 변화하도록 유도한다는 그들의 공공연한 목표 때문에, 그것들이 치료사에게 요구하는 익명성은 자제하는 치료사가 갈망하는 비가시성을 연상시킨다.

우리는 치료적 효능이 어디에 놓여 있는가와 관련하여 정반대의 견해를 취한다. 이 책의 기본 전제는 치료사의 개성이 가족치료에서 변화의 근본적인 도구라는 것이다. 물론 치료사들은 기법들을 사용한다. 그러나 우리가 보기에 이러한 기법들은 치료사가 그/그녀 자신의 직접적인 현존을 내담자 가족에게 전달하기 위해 사용하는 매체들에 지나지 않는다(Simon, 2003). 필수적이긴 하지만, 기법들에는 부수적이고 유도적인 가치만 있을 뿐이다. 내담자 가족과의 만남에서 치료의 변화를 산출하는 것은 치료사의 개성이다.

증거-기반 치료들은 익명의 눈에 보이지 않는 치료사들에 의하여 이루어지기 때문에, 그리고 그것들은 병적인 상태를 표적으로 삼으려는 경향이 있기 때문에, 우리는 그것들이 우리 분야에 불러낸 책임지기의 기준에 박수를 보내면서도 그것들을 경계한다. 가족치료 연구자들이 치료에서 무엇이 효과가 있고 무엇이 효과가 없는가에 관한 중요한 질문에 답하는 과업을 시작하는 순간에, 그들이 그 분야의 기본적인 통찰들과 견해들을 좀 더 잘 보존하는 연구방법론들을 개발하게 되기를 우리는 바란다.

기타 최근 동향

새로운 밀레니엄 시대에 가족치료의 풍부한 유산이 현대 기술공학과 결합해 새로운 유형의 가족치료 종사자들을 탄생시키고 있다. 지금 일어나고 있는 혼합과 연결은 다면적이다. 연구자들과 임상의들이 손을 잡고 가정폭력이나 부부갈등과 같은 특정 문제들에 집중하고 있다. 예를 들어, 존 가트먼(John Gottman)은 부부의 상호작용의 정형화된 양식들과 그것들이 자녀들에게 미치는 영향을 연구했다. 그의 연구는 가족치료사들이 항상 알고 있던 많은 관찰을 확인해 주었다. 그러나 최첨단의 절차들을 포함하는 엄격한 연구의 규약들과 절차들을 통해, 가트먼은 한층 더 설득력 있고 경험에 기반을 둔 견해를 제시함으로써, 이 분야의 많은 오래된 지혜를 되살렸다.

가족치료사들 사이에서 애착이론에 관심이 높아지는 것은 연구와 임상 관점들을 혼합하고 연결시키는 또 다른 예를 제공한다. 『가족과정(Family Process)』의 전체 호(號)들은 애착이론에 헌정되었고, 가족치료사들은 애착이론의 수칙들을 아동과 성인 양쪽 모두와의 작업에로 통합하고 있다. 앞에서 설명한 수 존슨(Sue Johnson)과 그녀의 동료들의 작업은, 이미 서술되었다시피, 애착이론을 임상작업에 적용한 이러한 사례들의 전형적인 예시가 된다. 또한 애착에 관한 현재의 연구들은 모자의 이인관계가 어떻게 모-부-자녀의 삼인관계로 진화하는지에 관한 새로운 관점을 제공하여 삼각관계 형성 과정을 이해하는 데 더 강력한 기반을 제공했다.

관점들의 혼합을 향한 이러한 추세는 다른 치료적 접근법들 사이의 영역 경계를 느슨하게 하고 있다. 마이크 니콜(Mike Nichol)의 인기 있는 가족치료 교과서가 시간이 지남에 따라 진화한 것은 이러한 사실을 분명히 보여 준다. 처음 몇 판들은 가족치료의 다양한 학파 사이의 차이점에 광범위하게 초점을 맞췄다. 마지막 몇 판(예: Nichols & Schwartz, 2006)에서 그는 학파들 사이의 경계가 모호해지는 것을 명시적으로 논의하고, 상이한 접근법들이 일련의 지속되는 원리들로 통합되고 있다는 증거를 제공한다.

경계들의 모호함은 가족치료에 관한 여성주의 관점의 최근 발전에서도 감지된다. 그다지 멀지 않은 과거에 여성주의 이론가들과 치료사들은 주로 여성들에게 초점을 맞추었다. 최근에는 여성주의의 초점이 여성주의 정보에 기반을 둔 남성들과의 작업을 포함하도록 확대되었다. 초기의 여성주의 비평들에 의해 착수된 여성과 아이들에 관한 풍부한 연구들은 최근에는 레즈비언과 게이 커플은 물론이거니와 남성들에 관한 연구로 보충되었다. 새롭고 폭넓은 여성주의 관점이 버지니아 골드너(Virginia Goldner)와 페기 팹(Peggy Papp)의 저술들에서 전형적인 예로서 제시되고 있다. 『단층선 위의 부부들(Couples on the Fault Line)』에서 팹은 치료사들에게 그들이 "현대 부부들의 경험과 관련되어 있으려면, 그 부부들이 그들의 사적인 세계를 넘어 현재 그것들의 세계를 형성하고 있는 외부의 사회세력에 주의하도록 도와야 한다."고 현명하게 말한다(Papp, 2000, p.2). 따라서 화성에서 온 남자와 금성에서 온 여자가 결합한다 하더라도, 그들은 이 지구라는 혹성에서 일어나고 있는 사회문화의 격변들을 무시할 수 없다.

가족치료가 미국에서 시작되었을지 모르지만, 새로운 밀레니엄 시대에 그것이 유럽, 영국, 호주, 뉴질랜드, 아시아에서 꽃을 피우고 있다는 사실은 매우 흥미롭다. 이탈리아에서는, 가족치료 운동이 그 나라에서 임상적 훈련을 규제하는 법률제정을 확보하는 데 성공했다. 영국에서는, 다른 여러 사람들 가운데서 길 고렐 반스(Gill Gorrell Barnes), 앨런 쿡린(Alan Cooklin), 아이아 아센(Eia Asen) 등이 체계적 관점의 확산을 강화하기 위해 생산적인 협력을 시작했다. 한편, 아시아에서는 웨이영 리(Wai-Yung Lee)와 그녀의 동료들이 가족치료 개념과 동양 철학을 융합하고 있다. 이것들은 가족치료가 다른 문화적 맥락에서 어떻게 성장해 왔는지 보여 주는 훌륭한 예들 가운데 일부에 불과하다.

가족치료의 경계가 확장됨에 따라, 그리고 그 실천이 다른 실천들과 융합됨에 따라 그 분야의 일부 종사자들은 "가족치료에 저는 도대체 무슨 일이 일어났는가? 가족치료의 황금시대는 지났는가? 지난 10년 동안 이 활기찬 형태의 정신치료에 무슨 일이 벌어졌는가?" 하는 질문을 던지고 있다. 그 질문의 답은 인적 서비스의 제공이라는 한층 더 큰 맥락에서 그것 스스로 자리를 찾기 위한 가족치료의 전투는 승리했고, 그 승리의 여파로 가족치료는 새로운 모습을 띠게 되었다는 것이다. 이 분야가 계속 발달함에 따라, 새로운 치료 학파를 개발하거나 새로운 이론을 공들여 만들어 낼 필요가 없다. 차라리 정말 필요한 것은 가족치료가 주류에서 다양한 역할을 할 수 있도록 그 분야에서 힘을 집중하는 것이다.

증거-기반 운동에 관한 우리의 불안감에도 불구하고, 우리는 전반적으로 가족치료의 미래를 낙관하고 있다. 가족이 사회구조의 한 제도로 남아 있는 한, 체계적 사고와 가족치료는 상이한 문화들의 관계적 과학에서 항상 중요한 역할을 할 것이다.

06
치료적 마주침[1)]

가족들에 대한 그의 이해, 곧 사회적 규범들과 가족 다양성에 대한 그의 지식으로 무장한 상태로, 그 자신의 치료 이론에 의해 제약을 받으면서, 그리고 그 자신의 삶의 경험들에 의해 제한을 받으면서, 치료사는 도움을 요청하는 가족들과 만난다. 가족들은 대개 희망을 가지고 그 마주침에 다가간다. 모든 사례에서 그들은 이번이야말로 중요한 진술을 할 수 있는 기회라는 절실한 심정으로 온다. 그들은 중요한 방법으로 "이게 지금 우리의 모습이에요."라고 말할 것이다. 이런 감각 때문에 그리고 그들이 다른 사람의 관찰 아래 놓여 있기 때문에, 그들 역시 극심한 자기관찰 아래 놓여 있다.

치료사는 그 자신의 평생의 짐을 가져온다. 그 역시 그 어떤 사람이고, 그의 성격과 경험의 조합은 그가 초월할 수 없는 어떤 한계들을 부과한다. 그는 이 가족과 어떻게 조응할 것인가? 그가 가진 자질들 가운데 어떤 것이 이 마주침을 활성화시킬 것인가?

치료사는 그가 받은 훈련의 장단점을 가지고 있다. 그에게는 이전에 다른 가족들과의 접촉 경험이 있다. 그가 원하든 원하지 않든, 그리고 그가 알고 있든 모르고 있든, 그는 다음과 같은 특징을 가진 가족에 관한 어떤 가정을 가지고 있다.

1) 역자 주: '마주침'은 'encounter'의 번역이다. '만남'이나 '직면' '조우' 등으로 번역할 수도 있겠으나, 역자는 이질적인 두 주체의 만남이라는 측면을 강조하기 위하여 '마주침'이라고 번역하였다.

어린 자녀를 둔 가족들은 ~이 필요하다.
불면증을 겪게 하는 가족들은 ~하는 경향이 있다.
근친상간을 겪은 가족들은 ~.
입양 자녀를 둔 가족들은 ~.

그는 이러한 가정들을 가지고 있다는 사실이 그의 지성을 제한한다는 것을 이해하지만, 어떤 치료사도 그의 사고를 조직하는 틀을 초월할 수는 없다. 그가 할 수 있는 모든 것은 그것들을 인정하는 것이고, 가능한 한 최선의 방법으로 그것들을 이용하는 것이며, 그의 예측들이 이 마주침에서 생긴 자료에 따라 정정될 수 있어야 함을 아는 것이다. 이해심을 가지고 가족들을 만나고, 폭로를 격려하고, 문제들과 가능성들을 유심히 살피는 동안, 그는 연계하고, 조응하려 하고, 탐색하고, 결과들에 따라서 가정들을 수정하고, 다시 탐색한다. 있을 수 있는 것들에 관한 가정들과 이러한 특정 마주침에서 그가 알게 되는 것들 사이에는 항상 어떤 긴장이 존재한다.

앞의 장들에서 우리는 치료사들로 하여금 치료적 마주침을 준비하게 하는 개념들을 강조하였다. 지면은 개념들을 위한 공간을 쉽게 제공하지만, 치료는 다차원적인 것, 곧 개념들을 훨씬 넘어선 것이다. 마주침의 분위기, 별로 관계가 없는 생각들을 감싸는 침묵들, 분명히 표현하고 싶지만 정작 그렇게 할 수 없는 [가족구성원들의] 감정에 집중하도록 나를 일깨우는 리듬의 감각을 내가 어떻게 전달할 수 있을지 나는 걱정이 된다. 우리의 차이들을 가로질러 가족구성원들과 만나기의 신비와 우리가 '인간적인 것과는 다른 어떤 것이기보다는 오히려 더 인간적'이라는 사실을 발견하기의 신비를 어떻게 내가 전달할 수 있을지. 그런 다음, 나는 그 역할, 곧 그것에 의하여 내가 관객이자 참가자가 되고, 치료의 지휘자이자 치료체계의 구성원이 되며, 가족들이 새롭고 더 좋은 관계 맺기의 방식을 실험하는 동안 그들이 따르는 샛길이 되는 그 창조적인 과정을 어떻게 묘사할 것인가?

네 가지 사례

가족치료 가르치기는 대부분 치료 작업이나 회기의 내용을 담은 비디오테이프를 통해서 가족들을 관찰하는 것에 의존한다. 이 장에서는 치료를 하는 동안 내가 무엇을 하고 어떻게 생각하는지 서술하고자 한다. 나는 내 상담 작업을 해체하고자 한다. 이러한 목적을 위해, 나는 사례로서 이용하게 될 네 가지 치료상담consultation[2)]들을 선택했는데, 그것들이 첫 마주침의 긴장을 전달하고 있기 때문이다.

이 네 가지 사례에서는 가족의 정형화된 양식 탐색, 변화를 위한 과정 탐색, 그리고 합류와 이의제기하기[3)]의 시도를 구체화한다. 치료상담은 교육목적에 유용한 요구를 부과한다. [치료상담에서 컨설턴트 역할을 하는] 치료사는 이 특정 가족과 함께 가족치료를 하는 명확하고 예측 가능한 지침을 제공할 것으로 기대된다.

라모스 가족: 증상의 횡포

나는 남미에서 라모스 가족을 만났다. 내가 두 번의 치료 회기에서 만났을 때 그들은 5개월 동안 치료를 받고 있는 중이었다.

치료사들은 그 가족이 그들의 삶을 완전히 조직하고 있던 라모스 부인의 극심한 심각한 강박행동 때문에 오게 되었다고 말했다. 라모스 부인은 자신의 삶을 아스코asco[4)]에 의해 통제되는 것으로 묘사했다. 그녀는 더러운 것을 만질 때마다 메스꺼움과 두근거림을 느꼈고, 손을 씻을 수 있을 때까지 땀을 흘렸다.

나는 그녀에게 손을 보여 달라고 부탁했다. 그것들은 잦은 손 씻기 때문에 빨갛게 피부가 벗겨져 있었다. 나는 손을 만지지 않은 채 조심스럽게 살펴보았다.

라모스 부인이 그녀나 가족 가운데 누군가가 더러운 것을 만졌을 때 그녀에게 엄습하는 불안감을 생생하게 묘사하는 동안, 라모스와 아이들—사라(11세)와 토마스(13세) 그리고 후안(19세)—은 귀를 기울였다.

남편이나 아이들 가운데 하나가 신발을 만지면, 그들이 그녀의 감독 아래 손을 씻

2) 역자 주: 미누친은 그의 슈퍼비전 과정에서 슈퍼바이지가 진행하는 사례의 가족들을 그 자신이 한두 회기 정도 직접 상담하고는 하였다. 이 책에서 어떤 상담이 그러한 성격의 상담을 가리키는 경우, 역자는 그것을 '치료상담'이라 번역하였다.

3) 역자 주: 이 책에서 가장 자주 등장하는 낱말들 가운데 하나가 'challenge'이다. 번역자는 이 낱말을 그것이 포섭돼 있는 문맥에 따라 '도전하다', '이의제기하다', '자극하다' 등으로 옮겼다.

4) 역자 주: 스페인어 'asco'는 '혐오감'을 의미한다.

을 때까지 진정된 상태로 있을 수 없었다고 그녀가 말했을 때, 나는 놀라움을 표현했다. 나는 "이거 참 흥미로운데요."라고 말했다. 나는 강조하기 위해서 반복했다. "나는 유사한 문제를 가진 사람들을 많이 봤어요. 하지만 내가 보았던 사람들 가운데서 가족구성원들이 그들 자신을 씻어야 그 불안이 줄어드는 사람은 당신이 처음이에요. 이거 꽤 흥미롭군요." 그런 다음, 나는 사라와 이야기했다. 사라는 그녀의 어머니가 그녀에게 어떻게 씻으라고 했는지, 그리고 얼마나 자주 그녀가 그녀의 어머니를 만족시킬 때까지 손을 두세 번 씻어야 했는지 내게 알려 주었다. 나는 사라에게 일어서서 내게 오라고 청했다. 그녀를 만지지 않은 채, 그녀의 양쪽 손을 조심스럽게 관찰했다. 나는 "그리고 이런 일이 네 손에서 일어나는구나."라는 말을 자주 반복하면서 각각의 손과 손가락이 어떻게 느끼는지 탐색했다.

나는 다른 사람들이 씻음으로써 라모스 부인의 혐오감이 진정될 수 있는 그 방식에 자주 놀라움을 나타내며 각각의 가족구성원들과 그러한 절차를 거쳤다. 그 과정에서 라모스가 달걀이 더럽기 때문에 그들은 더 이상 그것을 먹을 수 없다고 말했다. 나는 난처한 표정을 지었다. 라모스 부인은 그것들이 나온 곳 때문에 그것들은 더럽다고 내게 설명했다. 나는 만약 누군가 그 껍질을 벗긴다면 그것은 어떻게 되는지 물었다. 그러자 그녀가 "아, 그렇다면 그것들은 깨끗하겠지요."라고 대답했다.

"당신은 꽁무니가 없는 닭을 삽니까?"라고 나는 물었다.

"네, 저는 닭의 부위들만 삽니다."라고 그녀가 대답했다.

면담이 진행되는 처음 30분 동안 내가 보여 준 태도는 임상적인 분리작업 가운데 하나였다. 나는 질환을 눈으로 보고, 코로 냄새 맡고, 귀로 듣고, 혀로 맛볼 수 있었던 19세기의 위대한 프랑스 임상의들 가운데 누군가의 대역을 하고 있다는 느낌이 들었다. 그와 동시에, 나는 그 서사의 힘 때문에 즐거워졌다. 어떻게 가족들이 내 질문의 불합리함을 알아채지 못할 수 있었을까? 어떻게 그 증상이 가족구성원들 각자와 그들 모두에게 확대되어, 결국 그 가족의 생활 전체가 손 씻기에 의하여 규제될 수 있었을까?

나는 아이들을 방에서 나가게 한 다음 부부에게 성생활에 관해 물었다. 나는 그들에게 성행위가 아무래도 더러운 것이 될 거라고 추정했고 얼마나 그런지 알고 싶었다. 라모스 부인은 그녀의 남편이 성관계를 가지는 것을 '몹시' 좋아했기 때문에 그를 불쌍히 여겨 매주 토요일마다 허락했다고 말했다. 그는 그녀의 손을 만지지 않는 한 그녀의 곳곳을 만질 수 있었다. "내 손은 신성해요."라고 그녀는 말했다.

우리는 이미 상담에 40분을 보냈고, 나는 시작할 때만큼이나 라모스 가족에 관해 무지했다. 증상의 서술이 모든 것을 빨아들였던 것이다.

휘태커와 관련된 몇 가지 기억으로부터 비합리적인 추론(미친 생각)이 떠올랐다. 나는 그녀에게 요청했다. "남편을 믿어 보는 게 어때요? 왜 당신은 그가 당신에게 거짓말을 한다고 생각하죠?"라고. 그것은 멀리까지 이르렀고, 그 결과는 놀랍고도 만족스러웠다.

"내가 잠에서 깼을 때 그가 가 버린 것을 알게 되는 꿈을 나는 자꾸 꿔요." 그것은 마치 수도꼭지를 틀어 놓은 것 같았다. 그녀는 그 증상을 버렸고, 남편이 얼마나 비판적이었는지—얼마나 그녀가 남편을 기쁘게 해 주려고 노력했는지, 그러나 얼마나 그녀가 하는 말은 무엇이든 틀린 것이었는지, 그가 그녀에게 소리 질렀을 때 그녀가 얼마나 울었는지, 그리고 아이들이 얼마나 그녀에게 위로가 되고는 했는지 서술하기 시작했다.

나는 사라가 그녀를 보호해 주었느냐고 그녀에게 물었고, 사라를 방으로 돌아오라고 불렀다. 사라는 그녀가 얼마나 엄마를 안쓰럽게 여겼는지, 엄마가 울 때 어떻게 머리를 쓰다듬어 주고는 했는지, 엄마가 진정될 때까지 어떻게 이마에 뽀뽀해 주고는 했는지 서술했다. 다른 두 아이들도 하나씩 하나씩 그 회기에 합류하게 해서, 아버지의 비난으로부터 어머니를 보호하는 유사한 이야기들을 들려주었다. 그와 동시에 아이들은 그들의 아버지가 가족 가운데 그 누구에게도 결코 폭력적이지 않았으며 매우 다정했다고 말했다.

이 지점에 이르러 그 증상은 중앙무대에서 물러났고, 우리는 부모갈등에 참여하고 있는 아이들의 소박한 가족 드라마 속에 있었다. 이 드라마는 내게 익숙해졌다. 나는 여러 번 그 드라마 속에 있었다. 나는 아이들을 저지하면서, 그들이 그들의 어머니를 보호하는 것이 그들의 부모 어느 편에도 도움이 되지 않는다고 말했다. 나는 라모스 부인에게 그녀의 남편의 이해 부족에 이의를 제기하라고 격려했다. 그녀가 그렇게 하게 됨에 따라서, 나는 공정함에 대한 그녀의 요청을 지지하고 증폭시켰다.

나는 라모스 부인에게 그녀의 부모에 관해서 말해 달라고 청했고, 그들 가운데 누가 더 그녀에게 비판적이었는지도 말해 달라고 부탁했다. 그녀는 가족 가운데에서 가장 덜 예쁘고 가장 덜 지적인 사람으로 여겨졌다고 내게 말했다. 어렸을 때 그녀는 그녀의 부모로부터 사랑을 이끌어 내기 위해 항상 언니보다 더 열심히 노력했지만, 그녀는 항상 그녀 자신을 두 번째라 느꼈다.

나는 3일이 지나서 배우자들을 두 번째 상담에 초대하면서 회기를 끝냈다. 나는 그 사이에 남편에게 아내를 지지할 수 있는 새로운 방법을 찾아보라고 지시했다. 나는 그가 그녀에게 환심을 사려고 했던 예전 시절을 기억하기를 원했다. 그는 그녀에게 선물을 사 주기로 했다. 나는 라모스 부인에게 아이들이 그들 자신의 몸을 소유할 수 있도록 그녀가 아이들의 손을 놓아 줄 필요가 있다고 말했다. 나는 아이들에게 그들의 손은 그들의 것이며 그들이 그럴 필요가 있다고 생각할 때 손을 씻겠다고 그들의 어머니에게 이야기하라고 요청했다.

회기가 끝나자 나는 모두와 악수를 하였다. 그들이 떠난 뒤에야 나는 라모스 부인의 손이 신성한 것이었고 그녀는 다른 사람의 손을 만지지 않는다는 것을 기억했다. 라모스 부인과 나는 그녀의 증상을 잊어버렸던 것이다.

회기가 진행되는 동안 내 뇌 회로에서는 몇 가지 막연하고 복잡한 방식으로 무슨 일이 벌어지고 있었던 것일까? 첫째, 나는 가족 전체를 지배하는 증상의 힘에 깊은 인상을 받았다. 모든 사건의 의미를 증상을 둘러싼 서사의 논리로 변형시키는 라모스 가족의 기술(또는 불운) 또한 나를 즐겁게 했다. 몇 가지 점에서, 나는 라모스 부인이 이 모든 정교한 형태의 통제를 필요로 할 정도로 극단적으로 무력하다고 느꼈음에 틀림없다고 생각했다. 그와 동시에, 그녀가 그 정도로 겁에 질리고 무기력하며 무방비 상태라고 느낀다면 그녀와 그녀의 남편은 그녀가 그와 같은 방식으로 느끼고 행동하도록 강요하는 맥락 속에서 살고 있었음에 틀림없다고 나는 생각했다.

나는 내 생각을 분명하게 하고 싶다. 나는 라모스가 그의 아내의 그러한 상태를 야기했다고는 생각하지 않았다. 모르긴 해도, 라모스 부인은 그녀 자신이 틀렸다고 여기는 성향을 그녀의 원가족에게서 가져왔다. 그녀가 결혼했을 때, 몇 가지 새로운 형태의 관계 맺기를 위한 조건들이 있었음에 틀림없지만, 그것들은 발전하지 않았다. 라모스 부부는 그녀의 특별한 반응을 필요로 하는 이전의 정형화된 방식을 유지하고 있었다. 그러나 우리는 대화나 갈등 대신 가족 전부가 그들의 손을 씻고 있는 것을 보았다. 변화를 유도하기 위해서 가장 전도유망한 방향은 라모스가 그의 아내와의 관계를 바꾸도록 돕는 것이어야 한다는 쪽으로 내 사고가 작동했다. 내 비합리적 추론은 이 지점에서 "남편을 믿어 보는 게 어때요? 왜 당신은 그가 당신에게 거짓

말을 한다고 생각하죠?"와 같은 요청으로 등장했다. 내 생각에는 대인관계와 관련된 서사를 향한 이 요청의 반응은 예측할 수 있는 것이었다.

그런 다음 나는 그 회기를 아이들이 배우자 갈등에 선발되는 방식을 탐색하는 데로 이동시킬 수 있었다. 그 후에야 우리는 라모스 부인의 과거에 관해 질문하고, 내가 라모스 부인을 지지했던 그 부부의 갈등에 개입할 준비가 되어 있었다.

그 회기가 끝날 무렵, 나는 그 변화들에 마음이 들떴고 그 부부만을 대상으로 하는 다음 회기를 가지기로 결심했다. 또한 나는 로맨틱한 결말을 위한 무대도 준비했고 라모스가 그의 아내에게 줄 열두 송이의 붉은 장미를 사기로 마음먹었다. 나는 이 장미들을 어떻게 이용할지, 심지어는 그것을 이용할지 이용하지 않을지조차 아무런 생각이 없었다.

사흘 후 그 부부는 다시 왔다. 라모스 부인은 그녀가 가진 옷들 가운데 가장 멋진 것이 분명해 보이는 나들이옷을 입고 있었다. 그녀는 그녀가 아이들에게 해를 끼치고 있다는 것을 어떻게 깨달았는지, 그리고 어떻게 아이들을 그녀의 요구로부터 해방시키기로 결심했는지 설명하면서 말하기 시작했다. 이 3일 동안, 그녀는 가족들이 더럽다고 느낄 때 때로는 불안감을 느꼈지만, 그녀 자신을 통제할 필요가 있다는 것을 알았고 그렇게 했다고 말했다.

그녀의 남편은 그가 그녀에게 주의를 기울였고 그의 비난하기도 중단했다고 말했다. 라모스 부인은 동의했다. 그 부부가 이제 한층 더 정서적으로 연결돼 있는 것 같아서, 나는 라모스 부인에게 그녀의 증상의 이유를 함께 발견할 수 있을 것이라고 말하면서 그녀의 가족에 관해 더 말해 달라고 부탁했다. 그녀는 그녀의 부모의 농장에서 보냈던 힘든 유년기를 이야기했다. 그들은 가난해서 열심히 일해야 했다. 그녀는 다른 나머지 아이들만큼 착해 보이기 위해 가장 열심히 일하는 아이로 자랐다. 그녀의 남편은 그녀가 어떻게 항상 모든 사람을 기쁘게 해 줄 필요가 있었는지, 그리고 그녀가 부모와 자매들의 요구에 응하는 데 항상 얼마나 쓸모가 있었는지 설명하면서 참여했다. 그들은, 라모스 부인의 어머니가 죽음을 맞이하고 있을 때, 그녀가 그녀의 어머니를 밤낮으로 간호하면서 3주를 어떻게 보냈는지 이야기했다. 그 지점에서 라모스 부인은 울기 시작했고, 어머니가 밤에 어떻게 불안해했고 침대에서 어떻게 몸부림쳤는지 서술했다. 그녀를 보호하기 위해, 그녀는 병원에서 그랬던 것처럼 어머니의 손을 묶었다. 그렇게 하는 것이 그녀에게는 정신적 외상을 초래할 정도였다고 그녀는 말했다. 그녀는 어머니의 손을 다치게 한 것에 대해 죄책감을 느꼈다.

그 회기가 시작된 지 40분이 지날 즈음에, 나는 내가 주문한 장미꽃이 도착했다는 연락을 받고 밖으로 나갔다. 나는 꽃을 가지고 돌아와 그것을 라모스에게 주면서 그가 그의 아내에게 사랑을 느낄 때 주게 하려고 그것을 가져왔다고 말했다. 그는 꽃을 받아서 그녀에게 주려고 했다. 나는 그를 막으면서 나중에 그들만 있고 분위기가 무르익었을 때 그렇게 하라고 말했다. 그 회기는 신데렐라에 대한 토론으로 끝났다. 나는 라모스 부인에게 그녀가 오직 인정받기 위해 더 열심히 일해야 한다는 그녀의 욕구에 지배를 받아 왔다는 의견을 제시했다. 나는 내 요점을 강조하기 위해 프레고나fregona(파출부)[5] 라는 단어를 사용했다. 아마도 그녀는 신데렐라처럼 마음의 긴장을 풀고 그녀의 왕자를 맞이할 수 있을 것이다.

그 회기가 동화처럼 끝나는 일이 어떻게 발생했는지 나는 정말 알지 못한다. 이 가족에게 있는 그 무엇이 단순한 방법으로 나를 감동시켰다. 나는 그들의 드라마와 언어에 사로잡힌 기분이 들었다. 라모스 부부 또한 감동했다. 그들은 고마워했고, 라모스 부인은 주저하지 않고 나와 악수했다. 이번에 그녀와 나 양쪽 모두 그것이 어떤 새로운 단계, 곧 증상의 압제가 느슨해지는 단계라는 것을 알았다. 내가 그 변화의 과정—그 이상한 증상이 어떻게 2회로 이루어진 회기의 상담에서 변화하기 시작했는지—에 관하여 생각한다면, 나는 그 변화의 원인을 내가 합류한 사실로 돌려야 한다. 내가 라모스 부인에게 합류함에 따라, 그녀는 요구할 수 있는 능력이 부여된다

5) 역자 주: 스페인어 'fregona'는 'fregon'의 여성형이다. 두 낱말은 모두 형용사로도 쓰이고 명사로도 쓰인다. 명사로 쓰일 때 그것들은 '성가시게 하는 사람' 또는 '골치 아프게 하는 사람'이라는 부정적인 뜻도 나타내고 '돋보이는 사람' 또는 '빼어난 사람'이라는 긍정적인 뜻도 나타낸다. 여성형인 'fregona'는 '자루걸레'를 가리키는 말이기도 하고 '설거지와 청소를 맡은 하녀'를 경멸적으로 부르는 말이기도 하다. 미누친은 'fregona' 다음에 이어진 괄호 안에 영어 단어 'charwoman'을 보충해 넣었다. 그것은 '파출부'나 '청소부'의 뜻을 가진 낱말이다. 잘 알려져 있다시피 '신데렐라'는 '재투성이 아이'라는 뜻이다. 신데렐라 이야기에서 신데렐라는 물 긷기, 빨래하기, 청소하기, 그리고 요리하기 등으로 바쁘고 힘들게 하루를 보내고 지친 몸을 쉬려 하지만 그녀의 침대조차 빼앗겨 아궁이 옆의 잿더미에서 잠을 자야 했기 때문에 항상 재투성이의 모습으로 지내야 했다. 그녀의 계모와 그 딸들에게 천덕꾸러기 취급을 받으며 살아가던 신데렐라는 요정의 도움으로 거듭나게 된다. 어떤 시각에서 신데렐라는 지저분한 몰골의 천덕꾸러기이지만 다른 시각에서 그녀는 어머니의 유언에 따라 깊은 신앙심을 간직하고 착하게 살다가 복을 얻는 착하고 아름다운 사람이다. 미누친은 '신데렐라'에서 발견되는 두 겹의 이미지를 라모스 부인에게 연결시킴으로써 어떤 치료효과가 발생하기를 의도했던 것 같다. 어쩌면 그 회기에서 미누친은 그 자신이나 가족치료가 신데렐라 이야기에 나오는 요정과 같은 역할을 할 수 있다고 생각했는지 모른다.

고 느꼈다. 나는 그녀가 증상을 통해 그녀의 감정을 드러내기에서 언어를 통해서 그리고 대인관계와 관련된 이의제기를 통해서 그것을 분명히 표현하기로 옮겨 갈 수 있게 도왔다.

라모스 가족과의 이번 상담에서 핵심 요소는 무엇이었는가? 내 생각에 첫 번째는, 내가 그 증상에 주의를 집중하고 그것을 처리했다는 것이다. 증상의 힘은 변하지 않는 이야기에 의존하는 것 같다. 그 이야기는 아이들이 하는 이야기들처럼 언제나 똑같은 방식으로 진행되었다. 그 증상의 탐구에서 치료사가 이야기에서 말을 덧붙이거나 다른 사람을 포함시키거나 또는 어떤 방식으로든 새로움을 도입한다면, 그 증상의 자동성automaticity의 진실이 의심을 받게 된다. 라모스 부인의 증상은 수년간 매일 행해지는 반복에 의해 더 강력해졌고, 나는 내 이의제기에 타당성을 부여하기 위해 그것을 세밀하게 탐색해야 한다는 압박감을 느꼈다. (어떤 증상을 유사한 방식으로 다룬 사례가 14장에서 제시된다.)

처음부터 나는 만능과도 같은 그 이야기의 타당성에 이의를 제기했다. "나는 유사한 문제를 가진 사람들을 많이 봤어요. 하지만 내가 보았던 사람들 가운데서 ~는 처음이에요."와 같은 방식으로 내가 제기한 이의들은 처음에는 눈에 띄지 않았다. 내가 아이들에게 그들의 손을 내게 보여 달라고 부탁했을 때, 나는 그것들이 그들의 손이라는 점을 강조했다. 나는 세부사항들을 탐색했다. "달걀이 더러워요? 섹스는 깨끗해요?" 나는 그것들의 반복을 통해서 그 증상의 현실성에 이의를 제기했던 놀라움의 감탄사를 내 질문들에 동반했다. 이러한 이의제기들은 증상의 현실성을 받아들이는 진술들을 함께 동반하였다. 이것은 양면적인 전략이다.

나는 하위체계들과도 작업했다. 나는 가족 전부와 함께 시작했지만, 부부갈등에 아이들이 침입하는 것에 이의를 제기하고 싶을 때에는 그들에게 나가 있으라고 했고, 그런 다음 그 회기에서 다시 아이들의 참여가 필요해지면 그들에게 다시 들어오라고 했다. 사람들은 서로가 서로를 구성한다는 믿음에서, 나는 라모스 부인의 증상이 그녀의 남편과 그녀 사이의 상호교류의 부분이어야만 한다는 결론을 내렸다. "왜 당신은 남편이 당신에게 거짓말을 한다고 생각하죠?"라는 질문은 이러한 발상에서 촉발된 것이었다. 그 부부가 치료받는 일에 열심을 보이자, 나는 그들의 갈등을 부추기고 그것을 증폭시키며 참여했는데, 라모스 부인이 그녀의 남편에게 이의제기를 하도록 돕기 위해 나는 그녀와 행동을 같이 했다. 그리고 나는 부모들이란 언제나 아이들을 돕기 마련이라고 믿기 때문에, 라모스 부인이 실제로 그렇게 했듯이 그녀의 증상을 통제할 수 있기를 기대하면서 나는 그녀에게 그녀의 아이들을 위하여 그녀의 불안을 통제하기라는 과제를 부과했다. 그녀의 가족사 탐색은 현재를 탐색한 이후에 이루어졌고, 현재의 왜곡들을 명확히 하는 방식으로서 이루어졌다. 두 번째 회기는 거의 전적으로 라모스 부인의 원가족에 바쳐졌다.

마리아와 코린

이 상담은 엄밀히 말하면 불법이었다. 마리아의 자녀들은 친족 위탁 보호의 상태로, 곧 마리아의 시누이인 코린의 법적 책임 아래 있었으며, 법원은 접근금지 명령으로 두 여성이 만나는 것을 금지했다. 그 회기는 '복지부 아동분과' 소속의 슈퍼바이저들과 사례관리 사회복지사들을 대상으로 한 상담이었다. 그들과 그 아이들의 사례관리 사회복지사는 일방경 뒤에서 관찰하고 있었다. 치료실에는 20대의 마리아와 코린, 후아나(6세)와 피터(3세), 그리고 짐작건대 그 회기에서 맡은 역할이 공격성을 억제하는 일인 것 같은, 그 여성들 각각의 상담사들이 있었다.

'어머니들'이 소파에 앉아 있는 동안, 아이들은 내 사무실에 있는 장난감들을 계속해서 망가뜨렸다. 머지않아 바닥에 목이 잘린 인형 세 개가 나뒹굴자, 후아나는 크레용을 집어 커피탁자 위에 그림을 그리고 있었다. 그 어머니들 가운데 누군가가 어머니라면 의당 그러는 것처럼 아이들을 통제하기를 기다리며 나는 그녀들을 관찰했다. 마침내 내가 말했다. "제가 좀 혼란스럽군요. 누가 어머니인지, 누가 아이를 맡고 있는지 저는 잘 모르겠어요. 하지만 아이들이 그 마이크는 좀 만지지 않았으면 좋겠군요. 그리고 당신들 양쪽 모두에게 얘기하고 싶은데, 이런 소란 속에서는 그럴 수가 없군요."

이러한 언급은 매우 단순하지만 중요한 기법을 분명히 보여 준다. 그것은 가족갈등이 있는 상황에서 자제력과 관계가 있다. 만약 내가 아이들을 통제하려 시도했고 또 성공했다면, 그 결과는 유감스러웠을 것이다. 그것은 양쪽 어머니 모두에게 그들이 무능하다는 것을 증명했을 것이다. 그 대신에 나는 그들에게 과제를 주었고, 그들의 아이들을 통제하기는 나로 하여금 그들이 그들의 육아에 가져온 자원들을 관찰할 수 있게 해 주었다.

나는 기다렸다. 마리아는 피터에게 가서 조용히 이야기했다. 코린은 맥도날드에 간다는 약속으로 후아나를 매수했다. 나는 그들의 방식이 얼마나 상보적인지 언급했고, 처음에는 아이들에 관해서, 그다음에는 그들 자신에 관해서 이야기하도록 장려했다.

물론 나는 그들 가운데 어느 한쪽이라도 먼저, 다른 한쪽이 듣고 관찰하는 동안, 그 자신과 아이들과의 개인적인 이야기들을 서술하게 할 수 있었다. 그러나 그들 사이의 대화를 권장하기는 내게 집중을 분산시키는 이점을 가져다주었다. 그것은 내게 두 여성들이 관여하는 방식들, 곧 엄격성과 대안들의 가능성 양쪽 모두를 관찰할 수 있는 자유를 가져다주었다.

두 사람은 정말로 심하게 서로를 빈정거렸기 때문에, 나는 그들이 계속해서 이야기하도록 내가 가진 기술을 모두 동원했다. 나는 내 말을 스페인어로 바꾸어 하면서 그들이 서로 도와준 것을 칭찬했다. 나는 코린에 동조하여 그녀가 마리아의 아이들을 돌보는 데 사심이 없었음을 들어 그녀를 칭찬했지만, 또한 마리아의 생활이 얼마나 옹색해졌는지, 어떻게 마리아가 전담 육아에서 벗어나 그녀에게 자유를 줄 수 있었는지 알려 주었다. 나는 라틴계 사람들에게 서로를 돕는 일이 얼마나 중요한지 백인 판사가 이해할 수 없었을 것이라는 점을 광범위하게 암시하면서 법원을 공격했다. 나는 접근금지 명령이 최선의 해결책, 곧 그들이 협력하는 것을 방해했다고 말했다.

아동분과 직원들을 위해 요약하자면, 나는 싸우는 두 어머니들의 면전에서는 아이들이 과잉 활동적인 것이 당연하다는 사실을 목격했다. 그들의 양육방식의 실연을 야기하기 위하여, 그리고 두 어머니의 생활을 확장시킬 수 있는 대안을 제시하기 위하여 내가 그들의 행동을 이용했다는 점을 나는 언급했다. 나중에 사례관리 사회복지사와 나는 법원으로 하여금 그 접근금지 명령을 바꾸게 하려는 계획을 세웠다.

니나와 후안: 목소리 듣기

빈번히 술에 취해 있는 남편 후안, 여러 가지 진단들로 여러 번 입원했던 그의 아내 니나(40세), 학교 가기를 거부하는 그들의 딸 후아니타(15세)로 구성된 푸에르토리코 가족이 이 책의 8장에 등장한다. 그들은 상담을 위해 내 슈퍼비전 그룹에 그들을 데려온 마거릿 메스킬(Margaret Meskill)에게 치료를 받고 있었다.

나는 니나에게 그녀의 환청에 관해 설명해 달라고 요청했다. "그 목소리가 남자였나요, 아니면 여자였나요?"라는 질문에 니나는 주저하며 그들이 여자라고 대답했다. "그들은 당신에게 무슨 얘기를 하죠?" 나는 그녀에게 물었다.

증상에 관한 세부사항을 묻는 것은 모든 정신의학과 관련된 진찰의 일부이다. 하지만 여기서 내 의도는 일반적인 사실 확인과는 다르다. 증상의 개인적인 소유를 한층 더 복잡한 상보적 교류의 그물로 변형하기 위한 발판으로서 나는 그녀의 환청에 관한 니나의 서술을 이용하고 있었다.

"당신이 듣는 그 목소리들을 사라지게 할 수 있어요."라고 나는 그녀에게 말했다. "그러나 그것들은 그것들과 싸울 수 있는 다른 목소리들, 맞서 싸울 수 있을 만큼 강력한 목소리들을 필요로 해요. 당신에게 후안의 목소리가 들리나요? 아니면 후아니타의 목소리는요?"

"아니요, 전혀요."

"저런! 그들의 목소리가 너무 여리군요."라고 나는 말했다.

나는 후안의 목소리가 왜 그렇게 여려서 니나가 그것을 들을 수 없는지 궁금했다. 그리고 나는 그녀에게 힘을 주는 후아니타의 목소리는 어째서 들리지 않았는지도 궁금했다. 그래서 나는 후안에게 이의를 제기했다. "당신은 아내가 당신을 필요로 할 때 술을 마시는 것으로 도망가는군요." 이것은 가족치료에서 가장 특징적인 개입의 한 예, 곧 다른 가족구성원들에 의해 이루어지는 증상의 유지maintenance of the symptom에 초점을 맞추기이다.

그 치료의 나머지 전체에 걸쳐서, 마거릿 메스킬과 나는 후안의 목소리, 곧 아내의 환청에 도전할 수 있는 힘을 가진 그의 목소리를 지원했다. 그가 변화하고 한층 더 적극적이 되며 그의 아내에게 더 열의를 보이게 됨에 따라서, 그들의 이야기들이 변했다. 그녀에게 들리는 목소리들이 사라졌고, 그는 술을 끊게 되었다.

이 사례는 조현병과 관련하여 개인에게 집중하는 정신의학의 진단을 무시하고, 그 대신에 제대로 기능하지 않는 가족의 맥락에서 히스테리 상태의 환청에 대한 진단을 내린 경우이다. 남편을 공동치료사로 이용하기가 그와 아내와 그의 관계를 변화시켰고, 두 사람 모두에게 치료 효과가 있음이 입증됐다.

"모든 사람이 다른 모든 사람과 싸운다"

이번 상담은 아동 주간(晝間) 병원이 있는 대형 의료기관의 외래환자 부서에서 이뤄졌다. 이혼한 어머니와 4명의 자녀로 구성된 이 가족은 4년 반 동안 이 기관과 관계를 맺고 있었다. 어머니 해리엇(38세)은 두 번의 결혼에서 두 남편 모두에게 신체적 학대를 당했고, 두 번째 남편은 아이들을 성적으로 학대해 수감됐다. 가족치료사는 이 가족이 혼돈상태에 있다고 표현했다. 폭력의 발생률이 매우 높았는데, 회기 중에도 주먹다짐이 자주 벌어졌다. 치료사는 매 회기가 두려웠지만, 다행히도 그 가족은 종종 약속을 어겼다.

나는 그 부서의 직원들에게서 이 가족에 관한 그 어떤 긍정적인 의견도 이끌어 낼 수 없었다. 그래서 나는 그 직원들이 알지 못하는 가족의 '일원'에게 말하기로 결정했다. 그 직원들이 강조하는 병리에 이의를 제기하기 위해, 나는 기능이라는 쟁점들 주위로 가족을 끌어들이려 했고 공격성과 관련된 부분들은 피하고자 했다. (확인할 자료가 없음에도, 나는 이 가족에게 기능과 관련된 문제의 부분이 있다고 가정했다. 그 직원들이 설명한 대로이기만 했다면, 그들은 가족으로서 살아남을 수 없었을 것이다.)

회기가 시작되자, 그 어머니는 "모두가 다른 모두와 싸우기 때문에" 치료를 받고 있었다고 말했다. 이 발언 때문에 자극받은 듯, 조지와 해리는 닭싸움에서 수탉들이 그러는 것처럼 싸우기 시작했다.

조지(12세)는 해리(10세)보다 훨씬 더 컸다. 조지는 내가 보기에 꽤 자제력이 있는 것 같았지만, 리차드(16세)는 조지가 저항하지 않는데도 불구하고 즉각적으로 그를 제지하기 위하여 움직였고 그를 강제로 붙들었다. 리차드 곁에 앉아 있던 수잔(19세)은 그를 도울 준비가 된 빈틈없는 모습으로 있었다. 어머니는 의자에 긴장한 채 앉아 혼란스러운 광경을 무력하게 바라보고 있었다. 모든 상호교류는 2분이 채 지나지 않게 지속되었다. 그 참가자들은 리허설을 잘한 셈이었다.

이것은 분명히 이전의 만남에서 굳어진 치료의 문화였다. 그러한 싸움들은 치료사에게 그들이 얼마나 치료가 불가능한지 입증하기 위해 수행된 그 가족의 특징 같은 것이었다. 나는 그 미끼를 물지 않았다. 나는 잠시 동안 기다렸다가 주머니에서 색깔이 있는 펜을 꺼내며 리처드에게 말했다, 집안일을 잘 거드는 사람이 분명한 그가 한층 더 잘 지낼 수 있는 가족을 그리기 위해 내 마술 펜을 어떻게 사용할지 궁금하다고. 그는 잠시 침묵하고 있었고 다른 가족구성원들도 마찬가지였지만, 다행히도 그는 내 특이한 부탁에 흥미를 느낀 것 같았다. 1분이나 2분쯤 지난 후에, 그는 "우리 가족 모두가 싸우지 않았으면 좋겠어요. 그래야 엄마가 힘들지 않으니까요."라고 말했다. 감명을 받은 내가 그에게 몇 학년이냐고 물었다. 그는 고등학교 졸업반이며 성적도 좋아 경찰관이 되기 위해 공부하고 싶다고 말했다. 그는 지난 2년 동안 방과 후에 맥도날드에서 일했다고 덧붙였다.

나는 그에게 펜을 누나에게 건네주라고 요청했다. 그 펜을 건네는 것이, 마치 어떤 마술 의식이라도 되는 것처럼, 관객이 된 다른 가족구성원들의 관심을 끌었다. 이 기법은 소란스러움이 그 구성원들의 상호교류의 내용인 가족에게 유용하다. 필요하다면, 치료사는 펜을 잡은 사람만이 대화할 수 있다고 주장함으로써 대화의 흐름을 지휘할 수 있다.

수잔은 고등학교를 마친 후 맥도날드에서 일하기 시작했다고 내게 말했다. 지난 1년 동안 그녀는 매장의 관리자였다. 그녀는 월급의 많은 부분을 그녀의 어머니에게 주었다. 나는 그녀에게 직장에서 그가 느끼는 책임감에 관해 물었고, 그녀의 어머니가 그렇게 책임감 있는 그녀를 칭찬해 주었는지 물었다. 그녀는 그렇지 않다고 대답했다. 나는 깜짝 놀라서 서 있다가, 그렇게 책임감 있고 충성스러운 아이들을 키워 온 어머니의 역량을 따뜻하게 축하하면서 그녀와 악수를 했다. 이것은 제이 헤일리가 제안한 개입기법이다. 자녀의 성공에 관해 부모에게 축하하기(또는 그 반대)는 적극적인 연결을 강조함으로써 가족구성원들 사이의 상보성을 분명하게 강조하는 하나의 체계적 개입이다.

회기가 시작된 지 15분이 지날 즈음에, 나는 가족구성원들 각각과 상담을 시작했고, 내가 소홀히 했던 공격성과 통제 시도들을 관찰했다. 나는 나이가 더 든 두 아이와 어머니의 힘을 확인했다. 그리고 충분히 탐색하지는 못했지만, 충성심이라는 주제와 어머니와 서로를 보호하기라는 주제가 중요하고 칭찬할 만한 영역이라는 것을 나는 확인했다.

나는 이제 조지와 해리에게 서로의 곁에 나란히 서 달라고 요청했다. 어린아이들과 함께 작업할 때, 치료의 언어는 행위의 언어가 되어야 한다. 나는 종종 누가 더 키가 큰지, 누가 더 활짝 웃는지 등을 보기 위해, 곧 그들이 참여자임을 스스로 느낄 수 있게 서로의 곁에 나란히 서게 한다. 나는 해리에게 그가 지금보다 훨씬 더 작았을 때 그가 조지를 화나게 하면 어떻게 되었는지 물었다. 수잔은 조지가 매우 파괴적일 수 있어서 그녀가 말리지 않았다면 해리의 팔과 다리를 부러뜨렸을 것이라고 말했다. 지금은 가족들이 차라리 온화하게 묘사하고 있는 가정폭력의 연쇄는 해리가 조지를 화나게 하고, 조지는 해리를 집요하게 귀찮게 하고, 리차드는 조지를 제지하고, 수잔은 리차드를 제지하는 등의 순서로 진행됐다. 내게는 그것이 분명한 것 같았는데, 학대받은 사람들로 이루어진 이 가족은, 폭력이 이전에 그랬던 것처럼 파괴적인 것이 되기 전에 그것을 진압하기 위해 폭력의 신호에 대한 고도의 경각심과 즉각적인 대응 체계를 개발했다.

나는 어머니와 리차드 그리고 수잔에게 그들이 조지와 해리가 싸우는 것을 참견 없이 놔둘 수 있는지 물었다. 만장일치로 그들은 그러면 조지가 해리를 죽이게 될 것이라고 대답했다. 나는 조지에게 그가 미치지도 않았고 범죄자도 아니라는 것을 가족이 확신하게 할 수 있는지 물었다. 그렇게 나는 가족들이 내 앞에서 상호작용을 할 수 있는 맥락을 창출하면서 일반적인 가족의 정형화된 양식을 관찰하고 그 대안을 모색할 수 있었다.

조지는 어머니에게 자신이 통제할 수 있다는 것을 증명하게 해 달라고 간청했지만, 그의 어머니와 수잔 그리고 리차드는 번갈아 가며 이전의 파괴 이미지들을 꺼내들었고 미래의 참상들의 시나리오를 서술했다. 마침내 어머니는 이틀 동안 조지와 해리의 싸움에 간섭하지 않겠다고 동의했다. 수잔은 지켜보고 있겠다고 말했지만, 어머니는, 이제까지와는 다르게 분명히 새로운 태도로, 이것은 그녀의 결정이므로 수잔은 상관하지 않아야 한다고 말했다.

그래서 여기에 일련의 변화들이 있었다. 먼저 나는 조지를 지지했다. 조지는, 평범하지는 않지만 분명히 매력적인 입장에서, 그가 자제력을 가지고 실험해 볼 수 있도록 가족들에게 협조를 부탁했다. 어머니는 그의 변화를 지지하는 것으로 응답했다. 수잔은 이미 익숙해진 통제라는 정형화된 양식으로 되돌아감으로써 그녀의 어머니에게 이의를 제기했지만, 어머니는 책임을 지고 가족의 위계적 배치를 바꾸었다.

그 가족은 그들이 얼마나 파괴적인지 치료사가 결코 알아차리지 못했다—또는 그들에게 속아서 보지 못했다—는 사실에 한동안 놀란 상태로 있었다. 그러나 가족 구성원들 각각은 모두가 감동했고, 내가 그들이 독특하고 유능하며 충성스럽고 다정스럽다는 것을 확인하는 것을 즐겼다.

기관 직원들은 그 가족이 협력적 집단으로 변신하는 것을 이해하지 못했다. 그들은 그 가족에 대해 매우 낙관적인 가족치료사와 함께 다음 회기를 지켜보기로 약속했다.

그 회기가 끝난 후, 우리는 그 직원들이 어떻게 가족의 결핍에 전적으로 집중해 왔는지 분석했다. 또한 우리는 이 가족에게 제공된 도움들이 비효율적이고 반복적이며 단편적이었던 그 방식들도 논의했다. 가족치료사, 개인치료사, 그리고 주간병원의 직원들은 서로 다른 팀에 속해 있었고 이 가족의 서로 다른 부분들과 관련해서만 작업했다. 그들은 통합의 필요성을 느끼지 못했다. 6개월 후에 진행된 그 직원들과의 후속 논의는 이것이 그 직원들에게 대단히 중요한 회기였음을 그리고 그 가족은 계속해서 주목할 만한 변화를 보여 주었음을 가르쳐 주었다.

치료적 체계 창출하기

만약 여러분이 내 작업의 썸네일thumnail[6]을 시도할 수 있었다면, 내가 한 것은 습관적인 것이 불편해지고 때로는 불가능해지는 지점에 이르도록 차이를 증폭시킨 일이라고 여러분은 말했을 것이다. 그렇게 하는 것은 직접적인 자기-참여를 택하며, 그것은 가족의 정형화된 양식들에 이의를 제기하는 과정인 동시에 그것들에 사로잡힌 개인들을 지원하는 과정이다.

내가 가족치료사로서 보낸 지난 50년 동안, 나는 많은 사람이 이전에 발견한 것, 곧 사람들은 변하는 것을 선호하지 않는다는 사실을 발견했다. 그들은 예측할 수 있는 것의 안전성에 편안함을 느끼기 때문에 그들이 선호하는 대응방식을 계속해서 선택할 것이다. 확고히 자리를 잡은 허용되는 것의 범위를 넘어서 대응을 선택하도록 그들은 몰아붙여져야 한다. 그래서 나는 거의 항상 습관적인 것에 이의를 제기함으로써 작업을 시작한다. 그러나 내 이의제기 자체가 그리 강력하지 않다는 것을 알

6) 역자 주: '썸네일(thumnail)'은 컴퓨터에서 페이지 전체의 레이아웃을 검토할 수 있게 페이지 전체를 작게 줄여 화면에 띄운 것을 말한다.

고 있기 때문에 내가 하는 일은 가족구성원들 사이의 불안정을 창출하여 그들에게 활력을 불어넣고 강제로 그들이 새로운 대응방법을 찾게 하는 것이다. 그런 다음 나는 운동의 측면에 내 영향력을 가함으로써 이 에너지를 가지고 작업할 수 있다. 가족들은 앞서 서술한 바와 같은 아름답고 고정적인 그림을 보여 준다. 나는 그런 그림에 콧수염을 그려 넣고 싶어 손가락이 근질거리는 사람이다.

구성주의자들과 달리, 나는 그들의 대안적 존재 방법의 가능성을 탐색하고 이해하기 위해 각각의 가족구성원과 작업하지 않는다. 내가 작업 대상으로 삼은 것은 가족을 변화시키는 일이다. 내가 각각의 가족구성원과 관계를 맺을 때, 나는 흔히 그들에게 합류하며 그들의 자존감을 강화한다. 니나와 후안의 사례에서, 나는 니나에게 "당신은 아주 다정한 숙녀인데, 어떻게 해서 병원에 가는 신세가 되었나요?"라고 말하고, 병리의 정확한 위치를 그녀에게서가 아니라 그녀의 가족 맥락에서 찾아내기 위하여 개입했다.

내가 가진 독특한 치료 방식에서 다른 치료사들에게 유용할 수 있는 몇 가지 보편적인 것들을 추출하려는 시도를 계속하면서, 나는 가족을 만나는 방법과 가족이 탈바꿈하는 과정을 이해하는 방법들의 몇 가지 지침을 작성했다. 지침들에서 의도된 바와 같이, 그것이 유용한 표준화로서 읽히기를 바라면서, 나는 그 지침들을 일람표로서 체계화했다.

가족에 관한 개념

① 가족은 보수적인, 속박하는 사회적 체계인데, 그 체계는 가족구성원들을 서로 예측할 수 있는 기능하기로 향하도록 조직한다. 따라서 모든 가족구성원들이 가진 대안적 관계방식은 가족이 선호하는 방식에 의해 과소평가된다.

② 가족들이 진화함에 따라, 새로운 상황의 요구가 가족구성원들이 생각하고 느끼며 관계하는 방식의 변화를 필요로 하는 위태로운 시기를 가족들은 통과한다. 자녀의 탄생, 자녀양육, 자녀들의 독립, 이직 및 실직, 노화 등은 위험과 기회 양쪽 모두가 들어 있는 생애 전이들의 예들이다. 가족들이 성장하거나(한층 더 복잡해지거나) 꼼작 못하게 되거나(한층 더 빈곤해지거나) 하는 것이 바로 이 시점에서다. 어떤 가족구성원의 증상들은 그에 따른 긴장을 반영할 수도 있다.

③ 자아는 항상 전체이고, 동시에 항상 가족관계들의 그물의 일부이면서 그것에 구속된다. 우리는 가족구성원의 증상을 인지하고, 어떻게 통제가 누군가 다른 사람의 손에, 곧 가족구조와 기능의 '방식'에 달려 있는지 인정할 수 있다.

④ 가족구성원들은 상호작용의 예측가능성을 참작하면서 또한 새로운 것의 탐사를 불리하게 만드는 갈등협상의 방법들을 개발한다.

⑤ 문제 해결은 개인의 내부에 있는 것이면서 또한 개인의 외부에 있는 것으로서 그리고 가족구성원들 사이의 상호작용에서 발생하는 것으로서 파악될 수 있다.

⑥ 어떤 가족의 문제 해결, 곧 가족의 방식들을 '아는 것'은 가시적인 가족조직과 기능뿐만 아니라, 가족구성원들이 생활환경에 환원주의적으로 순응함으로써 억눌려진 가능한 상호교류들의 비가시적 목록들도 함께 포함한다.

⑦ 치료사들은 가족규범에 관한 그리고 가족의 최선의 조화에 관한 생각과 편견을 가지고 있는 반면에, 그들은 가족들이 그들의 드라마를 상연하고 가능한 대안을 보여 주는 때를 가리키는 방향을 통해서만 갈 수 있을 뿐이다.

가족들의 탈바꿈

① 가족구성원들은 증상의 주위에서 그리고 가족이 증상소지자를 정의하는 것 주위에서 그들 자신을 드러낸다. 치료사의 조기 합류와 가족의 도전은 이러한 정의와 관련된 상세한 탐색, 확장, 그리고 질의들을 중심으로 회전한다.

② 가족이 가진 정형화된 양식들의 변화는 가족구성원들이 특정한 상황에서만 이용할 수 있는 대안적인 존재 및 관계 맺기를 활용하는 것을 필요로 한다.

③ 치료사는 변화의 촉매제이다. 치료적 체계에 합류하면서, 치료사는 가족의 관계 맺기와 관련된, 일반적으로 제대로 기능하지 않는 (제한된) 정형화된 양식의 변화들을 도입한다.

④ 변화과정의 초점을 어디에 두어야 하는지 알기 위해서, 치료사는 가족의 일상적인 드라마를 관찰할 필요가 있다. 치료사는 이제 가족의 부엌을 상담실로 가져와야 한다. 그것이 바로 실연enactment이 의미하는 것이다.

⑤ 그런 다음 치료사는 가족의 일반적인 경계 너머에서 갈등의 영역들의 정확한

위치를 찾아내고 갈등의 세기를 증가시킴으로써 변화의 잠재적 가능성을 탐색한다. 그 세기는 평상적인 상호교류를 어렵게 하거나 불가능하게 하며, 가족구성원들을 새로운 존재 방식들의—때로는 머뭇거리는—탐색에로 개방한다.

⑥ 치료적 체계와 관련된 구성원들의 요구들에 상이하게 반응하기 위해서, 치료사는 그녀 자신의 상이한 측면들을 이용해야 한다. 그러므로 치료사는 자기 성찰적이어야만 하고, 자기를 잘 알고 있어야 하며, 가족의 치유를 위해 자기를 솜씨 있게 다루는 일에 편안해져야 한다.

⑦ 새로운 것을 독려하고 이용하기 위해, 치료사는 가족구성원들 가운데서 공동치료사를 선택한다. 이와 같이 공동치료사와 작업을 함께하는 것은 일시적인 일이다. 한 사람이 여러 회기에 걸쳐 치료사가 될 수도 있지만, 한 회기에 두세 번 공동치료사를 바꾸는 것도 가능하다. 모든 가족구성원은 한두 번 정도는 이와 같은 과정에 선발되었다는 기분이 들어야 한다.

⑧ 가족에게 도움을 제공하는 기관들과 함께 작업하면서, 치료사는 그들을 가족맥락의 일부로 간주해야 한다. 가족친화적인 유기적 구조의 변화를 창출하는 방향으로 그녀의 개입을 확대해야 한다.

일람표란 그것이 어떤 것이든 임의적이기 마련이다. 내 작업의 다른 측면들 또한 독특한 것들이다. 예를 들어, 내가 이용하는 합류하기의 특정 기법들이나 내가 동시에 '어르고 걷어차기stroke and kick' 방법들 같은 것 말이다. 이 책의 여기저기서 사례들의 나머지 다른 삽화들을 보게 될 때 여러분은 이러한 지점들과 관련된 한층 더 복잡한 이해에 이르게 될 것이다.

여전히 내 생각과 작업의 다른 측면들은 어떤 일람표의 구성 방식에 전혀 맞지 않는다. 나는 그것들을 한층 더 상세하게 제시할 필요가 있다. 다음은 공식적인 이야기, 가족 기억 그리고 실연으로 작업하기 등과 관련된 논의이다.

공식적인 이야기

가족들은 공식적인 환자와 함께, 그리고 낯선 사람들에게 보여 줄 잘 준비된 자기 제공 방식을 가지고 치료를 받으러 온다. 이것은 공식적인 이야기이며, 철저하게 준비된다. 우리는 그것을 존중해야 하지만, 또한 그것이 지나치게 단순화된 것임을 알 필요가 있다. 그 어떠한 대안도 보이지 않는 곳에서, 곧 그 어떠한 접촉면도 형성되지 않는 곳에서, 가족의 인간적인 풍요로움은 인위적으로 억제된다.

자동적으로, 우리는 부차적 줄거리를 상정할 수 있다. 풍요로운 19세기 소설들의 저 감질나게 하는 줄거리의 작은 조각들과도 같이, 겉보기에는 제멋대로인 것처럼 보이지만, 종내에는 중요한 것으로 판명되는 다른 이야기들이 있음에 틀림없다. 이러한 부차적 줄거리는 가족구성원들의 실제 행동에서는 물론이거니와, 다양한 가족구성원들의 상이한 설명에서도 나타날 것이다. 치료사는 공식적인 이야기에 귀 기울인다. 그것은 가족 관심사에 중심적인 것이기 때문이다. 그러나 합류하여 질문하게 됨에 따라서, 치료사는 상이한 관점들에 호기심을 가져야 한다. 치료사는 가족구성원들이 제시하는 주제를 추적하면서, 가족들이 그 주제들에 관해 서로 이야기하도록 격려하는 것이 중요하다. 치료사가 기민하고 호기심이 많다면, 공식적인 이야기는 이내 확대되어 예기치 못한 부차적 하위 줄거리를 보여 준다.

가족 이야기들은 두 가지 수준에서 전달된다. 그것들은 서사이자 드라마이다. 서사(또는 서사들)는 시간의 진행에 따라 정리된다. 그것들은 순차적이며 일관성이 있다. 줄거리, 등장인물, 그리고 결론은 질서정연한 연속적인 사건들로 펼쳐지고, 가족구성원들은 이야기의 등장인물이나 전달하기의 이야기꾼으로서 그들의 역할들을 수행한다. 하지만 이야기하기는 항상 무언가에 의해 중단된다. 약간의 불협화음이 있다. 가족구성원 가운데 누군가는 상이한 이야기를 가지고 있거나, 이상하게 침묵하거나, 두드러지게 참견한다. 이것은 대본에 맞지 않는 소음이다. 치료사가 그 불협화음을 추적하면서, 그녀는 그것의 정서적 충격이 분명해질 때까지 그것을 증폭시킬 수 있다. 휴면상태이거나 표현되지 않았던 갈등이 가시화되고, 그것이 가족드라마의 다른 요소와 맺는 관계가 나타나기 시작한다.

따라서 문제와 관련된 각각의 소유권이 상관관계에 있는 정형화된 양식으로 이동한다. 문제는 각각의 가족구성원들 내부에서 가족구성원들 사이의 상호교류로 옮겨진다. 가족 이야기가 대안적 시각에서 관찰될 때, 그것의 고정된 실재는 의문에 붙여질 수 있다. 자율적 자아에 대한 가족구성원의 확신은 다른 사람들에 의해 강요되고 구성된 자아들과 관련된 치료사의 관점에 의해 도전받는다. 예를 들어, 가족 이야기가 "진은 거식증이다."라고 한다면, 치료사는 다음과 같이 물을 수 있다. "진, 내가 황당한 질문 하나 해 볼게. 네 부모님이 네가 먹지 않도록 부추기는 것을 넌 어떻게 생각하니? 네가 먹지 않을 때, 부모님은 무엇을 하시지? 샘, 당신 아내가 진이 정상적으로 먹도록 도와준다고 생각해요? 다이안, 진의 식습관에 샘은 어떻게 반응하나요?"

여기서 탐색은 진의 식사를 둘러싼 그녀 부모들의 상호교류가 어떻게 진이 먹지 않도록 안내하는지에 관해서이다. 그 목표는 그 초점이 식사에서 자율성으로 옮겨가게 할, 부모와 아이 사이의 대인관계적 갈등과 관련된 탐색과 표현을 권장함으로써, 진의 식사를 그녀가 그녀의 부모와 맺는 관계의 영역으로 옮기는 것이다. 그러나 치료사는 또한 부모에 대한 진의 통제로 그 초점을 옮길 수도 있을 것이다. 칼로리를 계산하라는 진의 요구와 관련된 어머니의 이야기, 진의 식습관이 그의 식사에 영향을 미치는 방식과 관련된 아버지의 이야기, 그들의 딸에게 대응하는 올바른 방법을 둘러싼 그들의 갈등과 관련된, 또는 딸이 굶어 죽게 될 것이라는 그들의 두려움의 강도와 관련된 부부의 이야기 같은 것들 말이다.

이 지점에 이르게 되면, 진의 원래 이야기는 이제 더 이상 그녀의 이야기가 아니다. 그 치료사는 서로 충돌하는 드라마들을 강조함으로써 긴장을 창출했다. 이야기에 등장하는 사람들이 중심 무대를 차지하면서, 어떤 가족구성원들이 다른 가족구성원들에 의해 어떻게 갇히게 되었는가 하는 쟁점이 변화의 기회를 창출한다. 그래서 우리가 가지고 있는 것은 다중의 독해들이다. 관점의 전환의 목표는 차이들의 탐색을 장려하고 가족구성원들을 서로에게 잠재적 치료사가 되는 위치에 놓는 것이다. 이 개념은 그 안에서 탐색은 인지적이고 이야기는 각각의 가족구성원들에게서 나오는 '다시 이야기하기'라는 개념과는 다르다. 이야기꾼을 상충되는 이야기를 증폭시키는 대화 속에 넣기는 가족구성원들이 서로에 대해 가지고 있는 통제력을 눈에 띄게 만들고 그들이 대안들에 집중할 수 있게 해 준다.

가족 기억

구조적 치료사들—그리고 일반적으로 개입주의의 가족치료사들—은 아마도 유년기가 마치 무슨 운명이라도 되는 것처럼 과거를 지나치게 강조했던 정신역동의 접근법에 대한 반작용 때문에, 가족사를 간과하는 경향이 있었던 치료과정에 우리가 참여하는 것을 대단히 중시했다. 우리는 과거에서 관련이 있는 것이 현재에서도 관련이 있다고, 곧 현재의 접촉에서 가장 중요한 것이라 가정한다.

그러나 임상 실천에서 가족사에 초점 맞추기는 어떤 가족의 역사에 들어 있는 관련 부분이 폭로되는 치료의 중간 단계에서 종종 나타난다. 이제까지 가족과 치료사는 서로를 신뢰하게 하는 방식으로 합류했다. 이제부터 부모, 그들의 부모, 그리고 확대가족의 역사는 과거의 사건들이 현재의 관계 맺기 방식과 가족구성원들의 사고에 관련이 있는지에 대한 호기심과 가설의 원천이 된다. 가족과 치료사는 이전의 경험들이 현재의 의미들과 정형화된 양식들에 부과하는 제한들을 탐색한다. 새로운 관점들은 어린 시절부터 전달된 관계의 옛 모델들이 현재의 상호교류에서 어떻게 시대착오적으로 재연되고 있는지에 대한 이해로부터 올 수 있다. 현재의 자아들은 과거의 의미들에 단단히 묶여 있는 것처럼 보인다.

예를 들어, 존은 여덟 번째 생일에 강아지를 키우는 것을 약속받았다. 그의 아버지는 그를 애완동물 가게로 데려갔고 그곳에서 그는 사랑스러운 믹스견 강아지를 골랐다. 그러나 그의 아버지는 품종을 증명하는 순종을 사야 한다고 고집했다. 치료에서 그 사건을 다루면서, 그 아버지는 '최고의 것'에 대한 원가족의 강한 애착이 어떻게 그의 행동에 잔재로 남게 되었는지 설명했다. 이전 문맥에서 습득된 이 선험적 도식schema은 그로 하여금 그의 아들이 분명하게 표현한 소망들에 호응하지 못하게 하였다.

다른 사례에서, 짐은 아내가 피곤하거나 혼란스러울 때마다 언제나 짜증을 냈다. 치료사의 질문을 받게 되면서, 짐은 아내의 행동을 무언가를 해 달라는 요구로 느꼈다는 것을 알게 되었다. 짐의 화난 반응은 그의 원가족에서 그가 겪었던 경험과 아이임에도 불구하고 부모처럼 책임을 맡아야 했던 경험의 잔재임이 드러나게 되었다.

역사를 모으는 과정에서, 치료사는 으레 가족의 견고성의 영역들, 즉 길들이 달랐던 그들의 과거 시절들을 탐사한다. 그들의 문제가 그들 자신과 세계에 대한 그들의 시각을 좁히기 전에, 그들의 대인관계와 관련된 목록들은 한층 더 풍부했을까? 이 단계가 진행되는 동안, 치료사는 가족구성원들이 그와 관련해서 한다고 경험하는 요구들을 그들이 그들의 나쁜 기억들을 식별하고 그들의 유의미한 과거를 탐색하도록 돕기 위한 수단으로서 서술할 수 있다. 그는 그 가족들의 투쟁과 밀접한 관련이 있는 것 같은 그의 삶과 과거로부터 경험들을 공유할 수 있을 것이다.

실연으로 작업하기

가족치료의 기술들과 관련하여 구조적 치료사들이 가장 이른 시기에 했던 분석에서, 실연enactment은 하나의 기법으로 간주되었다. 조지 사이먼(George Simon, 1995)은 실연이 기법보다 한층 더 기본적인 것이며 구조적 가족치료의 본질이라고 말했다.

버지니아 사티어와 페기 팹의 가족 조각과 칼 휘태커의 몇 가지 경험적 관여들과 같은 아주 적은 경우들을 제외하고는, 치료는 말하기에 의존한다. 사람들이 벌이는 게임들은 그들이 들려주는 이야기로 환원된다. 개인 정신역동 치료에서 가져온 이러한 초점은 오늘날 가족치료의 가장 중요한 특징이 되었다. 인지적 재배열의 몇 가지 형태는 회기가 진행되는 동안이나 그것이 종결된 이후에 발생할 것이며 인지적 재배열은 변형을 낳을 것이라고 사람들은 가정한다.

이 가설은 결과로써 뒷받침되지 않는다. 친숙하고 예측 가능한 것의 유혹은 거의 언제나 새로운 것의 유혹보다 더 클 것이다. 우리는 정서적 수준과 관계적 수준에서 가족과 함께 작업할 필요가 있다. 이러한 개입들의 경로는 실연이다. 그것은 치료사가 지켜보는 앞에서 가족을 행동으로 데려간다. 다음 단계는 "나는 당신이 습관적인 것과는 다르게 행동하는 것을 보고 싶군요."와 같은 몇 가지 형식이다. 그것은 활용도가 낮은 자원들을 관찰할 수 있는 조건들을 마련한다. 일반적으로 치료사는 실연을 위한 맥락을 창출하지만, 치료사가 괄호 치기brackting의 마법으로써 실연으로 변형시키는 상호작용에 가족들은 종종 자발적으로 참여한다.

예를 들어, 한 슈퍼바이지가 미혼모 여성(35세)의 사례를 담은 테이프를 보여 주었다. 그녀는 인근 병원에서 감독직을 맡고 있는 간호사이다. 그녀에게는 아들(7세)을 포함해 세 명의 자녀가 있다. 그녀는 문제를 일으키는 7세 아이를 맡아 주고자 하는 그 기관에 왔다.

그는 학교에서 자기는 죽고 싶다고 말하면서 종이 클립을 전기 소켓에 찔러 넣었다. 학교의 정신과 의사와 보건복지부가 모두 관여하였다. 그 아이는 총명하고 관찰력이 뛰어났다. 치료사는 그와 이야기하기 시작했다. 그녀는 그에게 의붓아버지가 그의 어머니를 때렸을 때를 기억하는지, 그리고 그가 그것을 어떻게 느꼈는지 물었다. 그 소년은 그가 그의 어머니를 얼마나 걱정했는지 이야기하기 시작했다. 치료사가 이러한 사건들의 설명에 그 소년을 참여하게 하는 동안, 냉담하고 내향적인 그의 어머니가 몇 가지 점들을 더 상세하게 설명하기 위하여 치료사를 중단시켰다. 아이와 어머니가 이야기하기 시작했다. 치료사는 그녀의 의자를 뒤로 옮겼다. 그녀는 하나의 상황을 창출했다. 그 상황 속에서 거절하는 어머니와 겁에 질린 아이가 걱정스러운 대화에 참여했다. 그러자 감정의 분위기에 변화가 생겼다.

자, 이제 두 가지 이야기가 있다. 하나는 그녀의 아이를 위탁 돌봄에 맡기고 싶어하는, 거절하는 어머니의 이야기이다. 다른 하나는 함께 무서운 사건을 기억하는 어머니와 아이의 이야기이다. 첫 번째 이야기는 가족을 분할하는 전망에 이르게 한다. 그러나 치료사는 두 번째 이야기에 괄호를 쳤다. 그 이야기는 어린아이가 어떻게 그의 어머니를 보호할 필요가 있다고 느꼈는가 하는 것이다. 그 결합의 이야기는 새로운 방향을 가리켰다.

지난 10년 동안의 발전: 4단계 평가 모델

모더니즘에서 포스트모더니즘으로, 그리고 이제는 증거-기반 치료를 향하여, 가족치료가 진화했다. 구조적 가족치료 또한 진화했다.

내가 가족치료사로서 살아온 50년을 회고하면서, 내 치료의 핵심은 가족구성원들이 어떻게 자기와 타인들의 개념을 발전시키고 수정하는지 이해하기 위한 맥락으로서 가족에 나는 항상 초점을 맞춰 왔다고 생각한다. 치료적 탐색의 목표는 항상 가족구성원들의 어떤 경험들과 행동들을 이끌어 내는 가족 구성을 발견하는 것이었다. 따라서 평가는 치료의 우선 사항이다. 그러나 가족 구성을 이해하기 위한 포괄적인 모델을 제시하려고 시도하면서(Minuchin, 1974), 나는 가족경험의 구성에서 개인의 역사의 영향을 간과함으로써 개인적 역동을 지나치게 무시했는지도 모른다.

지난 10년 동안, 나는 가족과 커플들을 평가하기 위한 새로운 '4단계 지도'를 개발했다(Minuchin, Nichols, & Lee, 2007). 이 평가의 틀은 내 핵심적 사고의 뿌리들을 다시 논의해 본 과정의 산물이다. 그 과정에서 나는 50년 동안의 가족치료의 개념들과 기법들을 면밀히 조사하였고, 지난 10년 동안 내가 이루어 낸 변화들을 포함하였다. 이러한 변화들 가운데 가장 중요한 것은 현재를 이해하는 방법으로서 과거의 탐색을 포함하는 한층 더 넓은 렌즈의 채택이다.

나는 이 새로운 4단계 모델을 가족 평가를 위한 설명서가 아니라 굵은 획으로 그린 지도가 되게 하려고 생각했다. 그 지도는 가족과 치료사 양쪽 모두 그들 자신만의 방식들과 경험들로 빈칸을 채울 수 있도록 충분한 공간을 남겨 두면서 치료적 탐색의 방향을 강조한 것이다. 그 '4단계 지도'(가족치료가 한층 더 잘 가르칠 수 있는 것이 되게 하려는 내 가장 최근의 시도)에서, 나는 치료적 탐색을 일련의 단계로 구성했다. 그것은 명확한 방향을 제시하면서도 치료사가 그 자신의 치료상의 여정을 계획할 수 있는 충분한 공간을 남겨 두었다.

이 4단계 평가 모델은 지난 10년 동안 이틀짜리 워크숍을 미국과 해외—뉴질랜드에서 일본으로, 스페인에서 독일로, 스위스에서 이탈리아로, 그리고 멕시코에서 아르헨티나로—의 대규모 집단들에 제공했던 내 경험으로부터 발전했다. 이 워크숍에서, 나는 대개 두 가족들을 인터뷰했다. 가족의 문화적 맥락을 고려하는 일관성 있는 서사를 발전시키기 위해, 나는 이 가족들을 면담하기 위한 2회기 구성 방식을 개발했다. 4단계 지도는 이러한 구성 방식을 요약해 준다. 나는 일반적으로 첫 번째 회기에서 모델의 첫 두 단계를 다루고, 두 번째 회기에서 마지막 두 단계를 다룬다.

그토록 많은 문화권의 가족들과 함께 이 구성 방식을 사용한 경험을 통해, 우리 모두는 문화와는 무관하게 가족관계를 다루는 몇 가지 공통의 방법들에 영향을 받는다는 것을 나는 배웠다. 체계를 세우는 틀로서 '4단계 지도'가 제공하는, 다양한 문화의 가족들이 처한 곤경을 해소하기 위한 설명을 그들에게 제공하면서, 나는 그들이 그 모델을 사용하고 그들만의 독특한 방법으로 그것을 혁신할 것을 권한다.

〈4단계 지도〉

1단계	2단계	3단계	4단계
문제 드러내기와 증상 촉발자를 분산시킨다.	문제 드러내기를 유지시킬 수도 있는 가족의 정형화된 방식을 탐색한다.	해결의 실마리 구실을 하는 가족구성원들이 현재에도 영향을 미치는 과거로부터 무엇을 가져오는지 탐색한다.	문제를 다시 정의하고 선택 가능성을 개방한다.

1단계는 주요한 문제의 정확한 위치를 각각의 환자의 내부조직에서 찾아야 한다는 가족의 확신에 이의를 제기하는 것이다. 이것은 아마도 모든 가족치료사가 수행

하는 가장 흔한 개입일 것이다. 이 단계는, 이 장의 앞부분에서 서술한 바와 같이, 라모스 가족 및 니나와 후안 가족과 내가 가졌던 상담이 훌륭한 예증이 될 것이다.

2단계는 가족구성원들이 문제를 영속시키기 위해 무엇을 할 수 있는지 탐색하는 것을 포함한다. 치료사의 요령은 가족구성원들이 그 탐색 과정에서 저항하지 않으면서 어떻게 그들의 행동이 문제를 유지시킬 수 있는지 보고 알 수 있도록 돕는 것이다. 다시 내가 니나와 후안 가족과 가졌던 상담이 하나의 예증을 제공할 것이다.

3단계는 가족의 성인 구성원들의 과거와 관련된 간결하고 집중된 탐색이다. 그것은 어떻게 그들이 자신과 타인에 대한 현재의 제한된 관점에 도달하게 되었는지 이해하도록 도우려는 의도에 따른 것이다. 이 단계는 내게는 새로운 것이지만, 그것은 항상 정신역동의 접근법에 따르는 치료의 일부였다.

4단계는 평가를 단지 정확하게 만드는 것만이 아니라 유용하게 만드는 것은 무엇인가 하는 것이다. 가족을 '꼼짝 못하게' 하는 것이 무엇이고 그들이 어떻게 그렇게 되었는지에 대한 초기의 그림을 개발한 다음, 가족과 치료사는 이러한 경험을 모아서 새로운 가능성을 위한 무대를 창출하기 시작한다. 만약 가족드라마의 공동창작에서 첫 세 단계가 진행되는 동안 우리가 성공적이었다면, 가족은 그 구성원들로 하여금 치료를 받게 한 각각의 증상에 대한 좁은 초점에서 벗어나기 위한 준비가 되어 있어야 한다. 가족 평가 모델의 이 마지막 단계는 변화와 새로운 선택사항들의 방향을 설정한다.

증거-기반 치료의 이 새로운 시대에, 가족치료는 개입주의 치료사들의 낙관론과 자제하는 치료사들의 회의론을 넘어서 이제 다른 기풍으로 옮겨 갔다. 그 기풍에서는 치료적 마주침의 효과를 정당화하기 위해 반복적인 관찰과 증거가 요구된다. 오늘날의 추세는 이념에서 실험과 지식 구축의 새로운 방식으로 그 방향이 바뀌고 있다. 이전 시대의 논쟁에 반영된 극단들이 이 새로운 방향으로 모이고 있는 것 같다. 지난 10년 동안 구조적 가족치료에서 일어났던 진화에도 역시 이러한 다양성과 통합의 새로워진 의미가 수용되어 있다. '4단계 지도'는, 다양한 신념을 가진 치료사들이 가족치료의 시작 단계를 거치면서 교묘히 일을 잘 처리할 수 있을 만큼 그렇게 그들에게 쓸모가 있도록 고안됐다. 그것은 단지 구조적 가족치료만의 도구는 아니다. 구조적 접근법에서 가져온 많은 아이디어와 혁신이 이러한 치료상의 방향에 유용할 수 있다고 나 역시 믿지만 말이다.

이 4단계 평가 모델은 하나의 지도일 뿐이다. 가족과 치료사가 치료에서 대인관계에 관련된 그들의 접촉을 시작할 때 그것은 치료상의 여정이 된다. 그들이 그 지도의 각 단계를 함께 탐색하면서, 그들이 공유하는 치료상의 목적지에 그들을 한층 더 가까이 데려갈 일련의 전환점에 도달하기 위해서는 치료사에게 모든 범위의 이론들과 아이디어 그리고 기법과 관련된 훌륭한 솜씨가 필요하다는 것을 그(또는 그녀)는 곧 깨닫는다. 지도가 그것의 단순함을 잃게 되고 치료가 시작되는 것은 바로 이 지점에서다.

나는 오늘 내가 치료하는 방법의 무언가를 전달했기를 바란다. 자, 나는 그것을 어떻게 가르칠 것인가? 이것은 거의 슈퍼비전을 통해 이루어진다. 가족치료를 가르치는 데에는, 특히 그 과정의 시작단계에서는 학문적 설명이 필요한 자리가 있지만, 훈련은 학문적 가족학자가 아닌 치료사를 배출하는 것을 목표로 한다. 수련생이 보고 사고하는 새로운 방식을 습득하는 것은 치료적 맥락에서 존재하는 새로운 방식을 그가 개발하는 것에 의존한다. 따라서 구조적 가족치료의 기본적 개념들, 가치들, 가정들 및 기법들은 주로 인지적 방식으로 전달될 수 없다. 이러한 개념들의 지식을 오로지 설교적이고 인지적인 제공 방식의 맥락에서만 습득하는 수련생은, 관념들에 대한 그의 의존이 치료적 마주침의 열기와 강도 속에서는 그에게 도움이 잘 되지 않는다는 것을 발견할 수도 있다.

마찬가지로, 기법들을 서술하기가 훈련에서 중요하다 할지라도, 치료사를 창출하기의 과정은 그것을 훨씬 넘어선다. 『가족들과 가족치료(Families and Family Therapy)』(Minuchin, 1974)에서, 나는 그 책이 가족치료를 배우고자 하는 학생들을 위한 표준 교과서가 되게 했던그런 명확하고 단순한 방법으로 치료를 서술하였다. 수십 년 동안, 구조적 가족치료를 훈련한 많은 학생들이 기법의 치료를 수행했다. 하지만 분명히 치료는 기술보다 훨씬 더 많은 것을 포함한다. 제2부의 슈퍼비전 이야기에서는 치료의 복잡성뿐만 아니라 그것의 복잡한 과정 역시 분명히 드러나게 될 것이다. 바로 그 과정을 거치면서, 이제 막 수련을 마친 치료사는 치료의 전문가가 된다.

PART 2

슈퍼비전의 이야기들

07
치료적 마주침의 슈퍼비전

다음 장들에서는, 8명의 치료사들이 내가 지휘하고 감독한 그룹에서 겪었던 그들의 경험을 이야기한다. 슈퍼비전 자체의 이야기들에 덧붙여서, 나는 각 집필자에게 독자를 위해 개인적인 전기에 관련된 진술로 시작해 달라고 요청했다. 그런 진술들은 독자에게 각각의 치료사가 그(또는 그녀)의 치료적 마주침에 이르는 가치들과 편견, 제약들, 그리고 그것들이 슈퍼바이지가 선호하는 치료상의 방식들과 그 스타일을 확장시키기 위한 내 작업 양쪽 모두에 어떻게 영향을 미쳤는지 분명하게 보여 줄 것이다. 또한 그들이 원래의 이야기들을 집필한 지가 이제 10년이 지났으므로, 나는 각 집필자에게 이 책의 재판을 위하여 그(또는 그녀)의 이야기에 덧붙이는 말을 추가해 달라고 부탁했다. 그렇게 덧붙인 말들은 그들이 내게 받은 슈퍼비전의 경험이 그 이후의 세월 동안 그들과 그들의 임상작업에 영향을 주었는지 그리고 영향을 주었다면 어떻게 주었는지 상세하게 설명해 줄 것이다. (이 책의 초판이 출간되기 이전에 사망한 앤디 쇼우어의 장과, 그의 뒤를 이어 사망한 한나 레빈의 장에는 덧붙이는 말이 실려 있지 않다.)

내 목소리는 내가 한 언급들과 상호작용들 전체에 걸쳐서 독자들에게 전해질 수 있을 것이므로, 간단한 내 개인적인 진술을 치료사들이 발전하는 과정에서 내가 한 역할의 배경으로서 제공하는 것이 적절할 것 같다.

어느 슈퍼바이저의 인생 역정

나는 한 사람의 슈퍼바이저로서 어떤 사람인가? 나는 대가족 집안에서 자랐다. 내 친조부는 세 번 결혼하여 9명의 자녀를 두었다. 내 어머니의 형제는 모두 7남매였다. 내 부모님은 양쪽 모두 가족들 사이에는 강한 책임감이 있어야 한다는 교육을 받았고, 나도 그것을 내 부모님에게서 배웠다. 내 어머니는 꼭 새뮤얼 삼촌네 가게에서만 식료품을 사셨다. 그곳은 물건도 별로 없었고 또 집에서 멀었는데도 말이다. 부에노스아이레스에 있는 내 친가 쪽 부잣집 사촌들이 여름 동안 휴가를 보내기 위해 도시에서 멀리 떨어진 우리 집에 왔다. 내 어머니는 러시아에서 올 때 비교적 거리가 먼 촌수의 친척을 데리고 왔다. 그 친척 여성은 결혼할 때까지 5년이나 6년쯤 우리 가족과 함께 살았다. 대공황 시기에 우리는 무척 가난했는데, 내 부모님은 우리 가족의 식량 구입에 필요한 돈을 연로한 외조부께 정기적으로 보내드렸다.

우리는 의무가 상호적이라는 것을 당연하게 여겼다. 인구가 4천 명밖에 되지 않는 내 고향에는 고등학교가 없었다. 그래서 내가 초등학교를 졸업하자, 부모님은 나를 소피아 이모네 집으로 보내 이모네와 함께 살게 하셨다. 내 아버지는 1930년에 파산하여 그 후 2년 동안을 카우보이로 지냈다. 엘리아스 삼촌은 내 아버지를 재정적으로 도와주셨는데, 두 분 모두 그 도움을 당연한 일로 여겼다. 그때까지 이스라엘에서 살고 계셨던 내 부모님이 점차 연로해지시기 시작했을 때, 그들이 어린 시절 나를 돌봐 주셨던 것처럼 내가 연로하신 그들을 모시는 것은 당연한 일이었다. 내 기억의 세부내용들이 다 옳다고 단언할 수는 없지만, 어린 시절에 내가 관계들에 관해 배운 것은 가족과 문중 그리고 나아가 유대인에 대한 충성심, 책임감, 그리고 헌신에 관한 것이었다.

내 유년시절에 배운 것들로 내 자신을 정의함으로써 나는 이 슈퍼비전의 논의를 시작했다. 그렇게 한 것은 내가 수련생들과 맺은 관계가 어린 시절에 습득한 의무와 헌신에 대한 감각으로 채색되어 있기 때문이다. 여러분도 가르치는 사람으로서 가장 소중하게 간직하고 있는 가치들에 관해 생각해 보면, 여러분은 아마도 그 가치들이 유년시절에 뿌리를 내리고 있다는 것을 알게 될 것이다.

1952년에 나는 슈퍼비전과 교육을 시작했다. 그때 나는 이스라엘에서 살고 있었다. 나는 비행 청소년들을 위한 5개 주거시설의 의료책임자였다. 대부분의 아이가 히틀러의 유럽에서 살아남은 아이들이었다. 그러나 모로코, 예멘, 이라크, 인도 등지에서 온 아이들도 있었다. 그 시설의 직원들은 심리교육자들이었다. 그들은 집단생활에서 그들이 겪은 상당한 체험에 의해 수정된 아들러(A. Adler)의 원리를 따르고 있었다. 이 청소년들과 작업하는 일과 관련하여 내가 아는 것보다 그들은 훨씬 더 많이 알고 있었다.

나는 젊은 정신과 의사였는데, 뉴욕시 근처에 위치한, 비행 청소년들을 위한 거주시설에서 내가 받은 훈련은 이 집단이나 이 업무를 위한 준비에 거의 도움이 되지 못했다. 나는 순진하고 무지했으며 스스로도 그것을 잘 알고 있었다. 그러나 내가 이 경험에서 가장 유념한 것은 내 무지 때문에 제대로 기능하지 못하는 처지가 되어서는 절대로 안 된다는 것이었다. 한 사람의 인간으로서, 치료사로서, 그리고 가르치는 사람으로서, 이것이 언제나 나의 특성들 가운데 하나가 되었다. 내가 장애물을 배움의 도전으로 바꾸려고 한다는 것 말이다. 장애물에 대한 나의 대응은 단계적으로 이루어진다. 우선 나는 그 문제들에 의해 경쟁력을 가지게—에너지를 얻게—된다. 그 다음 단계에서 나는 무언가를 하려고 갈망하게 되고, 낙담하게 되며, 마지막엔 배려심이 있게 된다. 일단 한번 개입하면, 도전은 기본적인 것이고, 장애물은 도발처럼 느껴진다. 그 토대는 감성적이지만, 거기에는 배움의 모험에 대한 지성적 대응도 있다.

이스라엘에서 내가 겪은 경험 이후의 시절은 제대로 쉴 수 없을 정도로 바쁘게 보낸 시간이었고 많은 결실을 얻은 시간이었다. 뉴욕의 '윌리엄 앨런슨 화이트연구소(William Alanson White Institute)'에서 나는 분석가로서 훈련받았다. 그러나 나는 기본적으로 가족에 더 관심이 많았다. 펜실베이니아 대학교로 옮기면서, 소아정신의학과 교수 겸 '필라델피아 아동지도클리닉(Philadelphia Child Guidance Clinic)'의 소장으로서 나는 가족치료의 원리를 바탕으로 가족들과만 작업하는 시설을 만들었다. 여기서 내가 가진 도전자로서 모습이 전면에 등장했다. 나는 한 마리 장애물 경주마라도 된 것처럼 정신병원의 경직성에 도전했다. 어쩌면 그 과정에서 우리는 새로운 경직성을 만들어 냈는지도 모른다. 그러나 개별 치료와 전통적 방법에 대한 도전은 분명 시대에 부합하는 것이었다.

내가 처음으로 가족치료를 가르치고 슈퍼비전을 하게 된 것은 1960년대 '필라델피아 아동지도클리닉'에서였다. 돌이켜 보면, 당시 내 치료 방식과 교육방식 사이의 불일치가 내 기억에 강하게 남아 있다. 내 치료 방식은 지지와 확인, 그리고 도전의 전체적인 조화였다. 나는 가족들에게 합류하는 데에, 그들의 방식을 완전히 이해하는 데에, 그리고 도전하는 과정에서 그들이 수용할 수 있는 범위 안에 머무르는 데에 유의했다. 나는 가르치는 일이 동일한 조화를 필요로 한다고는 생각하지 않았다. 나는 도전적이고 도발적이어서 학생들이 배울 수 있도록 그들의 도전의식을 북돋워 주었다. 아마도 나는 도전에 대한 내 자신의 대응—그리고 그것과 맞닥뜨리는 내 자신의 과정—을 수련생들에게 투사했을 것이다.

가족치료사로서 내가 이룬 성장은 다른 사람들을 가르치기 위한 구성 요소와 방해가 된 몇 가지 기술 모두를 제공했다. 내 치료에서, 나는 비언어적 의사소통을 빠른 속도로 독해하는 요령을 개발했고 아주 작은 단서로부터 치료 과정을 유도하는 가설들로 도약할 수 있었다. 나는 이러한 가설들이 단지 실험적인 맥락들을 창출하기 위한 도구일 뿐이라는 것을 알고는 편안해졌다. 그 맥락들은 가족과의 접촉을 돕고 다양한 관점을 도입함으로써 가족의 경직성에 이의를 제기하는 일종의 타진용 도구였다. 나는 합류하기 그리고 이어서 '어르고 걷어차기'로 상담이나 치료의 조치를 취하였고, 그 기간 동안 그러한 회기들에서 이루어지는 현란함이 내가 치료를 수행하는 방식으로 알려지게 되었다.

나는 그 방식을 내 슈퍼비전으로 이전했다. 나는 비디오테이프를 주시하고, 단편적인 조각들을 미세하게 분석하고, 가설의 구축으로 도약하고자 했다. 기획의 지성적 특성, 퍼즐 조각들이 커다란 틀로 체계화될 수 있는 방법, 그리고 새로움의 탐색과 상이한 형태gestalt의 창조를 통하여 가족과 합류하기의 잠재적인 모험에 자극을 받으면서 말이다. 내 열정이 시킨 일이라고 생각하지만, 나는 내 수련생들이 비슷하거나 상이한 이해에 도달할 수 있게 하는 다른 경로들의 더딤에 조급해했다. 그리고 내게 슈퍼비전을 받았던 사람들에게는 이 시기가 어려웠을 것이라고 나는 생각한다. 나는 그들에게 충분한 공간을 제공하지 않았고 그들이 슈퍼비전 과정으로 가져왔던 특이한 재능과 어려움들을 존중하지 않았다.

그 시기를 되돌아보고 현재의 내 접근법과 비교하면서, 나는 슈퍼비전의 다른 측면들을 강조했다는 것도 알게 된다. 아마도 이론으로부터 가르치기를 몹시 싫어하는 제이 헤일리의 영향 때문인 듯한데, 내 자신의 가르침은 기본적으로 귀납적이고 경험적이었다. 지금은 나는 그것들이 중요하긴 하지만 불완전하다고 생각한다. 나는 또한 '기술의 알파벳'을 가르치려고 한 브라울리오 몬탈보와 내 노력은 순진한 것이라고 생각한다. 그 기술에는 합류하기, 강도를 창출하기, 동맹과 연합에 진입하기, 이의제기하기, 실연하기 등등이 포함된다. 일단 수련생들이 이러한 기술들을 발전시키게 되면, 그들은 차별화되고 독특한 방식으로 그것들을 사용할 수 있을 것이라고 우리는 생각했다. 기술은 중요하다. 그러나 알파벳은 너무 기계적이어서 아마도 수십 년 동안 구조적 가족치료에 늘 따라다니던 오해의 원인이 되었을 것이다. 구조적 가족치료는 사람들을 다른 의자로 옮겨 앉게 하고, 지시하며, 통제할 수 있는 능력을 필요로 한다는 오해, 그리고 그것은 사람들의 역사를 다루지 않고 그것에는 유쾌함과 상상력을 위한 장소가 없다는 오해 같은 것들 말이다.

그러나 내가 초기에 행한 가르침의 실수나 경직성이 그 어떤 것이든지, 나는 언제나 치료사라는 사람이 치료의 도구라고 생각한다. 가족이 사회체계를 충분히 기능하지 못하게 하는 것처럼, 그렇게 치료사가 가족을 충분히 기능하지 못하게 한다. 그리고 천천히 내 슈퍼비전이 바뀌었다. 기술의 알파벳을 가르치는 일은 내게서 거의 사라졌다. 그 대신에, 나는 치료사의 기능하기를 어떤 체계의 구성원이 되기로서 향상시키기 위해 작업했다. 나는 근본원리가 되는 기술들의 지식이 필요하다고 여전히 생각한다. 그러나 이제 나는 수련생들이 그들만의 치료 방식을 개발했다는 충분한 토대를 가지게 되었다고 느낀 다음에라야 그들과 작업한다.

'아동지도클리닉'을 떠나서 근무지를 뉴욕시로 옮겼을 때, 내 업무에 변화가 생겼다. 그때까지, 비록 전부는 아닐지라도, 내가 맡은 내담자 가족들은 명시된 환자(IP)로 아이를 제시했었다. 이제 나는 문제를 가진 중년의 사람들과 연로한 부모님들로 걱정하는 가족들을 포함해서, 성인 환자와 함께 있는 가족을 점점 더 많이 만나기 시작했다. 내 업무는 내가 늙어 가고 있다는 사실을 알아차리는 것 같았다. 내 치료 방식도 바뀌었다. 내가 하는 재빠른 대응들은 느려졌고, 나는 내 만남의 강도를 수정했다. 오늘날 나는 귀 기울여 듣고, 그것과 관련하여 견해를 밝히는 실연들을 창출하는 데 더 많은 시간을 보낸다. 나는 가족구성원들의 상호교류의 특성을 그들이 볼 수 있게 만들고, 그들의 관계와 관련하여 그들이 보내는 전언과 그들의 상호교류의 내용 사이의 격차를 보여 준다. 나는 가족들에게 보이는 내 개인적인 대응에서 내 자신을 더 많이 이용한다. 나는 그들이 내게 미치는 영향에 관해 견해를 밝히고, 그 효과를 나침반으로 이용하여 우리로 하여금 가족구성원들이 서로에게 미치는 영향과 그들 자신에 대한 그들의 견해를 이해하는 방향으로 향하게 한다.

내가 흰 수염을 기르고, 늙어 보이고, 많은 것을 겪은 이래로 내 진술은 지혜로운 조언이 되는 탓에 존중을 받고 있다. 나는, 유머와 불합리를 이용함으로써, 어떤 결과로서 초래된 왜곡에 대항하기 위해 작업한다. 그것은 내가 칼 휘태커에게서 배운 자유다. 나는 또한 설명에 덜 치우치려고 한다. 나는 진리에 관해 한층 더 회의적이고, 불연속성을 도입하기, 곧 혼란을 해소하고 해결을 시도해야 하는 과제를 가족들에게 남겨 두기에 편안함을 느낀다.

가족치료사들과 작업하기

내 슈퍼비전 또한 바뀌었다. 요즈음 내게 그것은 유동적인 과정이다. 나는 방금 본 연극이 내게 준 감명, 푸코(Foucault)를 이해하기 위해 내가 쏟은 지적 노력, 한 편의 시가 내게 준 충격, 보르헤스(Borges) 소설의 등장인물들이 분할된 것의 양쪽 모두를 선택하는 것을 지켜보는 심미적 즐거움, 또는 푸에르토리코 가족에게 이민이 가지는 중요성 등을 도입하는 것에 편안함을 느낀다. [내 슈퍼비전의] 목표는 치료란 하나의 과정, 곧 그것을 통해 치료사가 그 자신을 온전하게 이용하는 그런 과정임을 보여 주는 것이다.

나는 슈퍼바이지들이 그들의 방식들을 정의하도록 요청하면서 슈퍼비전을 시작한다. 그 과정의 초기 단계에서 우리는 비디오로 녹화된 치료 회기의 장면들을 지켜보고 각 치료사가 선호하는 교묘한 조치들의 잠정적인 개요를 만든다. 우리는 슈퍼비전의 목표가 치료사가 하는 개입의 복합성을 증가시키는 것임을 분명히 한다. 이 목표는 슈퍼비전을 매우 친밀한 과정으로 만든다. 사람들의 전문적인 작업 방식이 그들의 역사와 그들이 어떤 사람인가 하는 것에 연결되어 있기 때문이다. 그리고 나는 그들의 삶에 함부로 들어가지 못하게 하고 그것을 어설프게 손보지 못하게 하는 경계선들을 존중해야 한다.

그런 슈퍼비전으로 발전하기 위해, 슈퍼바이지들과 나는 신뢰를 쌓아야 한다. 그들은 우리가 그들을 위해서 일하고 있다는 것을 알아야 한다. 내가 경계선을 넘으면 그들이 내게 경고하리라는 것도 나는 알아야 한다. 이 과정은 내가 치료하는 가족들과 맺은 계약과 유사하다. 내가 슈퍼바이지들과 맺은 계약은 내가 그들의 한계에 도전하고 그들의 방식을 확장하도록 되어 있기 때문에, 나는 내 범위를 한정하기 위해 그들에게 의존해야 한다.

슈퍼비전의 맥락: 집단

슈퍼바이지가 가족과 함께 수행하는 그 자신만의 치료 작업은 가르치기의 내용을 제공한다. 슈퍼바이지는 슈퍼비전을 위해 비디오테이프를 가져오거나 라이브로 진행되는 슈퍼비전이나 상담을 위해 가족들을 데리고 온다. 구조적 가족치료 가르치기의 맥락은 집단 슈퍼비전이다. 나는 한 집단에 6명에서 9명의 슈퍼바이지와 함께 작업하는 것이 최적이라고 생각한다.

잘 구성된 수련집단에서는 매우 다양한 작업 환경에서 일하는 임상의들을 가지는 것이 바람직하다. 병원 환경들, 빈곤층에게 서비스를 제공하는 기관들, 외래 정신건강 클리닉, 약물 및 알코올남용 치료센터, 그리고 사설 기관에서 다양하게 일하는 사람들의 현존은 슈퍼바이지들에게 그들이 그들 자신의 작업 환경에서는 거의 볼 수 없는 가족들을 관찰할 기회를 제공한다. 그것은 또한 작업 환경이 치료사의 임상적 대응들을 조직하는 방식의 실제 예들을 제공한다. 슈퍼바이지가 그의 업무 현장의 문화와 조직에 제약을 받지 않는 동료들의 생각과 제안에 귀 기울이면서, 그는 그 자신의 임상적 대응이 사실은 그 자신의 것이 아니라 그의 작업 환경을 구성하는 힘들의 상호작용의 산물임을 인식하게 된다.

이러한 교훈의 학습은 치료사들이 그들 자신이 그것의 구성원인 체계들을 포함하여 더 큰 체계들이 그들이 치료하는 가족에게 미치는 영향을 제대로 인식하게 해 준다. 최상의 시나리오에서, 그것은 또한 그들이 그들의 내담자 가족이 더 나은 도움을 받을 수 있게 할 변화를 지지함으로써 그들의 업무 환경에서 활성제와 같은 사람이 되는 능력을 부여한다.

치료사의 치료적 방식 확장하기

슈퍼비전의 과정은 내가 예전에 지도했던 슈퍼바이지들이 그것을 경험했던 방식들을 서술한 다음의 장들에서 자세히 제공될 것이다. 그러므로 여기서는 그 과정을 간단히 소개하는 것으로 충분할 것 같다.

슈퍼비전을 통해 첫 번째로 원하는 결과는 슈퍼바이지가 그(또는 그녀) 자신만의 구조적 가족치료를 산출하기 시작하는 것이다. 이러한 연출은 필연적으로 슈퍼바이지가 선호하는 대인관계의 방식의 특이함으로 나타날 것이다. 각 슈퍼바이지가, 치료를 받는 가족들처럼, 처음에 드러나는 것보다 한층 더 복잡하다는 것은 구조적인 지향을 가진 슈퍼바이저의 기본 가정이다. 치료사가 맺는 대인관계의 목록들에는 충분히 활용되지 않은 자원들이 있다. 만약 활성화된다면, 그것들은 치료사를 한층 더 복합적이고 효과적인 도구로 만들어 줄 것이다.

여기서 치료와 슈퍼비전 사이의 유사성이 가장 확연해진다. 치료가 가족 상호교류 목록에서 충분히 활용되지 않은 자원들을 활성화하고자 하는 경우, 슈퍼비전은 슈퍼바이지의 관계 목록에서도 충분히 활용되지 않은 대안들을 눈에 띄게 만들고자 한다. 치료사는, 그가 치료적 체계의 선도자로서, 곧 가족의 확장을 산출하기 위한 방법으로서 부추기는 가족 과정에 덧붙여, 그가 각 가족구성원들과 맺는 관계를 이용한다. 마찬가지로, 슈퍼바이저는 그가 수련집단의 선도자로서, 곧 치료사의 확장을 이끌어 내기 위한 방법으로서 부추기는 집단 과정에 덧붙여서, 그가 각 슈퍼바이지와 맺는 관계를 이용한다.

따라서 나와 각각의 슈퍼바이지 사이의 관계 발전은 치료에서 그 치료사와 가족구성원 사이의 관계 발전을 반영한다. 내 입장에서 보면, 그 관계는 전략적인 것이다. 때때로 슈퍼바이지를 향하여 나는 그가 선호하는 관계 맺기의 방식을 넘어서 확장하도록 안내하는 대인관계의 태도를 취한다. 슈퍼바이지가 이러한 안내를 수용하는가는 그가 나를 전문가로서, 곧 이러한 확장의 과정에서 신뢰할 수 있는 안내자로서 받아들이는가의 여부에 따르게 된다. 슈퍼바이저는 슈퍼바이지를 존중하고 그가 이미 잘하고 있는 것을 지지함으로써 이러한 신뢰를 얻는다. 나도 가끔 슈퍼바이지에 합류해 그가 선호하는 관계 맺기의 방식에 어울리는 대인관계의 방식을 채택하기도 한다. 그러나 그렇게 함으로써, 나는 슈퍼바이지가 그에게 친숙한 것을 넘어 더 확장하도록 도전의식을 북돋울 수 있는 자유를 유지한다. 이 과정의 예들은 이어지는 장들에서 제시될 것이다.

이런 종류의 슈퍼비전에서 작동하는 변화를 위한 방법들은 복잡하고 겹겹이 쌓여 있다. 그들이 비디오테이프 부분들을 제시할 때 슈퍼비전 집단의 각 구성원은 확장을 향한 충동을 경험하고, 그런 다음 발표에 대응하여 활성화되는 과정에, 특히 그 과정에서 슈퍼바이지가 선호하는 방식의 한계에 이의가 제기되는 그런 과정에 참가하게 된다.

어느 정도는 슈퍼바이지 개개인에게 내가 부추기는 확장의 과정은 슈퍼바이지가 선호하는 방식의 윤곽들과 그(또는 그녀)에게 이용이 가능한 확장 방안에 관한 내 독해에 달려 있다. 그러므로 어떤 면에서는 슈퍼비전의 모든 이야기가 독특하다. 그러나 구조적 가족치료 슈퍼비전에서 어떤 주제들이 일부 규칙적으로 다시 나타나는 것 또한 사실이다. 구조적 가족치료의 숙달을 향한 여정이 아무리 다양하더라도, 몇 번이고 반복해서 횡단하게 되는 어떤 지역이 있는 것 같다. 다음은 내가 슈퍼바이지에게 요청하는 전형적인 방식 확장들이다.

- 이야기에서 드라마로 치료사들은 기질적으로나 훈련의 결과로서나 거의 변함없이 훌륭하게 경청하는 사람들이다. 치료사들이 경청하는 것은 내용, 곧 각각의 가족구성원들이 들려주는 이야기이다. 요즈음 치료에 이르기 위한 내러티브 접근법이 인기를 끌면서 치료사들은 가족구성원들이 들려주는 이야기들의 세부 사항에 더욱 주의를 기울이게 되었다.

  슈퍼비전은 치료사들이 귀 기울일 수 있을 뿐만 아니라 볼 수 있도록—상호교류, 곧 모든 가족 이야기를 둘러싸 뒤덮고 있는 행동적인, 대인관계에 관련된 하위내용을 볼 수 있도록—그들의 도전의식을 북돋워 주어야 한다. 슈퍼바이지가 이야기를 넘어서 찾아보도록, 곧 이야기-전달하기가 가족에서 어떻게 구성되는지 알아보도록 슈퍼비전은 그의 도전의식을 북돋워 주어야 한다.

- 개인 역동에서 관계의 복합성으로 인간 행동이 내면에서 바깥으로 떠밀어 보내진다는 생각은 우리 사회의 문화적 '진리', 곧 개인심리학의 다양한 이론이 정교하게 만들어 낸 진리이다. 따라서 치료사들은 개인의 역동에 초점을 맞춘 치료 방식으로 슈퍼비전에 들어가는 것이 일반적이다.

  그러한 치료사들은 상보성complimentarity—가족구성원들이 서로의 행동을 구성하고 규제한다는 것—을 탐색하도록 그들의 도전의식이 북돋워질 필요가 있다. 나는 슈퍼바이지가 개인을 넘어서 가족의 정형화된 방식을 찾아볼 수 있도록 작업한다.

- 치료사 중심에서 가족중심 치료 과정으로 치료는 상처나 아픔이나 장애를 낫게 하는 것이다. 만약 치료사가 그 자신을 낫게 하는 사람으로 생각한다면, 그는 그가 중심이 되는 치료적 과정을 구성할 것이다. 치료사를 치료적 대화의 전화교환수로 확립하는 과정을 통하여, 가족구성원들은 치료사에게 말할 것이고, 치료사는 가족구성원들에게 말할 것이다.

  구조적 가족치료사는 낫게 하는 사람이기보다는 차라리 내담자 가족 자신이 소유하고 있는 치유의 자원들을 활성화시키는 사람이다. 따라서 치료사는 그와의 상호작용이 아니라 가족구성원들 사이의 상호작용이 중심이 되는 치료 과정을 구성하고자 한다.

  치료의 과정에서 치료사는 매우 적극적인, 중심적인 자세를 취할 수 있는 특권을 가지기 때문에, 슈퍼비전은 치료사가 중간적인 거리의 위치로 물러날 수 있는 능력을 창출해야 한다. 나는 치료사가 실연을 이끌어 내는 데 능숙해지고 호기심 많은 관찰자의 자세에 편안해지도록 돕기 위해 일한다.

이어지는 이야기들의 집필자들은 1980년대 후반과 1990년대 초반에 내가 지도한 슈퍼비전 집단의 일원이었던 치료사들이다. 그 이야기들은 집필자의 슈퍼비전 경험을 반영하고 있는 것들이라서 대단히 독특하다. 그와 동시에 그것들은 방금 설명한 많은 주제를 드러낸다. 따라서 각각의 이야기가 집필자의 흔적을 담고 있지만, 그것은 또한 하나의 유형으로 읽힐 수 있다. 그것들은 구조적으로 지향된 슈퍼비전이 치료사를 배출하는 일과 관련하여 어떻게 진행되는지 분명히 보여 줄 것이다.

그 이야기들 각각에 내 자신의 논평들이 교직되어 있다. 이야기가 전개됨에 따라, 나는 내 경험담을 슈퍼바이지에게 이야기하고, 그(또는 그녀)가 선호하는 치료상의 방식에 대한 내 해석을 제공하며, 내가 그 방식의 확장을 유도하려고 노력하기 위해 내 자신을 전략적으로 어떻게 이용했는지 토론한다. 내가 그 이야기들에서 부각되었으면 하는 것은 슈퍼비전이라는 독특한 공동창조의 춤을 감상하는 것이다.

08
페미니스트와 위계적 스승

마거릿 앤 메스킬(Margaret Ann Meskill)*

마거릿은 처음 1년 동안은 내내 숨어 있었다. 나는 그녀가 사회복지사로 일하던 위탁양육기관에서 때때로 그녀의 개별 지도를 맡았다. 나는 가족들을 향한 그녀의 헌신과 세상 물정에 밝은 접근법이 마음에 들었다. 그녀는 직설적이었다. 그녀는 또한 기관의 관료적 절차도 받아들이려 하지 않았다. 그녀에게도 내가 좋아하는 에너지가 있었다. 열성을 보이지 않는 방식에 불을 지르기보다 과도한 에너지를 제어하는 것이 내게는 더 쉽다. 나는 그녀가 왜 슈퍼비전을 피하거나 내 가르침에 도전하는 발언을 했는지 이해할 수 없었다.

때때로 그녀의 사소한 도전은 명백히 여성주의를 보여 주는 어떤 서사와 합체되었다. 그 당시 나는 그녀를 전문가로서 대하면서 여성주의 관점을 요구하곤 했다. 이 접근법은 학생들에게 전문지식을 맡기는 내 교육방식과 정서적인 조화를 이루는 것이다. 그렇게 되면 그들은 다른 관점의 매개체가 된다. 하지만 나는 마거릿이 내 가르침에 합류하도록 그녀의 흥미를 유발할 수 없었다.

내가 아무리 자주 그녀가 훌륭한 치료사라고 말해도, 또한 가족들에 개입하는 그녀의 능력, 곧 그들이 있었던 곳에서 그들에게 합류하고 그들이 공손하다고 인정하는 지시들을 사용하는 그녀의 능력을 좋아한다고 말해도, 마거릿은 나를 남성이라고 보는 그녀의 관점을 조금도 바꾸려 하지 않았다. 그녀는 나를 이길 수 없었기 때문에 나

---

* 메스킬은 뉴욕대학교에서 사회사업 석사학위를, 하트퍼드대학교에서 심리학 박사학위를 취득했다. 그녀는 현재 하트퍼드에서 '생활연구소'의 도시정신건강센터를 운영하고 있다.

를 피했다.

2년째에도 짝사랑이 지속되었다. 그러나 그때 그녀가 라미레즈 가족을 발견했고 (또는 그 가족이 그녀를 발견했거나), 우리의 관계에 변화가 생겼다. 우리는 그들을 돕기 위해 힘을 합쳤다.

마거릿은 내가 체질적으로 받아들일 수 없는 곡예용 둥근 테를 뛰어 통과하기를 원했다. 나는 가족치료에서 거짓으로 여성주의 관점을 취하는 척할 수 없었다. 나는 여성주의의 정치적 의제와 사회적 의제를 전적으로 지지하는 반면에, 나는 전적으로 가족치료의 체계적인 관점에 전념하고 있었다. [구조적 가족치료의 관점에서 보면] 그가 그녀를 지배하는 것이 아니다. 그들은 서로가 서로를 구성한다.[1)] 하지만 나는 라미레즈 가족에 헌신하는 마거릿에게 합류했다. 나는 그들을 좋아했고, 그들과 함께하는 마거릿의 작업을 좋아했다. 그러나 그들은 단지 지지를 얻는다는 것만으로는 성장하려 하지도 않고, 성장할 수도 없을 것이다. 만성적인 문제가 있는 가족들과 함께 작업할 때, 곧 [그 가족을 치료했던] 우리 치료사들이 10명이나 20명에 이르게 될 때, [치료를 위한] 무대에는 유령들로 가득 차게 된다. 이제까지 모든 '올바른' 해석들이 이용되었고, 거기에 한층 더 많은 파괴적인 해석들이 덧붙여졌다. [이런 경우에는] 새로움을 도입하는 것이 필요하다. 라미레즈 가족은 몇십 년 동안 정신건강 체계와 관계를 맺고 있었다. 그들은 치료사들을 무력화시키는 데 전문가였다.

내가 제안한 전략은 마거릿이 그 남편과 함께하는 것이었다. 그는 좋은 아버지이자 충실한 남편이었다. 그의 아내는 약물중독이나 조현병에 연관된 정신 이상 증상의 발현 때문에 1년에 두세 번은 병원에 입원하는 과정을 거쳤다.

---

1) 역자 주: 여성주의 관점에서 보면, 인간 사회는 남성중심주의의 맥락에서 구축된 것일 수 있다. 그래서 지배하는 권력의 자리를 차지하는 것은 언제나 남성이며 여성은 언제나 핍박받고 억압받는 자리에 강제로 놓인다고 여성주의는 주장할 수 있다. 그런 관점과 주장에는 분명한 타당성이 있다. 그런데 그 자신도 여러 번 밝혔듯이 푸코의 영향을 받은 미누친은 권력의 자리를 차지하는 권력의 주체는 불변의 고정된 성질의 것이 아니라고 생각한다. 권력의 주체는 구조적 맥락에 따라 수시로 바뀔 수 있다고 생각하는 편에 미누친은 서 있다. 그의 구조적 가족치료의 관점에서 보면, 가족들이 구성되어 있는 구조적 맥락에 따라 남편이 아내를 괴롭힐 수도 있고 아내가 남편을 괴롭힐 수도 있다. 우리 사회가 전반적으로 남성중심주의라는 구조적 맥락으로 구축되어 있다는 사실을 인정하면서도, 치료적 실천이 제대로 수행되려면 치료사는 그 어떤 내담자의 경우든 그(또는 그녀)의 가족의 구조적 맥락을 섬세하게 관찰하고 날카롭게 포착할 수 있어야 한다고 미누친은 생각한다.

그래서 마거릿—조력자이자 지원자이며 여성권리를 위한 투쟁가—은 '정신 이상'의 증상 발현들이 반복되는 라미레즈 부인의 정형화된 양식과 여러 차례의 입원에 도전하기 위하여 술고래인 그녀의 남편과 가부장적 슈퍼바이저와 함께 참여해야 했다. 마거릿의 서사에서 분명해지겠지만, 이러한 평형 깨뜨리기는 쉽지 않았다.

마거릿이 어떻게 느꼈는지는 나는 잘 모른다. 나는 그녀의 투지를 좋아하면서 그녀의 재능을 존중하는 입장에서 그녀를 계속 가르쳤다. 나는 그녀의 여성주의의 발언들을 내게 도전하는 것이 아니라 그녀 자신의 관점을 제시하는 것으로 받아들였다. 우리는 그 가족의 변화와 성공을 위해 다시 합류했다.[2)]

이 글을 쓰려고 마음먹기 이전까지, 내가 가족치료의 슈퍼비전을 선택한 것과 내 자신의 가족역동 사이에 나는 그 어떤 연결도 시도하지 않았다. 나는 항상 두 가지 직업적 선택—첫째로 치료 양식 자체의 선택과 그다음으로 슈퍼비전의 선택—은 내가 포함되어 있는 특정 심리학적 맥락에 묶여 있다는 것을 알고 있었다. 나는 단지 그것들이 어떻게 묶여 있는지 몰랐을 뿐이다. 이 서술은 그 질문의 부분적인 탐색이다. 그 탐색은 필연적으로 여전히 진행되고 있는데, 이는 내가 아직도 슈퍼비전이 내게 미치는 영향에 관련된 이해의 실마리를 풀어 가고 있기 때문이다.

나는 옮겨 가고 변화하는 맥락에서 자랐다. 그 맥락에서 가족은 다른 고려사항들에 비해 부차적인 것으로 경시되었다. 자율성과 성취, 곧 지성과 지식 및 경험이 대단히 강조되었다. 어린 시절 나는 내 할머니와 어머니의 모계 쪽으로부터 매우 강한 영향을 받았다. 우리 집안의 남자들은, 특히 내가 어렸던 시절에는, 관여하지도 않고 다정하지도 않은 부양자들이었다. 내 언니와 나에 관한 결정은 그것과 관련하여 종종 갈등 관계에 있었던 우리 어머니나 할머니에 의해 이루어졌다. 그러나 그들은 교육 자체가 성스러운 것이라는 점, 곧 목적 그 자체이자 모든 전문적 성장의 시초라는 점에 동의했다. 교육의 가치는 여성들의 성취와 투쟁하기라는 더 큰 이야기의 하위 이야기였다. 그들은 언니와 내가 그런 이야기들에서 어떤 역할을 해내기를 바랐다. 우리 시대의 다른 딸들처럼, 우리는 어머니들이 그렇게 제한적으로 경험했던 여성

2) 역자 주: 이후 나오는 글상자 안의 내용은 슈퍼바이지들의 치료적 성장과 변형에 관한 미누친의 피드백과 성찰을 담고 있다.

이 된다는 것의 유순하고 순종적인 측면을 극복해야 했다.

나는 뉴잉글랜드의 기숙학교에 보내졌고 멕시코와 중앙아메리카에서 여름 여행을 시작했다. 우리 가족이 습관적으로 일을 하는 특이한 방식을 계속 따라하면서, 여름 동안 제3세계의 궁핍함을 경험함으로써 나는 기숙학교의 엘리트주의에서 벗어날 수 있었고 놀랍도록 원만하게 되었다. 양쪽의 극단들 모두는 배움의 모험과 관련이 있는 것 같다. 교육은 의심의 여지가 전혀 없을 정도로 가치 있는 것이어서 나중에 내 언니와 나는 가장 터무니없는 요구와 도발을 우리가 배우고, 성장하고, 경험해야 할 필요가 있다는 명분으로 우리 어머니의 눈에는 받아들일 수 있는 것으로 만드는 데 매우 능숙해졌다.

내가 13세가 될 때까지, 가족은 내게 다른 일이 없을 때 살펴보는 어떤 것이 되어 있었다. 모험, 새로운 경험, 학문적 성공, 그리고 무엇보다도 독립이 나를 형성시키는 것으로서 기대되는 것들이었다. 이것들은 항상 우리 젠더의 맥락 속에 놓여 있었다. 내 언니와 나는 그렇게 해서 우리가 여성으로서 정체성을 가진다는 그런 종류의 상처에 단련되기를 바라는 희망 속에서 강해지도록 길러졌다. 이러한 젠더의 연대감의 세기는 그 자체만으로 내 아버지를 방관자, 곧 양심적인 부양자이지만 정서적으로는 의심이 가는 사람이 되게 했다.

나는 대학에서 인류학을 공부했다. 이 선택은 지성적이라기보다는 차라리 실용적이었는데, 그것은 내게 여행 허가증을 주었고 나는 그것을 '현장조사'라고 불렀기 때문이다. 그 무렵 나는 내 가족에게 반항하고 있었는데, 내가 가르침을 받은 그 무대(학업 수행)에서 그렇게 했다는 것이 그들에게 가장 강력한 충격을 주곤 했다. 나는 고등학교를 마친 적이 없고, 대학 2학년 때 자퇴했으며, 멕시코로 가서 모험적 삶을 살았다. 내 반란은 무척 교묘하게 준비된 것이었다. 그것이 거의 무의식적이긴 했지만 말이다. 나는 배움이라는 우리 집안의 수호신에게 저항하고 있었던 셈이다.

1970년대의 바너드Barnard 대학은 반란을 도모하기에 좋은 곳이었다. 여성주의와 사회주의는 그 당시 학문적 풍토에서 정점을 찍고 있었다. 나의 지적인 자각은 5년 동안의 기숙학교 생활에서 그토록 무의식적이고 오만하게 고취된 와스프WASP[3]의

3) 역자 주: 와스프(WASP)는 앵글로색슨계 백인 신교도를 가리킨다. 그들은 그들 스스로를 미국 사회의 주류를 이루는 지배 계급으로 여긴다.

엘리트의식에 주의를 촉구하는 신호가 되었다. 내가 바나드 대학에서 배운 여성주의 입장은 내가 그것을 통해서 내 세계를 인식하고자 하는 하나의 렌즈, 내 위치를 확인하게 해 주고 나를 입증하게 하는 일종의 기본적인 인식의 틀이었다.

내 여성주의에 관한 보충설명이 필요할 것 같다. 내게 여성주의는 남성은 짐승이고 여성은 그들의 전리품이라는 식의 흔해 빠진 관점을 가진 우리 가족에게서 시작한다. 바나드는 이러한 가족이데올로기에 약간의 정교함과 지적 깊이를 제공했다. 사회와 자본주의가 젠더 쟁점에 하나의 요인으로 포함된 것이다. 떠들썩한 만큼 복잡해지는 감정들에 허가증을 부여하는 시간과 장소에 따라 태도가 취해졌고, 자매결연이 맺어졌으며, 위치가 활력을 얻었다. 회고해 보건대, 나는 그 당시 내가 가졌던 소속감의 경험과 도덕적 명료함을 소중하게 생각한다. 나는 또한 그 명료함과 소속감을 제공하는 것에 연결된 한계들, 경직성, 그리고 단순화를 인정한다.

대학 시절에 내가 다가갔던 그런 종류의 여성주의는 내가 성인기로 이행하는 과정과 그것에 필연적으로 뒤따르는 가족 각본들의 고치기와 많은 관련이 있었다. 내 인생에서 도전은, 그때는 그것을 알지 못했지만, 어떤 감정적이고 가족적인 인공물들과 타협하기의 그것이다. 그 인공물들은 여성주의의 쟁점에 전혀 속하지 않은 것임에도 오로지 여성주의를 위해 저장될 수 있다. 미누친 박사의 슈퍼비전과 그와의 대면은 내가 이 도전의 존재를 이해하도록 도움을 주었으며 내가 그것을 무시하게 하는 것이기보다는 차라리 그것에 이르게 하는 도구 같은 것이 되었다.

대학 졸업 후 가진 첫 직업은 위탁양육기관에서 일하는 것이었다. [그 직업을 택한 데에는] 비참한 궁핍함이라는 미지의 세계가 나를 흥미롭게 만들었다는 것 외에는 다른 이유가 없었다. 그것은 또 하나의 여행과 같았지만, 나는 집에 머물 수 있게 되었고 비록 많지는 않아도 보수를 받게 되었다. 우연히도 그 일을 하는 과정을 거치면서 직업과 관련된 내 자아가 구체화되었다. 나는 내 내담자들이 그들의 삶에서 겪게 되는 힘의 결핍에 큰 영향을 받았다. 그 결핍은 내가 맞서 싸우도록 양육을 받은 무력한 여성의 이미지를 상기시키는 것이었다. 아이러니하게도 비록 내가 그것을 깨닫지 못했지만, 그 일은 내가 내담자들을 그것으로부터 방어하고 있다고 믿었던, 그들에 대한 권력의 위치와 동일한 자리에 내가 놓이게 했다. 불행하게도, 사례관리자의 위치는 사람들에게 다른 사람들의 삶에 관한 터무니없을 정도의 의사결정권을 준다. 이러한 권력은 유익하고 심지어 옹호하는 것으로 위장되기 때문에, 내 자신을 포함한 그 누구도 아기가 엄마에 대해 알 수 있는 기회를 가질 수 있을지 결정하는 일이 훈련도 받지 않고 아이도 없으며 그 중요성을 의식조차 하지 못하는 22세의 중산층 여성들에 의해 관례적으로 이루어진다는 사실을 직면할 필요가 없었다.

나는 흔들리지 않는 내 반항심 덕분에 큰 양심의 가책을 불러일으키는 실수로부터 벗어날 수 있었다. 나는 내가 서투르고 틀렸다고 인식한 체계에 저항하기로 작정했다. 나는 열렬한 가족 구조원이 되었다. 나는 가난과 절망에 지친 어머니와 아버지들의 재활을 위해 일했다. 나는 부모들이 그들의 아이들을 잃지 않고 그 체계를 통해 그들의 길을 꿈틀거리면서라도 갈 수 있도록 돕는 데 매우 능숙해졌다. 나는 정치적 사명감을 가지고 그런 일을 했다. 나는 적어도 그렇게 생각했다. 나는 아이들에게 막대사탕을 나눠 주듯 그렇게 내 내담자들에게 힘을 북돋워 줄 수 있다고 생각했다. 나는 그렇게 할 수 있는 내 권리에는 의문을 제기하지 않았다. 자기성찰의 이와 같이 확연한 누락을 나는 요즈음은 예측 가능한 권력의—그것을 가진 사람들은 의문을 제기할 필요가 없는—특성들 가운데 하나라고 이해한다.

저 초기의 시절을 거치는 동안 나로 하여금 나아가게 하는 유일한 역동이 권력인 것은 아니었다. 가족을 다시 연결하는 심리적 보상이 내게 동기를 부여했다. 특히 내 자신은 인식하지 못했던 가족의 연대감 욕구를 감안한다면 말이다.

살바도르 미누친 박사와 그의 동료들은 위탁양육서비스를 한층 더 가족과 친화적으로 만들기 위한 어떤 재단의 기획사업의 일부로서 내가 근무하는 기관에 도착했다. 앤 브룩스(Anne Brooks) 박사는 자문역할에서 나를 섬뜩하게 했다. 그는 내가 전적으로 전념해서 저항해야 한다고 느끼게 한 남성적 권위의 인물이었다.

그가 내게서 불러일으킨 분노는 내가 그에게서 감지한 권력과 직접적인 연관이 있었다. 그는 내 자신과 직업적 역할 그리고 가장 중요한 내 방식들, 곧 내가 권력역학을 의식하지 못하고 있다는 사실이 내가 변화시키기 위해 헌신한다고 생각했던 불평등을 실제로는 강화시키는 것이 된 그 방식들에 대해 의문을 제기하게 만드는 능력을 가졌다. 이러한 권력(은밀한 권력)에 대한 의식은 미누친 박사와의 수련기간 동안 내게서 발생한 변화들 가운데에서 가장 혁신적인 것이었다. 그것은 치료와 정치뿐만 아니라 성별과 차별에 관한 내 생각이 바뀌게 해 주었다. 그 자신이 가진 유형의 성차별에 대해서는 사과하지 않으면서, 그는 내 안의 여성주의에서 내가 자유로워지게 하는 영향을 주었다.

> 내 개입이 여성을 희생시키면서 남성들에게 권능을 부여한다고 한다. 나는 그렇게 생각하지 않는다. 그것은 내가 작업하는 방식이 아니다. 나는 남자, 여자, 아이들을 대단히 잘 보살필 수 있다. 그리고 나는 그 반대일 수도 있다. 나는 때때로 남성들과 편안한 남성 유대감을 가지고 있다는 것과 여성들과 작업할 때에는 그런 능력을 가지고 있지 않다는 것을 알 수 있다. 하지만 젠더 쟁점에 관련된 내 대응은 체계적인 관점에서 나온 것이다. 나는 여성들을 통제하고 구속하는 남성을 알고, 남성을 통제하고 구속하는 여성을 안다. 요즘엔 내 나이 또한 남성과 여성 양쪽 모두와 함께 작업하는 것을 용이하게 한다고 나는 생각한다. 한 사람의 연장자로서, 나는 젠더를 초월하는 방식을 수용한다.

위탁양육기관을 떠난 후, 내 다음 일자리는 외래 약물치료병원에서 일하는 것이었다. 이 병원에서 일하는 동안 살바도르 미누친 박사와 함께 슈퍼비전에 들어갔다. 슈퍼비전에 들어간 첫 해에 나는 계속해서 긴장했다. 나는 산산조각이 나게 하는 어떤 대결의 순간을 기다렸다. 나는 방어 전략, 생존 기술, 그리고 안전한 출구를 계획했다. 나는 내 자신뿐만 아니라 항상 모든 여성에게 범해지는 위법 행위들을 감시했다. 여성주의 전투를 벌일 준비를 하는 동안이면 언제나, 나는 안전하고 옳기 위하여 흔들림 없는 대지 위에 서 있고 싶었다.

이러한 예상된 전투를 기다리는 동안, 나는 다른 그룹의 구성원들과 함께 작업하는 미누친 박사를 지켜보았고, 그가 다른 사람들을 가르치는 동안 그의 지혜의 일부를 간접적으로 흡수했다. 그때 내가 인지한 것보다 더 나를 환영했다고 지금 나는 생각하지만, 나는 내가 상담을 위해 참여하게 한 가족들에게 그가 어떻게 그 자신을 확장시켜 나가는지 보았다. 나는 그의 공공연한 모습인 세차게 몰아붙이는 가부장과는 극명하게 대조를 이루는 그의 태도들을 보았다. 내 내담자들과 내게 그가 투입하는 관심과 열의를 과소평가하는 것이 점점 더 어려워졌다.

> 슈퍼비전의 과정과 관련된 마거릿의 설명은 나를 놀라게 했다. 나는 그녀의 여성주의 이념을 알고 있었고 종종 여성주의의 관점으로부터 그녀의 의견을 이끌어 냈지만, 나는 그녀가 남성으로서의 나를 불신하는 것을 알지 못했다. 그녀가 근무한 기관에서 그녀를 지켜보면서, 나는 내담자 가족을 향한 그녀의 헌신에 감명을 받았다. 그녀에게

> 는 매력적인 에너지—동시에 공손하고 구체적이며 지원을 아끼지 않는 방식으로 사람들과 친해지는 능력—가 있었다. 나는 그녀가 세상 물정에 밝다는 사실에도 깊은 인상을 받았다. 그녀는 그 방면의 언어를 그토록 최고의 수준에서 구사해서 나는 그녀가 거의 확실히 남부 이탈리아의 노동계층 출신이어야 한다고 생각했을 정도였다. 내 문화적 능력에 대해서는 이 정도에서 그치기로 하자.

미누친 박사에게서 배우기 위해서 나는 그가 가진 것들, 즉 내가 전투에 가장 헌신적인 훈련을 시작했다는 사실을 믿어야 했다. 나는 그가 온화하게 권위와 권력을 사용한다는 것을 신뢰해야만 했다. 하지만 나는 그런 종류의 취약성을 감수하기와 관련하여 정말 감정적으로나 이념적으로나 진퇴양난의 상태에 있었다. 나는 내가 지적인 부분에서는 계속해서 성장하면서 다른 부분들에서는 정서적으로 위험한 슈퍼비전 방식으로부터 보호하고 싶어 한다는 것을 알고 있었다. 나는 미누친 박사의 슈퍼비전을 식별하는 요점들 가운데 하나가 바로 이것이라고 생각한다. 훌륭한 슈퍼비전과 좋은 치료는 지적인 기량뿐만 아니라 정서적 유효성을 필요로 한다. 내게 모든 것이 갖춰지도록 준비되기까지에는 많은 시험과 시간과 경험이 필요했다.

내가 여성주의자라고 생각했던 방어적인 자세의 뒤에서 나올 수 있는 기회를 준 것은 라미레즈 가족과 함께한 작업이었다. 그 당시 30대 후반이었던 니나 라미레즈는 치료 체계들을 엄청나게 많이 경험했다. 사실상, 그녀를 상당한 수준에서 양육한 것은 여러 정신과 시설이라고 해도 과언이 아니다. 13세 때부터 반복적으로 정신과에 입원하기 시작하면서, 그녀는 일반적으로 약물로 유발된 정신병과 자해를 중심으로 하여 1년에 평균 두세 번은 병원에 입원했다. 병원의 조력자가 나와의 초기 면담 약속을 위해 그녀와 동행해야 했다.

내가 니나에게서 첫 번째로 받은 막연한 인상은 그녀가 중얼거림과 이상하게 어미가 변형되고 뚝뚝 끊어지는 말투와 한쪽으로 치우친 걸음걸이를 보이는 전형적인 장기 정신과 환자라는 것이었다. 그녀는 조현병 증세로 우리 병원에 입원했지만, 4반세기 동안 환자로 지내는 동안 그녀는 여러 번 정신질환의 꼬리표가 붙은 범위에 포함되어 있었다. 그녀는 만성적 조현병, 기분장애, 다중적인 물질 남용, 편집적 조현병의 진단을 받았다. 니나가 이용했던 불법적으로 유통되는 약물들 이외에도, 그녀에게는 또한 트리아프론triaflon, 프롤릭신prolixin, 테그레톨tegretol, 그리고 코젠틴

cogentin[4]과 같은 다수의 처방약이 투약되고 있었다. 그녀는 이 약들 가운데 어느 것도 일관되게 또는 처방대로 복용하지 않았다. 그녀의 약물 남용은 여섯 살 때 알코올로 시작되어 현재의 전체 영역으로 이어졌다. 약물치료병원에 오는 다른 사람들과 마찬가지로, 그녀는 마약 사다리를 급하게 내려오는 과정에서 마지막 단계의 비참함을 부술까 고려하기도 했다. 초기 면담을 하는 동안, 니나는 그녀 자신을 약물에 환장한 사람garbage-head이라고 불렀다. 이것은 어떤 약물중독자들을 가리키는 애칭인데, 그들은 한 가지 특정 약물에 중독되는 대신에 그들이 손에 넣을 수 있는 모든 약물에 중독됨으로써 그들의 선택의 폭을 넓힌다. 니나는 의약품들로 그렇게 해 왔는데 이제는 멈추고 싶다고 말했다.

내가 일하던 병원은 평소에는 정신질환자들과 작업하지 않았다. 그러나 그 병원 원장은, 니나의 상태가 심각하게 불안했는데도 불구하고, 그녀의 약물중독이 우리가 그녀와 작업하는 것을 정당하게 만든다고 생각하고는, 그녀를 위해 특별한 조정의 조치를 취했다. 나는 이 결정에 관해 열광하지는 않았다. 나는 정신건강 체계를 거의 경험하지 못했으며, 심각한 정신질환과 관련해서는 "의사들이 그들을 다루게 해서 그들과 공감대를 형성하게 하라."는 노선을 따르는 일반적인 불간섭주의의 태도가 내게는 있었다. 내 생각에는, 성공적인 치료는 이 환자들로 하여금 다른 사람들의 병원에서 좋은 약을 투여받게 하는 것이었다. 나는 '미친' 사람들 주위에서 걱정이 많아졌고 무능했다.

니나와 그녀의 남편 후안은 이전에 그들이 받은 치료의 경험들에 대해 불만을 털어놓았다. 그들이 한 번이나 세 번 정도 정신질환의 구역 주변에 있었다는 사실과 내가 세운 최상의 치료 계획들을 그들이 이겨 낼 수 있다는 것을 내게 확실하게 주지시키지도 않으면서 말이다. 나는 이 지점을 기꺼이 받아들였다. 나는 내 능력을 넘어서는 일에 얽혀 있다는 것을 알았고, 내가 이 가족이 잃어버린 치료사들의 나머지에 단숨에 합류할 것이라고 분명히 느꼈다. 나는 그렇게 생각했다. 그리고 나는 그렇게 말했다.

이것이 그 부부가 그 시절을 바라보는 방식이다. 니나는 그녀 자신을 치료의 가망

---

4) 역자 주: 트리아프론은 페르페프린(perphenazine)으로 상품명이 변경되었으며, 프롤릭신, 테그레톨, 코젠틴 등은 고전적인 조현병 치료제나 양극성장애와 경련성질환 치료제 등으로 쓰인다.

이 없을지라도 좋은 환자라고 표현했다. 그녀는 그녀의 내면 상태에 관해 분명하고 일관되게 말했다. 그녀는 자신의 정서적인 온도를 주의 깊게 추적 관찰했고, 어떤 순간에 그것을 쉽고 자유롭게 보고할 수 있었다. 그녀는 명료하게 표현했고 총명했다. 그녀는 훌륭한 통찰력을 가지고 있었다. 그녀는 사람은 치료상의 순환에서 아주 잘 배운다는—감정의 모든 미묘한 차이들을 되풀이하면 구제와 치유가 가능해질 것이라는 독단적인 믿음을 가지고 있었다. 심지어 나는 그녀가 예외적인 환자였다고 말할 수 있다. 그녀는 어떤 치료사에게든 주목하지 않을 수 없게 하는 매력적인 해석들을 위한 충분한 불안과 기회를 제공할 수 있었다. 그 자신은 변화하지 않으면서 말이다.

후안은 수년간 지속된 정신의학의 관심으로부터 어떠한 혜택도 받을 수 없었다. 사실 그가 그 자신의 이야기를 표현하는 방식은 어떤 미친 사람의 배우자라는 그의 위치에서 그가 경험했던 다른 사람들의 부주의를 반영했다. 그는 유령과도 같은 존재, 곧 그의 가족이 처했던 위기상황에서 거의 식별되지 않는 존재였다. 때때로 그는 사실들을 나열하고 아내의 병에 관해 진술하는 동안에는 갑자기 순간적으로 두드러지곤 했다. 그런 다음 그는 그 자신을 다시 보이지 않게 하곤 했다. 그 부부에게는 매우 사랑스러운 딸이 있었는데, 그때 그 아이는 14세였다. 나는 아이가 하나의 우회로로서 소용이 없을 때 표면으로 드러나는 재료를 탐색하기 위해 그 부부하고만 작업하는 것을 택했다. 그 범위를 제한하는 것이 그들에게 내가 압도당하고 있다는 내 느낌을 제한한다는 이유 때문에도 나는 그들하고만 작업하는 것을 택했다.

치료의 초기 단계는 그 가족의 평상시 운영방식에 의해 추진되었다. 초점은 위기로 상실되었고, 연합들은 제멋대로 바뀌었으며, 불안은 높았다. 그것들은 치료사는 물론이거니와 그 가족들까지 무력하게 만들었다. 정신질환의 증상, 약물과 알코올 남용 또는 폭력 때문에 예측에서 벗어난 충동들의 위험이 상존했다. 개입이 이루어진 첫 3개월 동안, 니나는 약물중독 재발의 가장자리에 불안하게 서 있었고, 후안은 알코올 중독의 인사불성 때문에 방황했다. 그 부부는 이혼, 자살, 살인으로 서로를 위협했고, 그들의 딸 후아니타가 성적으로 왕성했으며 또한 성적으로 괴롭힘을 당했다고 보고했다. [치료의] 세 번째 달이 끝나갈 무렵, 니나는 손목을 긋고 병원에 입원했다. 나는 거의 소름이 끼쳤으며, 차라리 그 나머지의 것들은 고마울 지경이었다.

나는 그 지점에 이르기까지 거의 1년 6개월의 슈퍼비전을 견뎌 냈지만, 미누친 박사와 나 사이에는 거의 상호작용이 없었다. 그는 내게 많은 유익한 제안을 제시했다. 나는 그것들 가운데에서 아무것도 수용하지 않고 있었다. 내게 각인된 것은 가족들에게 보내는 진정한 관심과 애정이라고 내가 인정하는 것들이었다. 그들과 함께하는 미누친 박사의 따뜻함을 내가 믿기 시작함에 따라, 나는 내 스승을 정서적이고 보살피는 자세를 취할 수 있는 남자로서 재고하기 시작했다.

나는 라미레즈 가족의 치료 테이프를 가져왔다. 그 테이프에서 니나와 후안은 후아니타를 두고 격렬하게 싸우고 있었다. 그들은 최근에 딸이 벌인 행각 때문에 딸에게 벌을 내려야 한다는 데 동의했다. 그러나 니나는 후안이 너무 가혹하다고 생각했다. 미누친 박사는 동의하지 않았다.

미누친: 그는 화가 났고, 그의 분노는 당연한 거예요. 니나 또한 화가 났는데, 그녀는 그녀 자신과 남편의 분노를 부정하지요. 그녀는 딸에게 합류했어요. 10대인 딸이 그녀의 삶을 엉망으로 만든 것에 대한 그녀의 분노를 부인하고 그다음에는 그녀의 남편과 관련해서는 분노할 수 있는 그의 권리를 부인하면서 말이지요. 나는 그에게 합류해서 그녀가 그에게 합류하지 못하는 것에 이의를 제기했을 거예요. 두 사람 모두 같은 배를 타고 있어요. 그러나 그녀는 딸에게 충실하고 남편을 부정하기로 결정했죠. 나는 그들의 고통과 분노에 빠진 그 배우자들을 지지하면서도 그 아내에게는 이의를 제기했을 거예요. 그녀는 인간은 화를 내면서도 사랑할 수 있다는 것을 이해할 수 없는 사람이죠. 그녀는 상반된 감정이 병존할 수 있다는 것을 결코 이해해 보지 못했어요. 그래서 그녀는 미쳐 버릴 지경인 거예요. 그리고 마거릿, 당신은 사랑과 분노를 동시에 받아들이라고 당신이 요구하면 그것이 정신병을 불러일으킬까 봐 두려운 거예요. 이 여성에게 정신병적 증상이 있다는 것은 사실이에요. 그래서 그녀는 일주일 내내 그렇지는 않지만 30분 동안은 정신병 환자일 수 있어요. 당신이 압박감을 피하고 싶어 한다면 이 가족들과 작업할 수 없어요. 당신은 이렇게 말할 수 있어야 해요. "그래요. 해 봅시다. 당신도 견뎌 낼 것이고 나도 견뎌 낼 거예요."라고 말이지요. (……) 그래서 이런 상황에서라면, 나는 그 어머니에게 이의를 제기할 거

예요. 그녀의 남편의 분노와 고통의 권리를 받아들이지 못하기 때문에 잘못을 저지르고 있다고 나는 그녀에게 말할 거예요. 고통이라는 낱말을 사용할 때, 그때 당신은 그녀가 분노를 받아들일 수 있도록 돕는 거예요.

마거릿: 좋아요. 하지만 제가 생각하기에는 그것은 지극히 단순하고 간단명료하고 또 실제로 그렇게 될 수 있어요. 제가 염두에 둬야만 하는 것은 어쨌든 그녀가 정신병에 걸릴 것이라는 겁니다.

미누친: 그렇지 않을 수도 있지요.

마거릿: 하지만 정말 그녀가 그렇게 되면요? 제가 두려운 것은 제가 회기를 통제하지 못하게 되는 것이 아니라, 그녀가 미쳐 버리게 되는 거예요. 그 점을 박사님께서 좀 알아주셨으면 해요. 그들은 이런 싸움을 계속하고, 그러다가 그녀는 더 이상 아무것도 할 수 없게 되고 결국엔 증상을 보여요. 그녀는 증상을 보임으로써 그 과정을 멈추게 해요. 그리고 저는 그런 것들이 무서워요. 그래서 저는 위로하기라는 제 방식을 쓰죠. 잘 나가다가 일을 망치는 제 방식 말예요. 제 사무실에 사탕이 있다면 그 지점에서 그녀에게 사탕을 주었을 거예요. 저는 그녀가 창문에서 뛰어내리기라도 할까 봐 무서우니까요. (……) 하지만 저는 그들이 계속해서 견뎌 나갔으면 좋겠어요. 저는 그들이 계속해서 분노에 관한 의견의 차이를 가지고 가기를 바라고, 또 그들이 그녀의 광기에 위협을 받지 않았으면 해요.

미누친: 그녀는 당신을 겁 주지만, 또한 그녀는 당신을 화나게도 해요. 이 지점에서 그녀는 도전을 받을 필요가 있어요. 그것을 하는 방법은 여러 가지가 있지요. 그 방법들 가운데 하나는 당신이 후안하고 이야기하고 싶으면 후안하고 이야기하는 거예요. 당신도 알겠지만, 그녀는 정말 당신이 그렇게 하게 두지 않을…….

마거릿: 그럼 그녀는 어떻게 할까요?

미누친: 그녀는 생떼를 부리겠지요. 당신은 그녀의 생떼가 의미 있다고 말함으로써 그것이 중요한 것이라도 되는 것처럼 만들어 줄 거고요. 당신이 해야 하는 것은 그녀의 생떼가 의미 없다고 말하는 거예요. 그런데 그렇게 하는 대신에, 남편도 그녀를 보호하려고 들고 당신도 그녀를 보호하려고 들어요. 당신들 양쪽 모두 그녀에게 유치하게 행동할 권리가 있다고 말하고 있어

요. 그것은 옳지 않아요. 당신도 유치한 행동을 정신 나간 짓이라고 부르니까요.

미누친 박사가 내게 준 메시지는 가족과 마찬가지로 나 역시 두려움을 이겨 내야 한다는 것이었다. 내게는 이번 슈퍼비전 회기가 하나의 돌파구였다. 나는 (그것을 내 약점으로 보았기 때문에) 내가 받아들일 수 없었던 내 자신의 일부를 폭로할 수 있었을 뿐만 아니라, 미누친 박사가 그것을 은폐하거나 그 작업에 의해 제기된 한층 더 유혹적인 (한층 더 안전하게 해석할 수 있는) 이론적 질문들 뒤에 숨지 않고 그것에 관하여 내게 응답했다고 주장할 수 있었다.

감추기에서 벗어나기 위한 내 모험이 계속되면서, 나는 점점 더 내 자신을 중심적인 것으로 경험하기 시작했다. 슈퍼비전에서 나는 지적인 작은 충돌을 부추기는 것을 그만뒀고, 그 대신에 단지 내 머리만이 아니라 내 자아 전체를 포함하는 방식에서 내가 느꼈던 그 어떤 회의주의를 자랑스럽게 토로했다.

니나가 퇴원했을 때, 나는 그 가족에게 미누친 박사와의 상담을 받으러 올 것인지 물었다. 그들은 미누친 박사에게서 최상의 것을 이끌어 내기 위해 지금보다 더 잘 구성될 수 없을 것이다. 그들의 치료 실패, 그들의 드라마, 그리고 그들의 광기 등의 긴 목록들과 함께라면 말이다. 가난한데다 라틴아메리카계 사람들이니, 그들은 미누친 박사에게는 완벽했다. 내 자신에 관해 말하자면, 나는 이 회기에 참여하지 않는 것이 더 낫겠다고 생각했다. 그들은 너무 멀리까지 가 버렸다. 하지만 미누친 박사는 내가 그들에 관해 제시하는 내 설명에 흥미가 있었으며 그들의 딸도 그 상담 회기에 참여하게 하자고 제안했다. 다르게 표현하자면, 그는 내가 할 수 없을 때에도 내가 맡은 가족에 마음을 씀으로써 그 사례의 슈퍼비전을 시작했다. 내게 합류하는 측면에서는, 이것은 간단했던 것만큼이나 효과적이었다.

니나는 그녀에게 자해를 명령하는 목소리들이 시키는 대로 했을 때, 그녀가 '은둔했던' 정신병원에서 막 퇴원한 상태였다. 나는 니나의 높은 수준의 기능과 연관된 마거릿의 묘사에 감명을 받았고, 니나의 능력과 입원들 사이의 불일치에 관해 궁금해하면서 시작했다.

미누친: 니나, 당신에게 들리는 목소리들에 관해 말해 보세요. 그들은 남자인가요, 아니면 여자인가요?

니 나: (주저하며) 여자요.

미누친: 당신에게 뭐라고 말해요?

니 나: (몹시 괴로워하며) 있잖아요, 난 정말이지 이 얘기를 (그녀의 딸을 가리키며) 애 앞에서는 하지 말아야 해요.

미누친: 후아니타, 네 어머니에게 들리는 목소리들에 관해 알고 있니?

후아니타: (어머니를 매우 지극히 바라보면서) 네.

미누친: 네 어머니에게는 그것들이 마치 밖에서 들려오는 것이라도 되는 것처럼 그 목소리들을 듣는 기술(또는 불행)이 있구나. 나도 목소리들을 듣는단다. 그렇지만 그것들은 내 안에서 들려오는 것들이지. 우리 모두는 목소리들을 듣는단다. 마거릿, 당신에게도 목소리들이 들리나요?

마거릿: 제게도 들리죠.

미누친: 우리가 듣는 목소리들은 우리에게 우리 자신에 관해 뭔가를 말해 주지요. 당신이 당신을 똥이라고 느낀다면…….

니 나: 맞아요! 내게 들리는 목소리들은 내가 똥 덩어리라고 말해요! 그런 다음 그것들은 내가 내 자신에게 벌을 줘야 한다고 말해요!

미누친: 당신에게 들리는 목소리들은 길들여질 수 있어요. 하지만 그것들에게는 다른 목소리들이 필요해요. 그것들과 싸울 수 있을 만큼 강한 목소리들 말예요. 후안의 목소리는 들려요? 아니면 후아니타의 목소리는요?

니 나: 아뇨, 전혀요.

미누친: 저런, 그들의 목소리는 너무 여리군요.

후 안: 그녀는 그 목소리들이 그녀에게 언제 말을 거는지 내게 말하지 않아요. 듣고 난 나중에야 말하지요. 그래서 저는 그들이 언제 그녀에게 말을 거는지 모릅니다.

니 나: 박사님이 그런 뜻으로 말씀하시는 거 아니잖아. 박사님은 당신이 집안에서 강해져야 한다고 말씀하시는 거야.

미누친: (니나에게) 후안의 목소리가 한층 더 강했다면, 그는 당신에게 들리는 목소리들을 길들일 수 있었을 거예요. 당신에게 당신 자신을 벌 주라고 말하는

그 목소리들을 말예요.

니 나: 이제 내 자신의 목소리가 들리기 시작해요. 점점 더 강해지고 있어요.

니나는 그녀에게 들리는 목소리들이 후안과 후아니타가 보인 대단히 여린 성질의 반응들에 영향을 받았다는 내 체계적 제안에, 정신의학 기관에서 그녀가 철저하게 주입받은 전형적인 "나는 혼자서 바꿀 수 있어."의 태도로 반응했다.

미누친: 아네요. 당신 목소리 그 자체만으로는 충분히 강해질 수 없어요. 내 생각에는 니나 혼자의 힘으로는 할 수 없을 것 같아요. 당신에게는 후안의 목소리가 필요해요. 후아니타도 필요하죠. 만약 그들이 더 강해지지 않는다면, 당신에게 당신 자신을 다치게 하라고 말하는 그 목소리들이 이기게 될 거예요.

우리는 부정적인 목소리들의 세기와 후안의 나약함 사이의 상보성을 강조하면서 그 상담을 마쳤다. 니나가 좋아지기 위해서는 후안이 변해야 했다. 치료의 방향은 후안이 아내를 치유할 수 있으리라는 희망에 따라 인도될 것이다.

균형을 깬다는 문제와 관련하여 누구에게나 양심의 부담을 느끼게 되는 힘든 일들이 있다. 내게 그것들은 일반적으로 개인적인 것은 물론이거니와 여성주의자였다. 균형깨기unbalancing에서 요구되는 것은 치료사가 어느 한쪽 편을 들어야 한다는 것인데, 그것이 공평하지 않은 것은 사실이다. 기본적으로 치료사는 동반자들이 그들의 상보성을 아주 멀리 벗어던져서 그들이 그들 자신을 인정해야만 하는 데에 이를 때까지 한쪽 동반자에게 능력을 부여한다. 일이 잘 풀린다면, 이 새로운 방법이 치료에 한층 더 유익하게 될 것이다.

당신이라면 어느 편을 들 것인가? 내 특이한 성벽(性癖)이 나로 하여금 딜레마에 빠지게 하는 지점이 바로 여기이다. 나는 기질적으로 감성적인 일을 할 준비가 되어 있고 또 실제로 할 수 있는 사람들로서 여성들을 경험한다. 지금은 그것이 다소 왜곡된 것이라고 여기기는 하지만 내가 여성주의자라고 생각하고는 하는 방식으로, 나는 남성들을 바보같이 둔한 사람들로서 경험한다. 이러한 인지 세트는 나로 하여금 내가 보호하고 옹호하도록 길러지고 교육받은 여성적 연대감을 훼손하게 한다. 여성 정동affect의 정서적 우월성에 대한 나의 확고한 믿음 때문에, 나는 불균형 상태에 있는 그 남자의 편을 들어야 한다고 느낀다. 난 그에게 힘을 실어 줘야 한다. 그래서 좋은 치료라는 명분으로, 곧 관계라는 명분으로, 나는 그녀와 그녀의 통찰력과 그녀의 정당성을 배반해야만 한다.

그래서 나는 후안의 편을 들었다. 그러나 내가 정말로 많은 것을 기대한 것은 아니었다. 그 대신 나는 무언가를 기대하는 척했다. 나는 남성들을 묵살하는 데에 익숙해서, 이번에도 무엇인가를 찾을 것이라고는 기대하지 않았다. 그러나 시간이 흐르면서 내가 그토록 완벽을 기했던 꾸미기가 예기치 못한 결과를 초래했다. 내가 후안에게 정서적 능력이 있는 것처럼 반응하자, 그는 우리가 진행한 회기 동안 한층 더 명료하게 집중하기 시작했다. 남성적인 것의 내면적 목소리, 미누친 박사가 내게 제시해 준 의견들, 그리고 한 사람의 여성으로서 내가 남성들에 관해 확실하다고 여기는 것들과 함께 나는 스스로 외로움을 불러일으킬 수 있는 방법과 관련하여 개인적으로나 추상적으로나 궁금해지기 시작했다.

그 가족과의 회기들 가운데 중심축이 되는 회기는 후안이 얼마나 놀랍게 등장했는지, 그의 참여가 얼마나 중요했는지, 그리고 그가 없다면 그 가족이 얼마나 피폐하게 되는지 잘 보여 주었다. 후아니타가 자신이 임신했다는 사실을 밝히자 니나는 충격을 받았고, 후안은 걷잡을 수 없는 분노에 휩싸였으며, 니나의 어머니는 분통을 터뜨렸다. 니나는 후아니타의 임신을 알고 그녀의 어머니가 보인 반응에 관해 이야기하고 싶어 했다. 나는 후안에게 그들의 만남에 관해 설명해 달라고 부탁했다.

후 안: 저는 완전히 충격에 빠져서 그냥 앉아 있었습니다. 그런데 그때 장모님이 니나를 막 몰아붙이기 시작했죠. 물론 장모님은 후아니타가 임신한 것 때문에 몹시 속이 상하셨을 거예요. 하지만 그게 모두 니나 책임이라고 말씀하시면 곤란하죠!

니 나: 저는 정말 속상했어요. 그런데 그가 저를 돌봐 줬죠.

마거릿: 잠깐만, 잠깐만요. 당신이 아내를 돌봤다고요? 그녀가 그렇게 하게 해요?

니 나: 네.

마거릿: 잠깐만요, 이건 처음 있는 일이군요. 정말 그가 당신을 잘 보살핀다고 느꼈어요?

후 안: 제가 보살폈어요.

니 나: 맞아요.

후 안: 장모님 말씀이 제게 어떻게 들렸는지 아세요? "정말이지 난 네게 할 만큼 했다. 그런데 넌 날 개똥 취급하지? 그래도 난 널 사랑한다. 그러니 넌 내게 빚을 진 거야."라고 말하는 것처럼 들렸어요. 하이고, 그녀를 책임진 건 저예요. 우리는 장모님한테 빚진 거 없어요.

마거릿: 그래서 니나를 돌보는 기분은 어땠어요?

후 안: 좋았죠. 전 그렇게 해야 했어요. 그녀에겐 제가 필요했어요. 순수하고 단순한 문제예요. 전 그녀의 남편이니까요. 제가 그녀를 돌봐야 하는 거예요.

니 나: 전 그와 함께 있으면 안전하다고 느꼈어요. 그가 두 팔로 나를 감싸 줬어요.

마거릿: 그런 것들이 모두 니나와 연관된 일인 것 같군요. 당신이 그녀를 위로하도록 그녀가 그렇게 한다는 거죠. 니나, 당신은 정말 유능해서 그가 항상 문을 두드리며, "여보, 내가 지금 뭘 해 줄 수 있을까?" 하고 묻게 만드는 군요. (내가 공손하게 균형 깨기를 시도한 것으로 알려졌지만, 그것은 뻔뻔스러운 거짓말이었다.)

니 나: 저는 너무나 극심한 고통에 시달렸기 때문에 그가 그의 팔로 나를 감싸 주자 편안하고 안전하다는 기분이 들었어요. 제가 그를 필요로 할 때 거기에 저를 돌보는 제 남편이 있었어요.

마거릿: 하지만 위로가 필요한 다른 순간들에는 당신은 괴로워하고 격렬해지고 큰 고통에 시달리지요. 그리고 그가 당신을 위로해 준다고 당신이 느끼지 못하게 될 때 당신들 두 사람 사이에서 어떤 일이 벌어지고요.

후 안: 그건 제가 떠밀린다는 기분이 들기 때문에, 그리고 제가 속박 받지 않는 것을 좋아하기 때문인 것 같아요.

니 나: 난 단지 당신이 속상해하는 게 싫었어.

후 안: 하지만 그럴 때 나는 내가 바깥에 서 있는 것 같은 기분이 들어. 그래서 어쩌면 가장 좋은 방법은 약간의 거리를 유지하는 것이고, 그러다 보면 그것이 저절로 해결될지도 모른다고 생각해. (……) (그의 목소리는 차츰 잦아들었는데

> 그때 그가 원래대로 그것을 바로잡았다.) 나는 장모님에 관해 생각해 봤어. 이제야 장모님이 매우 불행하고 외로운 사람이라는 걸 깨달았어. 그런 점에서 장모님에게 죄송해. 그리고 내가 너무 무력해서 아무것도 할 수 없다는 건 슬픈 일이야. 장모님은 필사적으로 사랑을 받고 싶으셨던 거야. 장모님의 어머니는 장모님을 사랑조차 하지 않으셨어. 니나, 당신이 장모님의 사랑을 원하는 것처럼 장모님도 어머니의 사랑을 원해. 날 화나게 하는 것들을 생각해 보면, 그건 정말 정신 나간 짓이야. 이게 결론이야.

이것은 내가 이제까지 후안에게서 들어온 목소리가 아니었다. 그 목소리는 바보같이 둔한 것과는 가장 멀리 떨어져 있었다.

그래서 남성에 대한 내 신념은 상보적인 방식으로 해체되고 있었다. 그 슈퍼비전에서, 미누친 박사는 무관하지도 않고 억압적이지도 않다는 것을 증명하고 있었다. 그 회기에서, 후안은 점점 더 유의미하고 유용해지고 있었다. 젠더라는 동전의 한쪽 면에 관한 재작업과 함께, 한층 더 깊고 복잡한 새로운 여성(내 자신이 포함된 여성)의 관점이 진화하고 있었다. 생존에 필수적인 것이라고 내가 믿으면서 자란 여성 연대의 규칙을 위반하면서, 내 자신을 포함한 여성들이 정서적 문제에 처하는 방식들에 관해 나는 한층 더 많이 배웠다. 이러한 확장과 함께, 나는 이전에 보지 못했던 젠더와 개성의 상대적 배열들을 볼 수 있었다. 내게 대단히 중요한 것은 이 가족과의 어려운 과정을 통해 니나는 일어나고 있었던 균형깨기의 작업을 그녀 자신에게 도움이 되는 것으로, 심지어 그 작업이 그녀의 과대 기능에 대한 이의제기들에 동의할 때조차도 도움이 되는 것으로 여기게 되었다는 점이다. 그녀가 그렇게 할 수 있었고 또 그렇게 함으로써 여성들이 할 수 있는 어떤 실제적인 일을 보여 줄 수 있었다는 것은 그녀에게는 커다란 명예이다(그리고 나는 그녀의 젠더에 큰 명예가 있다고 여전히 믿는다).

후아니타가 아기를 낳자, 그녀와 그녀의 남자친구는 후안과 니나와 함께 살러 들어왔다. 이것은 다소 복잡한 가족 배합이었다. 특히 그렇게 아주 작은 아파트에서라면 말이다. 나는 그 가족에게 있는 지략의 풍부함에 감명을 받았다. 니나와 후안은, 한 팀으로 기능하면서, 아파트를 분할함으로써 두 부부들 양쪽 모두의 자율성을 보존하면서도 가장 큰 가능 공간을 공동의 몫으로 남겨 두었다. 후안에게는 가족의 경계들과 관련하여 한층 더 좋은 감각이 있는 것 같았는데, 니나는 그의 판단을 받아들였다. 니나는 3년 동안 병원에 입원하지 않았다.

내 자신에 관해 말하자면, 나는 이제 더 이상 젠더에 관해 확신하지 않는다. 나는 이전에 내가 내 자신이 그렇다고 생각했던 것만큼 나약하지도 강하지도 않다. 그러나 어쨌든 나는 한층 더 복잡한 진퇴양난의 상황들을 위해 여성의 장점과 관련된 쟁점들을 포기했다. 내게는 한 사람의 인간으로서, 한 사람의 여성으로서, 그리고 한 사람의 치료사로서 내 자신이 계속 발견하려는 욕구와 관련된 발전적인 감각이 있다. 나는 점차적으로 남성들에게서도 그러한 시도를 기대하고 참작하게 되었다. 그러나 내게는 복잡한 젠더 쟁점들을 탐구할 수 있는 한층 더 많은 자유가 있다고 나는 확신한다. 내 관점에서 보자면, 자유란 여전히 여성주의이고, 좋은 슈퍼비전에는 해방시키는 힘이 있다.

덧붙이는 말: 10년 후

나와 관련된 미누친 박사의 슈퍼비전을 다시 논의해 보라는 요청을 받았을 때, 나는 놀랐고 조금은 불안했다. 몇 년 동안 나는 내가 쓴 장을 다시 검토하지 않았고, 그것이 유치하게 들리지나 않았을까 걱정했다. 그것을 다시 읽고 난 다음, 내 마음을 끌었던 것은 내 젊음이 아니라 그 장에서 서술된 작업의 특색이었다. 나는 라미레즈 가족, 곧 그들이 드러냈던 어려움들과 그들이 이루어 낸 변화들이 생각났다. 그런 일들이 일어났었던 것이다. 내 젊음의 혈기와 경험 부족, 임상 훈련의 부족, 정신병에 대한 내 두려움 등 임상의로서 내가 가지고 있었던 너무나 분명한 한계에도 불구하고 말이다.

나중에야 깨닫게 된 것이지만, 내 슈퍼비전이 진화한 방식은 너무나 뻔한 결과였다. 미누친 박사는 그 가족과 나 양쪽 모두와 함께 아주 유사한 쟁점들에 관해 작업했고, 거기에는 어떤 분명한 평행과정parallel process[5]이 있었다. 그 작업은 일반적인 치료의 요소들과 슈퍼비전의 요소들로 구성되어 있었다. 신뢰, 변화를 위해 밀어붙

5) 역자 주: 평행과정(parallel process)은, 동형(isomorphism)의 구조처럼, 치료자와 내담자 그리고 슈퍼바이저와 슈퍼바이지가 비슷한 구조의 경험을 겪는다는 것을 의미한다.

이기, 그리고 불변요소들을 받아들이기 같은 것들 말이다. 그 당시 나는 그 작업에 휩쓸려서 그 과정을 모르고 있었다. 되돌아보건대, 미누친 박사의 슈퍼비전을 통해 그 가족과 나 양쪽 모두가 변했다고 나는 생각한다.

뉴욕시의 노숙자들, 곧 때때로 행인들에게 갑자기 언어적이거나 물리적인 폭력을 행사하고 그들을 다치게 하는 그런 노숙자들을 내가 두려워했던 것처럼, 내가 라미레즈 가족을 두려워했다고 나는 기억한다. 그 당시 나는 정신병을 예측이 되지 않고 위협적이며 폭력적인 것으로 알았다. 나는 타인에 대한, 특히 미누친 박사에 대한 내 두려움을 부인하는 데 많은 시간과 노력을 쏟았다.

나 또한 미누친 박사가 두려웠다. 미누친 박사처럼 강력하고 노골적인 사람은 차치하고라도, 누군가가 당신의 작업을 노출시키고 비판받게 한다는 것은 사소한 일이 아니다. 나는 그가 과거에 가르쳤던 과정을 담은 테이프들을 모두 보았다. 그리고 나는 그가 불안하게 만들면서 작업했다는 것을 알았다. 그 테이프들은 지옥의 불을 연상하게 하는 그의 가르침의 측면을 강조하는 것 같았다. 적어도 내 까다로운 시각에서 보자면, 그것은 그렇게 하는 것 같았다. 나는 확실히 그의 친절함과 받아들임—내가 나중에서야 그에게서 그 진가를 인정하게 된 특성들—을 기대하지 않았다. 내 불안을 다스리려는 그릇된 시도로 나는 쉽게 동요하지 않게 되려고 애썼다. 나는 내 여성주의의 미사여구와 신념을 방어적으로 사용했다. 그것들에 의지함으로써 내가 그 과정을 견뎌 낼 수 있도록 돕기 위해서 말이다.

이제야 나는 라미레즈 가족 역시 두려워했을지도 모른다고, 그리고 그들은 하나의 곡예가 되어 버린 그들의 삶에 완전히 압도당했는지도 모른다고 생각할 수 있게 되었다. 변화하고자 하는 그들의 갈망의 정도는 그들 자신의 상태를 인정함에 따라 느끼게 되는 불편함의 정도와 똑같았다고 나는 생각한다. 그래서 그들은 치료 회기를 감당하는 데 많은 시간을 들였다. 그렇게 함으로써 그들은 그들이 처해 있는 상태와 그토록 심하게 입은 그들의 상처에 관련된 전면적인 충격을 멀리하려고 애썼다. 나는, 그와 유사한 방식으로, 내가 설득되지 않는 사람인 것처럼 가식적으로 행동하느라 슈퍼비전에서 상당한 에너지를 소모했다. 내가 쓴 장을 읽으면서, 나는 생각했다, "그들의 고통스러운 상태를 감안할 때, 그 가족들이 치료에서 보여 준 인내의 기적은 대단히 놀라웠지만, 그들과 나 양쪽 모두 방어적이 되려는 데 들인 그 많은 시간과 정력이 그들과 내게는 너무나 안 좋은 것이었다."라고.

어느 정도 수준에서는, 나는 공감적으로 그 가족에 연계될 수 있었다. 부분적으로 그것은 그들이 단지 가끔씩만 정신병적 증상을 보였을 뿐이라는 사실 덕분이었다. 내가 그들을 받아들인다는 것을 그 가족이 감지하지 않고서도 그들이 그 작업을 계속할 수 있었을 것이라고는 나는 생각하지 않는다. 나는 미누친 박사가 나를 견뎌 준 것이 내가 가족과의 공감적 연계를 지속시키는 데 결정적인 역할을 했다는 것을 분명히 안다. 물론 이것은 슈퍼비전에서 이루어지는 평행과정의 한 측면이었다. 미누친 박사가 나를 받아들인 것이 내가 그 가족을 받아들이는 것을 가능하게 해 준 그 평행과정 말이다.

내가 정서적으로 두려웠던 것만큼, 나는 임상적으로나 지적으로나 매우 헌신적으로 열심히 했다. 나는 내가 정말로 이 가족을 돕고 싶었다는 것을 그리고 그들 곁에서 일을 제대로 할 수 있기 위해 기꺼이 내 자신의 불편함을 참았다는 것을 안다. 한편, 내가 미누친 박사에게 받고 있었던 훈련은 참으로 흥미진진했다. 배움이 약속하는 것은 정말 풍요로웠다. 미누친 박사가 만들어 내는 신바람은 그가 가르치는 방식의 필수적인 부분이다. 나는 미누친 박사가 그의 생각을 공식화할 수 있게 했던 그 전문적인 지식의 정통함에 감사했고, 또한 그의 생각을 슈퍼비전 그룹과 내게 끊임없이 반복해서 다시 설명하면서 보여 준 마음의 관대함에 감사했다. 나를 가르치려는 그의 헌신은 가족을 도우려는 내 헌신과 아주 유사했고, 비록 내가 그 당시 그것을 분명히 표현할 수 있었는지 의심스럽지만, 나는 그것이 그 작업의 성공을 위해 필요불가결한 기반을 형성했다고 생각한다.

배움의 과정에 바쳐진 내 헌신은 어느 면에서는 내가 정서적 진정성을 결여하고 있다는 사실을 벌충해 주었다. 마찬가지로, 나는 가족들이 회기에 참여하기로 계속 동의한 것이 그들의 성장을 가능하게 해 줬을지도 모른다고 생각한다. 심지어 그들이 변화의 고통에 저항하는 동안에도 말이다. 요즈음 나는 감사하는 마음으로 이 사례를 살펴본다. 나는 나와 함께 작업을 해 준 미누친 박사에게 감사하고 끈기 있는 모습을 보여 준 그 가족에게 감사한다. 사실 그것은 진행이 잘됐다. 우리는 정말로 이 가족이 조화를 이루게 하는 데 성공했다.

이 가족에 도움을 주었던, 그리고 나로 하여금 그들을 도울 수 있도록 도움을 주었던 슈퍼비전 과정의 부분들은 그 방정식을 파악하기가, 곧 가족/치료사/슈퍼바이저/슈퍼비전 그룹들로 이루어지는 체계로부터 추론하기가 어렵다. 나는 그 가족에게는 미누친 박사와 관련하여 뒤섞인 감정이 있었다는 것을 잘 안다. 그럼에도 불구하고, 그들은 결코 그와의 상담을 거르거나 그들과 그의 상호작용이 계속 진행되는 방식으로 천천히 이어지게 하는 데 실패하거나 하지 않았다. 그 가족은 그들에게 보여 준 그의 태도, 곧 그에게 직업적인, 위계적 거리두기가 있음에도 불구하고 그들에게 인간적으로 바싹 다가오는 그의 태도로부터 좋은 느낌을 받았다고 나는 생각한다. 나는 그들의 딸을 대하는 그의 상냥함이 큰 도움이 되었다고 생각한다. 상담 회기들에서 보여 준 그의 방식은 그들 자신에 대한 그들의 훼손된 감각을 상쇄하는 가치의 감각을 그들에게 주었을지도 모른다. 더 좋은 삶과 관련하여 그가 그들에게 제시한 희망은 그들에게 긍정적이었음에 틀림없다. 그들이 그들의 조부모들이 그런 사람이었으면 하고 소망했던 그런 사람으로 그들은 미누친 박사를 생각했던 것 같다. 현명하고 힘을 주는, 개성과 특이함이 풍부한 그런 사람 말이다.

나를 변화시킨 미누친 박사의 슈퍼비전에는 여러 층이 있었다. 그 층들 가운데 그것이 가장 분명한 것일지라도, 미누친 박사가 아주 훌륭한 스승이었다는 점은 언급될 필요가 있다. 그에게는 포괄적이고 효과적인 명확한 개념 모델이 있었다. 그에게는 또한 그의 모델에 대한 신념이 있었다. 그는 그것에 전념했다. 그에게는 수많은 단계들을 놓고 생각할 수 있는 능력이 있었다. 그의 지성적 능력은 내가 그와 맞물리게 하는 데 도움을 준 것들의 일부이다. 나는 정서적으로 그를 신뢰하게 되기 훨씬 전에 그의 생각과 이론을 존중했다. 이론적이고 지성적인 것은 내가 몰입할 수 있는 쉬운 일이었다.

좀 더 정서적 차원에서, 시간이 지남에 따라 나를 변화하게 한 것은 미누친 박사의 유연할 수 있는 능력, 그의 관심, 내가 그에게 제기한 어려움들에 대한 그의 인자한 받아들임, 그리고 끝까지 달리려는 그의 헌신이었다. 그는 내가 나아지리라는 희망을 변함없이 가지고 있었다. 그런 희망의 경험이 내가 과감히 변화하는 것을 가능하게 했다. 미누친 박사는 본질적으로 어느 정도는 내가 다시 양육을 받는 것 같은 경험을 내게 제공했다. 나는 그것을 말하면서 다소 지적으로 별 볼일 없는 것 같은 기분이 든다. 나는 말해야 할 더 많은 박식한 것이 있다고 확신한다. 하지만 나는 나하고 함께한 그의 작업의 총체를 지지한다. 나는 그것이 치료사로서 그리고 인간으로서 내가 더 성장하는 데 결정적인 역할을 하리라 믿기 때문이다. 현재 나는, 미누친 박사와의 만남의 결과로 내 자신의 취약성을 더 잘 경험할 수 있고, 내 한계들을 더 잘 직시할 수 있으며, 문제들을 더 잘 해결할 수 있다. 나는 또한 두려움이 다른 사람들에게 서서히 스며들게 하는 방어적 태도를 더 잘 이해할 수 있다.

지난 10년 동안 이루어진 내 임상작업은 미누친 박사와 함께한 경험에 의해 형성되었다. 내가 나를 치료적으로 이용하는 방식은 그의 가르침과 직접적인 연관이 있다. 나는 치료 회기에 수동적인 방관자가 아니다. 나는 그 과정에 적극적으로 참여한다. 중립적인 입장을 취하는 경우는 드물며, 그러는 경우가 있다면 그것은 전략적으로 그렇게 하는 것이다. 나는 환자들이 변화를 위해 내게 온다고 가정한다. 심지어 그들이 그 변화를 분명하게 표현하지 못할 때라도 말이다. 나는 그들이 그 변화를 이룰 수 있도록 도우려고 노력한다.

요즈음 내가 가진 개념들의 목록에는 미누친 박사에게 직접적으로 도움을 받은 것들인 그런 초석들이 들어 있다. 가장 주목할 만한 것은 부부들의 상보성과 가족들의 삼각 관계triangulation이다. 이 개념들의 유용성은 그 단순함과 직접적인 연관이 있다. 기법과 관련해서는, 나는 개인과의 작업으로부터 집단과의 작업에 이르기까지 여러 임상적 양태들에 미누친 박사의 실연작업을 적용했다. 이 기법은 현시점에서 내가 작업하는 것을 가능하게 해 주는데, 그것은 치료 회기의 바깥에 있는 쟁점과 갈등에 직접적이고도 강력한 영향을 미치고 있다.

미누친 박사와 함께한 슈퍼비전 경험의 결과로서, 나는 또한 좋은 치료는 정치적이지 않고 관계적이라는 것을 믿게 되었다. 나는 우리가 가족치료의 분야에서 이론적 종류와 정치적 종류 양쪽 모두와 연관된 지적인 소음을 많이 발생시킨다고 생각한다. 그것은 관계적인 치료 효과가 있는 과정의 격렬함으로부터 우리를 보호하는 데 도움을 준다. 그러나 결국 우리가 아무리 정치적으로 올바르거나 이론적으로 명쾌하다 하더라도, 만약 우리에게 미해결의 개인적 쟁점들이 있다면, 그것들은 치료 효과가 있는 과정에서 우리의 유효성을 차단할 것이다. 미누친 박사는 그 사실을 알고 있었다고, 적어도 나와 관련해서는 그 사실을 알고 있었다고 나는 생각한다. 나와 함께한 그의 슈퍼비전에서, 그는 개인적인 것을 임상적이 되게 했고, 임상적인 것을 개인적이 되게 했다. 그는 내 슈퍼비전을 맡았지만, 그의 슈퍼비전을 통해 치료도 했다. 내 자신의 쟁점들이 내가 라미레즈 가족을 억지로 떠맡게 했기 때문에, 미누친 박사는 날 보살피면서 내 쟁점들을 다루었다.

미누친 박사의 슈퍼비전은 평행과정을 통해 나와 라미레즈 가족에게 영향을 끼쳤다. 두려움과 불안에서 변화와 성장을 향해 우리가 나아가는 것을 가능하게 하면서 말이다. 미누친 박사는 슈퍼바이저로서 체계적으로 작업하면서도 정신 내부의 딜레마들과 갈등들에 대한 올바른 인식과 함께 작업한다. 내적이며 외적인 구조적 구성 요소들 사이에서 우아함과 부드러움을 가지고 움직일 수 있다는 것은 그의 천재성을 보여 준다. 한 사람의 스승으로서 그리고 한 사람의 치료사로서 양쪽 모두에서 그의 성공을 가능하게 한 것은 이러한 깊이이다.

09
머리 하나에, 모자는 여럿

한나 레빈(Hannah Levin)*

한나는 아동거주시설의 임상책임자였다. 그녀는 가족치료사가 되려고 노력하고 있었다. 내 슈퍼비전의 목표는 그녀가 거주시설에서 일하는 가족치료사가 되게 하는 것이었다. 두 지위들의 차이는 권위를 이용하는 방식과 관계가 있다.

한나의 역할은 그 시설에서 일어나는 모든 갈등상황에 개입하는 것이었다. 갈등의 역동을 살펴보고, 그 근원을 탐색하고, 세부사항에 주의를 기울이며, 그녀의 정력과 헌신을 문제해결에 제공하는 그녀의 능력 때문에, 그녀는 그녀의 일을 훌륭하게 수행할 수 있었다. 문제 해결을 위한 그녀의 개인적 헌신과 동일한 수준에서 그녀의 치료방식의 특징이 표현될 수 있다.

가족치료의 암묵적 역설은 가족이 그들 자신을 치료하는 사람이 되어야 한다는 것이다. 그것은 치료사가 도와주는 사람이 아닌 탈바꿈시키는 사람, 곧 가족구성원들로 하여금 그들 자신의 대안적인 관계 맺기 방식을 활성화하게 하려는 목표를 가지고 그 가족에 합류하는 사람이 될 것을 요구한다. 도와주는 사람에서 탈바꿈시키는 사람으로, 곧 사회적 관리자에서 치료사로 이동하는 일은 우리로 하여금 도와주려는 우리의 강한 본능을 억제할 것을 요구한다. 한나는 불확실성을 그녀의 방식에 포함시킬 필요가 있었다. 알지 못하는 능력, 곧 행동하지 않는 능력 같은 것들을 말이다. 그녀는 문제 해결하기에서 벗어나는 대신에 치료적 맥락을 개발할 필요가 있었다. 그 안에서

* 그녀가 이 장을 썼을 때, 한나 레빈 박사는 뉴저지의 크랜포드와 메이플우드에서 사설 상담소를 운영하고 있었다. 20년 동안 그녀는 러트거스 대학교, 알베르트 아인슈타인 의과대학, 그리고 뉴욕시립대학교의 리치몬드 대학에서 심리학 교수를 역임했다. 은퇴하기 전에 그녀는 뉴저지 교정국의 비행청소년복지과 정신건강 책임자였으며 청소년거주치료센터의 임상 책임자였다.

> 가족이 갈등들과 싸우기도 하고, 그것을 해결하는 데 실패하기도 하며, 고통을 견디기도 하고, 궁극적으로는 다른 방법들을 배우기도 하는 그런 맥락 말이다. 그것은 중대한 변화를 수반할 것이다. 한나에게는 그녀가 직장에서 맡은 일이 변화시키는 능력을 개발하는 데 불리한 조건으로 작용했다. 정신적 장애가 있는 청소년을 위한 거주시설의 기풍은 아무리 그 이념이 자애롭다고 하더라도 통제적이며, 그 권한은 직원들을 어떤 질서로 체계화한다.
>
> 그 슈퍼비전에서 내 바람은 한나가 행동하지 않을 수 있는 힘을 발견하도록 돕는 것이었다. 문제는 한나가 그녀의 치료에서 소소한 것까지 챙기는 경향을 내게서 이끌어 냈다는 것이었다. 슈퍼비전이 부지불식간에 그녀의 작업 방식과 동일한 구조가 되었다. 나는 문제를 해결하는 사람이 되었고, 그녀는 내 제안들을 받아들이기도 하고 거부하기도 하면서 반응했다.
>
> 그녀가 두 번째 가족의 사례에 관해 발표하기 시작했을 때 우리는 그 난국을 해결했다. 그것은 항상 옳은 일을 하는, 그래서 가엾은 가족의 사례였다.

내 아버지와 어머니는 1921년에 결혼했을 때 매우 유별난 커플이었다. 외동아들인 내 아버지는 16세에 고등학교를 중퇴하고는 그의 아버지를 위해 육류도매판매 구역에서 일하는 정육점 주인이었다. 9남매 가운데 한 명인 내 어머니는 콜롬비아 대학교의 교육대학을 우등으로 졸업했다. 그들은 독일과 네덜란드 유대인 이민자의 자녀라는 경험과 몇 명의 영구거주자와 몇 명의 일시거주자들을 포함한 수많은 친척과 함께 한집에서 생활하는 경험을 공유했다. 그러한 환경은 아마도 어머니가 내 친조부모의 집으로 이사하는 것이 지극히 정상적인 것처럼 보이게 했을 것이다. 그래서 형과 나는 4명의 성인 영구거주자들이 함께 붐비는 집에서 자랐다. 그들이 말하는 것을 우리에게 알리고 싶지 않을 때 독일어나 이디시어[1])로 대화하는 고모들, 삼촌들, 사촌들이 우리 집을 거의 매일 방문했다.

내 아버지는 사회주의자였다. 그리고 우리 가족은 스페인 내전에서 민중의 편(체

1) 역자 주: 이디시(yiddish)어는 고지 독일어에 히브리어와 슬라브어가 섞인 것이다. 그것은 유럽 내륙 지방과 그곳에서 미국으로 이주한 유대인들이 쓰는 언어이다.

제수호파)이었다.[2] 우리는 또한 스코츠보로Scottsboro 소년들[3]의 사건과 사코(Sacco)와 반제티(Vanzetti)[4]의 사건에서는 정의의 편이었다. 약자와의 깊고 지속적인 동일시와 책임감을 위한 씨앗은 바로 거기에서, 우리 집의 저녁 식탁에서 뿌려졌다. 나는 항상 사회적 불공정에 맞서 싸워야만 하고 싸울 것이다.

내 어머니는 내가 11세 때 돌아가셨다. 내가 어머니의 죽음을 자각하고 있는 경험은 흔치 않은 것이었다. 어머니가 없는 다른 사람들을 알지 못했기 때문에 나는 특별한 기분이 들었다. 내 친구들의 부모님과 선생님들은 모두 나를 세심하게 배려해 주셨다. 나는 이별에 대한 극심한 두려움이 내 개인생활과 직업적 일에 어떤 영향을 미칠지 그 당시에는 깨닫지 못했다. 어머니의 죽음과 함께 확장된 내 젊은 시절의 엄청난 자유, 약자와의 동일시, 이별의 감수성, 그리고 가족을 보살피기의 조합에 이끌려 나는 가족치료사가 되는 에움길로 들어섰다.

젊은 여성인 내가 의미 있는 역할을 할 수 있는 영역과 관련해서는 아무런 방향도 없이 나는 대학시절의 자유 속에서 제2차 세계대전에 대한 강렬한 감정으로 벅찼다. 대학시절 동안 내가 진정으로 해 본 감정적 투입은 흑인차별에 반대하기 위해 화이트 캐슬[5] 문밖에서 피켓 시위를 한 것이었고, 전쟁에 참여할 수 있기 위해 캐나다 간호사 훈련 프로그램에 참가하려고 한 것이었다.

대학 졸업 후, 나는 작가 지망생과 결혼했다. 그는 내 가치들을 공유했고 내가 자

2) 역자 주: 1936년 7월 프란시스코 프랑코 장군의 군부를 중심으로 한 파시즘 진영이 민주적 선거를 통해 집권한 좌파 인민전선 정부를 전복하기 위해 쿠데타를 일으키면서 벌어지게 된 전쟁이 스페인 내전이다.

3) 역자 주: 1931년 3월, 미국의 대공황 시절, 테네시에서 조지아를 거쳐 앨라배마로 가는 화물열차에 타고 있던 많은 사람 가운데 9명의 흑인 소년이 있었다. 이 기차에서 흑인집단과 백인집단 사이에 싸움이 벌어졌는데, 나중에 백인 여성들의 거짓 증언에 의해 사형의 위기에 몰렸던 그 흑인 소년들을 돕기 위해 흑인인권단체들을 비롯한 남부지역 이외의 사람들이 들고 일어났다.

4) 역자 주: 1920년대 미국 매사추세츠주에 있는 한 구두공장에 두 명의 남자가 침입하여 경리와 경비직원을 살해하고 16,000달러를 강탈하는 사건이 일어난다. 경찰은 용의자로 구두수선공 페르디난도 니콜라이 사코와 생선장수 바르톨로메오 반제티를 체포한다. 나중에 로드아일랜드에 본부를 둔 조 모렐리 갱단이 진범으로 밝혀졌지만 두 사람은 부당하게 재판을 받은 후 결국 사형을 당한다. 이것은 사법살인 사건의 대표적 사례 가운데 하나이다.

5) 역자 주: 화이트 캐슬(White Castle)은 미국의 중서부와 뉴욕 대도시 지역에서 운영되고 있는 패스트푸드 체인점의 이름이다. 이 체인점은 1921년에 창업되었다.

라는 동안 아버지가 내게 관대하게 허락했던 것과 동일한 자유를 내게 허용할 만큼 충분히 안정적이었다. 앨런과 나는 1947년 프라하에서 열린 제1회 세계청소년축제에 참석하려고 유럽으로 떠났다. 그해 겨울 파리에서, 나는 [독일에 점령당했던 시절의] 게릴라들이었던 아버지와 어머니들 옆에 서 있었던 젊은이들의 교사 역할을 하였다. 이 경험은 내가 내 아버지에게서 받아들인 정치적 가치를 심화시켰다. 미국으로 돌아왔을 때, 나는 미국의 사회 체계를 바꾸는 데 헌신하고 싶었다.

내 남편과 나는 급격하게 좌경화되었다. 거창한 비전으로 그리고 젊음의 에너지로, 우리는 기간산업 분야에서 노조활동의 조직책과 지도자로 우리 자신을 탈바꿈시켰다. 우리의 부모님들은 우리를 이해하지는 못하였지만 그 분들에게는 그런 시절이란 지나가는 것이라고 믿는 지혜가 있었다. 연속적으로 이어진 네 아이의 출산은 우리가 선택한 비전통적인 노선과 관련된 우리 부모님들의 염려를 덜어 드리는 데 도움이 되었다. 우리 아이들과 우리는 많은 노동자 계층을 이웃으로 두고 사는 것으로부터 큰 이익을 얻었다. 아이들과 그들의 친구들이 수레를 만들고 부모의 지속적인 감독 없이 중고차 집하장을 탐험하는 동안, 우리는 우리와 다른 생활 방식의 복합성과 풍부함에 익숙해졌다. 돌이켜 보건대, 내 정치적 헌신과 참여 덕분에 우리 가족은 지나치게 책임지려는 어머니의 희생물이 되지 않을 수 있었을 것이라고 나는 생각한다.

그와 같은 대안적인 생활 방식으로 5년을 지낸 후, 내 남편과 나는 각각 변화를 도모하기로, 곧 앨런은 저널리즘으로 돌아가고 나는 학교로 돌아가기로 결정했다. 나는 심리학을 공부하기 위해 대학원에 입학했다.

많은 가족치료사가 개인치료사로 시작해서 점차로 가족체계들로 향해서 이동한다. 내 전개는 달랐다. 나는 직업과 무관한 사회적 세계들과 정치적 세계들에서 사회체계와 작업하는 것을 시작으로 하여, 사회심리학자와 대학 강사가 되는 것으로 옮겨 갔다. 1960년대 후반에서 1970년대 초까지 '지역사회 통제'와 '역량강화'와 같은 개념을 가지고 사우스 브롱크스에서 일하면서, 나는 '미국심리학회'의 새로운 분과인 지역사회심리학회의 초기 구성원이 되었다.

그 후 20년 동안 나는 대학교수, 지역사회 활동가, 그리고 개인들을 방문하는 치료사였다. 그런 다음 나는 주거환경에서 일하기 시작했다. 정서적으로 장애가 있는 청소년을 위한 교정프로그램을 개발하기 위한 재단기금을 받았을 때, 나는 그들이 교정시스템에 있었던 연도와 그들이 그곳을 떠난 후 1년 동안 그 청소년들의 가족들과 작업하는 데 헌신하겠다는 편지를 써서 보냈다. 내가 '가족연구소(뉴욕에 있는 미누친 박사 연구소)'에 도움을 요청하자, 그들은 나와 내 직원들의 가족치료 훈련을 돕기 위해 그들의 교수요원들 가운데 한 사람인 에마 헤니호비치(Ema Genijovich)를 파견했다. 그때 나는 부유한 비영리단체가 운영하는 또 다른 거주치료프로그램의 임상 책임자가 되었다. 이 프로그램의 청년들은 '중증의 정서장애' 때문에 국가의 청소년과 가족 기관에서 위탁되었는데, 그들은 대부분이 가난하고 다중문제를 가진 가족 출신이었다. 그 가운데 약 30퍼센트가 흑인이나 남미계 사람이었다.

제도적 체계 대 가족체계 접근법

상임이사 휘하에 있는 3명의 책임자들 가운데 한 사람으로서 내가 가족친화적인 환경을 만들어 갈 기회가 있으리라는 희망을 품고 나는 센터의 아름다운 구내로 들어갔다. 그곳의 상임이사는 열성적으로 지원을 해 주지는 않았지만, 그렇다고 그녀가 까탈을 부린 것은 아니었다. 그녀의 주된 관심사는 임상직원의 규모를 늘리지 않으면서 치료 인구를 늘리는 데 도움을 주는 것이었다.

많은 거주치료센터의 이상은 치료적 환경이다. 그곳에서는 모든 사람이 팀의 일원으로 함께 일하기로 되어 있다. 불행히도 현실은 종종 사뭇 다르다. 이 기관의 진정한 목표는 모든 것이 냉정하게 유지되게 하고 침상들은 환자들로 모두 채워지게 하는 것인 듯했다. 최우선시 되는 목표들은 임상책임자인 내게는 몇 가지 당혹스러운 의문을 불러일으켰다. 경영자의 목표들은 임상가의 목표들과 직접적으로 충돌했다. 예를 들어, 어떤 가족의 치료 회기에서 치료사는 그 부모가 그들의 아들의 나쁜 행실에 책임이 있다고 지적함으로써 그 부모에게 이의를 제기했다. 그 부모는 아이가 주말에 집에 왔을 때 아이의 행동에 일정한 제약을 두는 데 동의했다. 두말 할 것도 없이 아이는 달가워하지 않았다. 그가 불안해하면서 병원의 작은 별채로 돌아왔을 때, 업무로 과로한 보육 직원들은 사무적으로 그에게 질문했다. "어땠어?"라고 말이다. 그는 투덜거렸지만 얼른 진정하고 그 시간에 정해진 활동에 참여하라는 지시를 받았다. 곧 소란이 벌어졌다. 분노, 논쟁, 그리고 직원들이 말려야만 했던 싸움이 있었다. 직원들의 관점에서 보자면, 가족치료는 속이 상한 아이를 꾸짖어 그들 자신의 책임에 관해 반성하게 하는 일을 반복했다. 직원들은 가족치료를 상당히 부정적으로 보기 시작했다. 몇몇 사례의 경우에는, 이러한 부정적 감정이 가족과 치료사들에게 일반화되었다.

나는 어떤 관계 회복이 가능한지 확신할 수 없었다. 하지만 나는 우리가 가족치료 기술을 향상시키면 우리 아이들이 혜택을 입게 될 것이라고 확신했다. 나는 다시 한 번 가족연구로 눈을 돌렸다. 결국 우리는 훈련 그룹을 생각해 냈다. 2년 동안, 그 시설에 속한 4명의 임상의들이 일주일에 한 번씩 에마 헤니호비치와 오전 시간을 함께 보냈다. 나는 그들과 1년 동안 동행한 다음 미누친 박사의 훈련 그룹으로 넘어가서 합류했다.

미누친 슈퍼비전 그룹: “웃어요. 당신은 지금 카메라에 나오고 있잖아요.”

나는 실크 블라우스와 치마를 조신하게 차려입고 살바도르 미누친과의 첫 번째 주 슈퍼비전에 참여했다. 나는 내가 한 개의 모자보다 더 많은 모자를 쓰고 있다는 것을, 그것도 내내 그 모자들을 쓰고 있다는 것을 알지 못했다. 그리고 내가 가족치료사로 발전하려면 직면해야 할 주요 문제들 가운데 하나가 거기에 있었다.

내가 참여한 첫 번째 슈퍼비전 회기에서, 미누친은 말했다, “한나는 한 시설의 책임자입니다. 그녀는 개입해야 하고 책임져야 하죠. 그녀는 지휘관이에요. 그녀는 가르치는 사람이면서 설명하는 사람이기도 하죠. 하지만 그녀는 가족에 합류할 필요가 있어요.”라고 가족에 합류하려면 대화의 내용보다는 그 의미에 귀 기울여야 하고, 어떤 위기 상황에서 직원들을 지휘하기보다는 감정적 상호교류들을 관찰해야 했다. 나는 이 과업에 주의를 돌렸다.

살바도르 미누친은 매번 다른 모자를 쓰고 있는 나를 찍는 카메라와 같은 역할로 내게 도움을 줬다. 책임을 지는 어머니의 보닛[6], 활동가의 헬멧, 그리고 격식과 전통을 중시하는 가운에 어울리는 거무칙칙하고 권위적인 사각모 등—정확히 말하자면, 그 각각이 별개의 요구들과 압력들을 가진, 다양한 능력들을 발휘하게 하는 모자들을 나는 쓰고 있었다. 부드럽게, 때로는 거칠게, 그러나 아주 명료하게, 미누친은 내가 쓰고 있는 각각의 다른 모자들이 치료사로서의 내 머리에 부과한 짐들을 알게 해 주었고 그것들을 검토했다.

> 내 과제는 한나가 치료 개입을 늦추고, 구체적인 것에서 유추적이고 은유적인 것으로, 세부적인 것에서 벗어나 정형화된 양식들의 탐색으로, 문제 해결에서 벗어나 모호함과 불연속성을 견디는 능력으로 이동하도록 돕는 것이었다. 이것은 우리 각자에게 쉬운 과제는 아니었다. 내 유일한 전략은 그녀의 아름다운 구조물들에 구멍을 뚫는 것이었다. 그녀의 대응은 또 다른 구조물들을 창안하는 경향이 있었다.

미누친은 각 슈퍼바이지에게 그 연도에 한 가족에 집중하고 우리가 오랜 시간에 걸쳐 가족과 작업했던 것처럼 그 가족의 테이프들을 가져오라고 요청했다.

그 계획을 세우기 시작하면서, 나는 그러한 헌신을 보여 줄 수 있는 그 어떤 업무가 있는지 의아해지기—처음으로 그런 것은 아니었지만—시작했다. 나는 현대 가족치료의 쟁점들과 이념에 관해 그 그룹에 속한 다른 사람들보다 덜 정통하다는 생각이 들었다. 그럼에도 불구하고, 가족을 다루는 기관의 정책과 관행에 내가 깊이 관여하고 있다는 사실은 구조적 가족치료에 논리적으로 어울리는 유용한 개념과 가치의 틀을 내게 제공했다. 가족들이 내 치료적 개입에서 상이한 강점들과 약점들을 이끌어 냈기 때문에 나는 적어도 두 개의 테이프를 보여 주기로 결정했다. 나는 첫 번째 회기에 자원하였다.

데이비스 가족

어머니 리사, 아버지 래리, 릴(19세), 그리고 우리 시설의 거주자인 래리 3세(17세)로 이루어진 가족. 래리 3세는 알코올 중독자로 우리 프로그램에 맡겨졌다. 그는 총

6) 역자 주: 보닛(bonnet)은 여자나 어린아이들이 쓰는 모자의 하나. 그것은 턱 밑에서 끈을 매게 되어 있다.

기 소지와 사소한 절도 때문에 법적으로 문제가 있었고 학교에서도 문제가 있었다. 그는 이전에 자살의사suicidal ideation 때문에 병원에 입원한 적이 있었다.

데이비스 부부는 매우 극적이고 강렬하고 힘차고 흥미진진한 부부였다. 그들은 1960년대의 옷을 입고 있었다. 그녀는 민속풍의 치마에 여러 색깔의 구슬이 달린 블라우스를 입고 있었고, 그는 붉은색의 곱슬곱슬한 수염을 기르고 환각 상태를 연상시키는, 홀치기 염색법으로 무늬를 나타낸 셔츠를 입고 있었다. 그는 록 음악가였고, 데이비스 부부는 다양한 색의 페인트가 칠해진 버스에서 눈이 맞아 함께 달아났던 시절부터 반문화적인 삶을 살았다. 그들은 시골에 정착했다. 그곳에서 그들은 오래된 헛간이 딸려 있는 한 조각의 땅에 조그만 집을 가지고 있었다. 이 건물에서 래리는 동료 음악가들과 연습했다. 그곳에서 사람들은 술과 마약을 팔고 교환하고 이용하였다. 그곳에서 벌어지는 난교 파티에 술을 마시고 마약을 하는 일이 수반되었다. 그러한 환경의 영향을 받아, 릴과 래리 3세는 일찍부터 성적 활동을 시작했으며, 래리 3세는 여섯 살 때부터 성관계에 연루되었다.

2년 전에 부모들은 회복프로그램에 참여해 예수를 영접했다. 래리는 이제 '그리스도를 위한 음악가'라고 불리는 그룹의 멤버이다. 래리 3세는 그의 아버지가 얼마나 멋졌는지 자랑했다. 그는 그의 부모, 특히 그의 아버지가 모든 것을 포기했다는 사실에 그리고 이제는 그저 응급실의 도우미일 뿐이라는 사실에 화가 났다. 그의 어머니는 그저 예수 광신도일 뿐이라고 그는 말했다. 그녀는 그가 일요일 내내 교회에서 지내기를 원했다.

결혼 후 처음 18년 동안, 그 부모는 거의 부모로서의 책임을 지지 않았음이 분명했다. 한계는 정해지지 않았고, 약간의 통제만 있었다. 아이들은 그들 스스로 부모가 되어 요리도 하고 청소도 하다가 헛간에서 술 마시고 마약을 하면서 많은 시간을 보내는 그룹에 합류하기 시작했다. 요즈음 그들은 아무런 규칙도 없는 상태에서 너무 극단적이고 연령에 맞지 않은 방식으로 엄격한 규칙을 지켜야 하는 상태가 되었다. 어렸을 때에는 그 아이들에겐 규칙이 없었다가, 청소년기와 성년 초반에는 그들에게 너무 많은 규칙이 생겼다.

나는 데이비스 부인에게 남편이 술에 취하지 않은 상태로 지내게 되었을 때 집안이 어떻게 변했는지 물었다. 그 이전에는, 그들은 '미친 집'에서 산다고 그녀가 말했다. 데이비스는 동의하면서 덧붙였다. "그 삶이 삐뚤어졌던 만큼이나, 그때 우리는 그렇게 하찮은 사람들이었죠."

"하지만 래리가 정신을 차리게 되자, 래리 3세가 탈선하기 시작했어요." 데이비스 부인이 말을 이었다. "우리는 그를 통제할 수 없었었어요."

그들은 매우 결속력이 높은 가족이었다. 그들은 함께 술을 마시고 남용하다가, 이제는 함께 멈추어 섰다. 부모가 한층 더 적절한 위계질서를 확립하도록, 곧 아이들을 인도하고 모든 수단을 동원해서 규칙을 부과하면서도 모두에게 화를 낼 수 있는 약간의 공간과 대안들을 제공하도록 돕는 것이 내 일이었을 것이다.

미누친은 내 발표가 끝난 후 많은 언급을 했다. 대부분은 긍정하는 것들이었다. "첫 번째 회기로는 좋아요. (……) 부모와 기관이 함께 협력하고 있군요. (……) 한나는 그 가족을 존중하고 있고요."라고 말이다.

하지만 그는 책임자로서의 내 역할을 비평하는 발언을 했고, 이런 말들이 나를 고통스럽게 했다. "한나는 기관의 책임자처럼 말하고 있군요. (……) 그녀는 부모를 지도하고 있죠. 그것은 문제가 아이한테 있다는 얘깁니다. (……) 그 기관의 책임자로서, 한나는 그 가족에게서 무엇이 일어나고 있는지 거리를 두고 떨어져서 보고 들을 수 있을까요?"와 같은 것들 말이다.

나는 괴로웠다. 그렇다. 나는 책임자였다. 나는 무엇을 해야 했을까? 이와 같이 내가 쓰고 있는 다수의 모자라는 진퇴양난이 우리의 첫 번째 회기에서 시작되었다.

> 나는 변화가 필요한 치료의 방식을 보았다. 그러나 나는 먼저 치료사의 방식과 관련된 역할이라는 쟁점과 그 기관의 문화의 영향에 집중했다. 나는 처음에 교육과 통제를 슈퍼비전의 주제로서 다루는 중간거리 접근법middle-distance approach을 선택했다.

"이 가족은 대단히 어려워요. 그들은 치료사를 속이는군요."라고 미누친은 말했다. 그들은 그랬다. 그것은 내 역할이 어떻게 전적으로 다른 요구를 하게 만들었는지 보여 주는 하나의 본보기였다. 그 부모가 기관에 관한 불만을 상의하기 위해 나를 만나러 왔을 때, 책임자로서 나는 그들이 전하는 그 이야기의 판본에 귀 기울였고 그것을 받아들였다. 그들에게는 문제가 있었다. 그들은 전문가로서의 내 조언을 원했다. 그 이야기를 재구성하거나 거기에 맞서거나, 또는 그들 자신이 그 문제를 토론해 보도록 그들에게 요청하는 것은 무례한 일이었을 것이다. 그러나 가족치료의 회기에서 나는 역할과 기대가 다르다는 것을 기억해야 했다. 나는 책임자일 수 없었다. 나는 책임자의 자리에서 내려와야 했다. 그리고 나는 모든 사람이 문제와 해결 양쪽 모두의 일부라는 것을 이해하면서 그 가족에게 이의를 제기해야 했다.

내가 제출한 치료 회기의 테이프에서 가족과의 상호작용이 비교적 적었다는 점과 내가 그들이 서로를 상대하도록 거의 노력하지 않았다는 점을 미누친은 지적했다. 그는 그 가족이 매우 강력하다는 점을 다시 언급하면서 그들이 거기서 상호작용을 하는 치료적 맥락을 만들어야만 그들에게 이의를 제기할 수 있다고 말했다. 그런 다음 그들이 서로에게 하는 행동의 작은 요소들을 가지고 작업할 수 있을 때, 내가 개입할 수 있는 영역이 제공될 수 있었을 것이다. 그러나 내가 그것과 연관된 행동을 하는 데에는 시간이 걸렸다.

항상 발생하는 문제들 가운데 하나는 래리 3세가 비디오 녹화를 거부한다는 것이었다. 그것은 내게는 작은 세부인 것처럼 보였기 때문에 나는 그것에 이의를 제기하지 않았다. 그러나 회기 내내 부모와 멀리 떨어져 앉아 있는 것이 부모와의 상호작용에 방해가 된다는 점을 깨닫고는 나는 그에게 [녹화에 참여해 달라고] 요청했다. 여러 가지 이유로 그에게 매우 화가 나 있었던 부모들이 이 요구에 동참했다. 그들이 그를 훈계하면서 내 눈치를 보자, 나는 "여러분은 그의 부모예요. 여러분이 원하는 방식으로 그가 행동하게 하는 것은 여러분에게 달려 있어요."라고 말했다. 그런 경험이 없는 그 부모는 간신히 한계를 설정하는 일에 착수했다. 그들은 래리 3세에게 그가 협조하기 이전까지는 주말에 집으로 올 수 없다고 말했다.

미누친은 내가 수행한 그 개입을 칭찬했지만, 그는 또한 내가 그 이전에는 래리 3세에게 이의를 제기하지 않았던 이유는 일이 건잡을 수 없게 되는 것을 내가 원치 않았기 때문일 것이라고 설명해 주었다. 그는 통제할 수 없게 되었을 때 내가 얼마나 불편했는지 유의하라고 충고했다. 내가 쓰고 있는 책임자라는 모자가 거북의 껍질처럼 나를 보호하고 있었을까? 내가 치명적인 통제 바이러스에 감염됐던 것일까? 나는 한층 더 삼가면서 내 자신을 더욱 주의 깊게 살펴봤어야 했다.

미누친의 지적들은 내가 어떤 모자를 쓰고 있는지 생각하게 했다. 그는 내게 어머니나 아들의 의견에 응답하는 대신에 그것을 경험해 보라고 제안했다. "가족 회기에서 여러 가지 상충하는 요구들에 붙잡히기 때문에, 당신에게는 당신 자신과 당신의 한계에 대한 지식이 필요해요. 불안정성을 창안할 수 있도록 당신 자신을 이용하는 방법을 당신이 알아야 그 체계가 성장할 수 있어요." 이 회기에서 내가 가진 통제의 욕구를 분석하면서 나는 [내가 속해 있는] 기관이 내게 미치는 강력한 영향을 깨달았다. 지난 밤 래리 3세가 돌아왔을 때 그 작은 별채에서 소란이 있었다는 것을 정서적인 가족 회기가 끝난 다음날 아침에 듣고 싶은 치료사는 아무도 없다.

그리고 그 제도의 모자는 내가 쓰고 있는 유일한 모자가 아니었다. 래리 3세의 부모가 래리 3세가 계속 우리 시설에 거주하기 위해서는 그들이 주정부에 돈을 지불해야 한다고 내게 말했을 때, 급진적 사회운동가로서 내가 쓰고 있는 모자는 그들이 그 부당한 요구에 맞서기 위해 취해야 할 정확한 단계들을 안내하라고 내게 요구했다. 어찌된 일인지 나는 그 충동에 그럭저럭 저항했고 그저 그것이 부당한 요구라는 사실에는 동의했다. 따라서 나는 가까스로 그들에게 충고하기보다는 그 가족에 합류하기 위해 내 자신을 이용하는 데 성공했다.

그 가족들의 상호작용이 많이 있었던 회기에서는 나는 덜 성공적이었다. 집이 너무 꼬질꼬질했기 때문에 아이들은 늘 부모들을 비난하고 있었다. 그들은 사방에 먼지가 쌓여 있다고 말했다. 부모는 방어적으로 반응했고, [상황을] 잘못 이해한 책임감 있는 책임자인 나는 그 부모에게 집을 청소하라고 충고했다. 미누친은 내가 무슨 일이 일어나고 있는지 관찰하고 그 의미에 주의를 기울여야 하는데 오히려 세부사항에 사로잡혀 있다고 지적했다. 그는 말했다. "당신은 이 가족이 그들의 습관적인 상호작용을 넘어서 나아가도록 밀어붙일 필요가 있어요. 그들이 묘사하고 있는 먼지 더미가 그들의 생활이라는 것을 그들에게 보여 주세요. 그것이 이의제기와 지시 사이의 차이예요." 책임자로서의 [역할]모자를 쓰고 있었기 때문에, 나는 그 부모에게 책임을 맡기는 대신에 마음을 편하게 하는 상사의 역할로 옮겨 갔다.

> 내 목표는 한나가 무엇을 해야 하는지 말하는 것이 아니라, 오히려 사건 대신 은유를, 사실 대신 상징을 보게 하는 것이었다. 가족이 사실들을 가지고 갈등을 겪을 때, 나는 그녀가 사실이 아니라 갈등을 탐색하길 원했다. 나는 그녀가 해결책을 제시하는 대신 갈등을 확장시키기를 원했다. 한나가 2차 질서second-order 변화를 위해 1차 질서first-order를 포기하도록 도울 수 있을까?

몇 달 후에 나는 거기에서 그 가족이 무엇을 해야 하는지 가르치는 대신에 그들에게 이의를 제기할 수 있었다고 믿었던 회기[테이프]를 제출할 수 있었다. 아이들의 어머니는 그녀의 남편이 저지른 모든 끔찍한 일과 그녀가 가족을 어떻게 결속시켰는지 나열하면서 다시 한 번 외부에 잘 알려진 이야기를 하고 있었다.

어머니: (울부짖으며) 난 당신이 내게 했던 끔찍한 일들을 생각하기도 싫어.
한 나: 그가 당신을 위협한 적이 있나요? 그가 당신을 때린 적이 있어요?
어머니: 아니요.
한 나: 왜 그와 함께 지냈어요?
어머니: 가족이니까요. 내 종교예요. (그녀는 잠시 침묵을 지키다가 남편을 쳐다보았다.) 저 무뚝뚝하고 짜증스러운 겉모습 이면에는 내가 좋아하는 멋진 것이 있어요.
아버지: (깜짝 놀라서, 잠시 침묵한 후) 당신은 이전에는 결코 그렇게 말한 적이 없어.

그 순간부터 그들이 하는 대화의 말투가 바뀌었다고 나는 수련집단에게 말했다. 한 사람이 살짝 빠져 나갈 때마다 나는 그것을 지적했고, 그들은 새롭고 더 친밀한 대인관계의 대화를 재개했다. 그것이 바로 변화였다고 나는 자랑스럽게 제시했다.

"그건 지나친 감상주의schmaltz예요!" 이것이 미누친의 최종 결론이었다. 그 부부는 책임자인 내게 잘 적응하고 있었고, 나를 유혹해서 그들을 따르게 했다는 것이다. 나는 여전히 내용에 집중하고 있었고, 여전히 가르치고자 했으며, 해결중심적 접근법에 집중하고 있었다는 것이다. 그것을 '사랑'이라고 부른다고 해서 그것이 바뀌지는 않는다는 것이다.

내가 보인 첫 번째 반응은 분노였다. 그는 전체 요점을 놓쳤다. 그는 그 회기에서 일어난 것의 정서적인 강도를 이해하지 못했다. 비디오 화면으로 볼 때에는 그런 것들이 분명히 감소된다. 하지만 일주일 동안 그것에 관해 생각한 다음, 치료적 목소리와 관련하여 내가 아주 많은 작업을 할 필요가 있었음에도 정동affect에 모자를 씌우는 일이 이 사례에서는 일어나지 않았다는 사실을 깨달았다.

> 진실은 한나의 [개입] 방식과 나와 그녀의 갈등에 둔 내 초점에 내가 사로잡혔다는 것이다. 그것은 정말 놀라운 가족의 변화였고, 나는 그것을 알아차리지 못했다. 나중에 나는 한나에게 그녀가 옳았다고 말했다. 아마도 이 인정은 내가 이전에 했던 많은 이의제기보다 그녀에게 한층 더 영향을 미쳤을 것이다.

지나친 감상주의든 아니든, 해결책으로서 사랑에 대한 내 초점은 그들 가족의 바람과 완전히 일치했다. 그 부모들은 집으로 가는 긴 여정 동안 그 회기를 다시 이야기했고, 매일 그들이 다른 사람에 관해 좋아하는 것을 서로에게 말해 주기로 결정했다. 그것은 그들이 새로운 것들을 바닥낼 때까지 거의 5주 동안 계속 되었다. 그러더니 아이들의 어머니는 결혼 25주년을 맞아 이번에는 교회에서 다시 결혼할 예정이라고 말했다.

가족의 변화가 생기자, 곧 부모들이 점점 더 가까워지자, 그들 모두의 균형이 흔들리게 되었다. 이전에는 그의 아버지에 맞서 그의 어머니와 동맹을 맺었던 래리 3세는 크게 화를 내며 반응했다. 그는 나와 그의 부모들 양쪽 모두에게 입버릇이 사나워졌다. 나는 그 부모들에게 그의 행동에 관해 무엇을 하려는지 질문하면서 [그 상황에] 정면으로 부딪쳤다. 그들은 해결책을 찾기 위해 내 눈치를 보았다. 이번에는 나는 아무것도 제시하지 않을 것이라는 점을 분명히 했다. 그들이 부모였으므로 그들은 함께 그들의 아들을 다룰 새로운 방법을 찾아야 한다. 그것은 어려운 일이었지만, 그 부부는 그럭저럭 한계들을 정하고 그것들이 움직이지 못하게 하였다. 2주 후 래리 3세는 가족상담 회기에 온전히 참여하고 있었으며, 거기서 그의 감정과 걱정 및 염려에 관해 그의 부모들 모두와 함께 이야기했다. 그리고 그들은 모두 그의 퇴소 계획을 세우고 있었다. 래리 3세가 집으로 돌아온 지 2주 후, 그는 그 결혼식에서 그의 어머니를 그의 아버지에게 인도했다. 결혼식을 위한 음악은 그 아버지가 준비했고, 그의 친구들이 그것을 연주했다. 결국 좋은 감상주의가 있고 나쁜 감상주의가 있는 것이다. 그것이 내가 좋아했던 행복한 결말이었다. 그리고 그것은 이 가족이 필요로 하고 원했던 것이었다.

크라우스 가족

내가 [치료 회기 관련 테이프를] 제출한 두 번째 가족은 사람들을 아직 준비되지 않은 즐거운 결말로 향하게 함으로써 치료 과정을 단축시키기의 위험을 보여 주었다.

크라우스 가족은 나를 기쁘게 해 주고 싶었다. 그들은 내 책임자 역할 앞에서 공연을 했다. 그래서 내가 가지고 있던 그 어떤 참신함이나 상상력도 좋은 환자가 되겠다는 그들의 의지에 억압되었다. 그들은 그들의 삶을 실연하기보다는 그것에 관해 이야기하기를 원하는 것 같았다. 삶에서 그들이 겪은 모든 좌절들은 그 어머니의 미소와 결코 다함이 없는 그녀의 "그건 오래 전 일이야."라는 말로 얼버무려졌다. 외적인 문제들이 해결될 수 있다면 이제 모든 일이 잘될 것이라고 그녀는 주장했다. 그 문제들에는 여전히 집에서 살고 있는 다 큰 자녀 두 명과 그들과 함께 살고 있는 노망든 아버지(91세)가 포함되어 있었다.

이 가족은 지나치게 많이 책임지려는 부모들과 지나치게 적게 책임지려는 아이들로 이루어진 가족이었다. 그 아버지는 대형 고압자동차 조립공장의 기계 정비공이었다. 그 어머니는 그 자신들의 집에서 요양하고 있는 사람들을 돌보는, 면허증을 소지한 간호조무사였다. 그들에게는 세 명의 아들이 있었는데, 더 어린 두 명은 그들이 입양한 아이들이었다. 장남 존(32세)은 웨스트포인트를 졸업했지만 천식 때문에 군대에서 제대했고 장해보험으로 집에서 생활했다. 차남 테드(26세)도 집에서 살았다. 그는 임시직으로 일하면서 오랜 약물남용을 극복하려고 애쓰고 있었다. 셋째 칼(18세)은 우리 시설에 거주했다. 그는 친구와 함께 고속도로 육교 위에서 차에 돌을 떨어뜨리는 것을 좋아하는 문제로 우리의 보살핌을 받으러 왔다. 그는 또한 친구의 총을 훔쳐서 학교에 가지고 가기도 했었다. 사실 그는 지극히 호감이 가는 젊은이였는데, 학습장애와 그를 대신해서 이야기하고 생각하는 부모 때문에 그는 심사를 부리고 있는 것이었다. 그의 아버지는 항상 그에게 소리를 질렀고, 테드는 마치 세 살짜리처럼 행동했고, 그의 할아버지는 참지를 못했다고 그는 말했다. 그래서 그는 집으로 돌아갈 수 없었다.

첫 번째 회기에서 그 부모는 공식적으로 알려져 있는 그들의 이야기를 했다. 그 어머니는 아이들을 사랑하기 때문에 첫아이를 낳은 후 두 아이를 입양했다고 말했다. 그 아버지는 그들이 세상을 위해 무언가 좋은 일을 하고 싶어 한다고 말했다. 그들은 노바 스코샤(Nova Scotia)에 있는 그들의 작은 집으로 은퇴하는 꿈을 꾸고 있었다. 왜 모든 아이가 아직도 집에서 살고 있는지 물었을 때, 그들은 좋은 부모가 되려고 한다고 응답했다. 존은 건강이 좋지 않았다. 그는 호전되면 그의 삶을 위해 집을 떠나고자 했다. 테드는 그의 중독 때문에 도움이 필요했고, 칼은 혼자 살 수 없었다.

나는 수련집단에서 발표할 회기로 세 번째 회기를 선택했다. 그것은 그 가족들의 교환수로서의 어머니를 보여 주었다. 그녀는 가족들이 실제로 의도하는 것을 설명했다. 종종 가족들의 말을 끊고 그녀의 생각과 문장으로 마무리하면서 말이다. 그들의 문제는 집에서는 책임질 수 없는 막내 칼이었다. 나는 색다른 점을 알아보려고 열심히 노력하고 있었다. 아마도 나는 희생하고, 열심히 일하고, 책임감 있는 그 부모들의 이야기를 약간 곡해해 보려고 노력했는지도 모른다. 내용에서 벗어나기 위해, 나는 우리가 그녀의 남편과 아들들이 함께 이야기하는 것을 볼 수 있도록 내게 합류하라고 그 어머니에게 제안했다. 미누친은 이것을 유용한 전략적 조치로 보았다. 그는 말했다. "맞아요. 지금은 대화에 가담하는 시간이 아니라 대화의 운행을 지도하는 시간이지요."

그 아버지와 아들들은 아버지의 분노에 대해 토론하기 시작했다. 존은 맞고 있다고 말했다. 칼은 아버지를 보호하려고 하면서 그는 결코 맞은 적이 없다고 말했다. 나는 존이 너무 많은 공간을 차지하고 있는 것이 걱정되었다. 나는 책임자의 모자를 쓰고 대화에 들어갔다. 미누친은 말했다. "한나는 마치 그것이 그녀의 일인 것처럼 반응했어요. 그녀는 감정을 제한하여 [감정의] 불이 번지는 것을 허용하지 않았죠. 그녀는 남자들이 이야기하는 것을 가지고 멋진 시나리오를 만들었어요. 그러나 그녀는 그다음에 자제력을 발휘하지는 못했어요."라고.

> 이때까지의 슈퍼비전에서, 한나는 내가 관찰한 내용들을 통합했다. 회기가 진행되는 동안 그녀 자신을 관찰하는 것이 그녀의 일이었다. 지금부터 슈퍼비전은 새로운 조언을 발견하는 문제가 아니라 그것 대신 지시를 반복하는 문제였다. "한나는 책임을 지려 하는군요. "나 "한나는 가르치고 있어요."와 같이 내가 이전에 그랬던 것처럼 말이다.

치료는 이들 '좋은 부모들'이라는 달콤한 시럽[의 맛]에 빠져 꼼짝하지 않고 있었다.

나는 새로운 것을 시도하고 그들을 통제해야 했다. 나는 그들이 만들어 냈던 이야기, 곧 책임감과 자기희생의 이야기를 그들에게 들려주었다. 이제 그들은 다른 이야기를 쓸 수 있었다.

그들은 그 틀을 받아들이기 시작했다. 나는 기뻤다. 그러나 그때 내 사무실로 전화가 왔다. 책임자인 내게 온 그 전화는 시설의 다른 거주자에 관한 것이었다. 그 통화는 단 1분밖에 걸리지 않았는데도, 나는 이내 치료사의 모자를 벗었다. 내가 회기에 돌아갔을 때 중간 거리에서 그들의 대화를 관찰하는 대신에 나는 책임자가 되었다. 그들의 살아 있는 새로운 이야기에 가장 큰 장애물이 무엇인지 질문하면서 말이다. 고분고분하게도 그 부모는 새로운 이야기를 실현할 수 없게 만드는 외부 사건을 설명했다. 그들을 새로운 이야기를 쓸 수 있는 틀로 되돌리는 대신에, 나는 얼마나 외부 사건이 문제인지에 대해 그들이 이전의 서술을 계속하게 했다.

제출하기 전에 집에서 그 테이프를 보았을 때 나는 내 실수를 인정했다. 내가 이해하지 못하는 것은 내가 그것을 회기에서는 자각하지 못하는 이유였다. 미누친은 내가 새로운 틀을 찾아낼 수도 있었을 방법을 다룸으로써 내게 가장 큰 도움이 되는 방식으로 시작했다. 그는 내가 휘태커와 같은 식으로 말할 수도 있었다고 넌지시 말했다. "내겐 지금 미친 생각이 있어요. 당신들 양쪽 모두 정말로 원하는 것은 당신들 둘만 함께 있는 것 아닌가 싶군요."라고 말이다. 이것은 서사에 충격을 주고 새로운 아이디어를 흔들어 풀어놓게 할 수도 있었을 것이다. 아니면 내가 그 남편에게 "당신 아내가 자유에 관해 생각한다는 것은 불가능하겠죠?"라고 말할 수도 있었을 것이다. 나는 아마도 그것들 양쪽 모두를 가지고 어르기도 하고 비판하기도 하는 조치를 취할 수도 있었을 것이다. "나는 당신들의 자기희생과 아이들에게 이용당할 수 있는 당신들의 능력에 매료되었습니다. 어떻게 이런 일이 일어났을까요? 당신들 모두 정말 대단하군요! 당신들의 선량함이 과연 선일까요?"라고 하면서 말이다.

> 치료사의 [치료] 방식에 대한 탐색이 정점에 도달하면, 나는 내가 가진 많은 목소리들을 슈퍼바이지에게 가져가려고 한다. 나는 [슈퍼바이지들에게] 페기 팹, 제이 헤일리, 칼 휘태커, 머레이 보웬이나 또는 나라면 그러한 상황에 어떤 방식으로 진입할 수 있었을지 묻는다. 또는 내가 읽었던 이야기나 연극을 꺼내 든다. 그런 순간에 나는 내 목소리들을 [슈퍼바이지들과] 공유하면서 내 슈퍼바이지들이 그것들을 그들 나름의 독특

한 방식으로 분명하게 표현하기를 바란다.

다행히도 나는 이 제안들을 그 이후 회기에서 이용할 수 있었다. 칼은 그가 퇴소했을 때 꼭 집으로 돌아갈 필요는 없다는 것을 계속해서 표현하려고 했다. 항상 가족의 감정 관리자인 그 어머니는 그가 그런 감정을 가질 수 있는 자격을 박탈하는 내용을 이용함으로써 항상 그를 가로막았다. 나는 그 회기에서 칼에게 힘을 실어 주고 그 힘의 강도를 높여 주고 싶었다. 그 가족은 나를 기쁘게 하는 일을 하고 싶어 함으로써 내 시도를 효과적으로 무력화시켰다. 나는 슈퍼비전 그룹에서 내 분노와 좌절감을 표현했다. "그들에게 못되게 굴어 보세요."라고 미누친은 말했다. "약간의 갈등을 이용해 보세요."

"나라면 그 어머니를 깎아내렸을 거예요."라고 우리 그룹에게 말하면서 그는 계속 이어갔다. "그녀가 지지와 조화의 필요를 만들어 내기 때문이죠. 하지만 한나는 다정하지 않은 사람이 되는 법을 배워야 해요. 그녀에게는 그런 능력이 있어요. 하지만 사람을 깎아내리는 것이 그녀에게는 거북한 일이지요. 그녀는 펠리니(Fellini)[7]의 결말이 아니라 월트 디즈니의 결말을 원하니까요."

내가 한나에게 공정하지 못했다는 생각이 갑자기 떠올랐다. 나는 그녀의 변화에 충실하지 않았다. 나는 한나와 나 사이에 충분한 긴장을 조성하고 한나가 치료사의 자리로 옮겨갈 수 있도록 안주하지 않고 나아가게 할 필요가 있다는 것을 깨달았다.

나는 몹시 화가 났다. 그는 내가 이 복합성을 제대로 이해할 수 없을 정도로 단순한 사람이라고 생각했단 말인가? 그와 동시에 나는 계속해서 "행복한 결말을 원치

7) 역자 주: 펠리니는 이탈리아 영화감독 페데리코 펠리니(Federico Fellini, 1920~1993)를 가리킨다. 그는 20세기 가장 영향력 있는 영화감독 가운데 한 사람으로 꼽힌다. 그는 아카데미상을 다섯 번이나 수상했으며 외국어영화상 부문의 최다 수상기록을 보유하고 있다. 월트 디즈니의 애니메이션 영화들이 대체로 동화의 결말, 곧 이러저런 역경에도 착한 마음을 잃지 않은 주인공들은 결국에는 잘 먹고 잘 살았단다와 같은 따뜻하고 행복한 결말에 이르는 것과는 다르게, 이탈리아 네오리얼리즘 계열에 속해 있는 펠리니의 영화는 현실의 냉혹함을 냉정하게 따라가면서 결코 관객의 마음을 쉽사리 따뜻하게 하는 행복한 화해의 결말에 이르지 않는다. 펠리니의 아내이기도 한 줄리에타 마시나와 안소니 퀸이 주연한 영화 〈길〉(1954)의 결말을 떠올려 보면 미누친이 의도하는 바를 우리는 충분히 짐작할 수 있다.

않는 사람이 있을까?"라고 혼자 중얼거렸다.

일단 분노가 가라앉자, 나는 내가 어떻게 몇몇 다른 가족들을 포함하여 그 가족이 회기에서 갈등을 피하거나 최소화하게 했는지 보기 시작했다. 한 기관의 책임자가 된다는 것은 그러한 회피와 최소화가 한층 더 쉽사리 이루어지게 했다. 대부분의 가족이 나를 기쁘게 하려고 하고 나 역시 그들을 기쁘게 해 주고 싶었으니까 말이다. 미누친이 나를 도발한 것은 나로 하여금 변화의 시작에 이르게 하려는 의도 때문이었다고 나는 믿는다. 나는 가족의 분노를 이용할 수 있는 능력을 얻기 시작했고, 친절해지고픈 내 욕구를 줄였다.

아마도 그것은 고집이었거나 못되게 굴 수 있는 자격이었겠지만, 나는 세 아들들이 모두 집을 떠나서 살게 될 때까지(칼은 보호 관리되고 있는 독립적인 생활환경에서 살았다) 크라우스 가족 곁에 머물렀다. 물론 그 어머니에게는 그녀가 [자식들을 떠나보내는] 옳은 일을 했다고 안심시키는 많은 말이 필요했다. 최근 그 부모들은 그들의 부재 동안 할아버지를 돌볼 사촌을 구해서 31년 만에 그들만이 함께 지내는 첫 휴가를 노바스코샤로 떠났다. 그들은 새로운 이야기를 살기 시작했다. 그리고 나는 펠리니와 월트 디즈니 양쪽 모두 가족치료에서 [의미 있는] 위치를 차지할 수 있다는 사실을 제대로 인식하기 시작했다.

뫼비우스의 띠: 끝은 시작에 불과하다

살바도르 미누친은 우리가 가족들과 작업할 때 해야 한다고 그가 말했던 것을 우리와 작업할 때에도 했다. 그는 내가 새로운 방식으로 생각하게 했다. 거북함, 균형의 상실, 그리고 미친 생각은 내가 쓰고 있는 치료사로서의 모자에 꽂혀 있는 새로운 깃털들이다. 내 대뇌피질은 그대로 두고 시상(視床)[8]을 선택함으로써[9], 미누친은 내

8) 역자 주: 시상(thalamus)은 뇌의 5개 부분 중 하나인 간뇌(間腦)의 대부분을 차지하는 주요 구조이다. 주요 기능은 후각 이외의 여러 수용기에서 대뇌피질로 전도되는 감각의 신경충격을 중계하는 중계핵으로서 작용한다. 시상은 각종 수용기로부터의 신경충격을 대뇌피질로 전달하는데, 그곳에서 신경충격은 깨어 있는 동안 촉각·통증·온도 등의 적절한 감각으로 경험된다.

가 해결책을 찾는 가족들을 어떻게 다루어야 하는지 경험하게 했다. 나는 종종 슈퍼비전 회기들을 혼란스런 상태로 놓아두었다. 나는 행복한 결말을, 또는 최소한 사과라도 하는 것을 피했다. 하지만 나는 또한 자극을 받아서 많은 새롭고 말도 되지 않는 생각들을 품게 되었다. 감정이 먼저 왔고, 생각과 아이디어들이 나중에 왔다.

내가 내 삶에서 가져온 장점들 가운데 하나는 매우 분명한 가치체계라고 나는 믿는다. 나는 어떤 입장을 취하는 것이 두렵지 않다. 내가 발전시켜야 할 것은 내 입장을 표명하는 것이 언제 유용한지를 판단할 수 있는 능력이다. 강력한 입장을 취하는 것이 관계보다는 내용에 집중하게 되는 위험을 안고 있다는 사실을 아는 것 또한 중요하다.

그래서 비록 나는 내가 쓰고 있는 모자들 가운데 어떤 것도 버리지 않았지만, 나는 내가 머리 위에 어떤 모자를 쓰고 있는지 한층 더 잘 알게 되었다. 또한 나는 회기에서 어떤 목소리에 귀 기울여야 하고 또 어떤 목소리를 무시해야 하는지 더 잘 제어할 수 있게 되었다. 나는 치료 회기에서 필터를 바꾸고 형상과 배경을 옮기는 방법을 배우고 있다. 미누친은 기가 막힐 정도로 훌륭하게 이러한 바꾸기와 옮기기를 해낸다. 나는 여전히 남의 이목을 의식하며 매뉴얼대로 움직인다. 책임자의 역할과 어울리는 통제감과 편안함이 나는 그립다. 하지만 새로운 무언가에 딸려오는 희망이 환자들에게 동기를 부여하는 것처럼, 나 또한 혁신하는 것을 배우면서 희망과 흥분을 경험했다. 나는 슈퍼비전을 통해 내가 치료적 목소리들의 범위를 증가시킬 수 있게 되어 기쁘다.

9) 역자 주: 한나는 미누친이 그녀의 인생관이나 세계관 또는 신념과 같이 그녀의 고유하고 독특한 개성을 구성하는 부분은 놓아두고 그녀가 가족에 합류하는 방식을 변화시키려 했다고 생각하는 듯하다.

10
시인과 드러머

아담 프라이스(Adam Price)*

아담은 이야기꾼이다. 그는 낱말들을 소유하고 있고, 구문과 단락 그리고 천의무봉의 내용(이야기)에서 그 낱말들을 산뜻하게 만드는 것은 그에게는 쉬운 일이다. 그러나 이야기꾼들에는 두 부류가 있다. 어떤 이야기꾼들은, 그들의 인물들이 어떤 배경에서 움직이고, 서로 상호작용하고, 서로 충돌하고, 서로를 방해하며, 같은 공간을 놓고 경쟁한다는 것을 안다. 또 다른 부류의 이야기꾼들은, 그들의 인물들이 서로 이야기하는 것을 그저 듣기만 할 뿐이다. 아담은 낱말들을 사용하여 등장인물들에 풍요로움을 주었지만, 왜 그런지 그의 등장인물은 여전히 낱말들 속에 머무르고 있었다. 가족치료에서 사람들의 이야기를 듣기만 하는 것의 문제들 가운데 하나는 구성의 유혹과 어떤 이야기의 일부가 됨으로써 구성을 풍부하게 하는 것이 가진 매력이다. 아담에게는 중심적이고 논리적이 되려는 경향, 곧 설명하는 사람이 되려는 경향이 있었다. 그는 또한 낱말들의 진실성을 믿었다. 그는 합리성을 믿었다.

하지만 가족들은 정신이상자들이다. 그들의 터무니없는 입장의 고집스러운 옹호, 가치 없는 보상을 위한 그들의 경쟁, 하찮은 진실의 소유권을 위한 그들의 투쟁을 [당신은 정신이상자라는 표현 말고 달리] 어떻게 설명할 수 있을까? 휘태커가 했던 작업의 유산들 가운데 하나는 사람들이 가진 부조리함을 즐기기와 그들이 인간임을 받아들이기이다. 셰익스피어의 등장인물들이 그토록 보편적이고 영원한 것은 그들 모두 미쳤기 때문이라고 나는 생각한다.

---

* 아담 프라이스 박사는 뉴욕시와 뉴저지의 차담(Chatham)에서 개인 상담소를 운영하고 있다.

부조리, 거의 관계가 없는 생각들, 그리고 불연속성을 받아들이기 위해서, 치료사는 그 자신의 비합리성을 받아들이고, 줄거리의 내용이 중단되는 순간들, 곧 불확실성과 침묵 그리고 새로움의 가능성의 순간들이 가지는 창조성을 받아들일 필요가 있다. 광기에 관해 알고 있었던 카산드라와 레이먼드는 예측가능성의 환상을 가진 아담의 체계화된 세계를 방해했다. 그들은 가난한 흑인이었으며, 억압당하는 사람들의 삶을 흔히 둘러싸는 폭력과 혼란의 생존자들이었다. 그런 그들이 복잡한 서사들에서 아담이 느끼는 즐거움으로부터 무엇을 얻을 수 있었을까?

치료의 현장에서 우리는 우리와 다른 사람들과 항상 함께 일하는데, 그것은 모름지기 사람은 누구나 다 다르기 때문이다. 우리는 은유, 유추, 그리고 가정을 통해 그들을 이해한다. 나는 낯선 사람들에 합류하기 위해 보편적인 것들을 이용한다. 나는 인간이자 남자이고 배우자이자 아버지이며 늙은이이자 유대인이다. (이런 식의 규정은 한없이 이어질 수 있다.) 내게는 내 나름의 문화가 있으며 나는 소수집단의 일원이다. 나는 쭉 가난했다. 지금 나는 부유하고 유명하며, 무능하고 말을 더듬거리며, 창의적이고 이민자이며 이방인이다. 이런 식의 규정도 한없이 이어질 수 있다. 그런 다음 나는 나와 그들에 대해 추정한다. 그들이 다를 수밖에 없게 하는 어떤 방식들이 있다.

그런 다음 우리는 [서로를 연결할 수 있는] 다리들을 건설하고 배운다. 우리가 다양성을 받아들이게 되면 우리는 한층 더 많은 것을 배운다. 우리가 보편성을 받아들이게 되면 우리는 한층 더 많은 것을 배운다. 우리가 양쪽 모두를 순차적으로 동시에 받아들이게 되면 우리는 한층 더 많은 것을 배운다. 그것은 가능하다. 사실 그것은 가족치료사가 환자와 합류할 때 언제나 일어난다.

치료가 실제로 효과가 있는 것은 치료사가 차이들을 가지고 작업하기 때문이다. 그녀와 그들 사이의 차이, 그리고 그들과 그들 사이의 차이 말이다. 목표는 대안을 찾으면서 차이들을 탐색하는 것이다. 아담이 카산드라와 레이먼드와 함께 작업하기 위해서는 그가 내용의 논리를 단단하게 고수하는 것을 포기하고, 그의 유머 감각을 즐기며, 그의 두려움과 무지를 받아들이고, 대본 없이 이루어지는 즉흥적인 만남에 뛰어드는 것이 필요했다. 만약 그가 과감하게만 할 수 있었다면 그는 할 수 있었을 것이다.

현명한 치료사는 가족에게 그의 생소함을 보여 줄 필요가 있다. 아담은 다음과 같이 말할 수 있어야 했다. 아시다시피 나는 백인입니다. 때때로 나는 당신이 옳다는 것을 알게 될 겁니다. 가끔 나는 당신의 스타일을 잘 모르기 때문에 보고 들어야 할 것을

> 놓칠 수도 있을 겁니다. 내가 그렇게 할 때, 당신이 나를 바로잡아 준다면, 나는 배울 겁니다.

내 이름은 아담이고 34세의 유대인 심리학자이다. 나는 비교적 영리하고 말솜씨도 좋고 재치도 있는 편이다. 나는 생후 9개월에 [내 생애의] 첫마디를 했다. 나는 때때로 다른 형태의 의사소통을 희생해 가며 언어 안에서 살고 있다. 나는 지식과 신뢰의 감각을 전달하기 위해 언어를 이용한다. 나는 말들의 세계에 대단히 능숙하다. 일관성 있는 의사소통에 이르도록 한 단어를 다음 단어에 연결시키고 결정이나 반응에 재빠른 능력은 매우 유용했다. 내가 5학년 동급생들과 부모들에게 가미카제 kamikaze 조종사들에 관해 발표를 해야 했을 때처럼, 학교생활에서 그 능력은 [어떤 일들을] 내가 대충 때우는 데 도움이 되었다. 내가 말을 시작하자, 그 주제에 관해 내가 알고 있는 것은 전날 저녁에 내가 "가미카제가 뭐예요?"라고 물은 질문에 그녀가 했던 짧은 대답뿐이라는 것을 알고 계셨던 어머니는 청중들 속에서 겁에 질린 모습으로 앉아 계셨다. 나는 10분 동안 말했다. 내가 어떤 일들을 진행하면서 그것을 꾸며내는 것은 어른이 하는 것처럼 그렇게 쉽지는 않았다. 그러나 쟁점들을 내가 파악하고 있다는 사실을 증명하는 것을 나는 여전히 좋아하고, 나는 전국 공영 라디오의 열렬한 팬이다.

나는 진보적인 유대인 가정에서 자랐다. 내 아버지는 변호사이고, 어머니는 심리학자이다. 그들이 분석적으로 사유하는 사람이 갖추어야 할 자질로서 학습과 훈련을 강조한 것은 의심의 여지없이 그들의 아들의 언어적 예민함에 기여했다. 내 어머니의 부모는 사회주의/시온주의 운동뿐만 아니라 노동운동에도 적극적이었던 이민자 세대였다. 피트 시거(Pete Seeger)[1]와 유진 맥카시(Eugine McCarthy)[2]는 내 어린 시절 우리 집안의 우상이었다. 내 아버지는 당신의 법률 업무의 너무나 많은 부분을 당신에게 수임료를 지불하지 못하는 사람들에게 기부하셨고, 가난한 동네에서 아이스크림 트럭을 몰고 다니며 아이스크림을 거저 주던 시절에 관해 이야기하는 것을

1) 역자 주: 피트 시거(1919~2014)는 미국의 전설적인 포크송 가수이자 시민운동가이다. 그는 미국 포크 리바이벌의 선구자이며, 현대 미국 포크음악의 시초가 되는 인물이다.

2) 역자 주: 유진 맥카시(1916~2005)는 미국 상원과 하원 의원을 역임했으며 베트남 반전 활동 지도자였다.

좋아하셨다. 분명히 이 환경은 돕고 고치며 구조하고 싶어 하는 내 욕망을 형성했다. 그것은 또한 학위를 받은 이래로 줄곧 내가 일했던 도심의 빈민지역 병원으로 나를 이끌었는지도 모른다. 비록 '도덕군자'도 아니고 사회운동가조차도 아니지만, 나는 그것이 의미 있는 일이라고 생각한다. 하지만 내가 부유한 지역사회에서 편안하게 자랐고 우리 가족에게도 그와 같은 것을 제공하느라 바쁘다는 것을 주목하는 것도 또한 중요하다.

카산드라와 레이먼드

카산드라는 배우이자 시인이다. 그녀의 작품들은 그녀가 어렸을 때 견뎌 낸 극심한 고통을 연료로 삼은 것이다. 아프리카계 미국인이면서 가난했기 때문에, 곧 미국에서 흑인 최하위층 계급으로 살았기 때문에, 그녀는 온갖 '학대들'을 받았다. 여기서 '학대'는 한 아이를 신체적으로 성적으로 그리고 정서적으로 지독하게 괴롭히는 모든 방법들에 적용되는 냉담한 전문 용어이다. 그녀의 예술을 지원하는 일을 주업으로 하는 이제는 다 자란 아이의 어머니인, 이제 42세가 된 카산드라는 진정한 생존자, 곧 인정받기 위해서 분투하는 우리 시대의 소저너 트루스(Sojourner Truth)[3]이다.

레이먼드 또한 예술가로 재즈 음악가이다. 레이먼드에 대해 알려진 것은 거의 없다. 그는 겨울 동안 실내에서도 항상 선글라스를 쓰는 키가 큰 아프리카계 미국인이다. 그의 선글라스, 그의 키, 그리고 확실히 그의 태도는 그를 위협적으로 보이게 한다. 레이먼드에 대해 알려진 것은 그가 카산드라처럼 자라면서 힘든 시간을 보냈다는 사실이다. 그는 술을 마신다. 그는 공격받기 전에 공격해야 한다고 믿는 사람이다. 알려진 바로는 그에게는 아내를 학대한 전력도 있다.

카산드라와 레이먼드는 남편과 아내로서 더 오래 존속하기 위해 애쓰고 있다. 그

3) 역자 주: 소저너 트루스는 흑인 노예 제도 폐지론자이자 여성 권리 운동가인 이사벨라 바움프리 (Isabella Baumfree, 1797~1881)가 1843년부터 스스로 만들어 사용한 그녀의 이름이다. '소저너 트루스(Sojourner Truth)'는 '진리를 전하고 다니는 사람'이란 뜻이다.

들의 결혼은 희망의 결혼이었다. 그들의 사랑은 쓰라림과 학대의 고통을 완화시켜 주는 연고제와 같은 것이었다. 더 중요한 것은 결혼 생활에서 그들이 그들 각자에게 너무나 친숙한, 학대하는 사람과 학대 받는 사람의 관계로부터 구원을 찾기를 희망했다는 점이다. 이번에는 상황이 달라져야 한다고 말이다. [그런데] 이제 그들은 [애초의] 희망이 사라져 버리게 하는 잔인한 권력 투쟁에 말려들었다. 희생시키기의 망령이 되돌아온 것이다. 레이먼드는 더욱더 공격하는 사람이고, 카산드라는 더욱더 달래려는 사람이다. 그러나 그들 각각은 갈등의 양면을 잘 알고 있다.

카산드라와 레이먼드는 부부치료를 받고 있다. 나는 그들의 치료사이다. 나는 가족치료사가 되는 과정을 밟고 있다. 나는 그 과정에 얼마 동안 있었다. 치료가 성공하기 위해서는 새로운 것이 학습되어야 한다. 부부에게서, 부부 각자에게서, 그리고 치료사에게서 무언가가 일깨워져야 한다.

보이는 것과 보이지 않는 것

살바도르 미누친과 매주 함께하는 집단 슈퍼비전은 내가 참여했던 그 어떤 경험들과도 달랐다. 나는 능숙한 것처럼 보이기로 결심했으나 내 결점들이 노출될까 봐 두려웠다. 첫 번째 수련생은 그의 발표를 하면서 배가 흔들리지 않도록 균형 잡힌 용골(龍骨)을 유지하려는 그의 시도를 드러내는 부부 회기의 테이프를 보여 주었다. 미누친은 천칭자리, 곧 그것의 상징이 저울눈인 점성술적 비유를 도입함으로써 이 문제를 표시했다. 그는 균형을 유지하는 것의 위험성에 대해 말하면서 불안정을 발생시키고 변화의 기회를 창출하기 위해서 치료사는 이쪽이나 저쪽의 편을 들어야 한다고 질책했다. 그런 다음 그는 수련생 쪽으로 몸을 돌려 "학생의 별자리가 뭐죠?"라고 장난스럽게 물었다. 그 수련생은 대본을 읽듯 "천칭자리요."라고 대답했다. 나는 수업에서 내 차례가 다가오는 것이 두려웠다.

몇 주 후에 내가 사례를 보여 줄 차례가 되었다. 내 첫 번째 테이프는 이전에 딱 한 번 본 가족에 관한 것이었다. 내가 유능해 보이지 않으면 어쩌나 걱정하면서 나는 초등학교 5학년 때 했던 것처럼 대응했다. 나는 이야기하기 시작했다. 그 가족, 그들의 내력, 그리고 역동에 관한 내 지식을 증명하고자 나는 내가 할 수 있는 한 많은 것을 내가 할 수 있는 한 가장 길게 이야기했다. 내 독백이 끝나자 우리는 테이프를 지켜보았다. 몇 분 동안 보고 나서 미누친은 별것 없는 테이프를 정지시키고는, "그 회기의 이 지점에서 학생은 무슨 생각을 하고 있었어요?"라고 물었다. 나는 대답하는 내내 더듬거리느라 일관된 대답을 할 수 없었다. 몇 분 후 그는 테이프를 다시 정지시키고는 "여기서는 무슨 생각을 하고 있었죠?"라고 물었다. 그런 다음 다시, 곧 그로부터 몇 분 뒤, 그는 "여기서는 어떤 생각을 했어요?"라고 물었다. 그 지점에서 나는 상당히 불편했다. 그 어떤 재치 있는 말들도 내게 떠오르지 않았다.

아담은 가족치료사가 되려고 노력하는 우수한 학생이었다. 그 목표에 도달하기 위해서 그는 이해에서 공감으로 옮겨 갔어야 했다. 도심의 빈민지역 병원에서 일하면서, 그는 희망 없음, 무력함, 폭력, 절망 등 결코 그 자신의 경험의 일부로서 겪어 보지 못했던 경험들에 공감했어야 했다. 일부의 사람들이 짧은 오지여행에서가 아니라 비인간적인 궁핍함과 인종차별에서 살아남을 수 있는 능력을 어떻게 변형시킬 수 있는지 그는 배웠어야 했다.

아담이 첫 번째 사례 가족을 소개했을 때, 그는 그가 그렇게 되고 싶었던 것, 곧 우수하고 박식하며 재치 있고 사려 깊은 그런 학생이었다. 그러나 그가 그 테이프를 지켜보았을 때 그의 유창함은 사라졌다. 내가 그에게 그 회기의 한 지점에서 그가 무슨 생각을 하고 있었느냐고 물을 때마다 말이다.

어떤 회기에서 가족들이 서로 이야기를 하고 있는데 치료사가 침묵할 때, 나는 보통 "지금 무슨 생각을 해요?"라고 묻는다. 내 목적은 별로 관계가 없는 그 어떤 생각이라 하더라도 슈퍼바이지가 그것을 인식할 수 있도록 돕는 것이다. 흔히 치료사들은 그들의 개입을 촉발하는 가족의 정신적 지도를 분명하게 표현하지 않고 개입한다. 내 질문의 또 다른 목적은 청각적이고 시각적인 경로를 따라 여행하는 가족에게서 얻은 정보를 강조하려는 데 있다. 청각적인 것은 대부분 의미를 전달하고, 시각적인 것은 대부분 감정을 전달하며, 관계는 메시지를 전달한다. 내 슈퍼바이지들은 대부분 내용을 듣고 그것에 응답하는 데에는 잘 훈련되어 있다. 그러나 그들은 시각적 자료의 의미를 분명하게 표현하지 못하는 것 같다.

만약 그들이 비언어적 행동에 반영되는 상호교류들에 근시안적인 채로 남아 있게 된다면, 그들은 그들 자신이 [그들이 진행하는] 회기의 정서적 성질에 의해 준비되지 않은 상태에 붙잡혀 있거나 가족들이 말하는 이야기를 크게 수정하는 사건들을 알지 못한 상태에 붙잡혀 있다는 것을 알게 될 것이다. 내가 던지는 간단한 질문들에 아담이 대답하지 못했다는 사실은 내가 슈퍼비전에서 그를 지도하는 방식을 구성하게 하였다. 그가 내용에 의존하는 것이 그가 가족구성원들을 이해하고 그들과 접촉하는 것을 좁히는 효과를 가져왔다고 나는 생각했다. 이 스타일은 확장되어야 했다. 그러나 나는 그것이 어디에서 어떻게 이루어져야 하는지 몰랐다.

미누친이 슈퍼비전 그룹의 멤버들에게 그 테이프에서 본 것에 반응해 보라고 요청하자, 그들은 내가 발휘했던 것보다 더 큰 분명함과 통찰력을 가지고 그렇게 했다. 나는 첫 번째 임무에서 슈퍼바이저와 슈퍼비전 동료들의 동의와 칭찬을 얻는 데 실패했다. 나는 내가 다음과 같은 말들을 듣고 있는 것처럼 느꼈다. 당신은 당신이 알고 있고 알 필요가 있다고 생각하지만 정작 당신은 모른다, 라고 말이다. 이 경험은 나를 상당히 불안하게 했다. 내가 능력 있는 사람으로 보였으면 하고 바랐던 곳에서 나는 내가 무능하다는 것을 알았다.

그해 첫 번째 슈퍼비전 회기에서 나는 내가 그렇게 당황하리라고는 미처 예상하지 못했다. 나는 미누친이 첫 번째 시도에서는 매우 따뜻하고, 용기를 북돋우며, 심지어 칭찬해 줄 것이라고 기대했다. 나는 따뜻함과 유머를 통해 그런 반응을 이끌어 내려 했다는 것을 안다. 그러나 그것은 선뜻 와 주지 않았다. 그 대신에 나는 내 자신을 확신하지 못하게 되었다. 나는 설명을 요구받았고, 꾸지람을 들었으며, 심지어 동료들과 부정적으로 비교되었다. 그해 말에, 내가 최근에 그 회기를 발표할 필요가 없었다면 나는 내 자신을 난처한 상황으로부터 구할 수 있었을 것이라고 내가 농담하자, 미누친은 대답했다. “아녜요, 학생은 그런 난처한 상황으로부터 자기 자신을 구하려고 하지 말아야 해요. 학생이 당황스럽다고 느꼈다는 바로 그 사실이 중요한 거예요.” 나는 그가 옳다는 것을 알았다.

슈퍼바이저로서 나는 아담이 뛰어날 때마다 박수를 쳐 줄 수 없다는 것을 알고 있었다. 슈퍼비전의 압박을 받아, 대단히 곤란한 역경을 마주한 사람들을 향한 공감으로 변형시킬 수 있는 어떤 요소를 그가 경험할 수 있기를 바라면서, 나는 거리를 둬야 하고, 인정에 인색해야 하고, 강력하게 따져 물어야만 하는 입장에 있었다.

> 나는 칼 휘태커에게서 불확실성을 오히려 편안하게 여기는 법을 배웠다. 보르헤스에게서는, 어떤 길들의 교차점에서 양쪽 길 모두를 선택하는 법을 나는 배웠다. 나는 복합적인 현실들에 이르는 이런 개방성을 슈퍼바이지들에게 전하려고 노력한다. 그들은 그 어떤 지점에서든 가족 현실과 관련된 그들의 견해가 부분적이라는 것을 받아들일 필요가 있다. 따라서 거의 언제나 그 어떤 개입의 경우도 옳을 수 있지만 그것은 여러 가능성들의 시작일 뿐이다. 이러한 사실들을 받아들이기는 감히 어떤 것을 시도해 보고, 하나의 가능성을 제시하고, 그런 시도와 제시가 알맞지 않더라도 당황하지 않는 능력에 필수적이다. 나는 옳고자 하고 또 옳다고 인정받으려는 아담의 욕구가 그야말로 도전을 받아야 한다고 생각했다.

치료사로서 내 능력을 확장하기 위해서, 나는 위험을 감수했어야 했다. 나는 지성의 껍질을 버리고 내 자신이 연약해지는 것을 용납했어야 했다. 나는 또한 내 자신의 약한 부분들, 곧 확신하지 못하는 것, 머뭇거리는 것, 그리고 내 자신도 알아채지 못하는 것들이 보이도록 허용했어야 했다. 치료사로서 내가 어떤 사람이었는가 하는 것과 관련된 몇 가지 근본적인 측면들이 의문에 붙여지고 있었다. 변화하라는 요청을 받고 있었지만, 나는 정확히 무엇을 어떻게 바꿔야 할지 확신이 서지 않았다. 나는 레이먼드와 카산드라 잭슨에게서 몇 가지 도움을 받았다. 그들은, 서로가 서로를 무해하고 지배 가능하도록 만들려는 뜻을 품고서, 내가 가장 두려워하는 것, 곧 나를 무능한 치료사로 만들었다.

시인과 드러머

카산드라는 처음에 부부문제로 도움을 요청하기 위해 [내가 일하고 있는] 그 치료소에 전화했다. 그곳은 경제적으로 침체된, 흑인들이 대부분인 지역사회에 위치해 있었다. 그녀는 이전에 다른 치료소에서 치료를 받은 적이 있었다. 그곳에서 그녀는 개인치료를 받았다. 보아 하니 그녀는 치료사가 그녀의 남편에게서 떠나라고 그녀에게 강력히 권고했을 때 치료를 종결했던 것 같았다. 그 치료사에게서 전해 받은 임상기록에는 레이먼드가 술에 취하면 화를 내고 폭력적이 되는 알코올 중독이라고 기록되어 있었다. 한번은 그가 '벽을 온통 피로 칠갑했을' 정도로 카산드라를 폭행했다고 그 기록에는 적혀 있었다. 그는 또한 극도로 질투심이 강하고 카산드라의 사회활동 대부분을 규제한 것으로 알려져 있었다.

카산드라의 내력은 비극적이었다. 그녀는 두 돌 반이 되던 무렵에 그녀의 어머니에게서 버림받아 여덟 살 때까지 위탁가정에서 자랐다. 그렇게 여덟 살이 되었을 때 그녀의 어머니와 그녀는 재결합했다. 카산드라에게는 그녀가 열다섯 살 때 낳은 아들이 하나 있었다. 레이먼드와 카산드라는 서로 알게 된 지 불과 몇 달 만에 동거에 들어갔다. 그들은 그 이듬해 결혼했다. 카산드라는 전문대학교 2년을 마치고 연기학교에 다녔다.

레이먼드도 그녀와 비슷하게 불우한 환경에서 자랐다. 비록 그의 아버지가 그와 연락을 취하며 지내고 있지만, 그의 부모는 이혼했다. 레이먼드의 어머니는 쉽게 감정이 격해지고 신체적으로 학대하는 것으로 보고되었다. 언젠가 그녀가 레이먼드의 팔을 부러뜨린 적도 있었다. 레이먼드는 또한 어머니의 빈번한 성적인 접촉들에 자주 노출되기도 했다. 그는 가정을 혼란 그 자체로 묘사했다. 레이먼드는 10대 후반과 성인 초기에 마약에 깊이 빠졌다. 그는 '이슬람국가 the Nation of Islam'[4]에 들어가면서 마약을 끊었는데, 그때 그 단체를 엘리야 벤 무함마드(Elijah ben Mohammed)[5]와 말콤 엑스(Malcolm X)[6]가 이끌고 있었다. 그는 나중에 '이슬람 국가'를 떠났지만 여전히 그 종교적 가르침을 실천하는 이슬람교도이다. 레이먼드에게는 30대 후반에 이른 자녀가 둘이 있다. 그들은 그가 첫 번째 결혼에서 얻은 아이들이다. 그에게는 또한 10대 초반의 자녀가 둘이 더 있다. 그들은 두 번째 결혼에서 얻은 아이들이다. 레이먼드는 그녀의 아이들이 아직 어렸을 때 죽은 그의 두 번째 부인도 신체적으로 학대

4) 역자 주: '이슬람국가'는 미국의 흑인 이슬람교도로 구성된 과격파 흑인 단체를 가리킨다. 지금은 그 이름이 '서양 이슬람 공동체(Islam Community in the West)'로 바뀌었고, 그 회원은 '흑인 무슬림(Black Muslim)'이라 불린다.

5) 역자 주: 엘리야 벤 무함마드(1897~1975)는 1934년부터 그가 사망할 때까지 '이슬람국가'를 이끌었던 종교지도자이자 작가였다. 그는 그 자신이 알라의 메신저라고 주장하기도 했다.

6) 역자 주: 말콤 엑스(1925~1965)는 미국 흑인 해방운동의 급진파 지도자이다. 엘리야 벤 무함마드와 함께 '이슬람국가'를 이끌었는데, 무함마드의 혼외정사 등과 연관된 소문 이후로 그와 결별하고 1964년 말콤 엑스는 그 자신의 종교 조직을 설립하였다. 1965년 2월, 뉴욕 OAAU 연설회장에서 정체를 알 수 없는 흑인 괴한들의 집중 총격을 받고 그는 현장에서 사망했다.

했다고 카산드라는 알려 주었다. 지역사회에서 떠도는 말들은, 비록 직접적이지는 않다고 하더라도 반복되는 학대로 그녀가 죽음에 이르렀을 것이니 레이먼드는 그녀의 죽음과 관련하여 비난을 받아야 한다는 것이었다. 카산드라는 그런 상황에서도 그녀의 남편의 곁을 지키고 있다.

내가 처음 카산드라에게 전화로 이야기했을 때, 그녀는 많은 사람이 그녀의 남편에게 겁을 먹었다고 말했다. 그녀는 나 역시 그를 두려워할까 봐 걱정했다. 내가 그에게 도움이 되기 위해서는 그를 두려워해서는 안 된다는 것을 그녀는 인식했다. 나는 다양한 사람과 함께 일해 왔고 내 자신을 감당할 자신이 있다고 그녀를 안심시켰다.

> 아담은 안도감, 사랑, 보호를 누릴 수 있는 중산층 가정에서 자랐다. 그런 양육과정은 카산드라나 레이먼드의 양육과정의 이야기를 이해하기 매우 어렵게 만든다. 어린 시절의 어두운 그림자를 극복하려면 어떤 종류의 인간 기술, 유연성, 인내력이 필요할까? 아담에게는 그들을 도와줄 도구가 정말로 있었을까? 그렇지 않다면 그는 거의 확실하게 자신에게 거짓말을 하고 있었던 셈이다. 나는 감당할 수 있어, 라고 말이다.

레이먼드를 만나고 있을 때, 나는 그가 치료 회기 내내 쓰고 있던 선글라스와 그의 숨결에서 전해지는 술 냄새에 놀랐다. 첫 회기 동안 나는 레이먼드와 카산드라에게 폭력의 내력에 관해 물었고 벽에 묻은 피에 관한 보고서를 언급했다. 레이먼드는 이 발언이 과장된 것이라고 대답했고, 그들이 처음 만나고 몇 년 뒤에 있었던 단 한 번의 폭력 사건만을 인정했다. 카산드라는 이 진술을 확인해 주었다.

카산드라는 레이먼드의 질투심과 보호하려 드는 성향에 대해 말했다. 그는 이러한 혐의들을 부정했고, 그 자신이 항상 혐의를 받는다고 언급했으며, 그녀가 통제하고 있다고 쏘아붙였다. 나는 그녀의 첫 번째 전화에서 카산드라가 언급했던 것을 감지했다. 레이먼드는 덩치가 큰 남자였다. 나는 위협을 가하는 것 같은 그의 풍채를 경험했다. 레이먼드의 안건이 카산드라가 그의 면전에서 개인상담을 받는 것이라는 사실을 알게 된 것은 바로 그 첫 번째 회기 동안이었다. 이 치료의 목표는 카산드라가 자신의 성적 학대의 역사를 다루는 것을 돕는 일일 것이다. 레이먼드는 명시적으로는 '도움'을 위해 참석했지만, 카산드라에 따르면, 그녀가 혼자인 것처럼 보이는 것을 그는 용인할 수 없었다. 나는 카산드라가 그 회기를 부부가 함께 작업하는 회기가 되기를 바란 것은 아닌가 하고 생각했다. 그래서 나는 이런 방식으로 진행했다.

레이먼드에 대한 첫 회기와 그 이후 회기 동안 내 반응의 일부는 그의 크기와 태도와 관련이 있었다. 그러나 내 반응의 일부가 인종과 관련이 있었다는 것도 내게는 분명하다. 레이먼드가 그 자신을 드러내는 데 선호하는 스타일은 사람들로 하여금 그에게서 쉽사리 '화난 흑인 남자'라는 전형적인 모습의 화신을 보게 했다.

나는 내 자신을 인종과 민족성의 쟁점들에 민감한 치료사라고 생각하고 싶다. 그들이 가진 사회적 의식을 자랑하던 가정에서 자랐기 때문에 나는 확실히 그런 식으로 생각하는 경향이 있다. 나는 인종과 민족성에서 나와는 다른 환자에 대한 내 무지를 공개적으로 인정하는 것의 가치를 배웠다. 우리의 인종차별이 얼마나 광범위하고 은밀하게 퍼져 있는지 고려해 보건대, 아프리카계 미국인은 백인 미국인과 어떤 상호작용에서도 차별의 잠재성, 곧 예외 없는 치료를 평가할 필요가 있다는 사실을 나는 인식했다.

그래서 레이먼드에 대한 내 응대에서 인종에 대한 고정관념이 있다는 것을 발견했을 때, 나는 그것을 넘어서려고 노력했다. 난 내가 성공했다고 생각했다. 지금 돌이켜보면 내 문화적 역량이 나를 배신했던 것은 아닌지 모르겠다. 아마도 내 고정관념을 탐색하는 내 능력은 내가 그것을 쉽게 넘어설 수 있다고 스스로를 과대평가하도록 나를 속였던 것 같다. 나는 레이먼드에 대한 내 응대에서 인종적 요소를 몰아내는 데 성공했다고 생각했지만, 나는 계속해서 그를 분노한 위협적인 존재로 경험했다. 분명해지겠지만, 내가 레이먼드와 효과적으로 중재하기 전에 변화를 가져와야 했던 것은 레이먼드를 위협적인 존재로 보는 바로 그 인식의 틀이었다.

내가 레이먼드와 카산드라 두 사람과 가졌던 처음 몇 회기는 아무 성과가 없었다. 나는 레이먼드가 카산드라를 얼마나 많이 지배했는지, 곧 그가 카산드라에 관해 어떻게 이야기했고 그녀의 말을 어떻게 중단시켰는지 알아차릴 수 있었다. 그가 설치한 언어의 함정에 그녀가 어떻게 희생되었는지, 그리고 비록 실패에 그치긴 했지만 그가 지배하고 있다는 것을 그에게 깨닫게 해 주려고 그녀가 어떻게 노력했는지도 또한 나는 보았다. 이런 관찰에도 불구하고, 내 개입은 부족했고 효과적이지 않았다. 아래에 제시한 것은 내가 슈퍼비전에서 제출한 회기의 내용을 발췌한 것이다. 카산드라는 그날따라 남편이 긴장한 것처럼 보인다는 것을 관찰함으로써 시작했다. 그녀는 그것이 그 회기에 대한 그의 기대 때문이라고 생각했다.

레이먼드: 오늘은 평소 같지 않았다고. 이런 젠장, 난 여기에 오는 게 정말 싫어. 당신 오늘 여기 온다고 스트레스 받았잖아, 그럼 그걸 표현해야 해. 자, 당신을 위해 말을 해.

카산드라: 나는 정말이지 그렇게 느끼지 않았어(당황하여 내려다 보며)…….

레이먼드: 그리고 당신이 하지 않았으면 정말 좋겠어…….

카산드라: 당신을 대변하는 거?

레이먼드: 그래, 나를 대변하는 거.

카산드라: 나는 오늘 왜 그게 내가 말한 모든 사소한 것들 같았는지 설명하려고 했을 뿐이야. 당신은 그걸 나쁘게 받아들였지만 말이야.

레이먼드: 그래, 좋아. 예를 들어 뭔데?

카산드라: 그건 중요하지 않아. 나는 고를 필요 없어.

레이먼드: 기억은 하고?

카산드라: 그래, 하지만 난 그것에 대해 말하지 않을 거야.

레이먼드: 그래 좋아. 당신은 그것에 대해 말하지 않겠지. 그럼 난 당신이 뭘 말하려는지 모를 거고.

카산드라: 나는 단지 우리가 오후 내내 서로 뜻이 맞지 않는다고 느꼈고, 나는 그 이유가 오늘 오후에 여기에 오기로 한 사실에 있다고 생각했을 뿐이야.

레이먼드: 아, 그래. 그게 당신이 생각한 이유야? 나는 당신이 저녁으로 뭘 먹으려는지 물었어. 내가 그거 물어봤잖아?

카산드라: 그래.

레이먼드: 그리고 우리는 저녁으로 무엇을 먹을지 얘기했어. 우리는 새우나 뭐 그런 거 먹기로 했고.

이 상호작용에서 레이먼드는 카산드라가 그녀의 관심사들에 대해 토론하려는 시도를 무산시켰다. 그녀의 관심사들의 타당성을 부인하고 그녀가 특정한 것들에 초점을 맞추도록 요청하고 세부사항들에 빠져 곁길로 새게 함으로써 말이다. 그는 또한 그녀를 빈번하게 방해함으로써 대화를 지배했다. 그녀는 내용에만 대응했고 따라서 그에게 통제되었다. 그 회기는 거의 같은 방식으로 계속되었다. 나중에 레이먼드는 카산드라가 그렇게 불행했다면 이혼 소송을 제기해야 했고 그렇지 않았다면 불평을 중단해야 했다는 뜻을 넌지시 내비침으로써 판을 키웠다. 나는 말없이 그녀를 희생자로 여겨 그녀의 편을 들면서 그녀가 레이먼드를 떠나기를 바라는 내 자신을 느꼈다. 그러나 나는 그녀가 그를 떠나고 싶어 하지 않다는 것을 알았다. 나는 또한 잭슨 부부가 오직 한 가지 방법으로 행동하는 것을 관찰하고 있다는 사실을 알고 있었다. 아마도 그것은 그들이 아는 유일한 춤이었겠지만, 다른 맥락에서는 다른 스타일의 상호작용이 나타날 가능성이 있었다.

이 회기에서 나는 대부분 침묵했다. 나는 그들이 맥락을 바꾸도록 도와줄 방법의 실마리를 전혀 찾지 못했다. 기실 나는 레이먼드를 두려워했고 그의 전투적인 태도에 맞설 말들을 가지고 있지 않았다. 나는 그들의 상황의 상보성, 곧 카산드라는 그녀의 남편이 덜 위협적이기를 바라는 반면에 그는 그녀가 덜 두려워하기를 원한다는 사실을 지적하는, 꽤나 설득력이 떨어지는 시도를 했다. 내 이지적인 접근은 열 살짜리 소년에게 야구 장갑을 벗어 놓고 들어가 피아노를 치게 하려는 시도만큼만 효과적이었다. 내 말과 생각은 그 부부의 정서적 상태나 분노와는 거의 관련이 없었다. 카산드라처럼 나는 고정화되었다. 내가 뭘 더 잘 알아야 했던 것은 아니었다. 그러나 레이먼드가 위협적이라고 여긴 결과, 나는 압박감을 느꼈다. 그리고 그렇게 압박감을 느끼게 되자, 나는 내 장기인 언어를 이용하는 능력으로 되돌아갔다. 그 회기에서 나는 내가 선호하는 치료 스타일의 포로였다. 그리고 내가 가진 언어의 재능이 내가 가진 유대인 배경을 반영한 만큼이나 나는 내 자신의 민족성의 포로이기도 했다.

나는 또한 슈퍼비전을 위해 그 회기에 대해 발표할 때 압박감을 느꼈다. 다시 말해 나는 미누친이 그 회기 동안 내가 가졌던 부동성immobility에 어떻게 반응할지 걱정이었다. 몇 분 동안 테이프를 보면서 주요 순간에 왜 내가 침묵하고 개입하지 않았는지 물어본 후, 그는 "그가 밴드에서 연주를 하나요?"라고 물었다.

> 아담은 카산드라와 레이먼드의 대화를 추적하면서 그들 관계의 본질에 대해 논평하고 있었다. 그의 개입들은 멋지게 구성되었지만 단조로웠기 때문에 이 부부의 정서적 상태에서는 사라졌다. 나는 그가 논평할 것이 아니라 거기에 있어야 한다고 생각했다. 나는 또한 아담이 이야기를 할 때 질문이나 의심의 여지를 남기지 않는 매끄러운 서사로 말한다는 것도 알고 있었다. 나는 그 회기의 치열한 대인관계의 영역 위로

그의 목소리를 올리지 못하는 그 회기의 10분에서 15분 동안 그를 지켜봤고, 그리고 나는 그가 슈퍼비전에서 일관성 있는 서사로 그의 비효과적인 부분을 합리화하는 것을 들었다. 나는 그가 어디에 있었는지, 어떻게 느꼈는지, 어떻게 그가 잠시 멈춤을 창출할 수 있는지, 어떻게 강도를 높일 수 있는지, 어떻게 불연속적일 수 있는지, 어떻게 그 커플의 정서적 상태와 분노를 견뎌 낼 수 있는지, 그리고 어떻게 도움이 될 수 있는지 그가 발견하도록 돕고자 했다.

나는 내가 원하는 것은 그가 레이먼드를 두려워했기 때문에 그에게 통제되고 비효과적이게 되었다는 사실을 아담이 경험하게 하는 것뿐이라는 점을 확신하면서 "그가 밴드에서 연주를 하나요?"라는 질문으로 시작했다.

아　　담: 네, 저는 그가 다양한 밴드에서 연주한다고 생각해요.

미누친: 그는 지휘자인가요?

아　　담: 그는 드럼 연주자예요.

미누친: 그가 지휘자가 아니라고요? 당신은 그가 지휘자라고 생각했잖아요?

아　　담: 타악기가 리듬을 조절한다는 생각은 들어요. 하지만 그는 지휘자는 아네요. 그가 드럼을 치는 것이 매우 성난 것처럼 보인다는 생각은 들어요.

미누친: 그래요. 하지만 당신도 알다시피 분노에 대해 생각하면 당신은 겁을 먹게 될 거예요. 그러나 오케스트라에 대해 생각하면, 그가 지휘자라고 생각하면, 당신이 연주하는 악기가 무엇이든지, 그것이 심벌즈라고 하더라도, 그는 당신이 연주하게 하지 않아요. 당신은 그가 좋은 오케스트라를 가지려 하지 않는다는 걸 알아요. 나는 침묵과 멜로디에 대해 이야기하는 그런 은유로 옮겨 갔을 거예요. 당신은 타악기만 있는 오케스트라를 가질 수 있나요? 이 지점에서 난 이렇게 말했을 거예요. "당신도 알다시피, 이 회기에서 나는 침묵을 강요당했다고 느꼈어요. 당신은 드러머일 뿐만 아니라 치료사예요." 당신은 때로는 "나를 좀 가만두세요."라고 말할 수 있어야 하고, 또 때로는 "내게 발언권을 주세요."라고 말할 수 있어야 해요.

낱말들을 활용하는 아담의 스타일을 흉내 내면서, 나는 그 회기의 내용을 이용하면서도 그것에서 벗어나 좀 더 일반화가 가능한 수준으로 옮겨 가는 은유를 그에게

> 제공했다. 아마도 그는 음악의 영역에서 대인관계의 맥락, 상호성, 자율성 등의 주제들을 분명하게 할 수 있을 것이다. 레이먼드에게 합류하면서도 또한 그에게 이의를 제기하면서 말이다.

아 담: 저는 그의 분노에 겁을 먹었어요.

미누친: 그건 분노가 아니라 그저 통제일 뿐이죠. 당신은 그의 통제에 겁을 먹은 거예요. 그가 말을 못하게 해서 당신은 불편했어요. 하지만 당신의 역량을 되찾을 수 있는 무언가를 찾아봤어야 해요. 자, 일어나서 무엇이든 좀 해 봐요.

아 담: 자세를 바꾸라는 말씀이세요? 일어나라고요?

미누친: 만약 당신이 그에게 직접 도전한다면, 그가 당신을 이길 거예요. 위험하지는 않아요. 그는 그저 당신을 이기기만 할 거예요. 당신이 어떤 말을 할 수 있고 그것이 의미가 있을 때, 그리고 그가 당신이 말한 것을 받아들여 그것을 활용할 수 있을 때, 당신은 어떤 입장에서 더 편해질 거예요.

아 담: 네, 그가 저보다 강하다는 걸 알아요. 저는 제가 이길 수 없다는 것도 알고 있고요.

미누친: 그래서 당신은 무엇을 할 수 있을까요?

아 담: 모르겠어요.

미누친: 하지만 당신은 알아내야 해요, 거기에 있는 것은 당신이니까.

이 지점에서 미누친은 나를 역할극에 참여시켰는데, 거기에서 그는 환자의 역할을 맡았다. 때때로 그는 내게 말을 걸었고, 또 때로는 슈퍼비전의 반 학생들에게 말했지만, 그의 언급은 모두 역할극의 맥락 안에 있었다. 그 역할극에서 그는 레이먼드가 했던 것처럼 치료사로서 내가 가진 효율성을 헛되게 했다.

> 나는 내가 도움이 되지 않았다는 것을 알았다. 이상하게 역동적인 비틀림으로, 우리는 슈퍼비전에서 그 회기를 다시 재연하고 있었고, 아담은 내게 통제된다고 느끼면서 말문이 막혔다.
>
> 내가 수행하고 있는 슈퍼비전과 아담이 수행하고 있는 치료 사이의 동형대응

> isomorphism이 그 순간의 내게 언어와 의미를 자유롭게 사용할 수 없을 때 아담이 어떻게 대응하는지에 대한 경험을 제공했다. 하지만 나는 아담이 그것을 이해했는지 의심스러웠다. 그래서 나는 비슷한 상황에서 그가 할 수 있는 것들의 목록의 다른 측면들을 이용하도록 그를 압박하기를 바라면서 내가 거의 사용하지 않는 기법인 역할극에 그를 참여시켰다.

미누친: (자리를 바꾸며) 그러니까 뭐라고 말 좀 해요. 나는 레이먼드예요. 그리고 나는 레이먼드가 아담에게 했던 말이 무엇이든 나는 그걸 아담에게 말했어요. (레이먼드가 하는 것처럼) 나는 똑바른 것을 말하고 있는데 당신은 그걸 비틀어요.

아 담: 음, 글쎄, 난…….

미누친: (중단시키며) 잠깐만, 당신도 잘 알아요. 그게 바로 당신이 한 일이라는 걸. 그리고 우리는 여기에 왔고, 심지어 돈도 냈어요. 그런데…….

아 담: 내 생각엔…….

미누친: (다시 중단하며) 아녜요! 당신은 알아요…….

아 담: 당신은 내가 내 악기를 연주하게 하지 않잖아요! 그걸 연주하는 건 어려운 일이에요!

미누친: 당신은 어떤 악기를 연주하죠, 아담?

아 담: 나는 치료사가 되는 악기를 연주해요.

미누친: 좋아요, 그게 무슨 악기죠?

아 담: 당신은 알아요…….

미누친: 당신이 뭘 하고 있는지 알아요?

아 담: 당신은 내 멜로디를 내게서 빼앗아 가요! 날 방어적이게 만든다고요. 난 당신을 도울 수 없어요. 내가 벽을 마주하고 있으면 난 말을 할 수가 없어요. 당신은 그걸 능숙하게 해요.

미누친: 지금 뭘 하는 거예요?

아 담: 내가 무슨 말을 하는지 당신은 알 거예요.

미누친: 당신은 게임을 하고 있어요. 멜로디 게임, 악기 게임. 솔직하게 말해 봐요. 내 생각엔 당신이 염두에 두고 있는 것이 있는데, 그게 뭔지 말하고 있지

않아요. 당신은 게임을 하고 있는 거예요.

미누친: (다시 슈퍼바이저로 돌아와서) 당신은 권력 작용을 하지 않는 뭔가를 해야 해요. 레이먼드는 위험하지 않아요. 그는 통제적이고 편집증이 있지만 그렇다고 그가 당신에게 위험한 건 아녜요. 잠깐씩 그가 당신을 마비시키는 순간만 빼면 말예요. 그는 유능한 치료사로서의 당신의 지위를 위협하고 있어요. 그가 여기서 당신한테 무슨 짓을 하는지 봐요. 그는 이 훌륭한 청중 앞에서 당신을 부끄럽게 하고 있어요. 지금 이 지점에서 그는 당신이 주도하는 게임에서 당신을 이기고 있는 거예요. 이건 그가 주도하는 게임이 아니잖아요. 레이먼드는 카산드라에게 어떻게 생각하고 어떻게 느끼는지 말하고 있어요. 그리고 당신은 침묵하고 있고요.

다음에 카산드라와 레이먼드를 만났을 때 아담이 이 슈퍼비전 반 학생들의 존재를 느끼기를 나는 바랐다. 그래서 나는 강렬함의 정상에서 슈퍼비전을 끝냈다. 우리에게 관찰되고 있다는 것을 느낌으로써 나는 아담이 그가 선호하는 스타일을 벗어나서 다른 어떤 것을 하는 데에로 확장하기를 바랐다. 다른 것이라면 무엇이든 말이다.

비록 내가 들은 것이 그 회기에서 내가 존재감이 없었다는 것이지 내가 형편없다는 것은 아니었지만, 나는 내가 형편없는 것처럼 느껴졌다. 나는 그 역할극에서 은유와 슈퍼바이저의 스타일을 구별하지 못한 채 상호작용에 통합시키려고 시도했었다. 결국 나는 내 슈퍼바이저의 스타일이나 그의 인정이 나를 더 나은 치료사로 만들지는 않는다는 것을 깨달았다. 나는 내가 인지한 한계를 넘어서야 했고, 내 환자들이 다르게 행동할 수 있기 이전에 내가 다른 사람이 되어야 했다. 그 슈퍼비전은 내가 레이먼드에 대한 내 두려움을 인정하는 데 도움을 주었다. 또한 그것은 레이먼드와 카산드라가 내게 해 주기를 바랐던 역할을 하도록 내가 어떻게 유도되어 왔는지 내가 아는 데 도움이 되었다.

아이러니한 것은 내가 정말로 무능해질 필요가 있었다는 것이다. 다른 자원들을 발견하기 위해, 나는 내가 어떻게 개입해야 할지 알지 못하는 불편함과 내가 설치한 첫 방어선이 실패하는 불편함을 경험해야만 했다.

다음 부분은, 내가 그 뒤에 이어진 회기에서 그 커플 앞에서나 슈퍼비전에서나 모두 무능하다고 느낀 후에 경험했던 정서적인 투쟁이 어떻게 다른 목소리를 찾을 수 있게 했는지 잘 보여 준다. 슈퍼비전 덕분에 나는 내가 언어에 의존하는 것을 넘어서 나아갈 수 있었다. 미누친을 적으로 삼는다는 것은 내게는 비효율적이었다. 나는 단지 그에게 말을 퍼부었고, 그렇게 퍼부은 내 말들이 내 기대를 저버렸기 때문이다. 레이먼드에 대한 내 입장이 달라져야 한다는 것을 나는 깨달았다. 나는 내 자신을 위한 공간을 만들기 위해, 레이먼드에게 다른 더 감정적인 수준에서 이의를 제기해야 했다. 나는 레이먼드가 내 말을 들어야만 할 때까지 방해하기로 했다. 차이를 만든 것은 내가 말해야만 했던 것이 아니었다. 내가 그에게 귀 기울이라고 요구했던 것은 바로 사실이었다.

이 회기에서 카산드라는 부부치료를 끝내고 개인치료를 시작하도록 요청하는 것으로 시작했다. 그녀는 또한 여성 치료사를 요청했다. 레이먼드는 그녀가 남성과 만나는 것을 불편하게 여긴다고 믿었지만, 카산드라는 치료사의 젠더는 그녀에게 아무런 상관이 없다고 주장했다.

카산드라: 나는 아담이 내 상담사였었으면 싶었어. 당신과 내가 결혼하지 않았다고 치고, 내가 상담사를 필요로 해서 그가 내 상담사로 지정되었다면 그는 그 의자에 앉아 있을 거고 나는 내가 어떻게 느끼는지 정확하게 그에게 말했을 거야. 이건 당신의 불명예가 아니야, 레이먼드. 내가 신뢰감을 가지고 있는 한 나는 개의치 않아.

레이먼드: 당신의 모든 과거사를 그에게 다 드러내겠다는 거야?

카산드라: 상관없어. 나는 아담이 그것에 대해 뭐라고 생각하든 개의치 않아.

레이먼드: 그래서 당신은 하겠다는 거야, 하지 않겠다는 거야.

카산드라: 내게 도움이 되는 것 말고는 생각하지 않을 거야.

아　　담: 레이먼드, 내가 질문을 하겠습니다.

레이먼드: 그래서 당신은 그게 아무 문제가 없을 거라는 거잖아.

카산드라: 상관없어. 문제는 당신이야. 그것으로 곤란을 겪는 것은 내가 아니야.

레이먼드: 내가 그걸 불편해할 거라고 생각하는 거야?

카산드라: 물론 당신은 그게 불편할 거야.

아　　담: 레이먼드.

레이먼드: 그럼 당신이 당신 과거를 까발리는 동안 나는 그냥 여기 앉아 있는 게 어때?

아 담: 레이먼드, 당신에게 질문 하나 하고 싶습니다.

레이먼드: 당신 과거를 당신이 까발리는 동안 내가 그냥 여기 앉아 있는 게 어떻겠냐고?

아 담: 레이먼드.

레이먼드: 내가 대답을 들을 수 없잖아요.

아 담: 레이먼드.

카산드라: 특히 당신이 그렇게 화난 기색을 보일 때.

레이먼드: 그래, 그렇게 이제 난 화가 난 기색이군. 그녀는 내가 화가 난 것 같다고 비난하고 있잖아요.

아 담: 레이먼드, 당신을 주목하게 하는 게 참 어렵군요.

레이먼드: 하지 마세요, 난 이 질문에 대한 대답을 듣고 싶어요.

아 담: 자, 난 지금 당신을 주목하게 하는 것이 참 어렵다고 말하고 있어요. 내가 말하고 싶었던 것은 당신이 음악가라는 겁니다. 당신은 드러머예요. 나는 재즈에 관심이 있지만 그것에 대해 많이 알지는 못합니다. 당신이 드럼을 칠 때 누가 그룹을 이끌어 갑니까?

레이먼드: 누구든 책임을 맡을 수 있어요. 키보드 연주자가 그 책임을 맡을 수도 있고, 호른 연주자가 맡을 수도 있고, 누구든 맡을 수 있어요.

아 담: 그리고 그게 드러머일 수도 있을까요?

레이먼드: 때로는요.

아 담: 그러면 드럼을 칠 때, 당신은 다른 사람이 무엇을 하는지 귀를 기울여야 하겠네요?

레이먼드: 리듬의 동네에서는 당신 말이 맞아요! 그 동네에서는 당신 말이 맞다고요. 거기다가 지금 벌어지고 일과 딱 맞물려서 말예요. 당신은 지금 함께 리듬을 타고 있군요. 그리고 당신은 그게 계속 이어지게 하고 있고요. 마치 약한 박자의 리듬을 반복하는 시계처럼 말예요. 당신은 끊임없이 그걸 해요. 당신은 그 리듬이 부단히 이어지게 하는군요. 연주되고 있는 악기가 호른이든 피아노든 다른 그 무엇이든 말예요. 당신은 어디에서 변화를 주어야

하는지 알아요. 왜냐하면 당신은 간주곡으로 돌아오니까. 변화를 주고 돌아와요. 변화를 주고 돌아오고. 그리고 이제 다 내려놓아요.

아 담: 이 2중주에서 벌어지고 있는 일은 당신이 전력을 다해 드럼을 치고 있는 것과 같아요. 당신이 이끌어 가고 있어요. 당신이 이끌어 가고 있는 이것을 뭐라고 부를 거예요? 2인조? 그런데 카산드라의 악기가 전혀 들리지 않는 것 같군요.

레이먼드: 좋아요. 그래서 그녀가 방금 말한 바에 따르면, 당신이나 여타 다른 그 누군가와 함께 회기에 임하는 것이, 당신과 그녀가 일대일의 상황에 놓이는 것이 그녀에게는 아무런 문제가 되지 않는다는 거네요. 그런 거야?

카산드라: 그래.

레이먼드: 그럼 내가 떠나는 게 좋겠네.

카산드라: 왜 떠나려고 해?

아 담: 당신도 알다시피 오케스트라에는 다른 멜로디가 있어요.

레이먼드: 내가 어떻게…….

아 담: 레이먼드, 내가 말하고 있잖아요.

레이먼드: 어떻게…….

아 담: 레이먼드! (레이먼드가 한숨을 쉰다.) 레이먼드, 오케스트라에서든, 2중주에서든, 4중주에서든 다른 멜로디가 있어요. 멜로디들이 다 달라요. 당신이 더 우세한 멜로디를 가지고 있어요.

레이먼드: 여기서는 내가 이 토론의 보호를 받고 있기 때문에 그런 거예요. 나는 집에서는 그렇지 않아요.

아 담: 나는 여기에 있는 것을 다루고 있어요.

레이먼드: 집에서는 그녀가 모든 걸 조정해요.

아 담: 그녀의 목소리가 들리지 않고 있어요. 재즈 4중주에서와 마찬가지로, 당신은 베이스를 위한 공간을 만들어 줘야 해요. 베이스를 위한 공간을 만들어 주지 않으면 그 소리는 들리지 않을 거예요.

미누친이 알려 준 지휘자와 오케스트라의 은유가 유용하긴 했지만, 그 차이를 만든 것은 레이먼드가 내 말에 귀를 기울이게 한 내 고집이었다. 그의 지배력에 대한 이의제기는 그 부부가 그들의 지배적/종속적 역할관계에서 벗어나는 것을 돕는 데 결정적이었다. 궁극적으로 카산드라는 레이먼드를 자기편으로 끌어들일 수 있을 만큼 충분히 권한이 주어졌다고 느껴야 했다.

그 회기 후반에 나는 레이먼드에게 더 직접적으로 다음과 같이 이의를 제기했다.

아　　담: 당신은 내가 목소리를 내도록 놔두지 않는군요. 내 목소리를 빼앗아가고 있어요.

레이먼드: 말하세요. 난 누구의 목소리도 빼앗아가지 않아요.

아　　담: 아니, 그렇지 않아요. 당신은 당신이 짓는 그 표정으로 그렇게 해요.

레이먼드: 나는 내 아내를 보고 있었어요.

카산드라: 하지만 난 그것이 내게 어떤 영향을 미치는지 그에게 말하려는 거야.

아　　담: 카산드라, 내가 지금 레이먼드랑 얘기하고 있잖아요. 당신은 정력적인 남자예요. 나는 당신이 하는 일에 재능이 있다고 확신해요. 하지만 지난 회기의 테이프를 보면서 내가 주목한 것은…….

(레이먼드는 나를 방해하기 시작하고 카산드라는 그의 다리를 만진다. 레이먼드가 웃는다.)

레이먼드: 그녀가 내게 뭘 했는지 보세요. 그녀는 내게 "시끄러, 조용히 해."라는 신호를 줬어요.

아　　담: 내가 얘기하고 싶은 건, 지난주 테이프를 봤을 때, 내가 아무 말도 하지 않았다는 거예요. 내가 깨달은 건 당신이 나를 밀어내고 있다는 것이지요.

레이먼드: 지난주에요?

아　　담: 그리고 오늘도. 그게 당신한테는 필요한 일일 수도 있겠지요. 뭐 다 좋아요. 하지만 난 당신에게 치료사가 될 수 없겠어요.

레이먼드: 그래서 내가 어떻게 하길 원하는 건데요?

아　　담: 당신에게 제안할 게 없군요…… .

레이먼드: 도대체 무슨 말을 하는 거예요…….

아　　담: 당신이 해야 할 일은 말예요. 나는 당신이 카산드라를 이해시킬 수 있는지 보고 싶어요. 그리고 내가 왜 그러는지 당신이 이해했으면 좋겠어요.

레이먼드: 좋아요. 만약 그녀가 왜 그러는지 내가 당신에게 말한다면 그리고 내가 옳

다면, 그게 내가 그녀를 이해한다는 것을 당신에게 알려 준다는 거죠?

아 담: 그녀가 그녀 자신이 이해받고 있다는 걸 느낀다고 당신에게 말해야 해요. 아마도 당신은 이해할 수 있을 거예요. 나는 당신이 과연 할 수 있을지 없을지 잘 모르겠어요.

그다음에 나는 카산드라에게 지난 회기에서 그녀가 레이먼드에게 마음의 상처를 입은 이유를 그에게 설명하라고 요청했다. 이 지점에서 그녀에게 상당한 변화가 일어났다. 난생 처음으로 그녀는 모든 것을 감수하는 자세를 버리고 그녀의 의자를 당겨 앉았다. 그녀의 목소리는 점점 더 커졌고 점점 더 활기에 넘쳤다. 그녀는 무의미한 논쟁에 휘말리기보다는 남편을 떠맡을 준비가 되어 있었다. 나는 침묵을 지켰고, 카산드라는 그녀가 전에 내게 했던 것과 같은 방식으로 그녀의 발언권을 위해 싸웠다. 레이먼드가 그녀를 세부적인 것에 얽어매려고 하자 그녀는 저항했다. 그녀는 레이먼드에게 그녀의 언급에 대한 그의 반응이 그녀를 침묵하게 했다고 말했다.

회기가 끝날 무렵, 레이먼드는 웃으며 응답하는 카산드라를 방해했다. 나는 그녀에게 대체로 울게 되어 있는 그 특별한 순간에 왜 웃었느냐고 물었다. 그녀는 그녀의 진정한 감정이 드러나지 않고 있었음을 인정했다. 나는 그와 같은 반응이 그녀를 이해해야 하는 레이먼드의 과제를 한층 더 어렵게 만든다는 뜻을 내비쳤다. 그러고 나서 나는 그녀의 시에서 어떻게 그녀가 슬픔을 전달했는지 물었다. 카산드라는 그녀가 쓴 매우 슬프고 아름다운 시를 낭송했고, 그녀는 울기 시작했다. 그다음 그녀는 남편에게 결혼 생활의 문제에 대해 직접적이고 솔직한 태도로 말했다. 그녀는 다음 회기에도 그렇게 더 많은 권한이 부여된 것 같은 자세로 계속하였다. 내게는 불행히도, 이 회기가 마지막이 될 예정이었다. 카산드라는 새로운 직업을 얻었고 치료를 계속할 수 없다고 말했다.

1년 후, 별도의 후속 조치로 카산드라와 레이먼드에게 걸었던 전화가 흥미로운 결과를 낳았다. 그 전화가 있기 약 두 달 전, 레이먼드는 어느 날 저녁 집으로 돌아왔을 때 카산드라가 아파트를 떠났다는 것을 알았다. 그날 아침 그가 그녀를 그녀의 직장에 데려다 준 후, 그녀는 친구와 함께 돌아와 옷가지들과 텔레비전, 그리고 심지어 벽에 걸린 사진까지 챙겨 새 아파트로 이사했다. 레이먼드는 망연자실해서 며칠 동안 먹지도 못하고 잠도 못 잤다. 그는 심지어 울음을 터뜨렸다는 것까지 고백했다.

그는 카산드라가 일하는 곳을 알고 있었고 그녀의 새 전화번호도 알아낼 수 있었지만, 그녀를 추적하지는 않았다. 3주 후 카산드라는 레이먼드에게 연락을 했고, 그들은 레이먼드가 일용직을 구한다는 조건을 걸고 다시 화해했다. 레이먼드는 상황이 호전되었고 카산드라의 가출 사건으로 그들의 관계에서 그 자신의 역할을 다시 돌아보게 되었다고 보고했다. 그는 그녀가 떠났을 때 그에게서 너무나 많은 것이 무너져 내렸다는 사실에 충격을 받았고, 이제 그는 그녀를 한층 더 진지하게 생각한다.

카산드라는 그 화해가 조건부라고 했다. 그녀가 레이먼드에게 그 점을 분명히 하지 않았다는 것을 인정했음에도 말이다. 그녀는 그가 그 자신의 아파트를 지키고 있었다고 주장했으며, 그가 일을 찾고 그들의 관계가 진전되기 이전까지 그녀는 그가 그녀에게 와서 살게 할 준비가 되어 있지 않았다. 그녀는 그가 비아냥거림과 폭언을 그만 두었고 그 없이도 그녀가 사교생활을 할 수 있도록 그가 허락했음을 인정했다. 하지만 그녀는 추가적인 변화가 필요하다고 느꼈고, 그들 자신이 커플로서 더 발전하기 위해서는 그들에게 치료가 필요하다고 믿었다. 레이먼드와 카산드라 양쪽 모두 나와 함께 수행한 치료의 종결 이후로 어떠한 폭력도 일어나지 않았다고 보고했다.

레이먼드는 그 치료의 측면이 유익하다고 느꼈다. 그는 내 존재가 카산드라에 의해 그가 괴물로 보이는 일 없이 그로 하여금 그의 감정을 표현하는 데 도움이 되었다고 생각했다. 그는 또한 오로지 기술적 근거만의 주장으로, 누가 옳았는가 하는 것과는 무관하게, 카산드라를 통제할 수 있었음을 그가 인식했다고 느꼈다. 그는 그 사실이 그들의 의사소통을 상당히 방해한다는 것을 인정했다.

카산드라 역시 그 치료가 도움이 되었다고 생각했다. 그녀는 내가 자기 남편을 두려워하지 않았던, 또는 내가 느낀 두려움을 잘 감추었던 최초의 치료사라고 말했다. 그녀는 이러한 두려움의 결여가 내가 그 커플과 함께 일하는 데 도움을 주었고 또한 그녀가 레이먼드를 두려워하지 않는 누군가를 목격할 수 있게 해 주었다고 느꼈다.

가장 크게 도움이 된 것은 그녀가 그들의 관계에서 발언권이 없다는 것을 알게 된 것이었다. 이사하기 일주일 전에 그녀는 내가 그녀를 위해 복사해 준 회기 테이프 가운데 하나를 다시 보았다. 그녀는 이 테이프가 떠나기로 한 그녀의 결정에 중요한 역할을 했다고 느꼈다.

내게는 1년 동안 진행되는 후속조치로서의 그 전화통화가 지극히 흥미롭고 대단히 놀라웠다. 레이먼드의 압력을 받아 그렇게 한 것이겠지만 치료를 그만두게 한 사람이 카산드라였다는 사실을 알고 나는 놀랐다. 나는 그들이 그 회기에서 각각 구체적이고 실질적인 것을 가져갔다는 것에 감명을 받았고, 카산드라가 녹화된 회기를 본 것이 그녀가 시작하도록 그녀를 움직였다는 사실에 더욱 큰 감명을 받았다. 의심할 여지없이 이 커플들 앞에는 정말 많은 일이 놓여 있었다. 그러나 그들은 앞으로 나아가 미지의 세계로 발을 들여놓더니 변하기 시작했다. 카산드라는 새로운 목소리를 시도해 보았고 새로운 악기를 연주하게 되었는데, 나는 레이먼드 역시 드럼으로 돌아갈 수 있었을 것이라고 생각한다.

잭슨 가족들과 함께한 내 작업을 검토하면서, 나도 몇 가지 변화를 가져왔다는 것을 깨달았다. 슈퍼비전을 통해, 내가 치료사로서 가져야 하는 공간을 얻기 위해 이전과는 다르게 레이먼드와 상호작용해야 한다는 것을 나는 인식했다. 그에게 이의를 제기하기 위해 나는 침착하고 객관적인 태도의 안전한 거리 두기를 버려야 했고 내 말들의 성채를 떠나야 했다. 나는 복싱 글러브를 끼어야 했고 링에 올라가야 했다. 그 이후로 나는 치료사로서 본질적으로 변화하고 있음을 알아차렸다. 나는 의사소통이라기보다는 차라리 하나의 개입으로 내가 무엇을 말하고 그것을 어떻게 말하는지 알게 되었다. 그 결과 내 언어는 그 가족의 배경을 더 잘 반영하면서 한층 더 은유적이게 된다. 예를 들어, 그 아버지가 군에서 복무했고 지금은 안보 분야에서 일하는 어떤 가족과 함께 작업할 때, 나는 '분열시키고 정복하다'나 '방어선'과 같은 구절들을 사용했다. 그녀의 남자친구에게 학대를 받았던 아이들의 어머니에게 다가가면서, 나는 "이런 일로 누구의 영혼이 가장 상처받았나요?"라고 물었다. 나는 그녀의 아이들이 각각 어떻게 반응했고 누가 그녀를 가장 걱정하게 했는지 그녀에게 물어보지 않았다.

나는 또한 위험을 더욱더 기꺼이 감수하고 싶고 더 큰 재미를 느끼는 것 같다. 최근의 사례들 가운데 하나인데, 어떤 커플이 그들의 부부생활의 갈등을 해결하도록 도와달라고 내게 왔었다. 갈등의 초점 가운데 하나는 남편이 아내와 섹스를 하는 동안 발기를 유지하는 데 어려움을 겪는 것과 관련이 있었다. 그 커플은 전문직이었고 유대인이었으며, 그들이 가진 고도의 언어능력과 지적인 스타일이 내게는 매우 익숙한 것이었다. 그들의 싸움은 종종 약간의 추상적인 관계의 성질을 놓고 시작되었다. 그 어떤 사소한 것이라도 어떤 계기에서는 중요한 것이 될 수 있다. 그런 다음 그 커플은 갈등을 효과적으로 막아 주었던 무의미한 토론들의 숲에서 방황해야 했다.

치료를 시작하면서 나는 낱말들에 대한 그들의 과잉의존을 가지고 그들에게 합류하고자 했다. 그들의 갈등의 현장과 배경을 이해하자마자 내 개입은 더욱 복잡해졌다. 한 회기에서, 그 아내는 그녀의 남편이 발기를 유지할 수 없을 것이라는 것을 그 스스로 알고 있으니까 발기를 할 수 있을지 없을지 그가 걱정할 이유가 없다고 그를 설득하려 했다. 나는, 에두른 비평을 관찰했지만 논평을 하는 것 대신에, 쪽지 두 장을 써서 그 두 장의 종이를 구겨서 하나를 아내에게, 다른 하나를 남편에게 던졌다.

잭슨 부부의 의해 내가 경험했던 무능함은, 미누친에게서 경험한 능력의 시험과 조화를 이루어 내게 긴장과 불편함을 안겨 주었다. 내가 찾은 해결책은 내 인생의 다른 분야에서는 내게 친숙하지만 치료사로서의 내게는 생소한 영역인 그런 새로운 능력의 영역을 발견하는 것이었다.

결국 슈퍼비전 과정을 통해 내가 발견한 것은 내 자신 안에 있는 새로운 목소리였다. 레이먼드와 함께 이용한 은유의 언어에서, 비록 슈퍼비전에서는 내가 미누친의 오케스트라에서 연주하고 있었지만, 중요한 것은 여전히 자료에 대한 내 해석이었다.

작곡가 아론 코플랜드(Aaron Copland)와 교제한 것으로 유명한 피아니스트 레오 스미트(Leo Smitt)의 이야기가 생각난다. 그의 연주 이력의 초기에 스미트는 코플랜드의 새로운 작품을 그 작곡가를 위해 연주하는 기회를 얻었다. 그는 두려움에 떨며 그 연주회를 준비했다. 과연 그의 작품 해석이 그 작품의 창작자를 기쁘게 하지 않게 된다면 어떤 일이 벌어질까? 연주회가 열리는 날에, 그는 코플랜드가 마치—스미트가 말한 바에 따르면—즐거운 잔치를 기대하기라도 하는 것처럼 긴 의자에 몸을 뻗고 누워 있는 것을 발견하고는 매우 놀랐다. 연주가 끝난 후, 코플랜드는 그를 칭찬했다. 스미트는 그의 연주가 작곡가의 원래 의도와 일치했는지 그에게 물었다. 코플랜드는 개의치 않는다고 대답했다. 코플랜드를 매료시킨 것은 그의 작품들이 불러일으키는 해석의 다양성이었다.

마찬가지로, 나는 죽어라 하고 미누친의 스타일을 모방하기 위해 애썼지만, 내 성공은 내 안에 놓여 있었다. 어떤 것들은 변하지만, 어떤 것들은 변하지 않는 그대로 머무른다. 나는 클래식 음악의 애호가는 아니다. 나는 국립 공영 라디오에서 스미트/코플랜드와 연관된 그 이야기를 들었다.

덧붙이는 말: 10년 후

10년 후—이것은 일종의 재회의 시간, 돌아보고, 반성하고, 내가 어디에 이르렀는지 알아보고, 그리고 어떤 일들이 있었는지 살펴보는 시간이다. 그것은 또한 내 인생에서 직업적으로나 개인적으로나 양쪽 모두에게 중요한 경험을 다시 알게 되는 시간이기도 하다. 이 경험이 내 성찰과 내 슈퍼바이저이자 스승인 살바도르 미누친 박사의 성찰이 담긴 장에 기록되어 있다는 것은 내게는 정말 큰 행운이다.

10년이 지난 지금, 가족치료사가 되는 것과 개인치료사가 되는 것 사이의 구분이 내게는 예전처럼 뚜렷하지 않다. 사실 한 사람의 치료사가 되는 것과 한 사람의 개인이 되는 것 사이의 구분은 점차 사라지고 있는 것 같다. 이러한 내 생각이 항상 그랬던 것은 아니다. '가족연구소(Family Studies)'[7]에서 내가 훈련을 받은 몇 년 동안과 그 이후에, 가족치료사가 되기는 내게 큰 의미가 있었다. 가족치료사가 되는 것은 사고하고 작업하는 방식이 그런 것만큼이나 내게는 한 인간의 정체성과 크게 관련이 있는 것처럼 보였다. '가족연구소'에서 내게 가르침을 준 가족치료사들, 곧 내 스승들은 치료의 세계와 그 너머를 독특하게 바라보고 있는 것 같은 역동적인 선구자들이었다. 에마 헤니호비치(그녀가 가진 아르헨티나 사람의 억센 억양이 그녀의 영어에 색감과 강도를 크게 불어넣었지만 그것이 그녀의 영어 소통을 방해하지는 않았다)와 살바도르 미누친(눈부시게 훌륭하고 노염을 잘 타는, 도저히 다 알 수 없을 것 같지만 또 완전하게 다 알 것 같은 사람)은 내가 존경하고 본받고 싶은 분들이었다.

'가족연구소'에서 훈련을 받은 경험 이후에, 나는 가족치료사가 되지 않았고, 내가 가족치료사의 본질이라고 생각했던 것을 본받으려고—어떤 운동과 동일시하려고 노력했다. 항상 반항적인 성격이었던 나는 개별 실천의 시설에서, 특히 내가 처음으로 치료사로서 일했고 나중에는 그곳의 책임자가 되었던 도심 빈민지역 정신건강치료소의 맥락으로부터 벗어나고 싶었다. 나는 십자군원정에 참여하고 있었다고 해도 과언이 아닌데, 모든 십자군원정에서 일어나게 마련이듯이, 내가 수행한 십자군원정에서도 무고한 희생자들이 있었다.

7) 역자 주: 미누친의 가족치료 수련집단들이 함께 가족을 연구하는 모임을 가리킨다.

하지만 나는 또한 내 자신으로부터도 벗어나고 싶었다. 그가 진행하는 내 슈퍼비전에서, 미누친은 나를 진정으로 이해했다. 그의 가르침들—덜 인위적이 되기, 비합리성을 받아들이기, 현재의 순간 속에서 살아가기 등—이 놀라울 정도로 내게 도움이 되었다는 것을 나는 깨달았다. 10년이 지난 지금, 나는 이미 알려진 것들 속에서만 살아가기 너머로 나아갈 수 있을 만큼 안정감을 얻었다. 가능한 한 많은 지식을 모으려고 노력하기보다는 그저 지적으로 호기심이 많은 사람이 되는 것이 내게는 편하다. '지적으로 호기심이 많은' 사람이 된다는 것은 내가 모르는 것이 있다는 것을 받아들이고, 만족할 줄 모름과 불충분함과 무능함의 감정을 견뎌 낸다는 것을 의미한다. 미누친은 내가 이러한 순간들 속에서 살아가는 것—내가 내 자신과 함께 있지 않을 때 그것을 받아들이는 것을 편안하게 여기게 도와주었다. 그 과정에서 나는 내 환자들에 대한 더 큰 연민과 공감의 능력을 발전시켰으며 그들에게서 배울 수 있는 능력을 발전시켰다. 예를 들어, 레이먼드는 나에게 많은 것을—두려워하지 않는 것, 단지 그 사람뿐만 아니라 내 자신을 두려워하지 않는 것을 가르쳐 주었다.

그 당시 나는 슈퍼비전 경험이 얼마나 많이 치료사와 연관되는지 그 진가를 알아보지 못했다. 나는 그것이 환자와 연관된 것이고 기법의 숙달과 연관된 것이라고만 생각했다. 나는 내 경험으로부터 슈퍼비전을 위해 녹화된 회기를 제출하는 것이 치료사를 불안하게 만드는 영향을 미친다는 것을 내 경험으로 알게 되었다. 그러나 내가 이전에 썼던 글을 읽고 난 다음에야 비로소 나는 치료사가 그 자신을 더 효과적으로 만들 수 있도록 그를 변화시키기 위해 미누친이 슈퍼비전 회기들을 활용했다는 것을 깨달았다.

이 덧붙이는 말을 쓰기 위해 이전에 내가 쓴 글을 다시 읽으면서, 나는 미누친의 슈퍼비전 과정이 오늘날 내게 어떻게 관련되어 있는지 감명을 받았다. 내 앞에서 일어나고 있는 일들의 중요성을 인식하기 위해 내러티브와 개인사의 중요성에 이의를 제기하는 것은 여전히 내게 중요한 문제로 남아 있다. 나는, 내가 환자들에게 그렇게 하도록 격려하는 것처럼, 내 합리성의 편안한 요새를 떠나 나를 겁먹게 하는 곳으로 갈 용기를 내기 위해 힘겹게 나아간다. 내게 이러한 개방성은 가족치료에서든 개인치료에서든 어디에서나 치료적 마주침의 중요한 측면이다. 미누친은 내가 레이먼드와 카산드라를 돕기 위해 "통제의 논리에 대한 단단한 고수"[8]를 포기하고 "두려움과 무지, 대본 없이 이루어지는 즉흥적인 만남에 뛰어들어야" 했다고 썼다. 나는 10년 후에 이 일의 관련성을 확실히 이해하고 그것이 치료사와 인간 양쪽 모두에게서 내가 수행하는 일상적 실천의 일부가 되도록 노력한다.

그래서 가족치료사로서 내가 수행한 작업은 어떻게 되었는가? 나는 '가족연구소'로부터 배운 바에 따라, 계속해서 세상을 개선하려고 노력했다. 나는 뻔뻔한 열정을 가진 가족치료사가 되는 일을 맡았다. 나와 함께 일하는, 나중에는 내 슈퍼바이지가 된 조금도 의심해 보지 않는 개인치료사를 전환시키려고 노력함으로써 말이다. 도시 병원에서 일하는 임상의로서, 나는 그 치료소의 '가족치료사'로 알려지게 되었다. 나는 어떤 환자든 함께 일할 때 가족, 학교, 사회 자체와 같은 더 큰 체계를 고려해야 한다고 열정적으로 믿었다(그리고 지금도 그렇게 믿는다).

처음에 나는 내가 속한 치료 팀이 '가족사례들'로 여기는 사례들을 내 일로 받아들였다. 그러고 나서 나는 내가 진정으로 가족치료사라면, 연계된 어떤 사례에서도 가족을 다루게 된다는 것을 깨달았다. 우리는 가족치료 세미나를 설치하고 폐기 팹의 방식으로 '그리스 코러스'를 무대에 올리기도 했다. (흥미로운 것은 기술을 그때마다 형편이 되는 대로 즉흥적으로 이용한다는 것이다. 우리에게는 인터폰과 일방경 거울이 부족했기 때문에 긴 비디오 케이블과 내선 전화가 잘 작동됐다.)

내가 더 많은 경험을 쌓을수록, 나는 가족치료 세미나를 떠맡게 되었다. 내 부서원들에게 사례들과 비디오테이프들을 가져오게 함으로써 말이다. 나는 용기를 불어넣었고, 애지중지했고, 자극했다. 그리고 비록 변화의 움직임이 있긴 했지만, 나는 대체로 부서원들을 전환시키는 데는 성공하지 못했다. 개인치료는 많은 치료사에게 더 편안해 보인다. 개인치료에서, 치료사들은 환자에게 과정을 안내하게 함으로써 그 자신은 수동적이 되는 관찰자 방식을 취할 수 있다. 그러나 능동적인 참여자가 되고 변화의 동인이 되는 것은 훨씬 더 어렵다. 구조적 가족치료는 전투가 벌어지는 일종의 무대인데, 모든 사람들이 이런 형태의 작업에 이끌리는 것은 아니다. 가족치료사는 개인

8) 역자 주: 여기서 아담이 직접 인용의 부호와 함께 인용하고 있는 "통제의 논리에 대한 단단한 고수(tight hold on the logic of control)"라는 구절은 이 장의 도입부에서 미누친이 아담과 관련하여 언급한 "내용의 논리에 대한 단단한 고수(tight hold on the logic of content)"라는 구절과 일치하지 않는다. 요컨대, 미누친의 문장에서는 '내용(content)'이라고 되어 있는 부분이 아담의 문장에서는 '통제(control)'로 바뀐 것이다. 미누친은 아담의 치료 개입의 스타일과 관련하여 언급한 다른 부분에서도 "내용에 관한 그의 의존(his reliance on content)"이라는 표현을 쓰고 있다.

치료사라면 하지 말아야 하는 방식으로 위험을 감수하는 데에 편안해져야 한다. 따라서 나는 가족치료사로서 작업할 때 실패하기가 더 쉽다고 믿는다. 가족과의 작업에서는 피난처가 없다. 내가 대중을 변화시키려는 일을 착수했을 때, 나는 내가 이러한 차이점들을 알고 있었는지 확신할 수 없다.

결국 나는 사적인 실천을 위하여 공중 정신건강public mental health 분야를, 그리고 레이먼드와 카산드라 가족의 경우와 같은 가족들을 떠났다. 사적인 임상 실천에서 가족만 보는 것은 내게는 비현실적이었다. 대부분의 작업은 저녁에 발생해야 했다. 중산층과 상류층 가정의 부모들은 늦은 시간에 일을 하며, 이는 그러한 가족들을 치료에 참여시키는 데 큰 장애물을 제공한다. 또 다른 장애물은 개인치료를 요청하는 환자들에게 그들이 제출하는 문제가 정말로 가족의 문제라는 것을 설득하는 일이다. 이것은 가족치료의 한층 더 어려운 측면들 가운데 하나이다. 덧붙이자면, 나는 나를 좌절시키곤 했던 개별 작업의 '편안한 영역'에 굴복했는지도 모른다.

아마도 가족치료사가 되는 것은 내게 덜 중요할지도 모른다. 내가 받은 가족치료 훈련이 내가 개인들과 함께하는 작업에 크게 영향을 미친다는 사실을 나는 잘 안다. 나는 부모와 가족을 적극적으로 참여시키지 않고는 아이를 다룰 수 없었다. 부모들의 배경과 경험이 부모들이 그들의 아이들을 아는 것을 제약하고 또 보는 것을 제약할 때 나는 호기심을 느낀다. 나는 때때로 부모들에게 '분할'치료에 참여하도록 요청한다. 그 치료에서 부모들은 그들이 그들의 아이들과 맺는 관계에 영향을 미치는 심리학의 한 측면을 탐색한다. 이것은 의심의 여지없이 1인의 단독 개입이지만, 내가 받은 가족치료 훈련에서 뻗어 나온 대단히 흥미로운 결과물이며 아이들과 부모 모두에게 똑같이 매우 효과적이다.

지난 10년 동안에 대한 이러한 성찰과정은 슈퍼비전 과정을 연장하는 우연한 효과를 가져왔다. 의심의 여지없이, '가족연구소'에서 보낸 시간은 내가 더 나은 치료사가 되도록 도와주었다. 그것은 내가 더 자유로워지도록 도와주었고, 내가 누구이고, 내가 무엇을 느끼며, 좋은 것과 나쁜 것과 추한 것을 내가 어떻게 받아들여야 하는지 더 명확하게 볼 수 있도록 도와주었다. 나는 그렇게 함으로써 환자들도 내가 했던 것과 똑같은 것을 할 수 있도록 돕는 데에 더 개방적이 되었다. 가족치료는 매우 효과적인 접근법이고, 그것은 즐거운 작업일 수 있다. 하지만 나는 가족치료사 되기에 덜 흥미를 느낀다. 내가 내 자신이 되는 것에 그리고 개인들과 가족들이 그들 자신이 누구인지 받아들이고, 서로를 수용하며, 그들 자신을 수용하도록 돕는 것에 흥미를 느끼는 것에 비하면 말이다.

11
'오이디푸스 콤플렉스의 아들' 되돌아보기

길 툰넬(Gil Tunnell)*

사실 나는 길의 첫 2년간의 슈퍼비전을 분명히 기억하지는 못한다. 아주 초기에 나는 그의 학습 스타일이 개인적인 관여를 무릅쓰지 않는 가운데 거리를 유지하고 지식을 완전히 습득하는 유형의 것임을 알았다. 나는 그 스타일을 받아들였지만, 그것은 나를 그런 스타일에 가담하게 했다. 나는 거의 전적으로 이론적이고 교훈적인 의견을 전달했다.

그 후 길은 허비츠 가족과 함께 작업하기 시작했다. 그들은 진정으로 그들의 아이들을 돌보는 매우 다정한 유대인 중산층 가족이었다. 그들의 막내인 데이비드는 그의 시력을 잃을 우려가 있을 정도로 그의 눈을 세게 찌르는 바람에 정신과 병동에 입원해 있었다.

데이비드는 병원에서는 증상을 보이지 않았다. 그의 증상은 그가 집에 갈 때마다 다시 나타났다. 더 현명한 사람들의 세계에서였다면 모든 사람이 그의 증상이 가족과 관련이 있다는 것을 깨달았을 것이다. 그러나 정신과 소속 의사들은 그들의 이념에 입각하여 환자 개인의 내면세계에 모든 관심을 집중함으로써 눈이 멀고 말았다(이는 결코 단순한 말장난으로 하는 말이 아니다).

길도 바로 그런 세계에서 일했다. 그가 가족치료를 시작했을 때 그는 데이비드를 개별 환자로 보았다. 길이 허비츠 가족으로부터 그를 구해 낸 거리두기의 능력은 그

---

* 길 툰넬 박사는 데이비드 그린낸(David Greenan)과 함께 『동성애 남성들과 함께하는 커플치료(Couple Therapy with Gay Men)』를 공동 집필했다. 그는 콜롬비아대학교 사범대학에서 가족치료를 가르치며 뉴욕에 있는 '베스 이스라엘 의료 센터'의 책임자를 역임했다. 그는 뉴욕시에서 사설 상담소를 운영하고 있다.

자신의 가족에게서 가져왔다. 그는 평행여행parallel journey 치료법을 만들었다. 가족과 치료사는 서로 접촉하지 않고 서로의 옆에 앉아서 함께 여행했다.

하지만 정신증 환자의 가족을 변화시키려면, 우리에게는 열정의 치료가 필요하다. 길은 칼 휘태커에게서 비합리성의 터무니없는 복잡한 내용들을 즐겼고 학생들에게 그 근원에 놓여 있는 창의성을 전수했던 그 칼 휘태커에게서 많은 것을 배울 수 있었다. 하지만 내 스타일의 비합리성은 다르다. 나는 [마치 돈키호테처럼] 풍차를 향해 돌진한다. 하지만 길은 나를 따라서 직접적인 이의제기에는 이를 수 없었다.

그래도 이의제기의 방법에는 여러 가지가 있으며 그 가운데 많은 것이 부드러운 성격을 가지고 있다. 이의제기challenge와 맞부딪치기confrontation 사이에는 차이가 있다. 내 스타일은 빈번히 맞부딪치는 것이다. 사실 그것이 나만의 고유한 표지이다. 그러나 치료사는 또한 다양한 수준의 강도로 가족에 개입하는 방법을 알아야 한다. 그들은 가족의 정형화된 양식들에 이의를 제기하는 모든 방법들의 목록을 가지고 있어야 한다.

폭력가정에서 공손함은 이의제기가 될 수 있다. 지지, 열린 감정, 보살핌은 주저함과 불편함을 가져올 수 있다. 휘태커의 방법에서 '미친 생각crazy thoughts'은 예의 바르고 논리적인 가족에 불연속성을 도입할 수 있다. 격렬함과 관련해서 말하자면, 나는 찰스 피쉬맨(Charles Fishman)이 환자에게 "오늘 부모님 집을 떠나는 게 어때요?"라고 물었던 회기를 기억한다. 그의 목소리는 온화하고 부드러웠지만, 그는 그 회기에서 그 질문을 20번이나 반복했다. 매우 부드러운 치료사는 언제나 그의 목소리를 높이지 않고서도 매우 효과적으로 이의제기를 할 수 있다.

그러나 허비츠 가족은 더 많은 것을 필요로 했다. 길은 공손함의 세대들의 특징을 간직하고 있었다. 그것은 그의 유전자에 있었다. 그러나 이 가족과 함께 작업하면서 그는 일정한 거리를 두는 그의 지적인 스타일의 리듬에서 뛰쳐나왔어야 했다. 그는 언제나 그렇게 공손하지 않으려는 격렬함을 만들어 내야만 하는 중이었다.

여기에 기술된 치료 사례에 대한 슈퍼비전은 살바도르 미누친에게서 받았던 훈련의 3년차에서 시작되었는데, 그 훈련은 수년 동안 진행된 대학원 수준의 가족치료 훈련에 이어진 것이었다. 이 사례 이전에는 내게 체계적 사고란 대부분 인지운동에 관한 것이었다. 나는 여러 가족치료 학파를 비교하여 가르치는 것과 임상작업에서 흥미로운 개입들을 개발하는 것을 즐겼지만, 돌이켜 보면 가족과 함께하는 내 작업에 정서적으로 참여하지 않았음을 나는 안다. 나는 그들의 고통을 거의 느끼지 못했고 그들과 함께 적극적으로 그들의 투쟁에 참여하지도 않았다. 사람에게 거리를 두는 "너무 깊이 관여하지 마세요."라는 방식의 내 치료 스타일은 몇 가지 요인의 결과였다. 나는 실생활이나 치료에서 사람들과 너무 가까워지는 것이 조심스러운, 남부 출신의 앵글로색슨계 백인 신교도이다. 연구 심리학자로서 내가 받은 초기 훈련에서 나는 심리치료를 통한 변화의 가능성에 대한 회의적 태도를 배웠다. 그리고 가족치료와 연관된 가장 빠른 시기의 훈련은 전략적(Haley/Erickson) 모델에서 이루어졌다.

남부를 떠나 다른 존재 방식에 노출되었을 때, 나는 남부의 앵글로색슨계 백인 신교도로서 성장해 온 내 성격의 결정요인이 어떻게 지배적이 되었는지 알아차리기 시작했다. 그러나 나는 수년간 훈련을 받은 다음에야 내 배경이 내 치료 스타일에도 영향을 미쳤을 정도였다는 것을 깨달았다. 우리 가족들에게 감정이란 금기시되는 것이었다. 그것들은 정신을 흐리게 했고 객관성을 방해했다. 물론 우리가 때때로 감정들에 빠져들 수도 있겠지만, 우리는 어느 정도는 그것들을 제거해야 하고 대체로 그것들을 숨겨 두고 남에게 알리지 않아야 한다. 감정은 너무나 분명히 사람들을 서로 연결시키는 데 도움이 되지 않았다. 가족구성원들이 화가 났거나 괴로워할 때조차도 그것에 관심을 기울이는 것은 무례한 짓이라는 앵글로색슨계 백인 신교도들의 관습적 코드를 나는 내 어린 시절에 배웠다. 가족구성원들은 서로가 서로에게 마음을 썼지만, 개인들의 경계선이 정서적 연결보다 더 높게 평가되었다.

비록 내가 살았던 시골의 작은 지역사회에서 가족생활에 큰 중요성이 부여되긴 했지만, 친척들과 연결된 감정보다는 그 지역사회에 속한 가족단위로서 나타나는 것에 더 큰 중요성이 부여되었다. 내 부계 쪽 확대가족은 매주 일요일 오후 조부모님을 방문하는 것을 거의 거르지 않았다. 그 확대가족은 부분적으로는 가족조사위원회 같았는데, 가족구성원들 가운데 젊은이들은 꾸지람을 들었고 어른들은 조언을 제공했다. 내가 어린아이였던 때로 기억되는데, 집안의 가장 큰 강조사항은 그것에 관하여 가족이 자부심을 느낄 수 있는 성취들을 축적하는 것이었다. 무엇보다 감정적으로 복잡한 것은 무엇이든지 경시되었다. 학교에서 받은 좋은 성적은 칭찬받았지만 친척들끼리의 음주는 은밀히 언급되었다. 내 가족 입장에서 보면, 사람들은 꽤

추접스러울 수 있는데, 우리는 가능한 한 그 난장판을 피할 수 있도록 노력해야 한다. 가족사진첩에는 아주 잘 준비된 남부 음식과 함께 우아하게 차려진 휴일의 식탁들 사진이 많이 있다. 그러나 그 사진들에는 사람이 보이지 않는다. 그들은 가족이 앉기 전에 치워졌다. ‘작은 어른’으로 여겨지던 아이들은 보이지만 들리지는 않기로 되어 있었다. 신체적 양육은 아주 어린 나이 이후에는 거의 일어나지 않았다. 특히 소년들의 경우는 더더욱 그랬다.

그런 방식으로 길러진 것의 긍정적인 부분은 아이들이 자율적이고 독립적이 되도록, 그들 스스로 책임을 지도록, 그리고 다른 사람들을 성가시게 하지 않고서 그들 자신의 문제를 해결하도록 가르침을 받는다는 것이었다. 그러나 가족들에게 정서적인 차원에서 다가가는 것은 저지되었고 그렇게 하는 것이 좀처럼 만족을 주지도 않았다. 어떤 사람이 누군가에게 비밀을 털어놓게 되었을 때, 거기에 대한 반응은 대개 “스스로의 노력으로 해 나가면서 자제하라.” 따위의 것들이었다. 본질적인 메시지는 삶이란 스스로 책임을 지는 것이 가장 중요하다는 것이었다. 다른 사람들의 일에 너무 깊이 관여하면 너는 옆길로 새게 될지어다.

내가 기억할 수 있는 한, 나는 인간 행동에 대해 호기심이 많았다. 그런 종류의 질문들을 너무 많이 해서 내가 가족들에게서 비난을 받는 것이 거의 일상적인 일이 되긴 했지만 말이다. 오직 친할머니와 고모만이 내가 하는 일들을 다 받아 주셨다. 직업을 선택할 때가 되었을 때, 나는 임상심리를 계속하지 않았다. 나는 사회 및 성격심리학으로 박사학위를 받았다. 그것은 거리를 유지하고 객관적이 되는, 곧 관여하지 않으려고 무진 애를 쓰는 태도를 다시 반영하는 선택이었다. 나는 연구를 수행했고 대학 학부생들에게 심리학과 통계학을 가르치는 것이 행복했다. 내가 사회사업 전공 대학원생들의 석사학위 논문을 지도하기 시작했던 어느 여름이 되기 전까지는 말이다. 나는 그들이 논문으로 쓰고 있는 임상문제보다 그들의 연구 설계에 내가 관심을 덜 가진다는 것을 알았다.

몇 년 뒤, 나는 임상심리학을 다시 전공하기 위해 대학원으로 돌아왔다. 그러나 나는 개인의 심리역동에 대한 전통적 심리학자의 관심을 따르지 않았고, 그 대신 가족치료 훈련을 선택했다. 체계적 사고는 훨씬 객관적이고 무의식보다 덜 불가사의했다. 여전히 마음속으로는 사회심리학자였기에, 이해관계의 현상(가족들)이 [특히 일방경 뒤에서는] 한층 더 손쉽게 관찰될 수 있고 따라서 잠재적으로 더 ‘객관적인’ 개입이 구성될 수 있을 거라고 나는 생각했다.

가족치료 세미나에서 나는 구조적 가족치료에 관한 미누친의 대표적인 텍스트들을 읽었지만, 내 초기 임상작업은 전략적 모델을 따랐다. 전략적 모델의 슈퍼바이저들에게서, 나는, 아이디어의 씨를 뿌리기 위해 회기들을 이용하고 회기들 사이에서 변화가 일어나기를 기대하면서, 많은 과제를 내 주는 것과 은유적 이야기로 말하는 것을 배웠다. 이 모델은 내가 적절한 과학적 태도를 유지할 수 있게 해 주었다. 만약 가족이 회기들 사이에서 변화했다면, 그것은 그 개입이 효과적이었음을 보여 주는 것이었다.

전략적 모델에서 치료사는 가족이 가진 문제의 해결책을 아는 전문가로서 여겨진다. 오로지 치료사는 가족이 다음 회기에 상담을 받으러 돌아오기 전에 그들을 변화하게 할 개입을 고안할 수 있을 만큼 충분히 영리해야 한다. (이 모델은 우리 가족의 일요일 오후 가족조사위원회를 조금 연상시켰다. 거기서 우리 할아버지는 가족구성원들 각각에게 이번 주의 조언을 주셨지만 대체로 너무 깊게 관여하시지는 않았다.)

내게, 전략적인 작업은 매우 흥미진진했지만, 본질적으로 그것은 지적인 시도였다. 나는 어느 정도는 사람들에게 한층 더 관여하고 있었지만, 내 임상작업은 단호하게 거리를 두고 이루어졌다.

살바도르 미누친과 함께했던 훈련의 첫 2년 동안, 나는 구조적 가족치료가 회기 내에 변화를 일으키려고 시도한다는 것을—그리고 이러한 회기가 흔히 치열하다는 것을 곧 알게 되었다. 나는 미누친이 많은 가족에게서 변화를 창조하는 것을 보았다. 그러자 전략적 치료가 비교적 시시하게 느껴지기 시작했다. 하지만 나는 내가 그렇게 효과적으로 힘 있게 행동하는 것을 볼 수는 없었다. 그것은 임상과정에 너무 많은 개인적인 관여를 요구했다. 그래서 나는 어느 정도 거리를 두고 작업을 계속했고, 나는 내 가족사례를 그렇게 자주 발표하지는 않으려고 했다. 미누친은 내가 내 작업을 보여 주기를 꺼린다는 것을 감지했음에 틀림이 없지만, 그는 그것을 언급하지 않았다. 나는 미누친이 다른 수련생들과 함께 작업하는 것을 관찰하면서 수동적으로 배웠다.

그가 내게 이의를 제기하지 않아 나는 안도했지만, 내가 기회를 놓치고 있다는 것을 나는 알고 있었다. 미누친은 어떤 가족의 가족과정에 이의를 제기함으로써 그 가족과 함께 작업하는 것과 마찬가지로, 수련생들의 치료 스타일에 이의를 제기함으로써 수련생들과 함께 작업한다. 그가 가족구성원들 가운데 이의를 제기할 사람을 선택하여 [그/그녀와 함께] 작업하지 모든 가족구성원과 똑같은 강도로 작업하지는 않는 것처럼, 미누친은 모든 수련생과 똑같은 강도로 작업하지 않는다. 나는 개인적으로 그가 나를 그의 치열한 훈련 스타일을 받아들일 수 있을 만큼 충분히 강하지 않다고 보는 것인지, 아니면 그가 내게는 '스타일'이라고 할 만한 것이 없을 정도로 내 임상기술이 아직 진전되어 있지 않다고 믿는 것인지 궁금했다. 어떤 이유에서든, 그 첫 2년 동안 내게는 큰 변화가 일어나지 않았다. 내게 두드러진 일이 발생하지 않았던 가장 근본적인 이유는 내가 미누친에게 나와 함께 작업할 많은 것을 주지 않았을 정도로 나는 한 사람의 개인으로서나 내 임상작업에서나 지나치게 나를 억누르고 있었기 때문이라는 것을 나는 지금은 안다. 나는 준비가 되어 있지 않았던 것이다.

> 나는 처음에 길과 내가 암묵적 합의에 만족했다고 생각한다. 하지만 나는 너무 많이 그의 회피에 부응하기 시작했다. 나는 그가 그의 2년차에 많은 것을 배웠다고는 생각하지 않는다. 아마도 적어도 그가 내게서 배운 것은 별로 없었을 것이다. 아마도 나는 그가 변할 수 없거나 변하지 않을 것이라고 느꼈기 때문에, 상담 실천가로서 그의 발전에 대한 내 관심은 줄어들었다. 그가 왜 3년차에도 등록을 했고, 내가 왜 받아들였는지는 모르겠지만, 나는 우리가 그렇게 한 것이 기쁘다.

준비가 되었든 되지 않았든, 훈련 3년차에 상황은 극적으로 바뀌었다. 미누친은 그 해의 첫 번째 슈퍼비전과 함께 내게 이의를 제기하기 시작했다. 내게는 내 치료 스타일이 있었지만, 그것은 매우 물렁한 편이었다. 그때 나는 그 해에는 달라질 것이라는 것을 알았다. 그것은 아마도 그 슈퍼비전의 대상이었던 [내가 작업하고 있던] 사례의 유형 때문이거나 미누친이 마침내 내 과묵함에 진절머리를 내게 되었기 때문이거나 내가 한층 더 준비가 되어 있었기 때문일 것이다.

몇 년이 지난 지금, 나는 이 경험을 몇 가지 관점에서 언급할 수 있다. 그것은 내게는 완전한 변신의 한 해—개인적인 분열의 한 해이면서 또한 개인적인 성장의 한 해였으며 내게 지속적인 형향을 끼쳤다. 가족치료사로서 그리고 어쩌면 내 인생 전체에서 처음으로, 나는 대립적이 되는 것, 불연속적이 되는 것, 그리고 더 진정성을 가지게 되는 것을 실험했다. 그 해에 나는 내담자 가족과 아주 효과적으로 부딪친 적이 없었지만, 그 씨앗이 뿌리를 내려서 지금은 다른 가족들과 효과적으로 부딪칠 수 있게 되었다. 대립은 여전히 내가 선호하는 스타일이 아니지만, 나는 그것을 덜 두려워하고 그것을 하면서도 내 기본적인 성격에 어울리는 방법을 찾았다. 내 목소리는 부드럽지만, 또 그런 부드러움은 내가 어떻게 해 볼 수 없는 어떤 것이지만, 부드러움은 이제 더 이상 관찰자들이 내 스타일을 묘사할 때 사용하는 첫 번째 단어가 아니다. 그러나 목소리나 스타일에서 일어난 변화보다 더 근본적인 것은 내가 생각하는 방식에서 일어난 변화이다. 내가 무엇을 하고 있든, 또는 가족에게 무엇을 말하든, 나는 항상 가족에 대해 구조적으로 생각하고 있고, 가족이 그 구조를 바꾸는 데 어떤 개입이 도움이 될 수 있는지 생각한다. 다른 그 무엇보다도, 미누친은 내게 생각하는 법을 가르쳐 주었다.

> 변화를 창조하는 다른 방법이 있다는 것을 여기서 반복하는 것이 중요하다고 나는 생각한다. 맞부딪치기도 그것들 가운데 하나이다. 하지만 이의제기하기와 맞부딪치기는 다른 유형이다. 여러분은 부드러워지기와 지지하기로도 정형화된 양식에 이의제기를 할 수 있다. 폭력가정에서는 부드러워지기와 공손해지기가 이의제기가 되는 것이다. 지적 추상화를 좋아하는 가정에서는 구체적으로 되는 것이 이의를 제기하는 것이고, 무례한 가정에서는 정중해지는 것이 이의를 제기하는 것이다. 차이를 증폭시키고 갈등을 조장하는 내 특별한 기술을 가리켜서 사람들은 맞부딪치기라고 불렀다. 나는 문제가 그것보다는 더 복잡하다고 생각한다.

그가 내게 가르쳐 준 가장 중요한 것은 더욱더 대립을 일삼고 이의를 제기하는 것이다. 미누친도 그렇게 생각할 것이라고 나는 믿는다. 그는 확실히 그렇게 했다. 하지만 그는 또한 내게 어떻게 가족과 정서적으로 합류해야 하는지도 가르쳐 주었다. 나는 그가 그 자신의 스타일을 그런 식으로 생각하지는 않는다고 생각한다. 그가 시키는 훈련에서 그는 합류joinging와 연결connection의 중요성이 아니라 균형깨기unbalancing와 맞부딪치기confrontation를 강조한다. 그러나 그의 작업에서 그는 전자에 능숙한 것만큼이나 후자에도 능숙하다. 미누친은 내게 물러나고 나아가는 방법을 가르쳐 주었고, 때로는 가까이서 작업하고 때로는 거리를 두는 방법을 알려 주었다. 그는 이것을 '끌어당기기와 밀어내기zooming in and out'라고 부르곤 했다. 나는 이제 그 기술을 사용할 수 있다. 나는 또한 가족에게 공감적이 되고 세심해지기도 하지만 도발적 될 수도 있다. 가장 중요한 것은, 그 회기에서 정동affect이 나타날 때, 나는 그것이 두렵지 않다는 점이다. 때때로 나는 그들과 함께 울고 있는 내 자신을 발견한다. 그것은 아무 문제없다.

> 치료사는 가족을 경험적으로 알아야 한다. 그는 가족구성원들의 요구들에 시달려야 한다. 만약 치료사가 항상 중간 거리로 여행한다면, 그는 그런 경험을 놓칠 것이다. 그래서 슈퍼비전 과제는 가족들이 어떻게 서로를 밀고 당기는지를, 가족들에 대한 그의 대응을 통해서 슈퍼바이지에게 가르치는 것이다. 나는 이 경험에 길을 떠밀어 넣을 방법을 찾아야 했다.

허비츠 가족

22세의 데이비드 허비츠는 스스로 자신의 오른쪽 눈에 부상을 입혀 병원에 입원했다. 그는 그의 손가락으로 눈을 찌르고는 한다. 가족 가운데 누군가가 그가 무엇을 하고 있는지 발견하거나 눈에서 피가 나기 시작할 때만 그는 [눈을 찌르는 것을] 멈춘다. 병원에 입원한 그는 항불안제와 행동치료가 결합된 치료를 받았다. 눈 찌르기는 꽤 빨리 사라졌지만, [데이비드의 치료에 참여한] 부서원들은 데이비드가 주말에 집에 가거나 그의 가족이 병원에 방문할 때마다 증상이 다시 나타난다는 것을 관찰했다.

> 가족과 다시 합류할 때마다 나타나는 증상 때문에 18개월의 입원기간을 거치면서 데이비드가 공식적으로 인정된 환자로 남아 있었다는 것은 놀라운 일이다.

데이비드는 여전히 부모와 함께 살고 있는 5명의 성인 자녀들 가운데 막내아들이다. 데이비드와 장남 허브(35세)는 부모의 사업체에서 일했다. 딸 메리(32세)는 직장에 다녔으며 그녀 혼자의 힘으로 지하실을 개조한 작은 아파트에서 살았다. 그녀보다 더 어린 딸들인 셸리(28세)와 레베카(24세)는 시간제 근무를 하면서 대학에 다니고 있었다. 가족 사업체에서는 아무런 역할도 하지 않았으며 이성교제 중이었던 메리,

레베카 그리고 셸리는 데이비드와 허브 그리고 부모가 맺고 있는 친밀한 유대의 연합에서는 덜 중심적이었다.

전통적 결혼이라 보이는 것에서 그런 것처럼, 허버트는 사업체를 운영했고 스텔라는 가정을 관리했다. 스텔라는 대인관계 갈등으로 여러 직장에서 해고되었다. 그녀는 일을 하고 싶어 했다. 그러나 허버트는 그녀가 집에 머물면서 가정을 관리하고 그의 사업을 위해 회계장부를 정리하는 것을 그가 선호할 정도로 그녀는 직장에서 분란을 일으켰다고 말했다. 그들의 가족과 관련하여 그 부부가 바라는 소망은 모든 아이가 결국에는 그 사업체에 합류하는 것이었다. 스텔라는 아이들이 당연히 결혼이야 하겠지만 집에서 한 블록 이상 떨어진 곳에서 살지 않기를 바랐다. 그녀의 모든 아이가, 그 가운데 특히 어렸을 때 아팠던 데이비드가 그녀에게서 떨어져 있을 때, 스텔라는 매우 염려가 된다고 말했다. 허버트 또한 염려했다. 그는 지금은 정기적으로 '도박중독 자조모임Gamblers Anonymous'에 참석하고 있는, 정상상태로 회복 중인 도박꾼이었다. 그것이 그의 주된 사회적 배출구였다.

첫 번째 회기는 온 가족이 참석한 가운데 병원에서 진행되었다. 나는 스텔라가 데이비드를 껴안는 것을 지켜보았다. 그는 병원 환자복을 입고 있었다. 스텔라는 그에게 달려가 두 팔로 그를 껴안은 다음, 그를 끌어안고는 그의 가슴 털을 가지고 장난을 치며 서 있었다. 그것을 보고 깜짝 놀라면서, 나는 그들에게 앉으라고 요청하고는 그들의 가족사를 알아보는 데 집중하려고 노력했다. 오늘, 그 장면에 대해 내가 기술하고 있는 동안, 그때 거기서 더 적극적이지 않았던 내 자신을 나는 상상할 수 없다.

각 가족구성원들은 [그들의 가족사를 이야기하면서] 데이비드에게 초점을 맞추었다. 그들은 그가 가족의 유일한 문젯거리이며 그의 행동이 그들의 모든 삶을 방해하고 있다고 불평했다. 그들의 한층 더 완전한 사진, 곧 데이비드를 중심으로 하지 않은 가족의 사진을 얻으려고 노력하면서, 나는 그들에게 데이비드가 아프기 이전의 그들 가족에 대해 말해 달라고 요청했다. 그들은 저녁식사 후에 일상적으로 반복되는 그들의 생활 모습에 대해 내게 이야기했다. [그 이야기에 따르면,] 아버지는 '도박중독 자조모임'에 가거나 아래층에 머무르곤 했고, 어머니와 아이들은 그 집(부모의 침실)에서 제일 좋은 TV를 보았다. 데이비드는 종종 침대 위에서 어머니 옆에 앉아 있었고, 다른 아이들이 잠자리에 들 때에도 종종 남아 있었다.

명백한 사실을 여전히 애써 무시하면서, 나는 가족들로 하여금 그들이 누구인지에 대해 더 자세히 설명하게 하려고 노력했다. 나는 텔레비전 프로듀서가 그들의 이야기를 TV 영화를 만들려고 한다면 어떤 주제를 고를 것인지 그들에게 물었다. 그것은 내가 보기에는 '함께하는' 가족, '모두는 하나를 위해, 하나는 모두를 위해' 있는 가족이었다. 나는 그들의 엉킴에 다시 틀을 부여하려고 시도했던 치료 약정을 만들어 내면서 그 상담을 끝냈다. 나는 그들이 직렬로 연결된 한 세트의 크리스마스트리용 전등들처럼 보인다고 그들에게 말했다. [크리스마스트리용 전등의 경우] 전구 하나가 꺼지면 모두 다 꺼졌다. 그들이 나와 함께 작업하기를 원한다면, 내 임무는 그들을 병렬로 연결하여, 각각의 전구들이 다른 모든 전구에 여전히 연결되어 있으면서도 독립적일 수 있도록 해야 하는 것이었다. 가족의 반응은 관대했다. "그게 우리 문제를 살펴보는 좋은 방법이겠네요, 툰넬 박사님, 우리는 선생님과 함께 작업할 거예요. 우리가 유대인이라는 것만 기억해 주세요."

슈퍼비전 시작

그 당시 미누친은 각 수련생이 [함께 슈퍼비전을 받고 있는 동료 수련생들의] 그 그룹에서 3명을 뽑아 그들이 한 팀을 이룬 동등한 슈퍼바이저로서 봉사하게 함으로써 그의 슈퍼비전을 수행하고 있었다. 미누친의 역할은 그 팀을 슈퍼비전하는 것이었다.

> 나는 내 슈퍼비전의 참여자들과 함께하는 이원 체제로 된 상호교류에서 중심이 되면서 거기에 관여하는 것을 좋아한다. 그러나 때때로 나는 이것이 모든 수련생의 참여와 학습에 방해가 된다고 느끼거나 내가 에너지를 전부 소진했다고 느끼기도 한다. 그래서 나는 수련생들에게 슈퍼비전을 수행하는 그룹에서 작업해 보라고 요청하거나 슈퍼비전을 수행하는 과정을 가르치는 한층 더 거리를 둔 위치로 나를 옮겨 가기도 한다. 나는 한 해 동안 두 개의 조직들 사이에서 번갈아 가며 슈퍼비전을 수행하는 것이 심화단계의 수련생 그룹에게 새로운 흥미와 학습의 차원을 가져다준다고 생각한다.

미누친은 허비츠 사례와 관련된 슈퍼비전을 수행하고 있는 우리 팀의 시도들에 관여하지 않을 수 없었다. 내가 사로잡혀 있었던 것만큼 모든 사람이 저 매혹적인 오이디푸스 콤플렉스의 요소에 사로잡혔다. 미누친은 비판적이고 직접적이었다. 비록 가혹하지는 않았지만 말이다. 그는 내가 크리스마스트리용 조명의 은유를 가지고 재구성하려고 했던 시도가 부적절했고, 그것은 기독교도의 은유라고 말했다. 그는 그것이 내가 가진 앵글로색슨계 백인 신교도다운 평정심을 반영한다고 말했다. 이 논평은 치료에서 시작된 유대인/개신교 주제를 슈퍼비전으로 가져왔다. 미누친은 또한 [이 가족의 사례와 관련하여] 이야기들을 이용하려는 그 어떠한 시도에도 회의적이었다. 내러티브 접근법은 가족 분야에서 이제 막 인기를 얻고 있었고, 우리 가운데 많은 사람이 그것을 가지고 실험하고 있었다. 그러나 그는 이 사례에서는 그것이 실패할 것이라고 생각했다. 허비츠 가족과 함께 작업하면서, 나는 변화를 가져오는 위기를 조성하기 위해 더 많은 것을 해야 했다.

나는 이 가족의 필요와 길의 치료 스타일 사이의 부조화에 대해 걱정이 많았다. 그들은 친밀함과 충성심을 치열하게 요구하는 가족이었다. 극도로 감정적이고, 자기인식도 없고, [그 가족의] 내부 구조에서는 미분화되었고, 외부에 대해서는 강력하게 보호되고 있었기 때문에, 그들은 거의 모든 것을 그들의 단란함에 적용할 수 있어야 했다. 이 유대인 밀집 집단에 맞서서, 길은 지적인 논평을 제공하려고 노력하고 있었다. 그의 선언문에는 효과적인 기도문이 없었다. 그 가족은 얌전한 환자처럼 행동하며 조언을 구하고 있었다. 하지만 나는 이런 가족들과 함께 작업한 적이 있다. 그리고 그러한 가족들이 단순히 이성을 흡수하고 때로는 그것을 되돌아보기도 하지만, 그것이 그들의 경험에 영향을 주도록 허용하지는 않는다는 것을 나는 알고 있었다.

나는 길이 허비츠 가족과 함께 작업해야 해서 기뻤다. 그들은 그에게 도움이 될 것이다. 자, 길이 그들에게 도움이 되도록 나는 길을 어떻게 도울 수 있을까?

나는 먼저 길이 그 가족을 적수로서 경험하게 하려고 했다. 그가 무능해 보인 것은 그들의 잘못이었다. 그들은 나와 슈퍼비전 클래스 전체에게 그의 기량 부족을 보여주는 상황을 만들고 있었다. 나는 길이 그 자신과 함께 다음 회기에 가져가야 할 자기방어적인 분노를 진전시키기를 간절히 바랐다. 그의 정신의 선두에 서 있는 나와 우리 클래스 전체와 함께, 그는 그렇게 자동적으로는 그의 논리적인 대응을 사용하지 않을 수도 있었고, 그 대신 그의 불확실성이 그로 하여금 새로운 어떤 것을 찾기 위해 더 적극적으로 탐색하게 할 수도 있었다.

미누친은 이 가족이 나를 으깬 감자로 만들고 있다고 말했다. 그것은 심각한 사례에 속한 매우 심각한 징후이므로 내가 구조적인 변화를 유도하기 위해 무언가를 해야 한다고 그는 요구했다. 강렬함을 만들기로 결정되었으므로, 나는 오이디푸스 콤플렉스 주제로 [이 가족을] 다루기로 결심했다.[9] 다음 회기에서 나는 가족들에게 데이비드가 부모의 성관계에 대해 '무의식적으로' 호기심이 강하다고 말했다. 나는 그의 호기심을 그가 그의 눈을 찌르는 것과 연결시켰다. 데이비드는 사물들이 제자리에 있지 않은 곳에서 사물들을 찔러 대고 있었던 것이다.

나는 정신분석학적으로 생각하지는 않으며 이 가설을 믿지도 않았다. 나는 그 가족의 반응을 이끌어 내기 위해 위험을 무릅쓰고 그것을 이용했다. 그들의 대답은 그것이 사실인지 데이비드에게 물어보자는 것이었다. 놀랍게도, 그는 그들의 성관계에 대해 호기심이 많았고 그래서 그들에게 그것과 관련해서 상세한 질문을 하기 시작했다고 말했다. 나는 허버트가 그의 아들의 질문에 자세하게 대답하기 시작했을 때 훨씬 더 놀랐다. 스텔라가 마침내 물었다. "데이비드, 이 모든 게 너랑 무슨 상관이 있지?"

비디오테이프로 그 회기를 지켜보면서, 미누친은 가족들의 대화보다는 내 무대책에 더 놀랐다. 나는, [그들이 그렇게 하도록] 부추겼던 것은 아니었지만, 부모의 성관계에 대해 부모와 그들의 성인 아들 사이에서 부적절한 대화가 오가도록 허락했었다. 그는 내가 시도한 오이디푸스 콤플렉스 주제의 탐색이 지나치게 합리적이라고 공격했고 내가 그 가족과 했던 대화의 스타일은 전적으로 너무 정중하고 인내심이 강하다고 말했다. 나는 그 회기가 내게서 달아나게 했다. 미누친은 눈에 띄게 화가 나 있었다. 그는 일어서더니 다른 수련생들 앞에서 내게 망신을 주면서 내 머리 위로 커피를

9) 역자 주: 잘 알려져 있다시피, 소포클레스의 비극 『오이디푸스 대왕』에서 오이디푸스는 그토록 찾던, 테베에 온갖 재앙을 가져온 자가 바로 그 자신임을 그리고 그가 그 자신의 아버지를 살해하고 그 자신의 어머니를 아내로 맞이했음을 알게 되자 아내이자 어머니인 왕비 이오카스테의 브로치로 그 자신의 눈을 찔러 멀게 함으로써 스스로를 징벌한다. 길 툰넬 박사가 이 장의 제목을 '오이디푸스 콤플렉스'와 연관된 것으로 붙인 이유도 그 자신의 눈을 멀게 한 오이디푸스와 그 자신의 눈을 멀게 하려는 데이비드의 이미지의 유사성에 있을 것이다.

쏟아붓는 시늉을 했다.

나는 말문이 막혔다. 그가 내게 하라고 한 것을 나는 했지 않은가? 나는 치료를 강화했다. 나는 금기시되는 주제를 그 회기에 가져왔다. 제대로 된 앵글로색슨계 백인 신교도가 어떤 가족에게 성에 대해 토론할 것을 요청했다. 미누친이 내게서 원하는 것이 도대체 무엇이란 말인가?

> 나는 이 논리적 사상가가 그 가족의 문법에 가까운 조이스의 문법을 경험하기를 원했다.[10] 길이 시도한 '새로움'은 더 많은 동일한 것을 향하고 있었다. 그는 데이비드를 확인된 환자의 위치에 있게 했고, 데이비드의 사고방식과 존재방식에 대한 부모의 호기심을 증가시켰으며, 그것을 탐색함으로써 가족들의 근접성proximity을 증가시켰다. 그동안 줄곧 그는 호기심이 강한 사람으로 남아 있었지만 [그 자신에게서] 지적인 치료사를 분리했다.
>
> 나는 좌절했다. 빈 커피 잔을 그의 머리 위에서 뒤집은 것은 가장된 짜증이었지만, 나는 진짜로 길에게 화를 내게 되었다. 나는 그를 가르치려고 애를 쓰면서 2년을 보냈다. 그는 총명하고 유능했다. 그런데 도대체 왜 그는 그렇게 꼼짝도 하지 않았을까? 내 행동의 부분들은 전략적으로 작동하고 있었다. 우리 사이의 위계질서와 격렬함을 만들어 내면서 말이다. 그러나 나는 또한 내가 내 멋진 모습을 정말로 날려 보냈다는 것을 알고 있었다.

나는 어떤 가족이 그 구조가 도전을 받았을 때 어떻게 느껴야 하는지 이제는 직접 체험으로 안다. 유기체로서 우리가 가진 감각은 전체적으로 혼란에 빠진다. 낡은 구조로 재편성하는 것은 불가능하지만, 아직 그 자리를 대신할 만한 것은 없다. 그 대신에 극심한 불안감이 있게 마련이다.

슈퍼비전 이후 몇 시간은 내게 극도의 고통의 시간이었다. 다른 수련생들이 내게

10) 역자 주: 여기서 미누친이 말하는 조이스(Joyce)는 아일랜드의 소설가이자 시인인 제임스 조이스(James Joyce: 1882~1941)를 가리킨다. 그의 소설『피네건의 경야(Finnegans Wake)』는 영어(30퍼센트), 조이스가 만들어 낸 신조어, 합성어와 함축어, 그리고 65개국의 외래어들이 중첩되고 혼성된 언어유희의 작품으로 유명하다. 미누친은 그처럼 다양한 언어로 축조된 조이스의 작품을 떠받치고 있는 난해하고 모호한 문법을 정신증을 앓는 환자를 둔 가족구성원들 사이에서 이루어지는 대화의 문법에 비유하고 있다.

점심을 먹고 와서 그것에 대해 이야기하자고 충고했다. 나는 그들에게 고마움을 표하고는 정중하게 사양했다. 나는 병원으로 돌아가기로 되어 있었다. 그 대신 나는 멍한 상태에다가 불안하고, 혼란스럽고, 무기력한 기분이 되어 미누친의 사무실 주변의 거리를 거닐었다. 이 사례는 처음부터 나를 속수무책으로 만들었지만, 그날 오후 내가 느낀 것은 훨씬 더 극단적이었다. 미누친은 마침내 나로 하여금 판에 박힌 내 방식에서 벗어나도록 충격을 주는 데 성공했다. 하지만 나는 이제 무엇을 할 것인가?

그 당시 나는 미누친이 내게 했던 것과 내가 그 가족과 함께해야 했던 것 사이의 유사점을 인식할 수 없었다. 나는 다만 내가 물렁하지 않은 일을 해야 한다는 것만을 알고 있었다. 하지만 내가 일을 망쳐서 데이비드가 더 나빠지기라도 한다면 어쩔 것인가? 만약 그가 실제로 그 자신의 눈을 멀게 해 버리기라도 한다면 어쩔 것인가?

나는 그 일이 어떻게 일어났는지 모른다. 하지만 어느 정도 내 곤경이—데이비드가 그 자신의 눈을 멀게 하지나 않을까 하는 불안이 치료의 새로운 초점이 되었다. 다음 회기에서 나는 아주 간단한 구조적 개입을 시도했다. 나는 그 부모를 소파에 앉게 한 다음 데이비드를 그 자신의 의자에 앉게 했다. 그 부모가 데이비드를 대신해서 말을 할 때마다 또는 나와 데이비드의 대화에 그들이 끼어들어 말참견을 할 때 나는 그들을 막았다. 나는 그 부모가 말하도록 격려하면서 데이비드가 끼어들어 방해하는 것을 막았다. 이 모든 것은 아주 기본적인 구조적 가족치료이다. 하지만 나는 한 회기에서 이렇게 적극적인 적이 없었다.

미누친은 이러한 구조적 기법들이 빠른 증상 완화나 지속적인 구조적 변화를 가져오기에는 충분치 않을 것이라고 말했다. 하지만 그는 이것이 내게 얼마나 중요한 전환인지 알아차렸다. 그는 평소의 비판적인 역할을 유지하면서, 내게 덜 부드럽게 그리고 더 적극적으로 행동하라고 촉구했지만, 그는 그 변화를 인정했다. 흥미롭게도, 그는 이런 스타일의 변화는 실제로 앵글로색슨계 백인 신교도로서 늘 경계들과 적절한 거리를 의식하는 내 본성에 그 뿌리를 두고 있다는 사실에 주목했다. 아마도 내 유산은 결함으로 보이는 대신에 자원으로 활용될 수 있을 것이다. 여기서 다시, 이것은 그의 치료와 같았다. 미누친은 가족에게서 그 기능을 제대로 하지 못하는 춤의 내부에서 [그의 치료의] 기반이 될 수 있는 작은 스텝을 발견한다. 이제 그는 내 안에서 이 가족과 함께 작업하면서 효과적으로 박자가 맞춰질 수 있는 자원을 찾았다.

슈퍼비전의 비디오테이프는 미누친이 내게 더 가까이 앉아 있음을 보여 준다. 그는 특히 가족과 함께하면서 이루어지는 내 교묘한 조치들을 지켜볼 때 더 다정해진다. 그는 계속해서 나를 비판한다. 하지만 그는 또한 내게 많은 힘을 실어 주고 있다. 그러한 지지의 감각은 내가 그 가족과 적대적이 되는 것에서 더 큰 위험을 감수할 수 있게 해 줄 것이다.

> 길은 변하고 있었다. 단지 그가 구조적인 경계선의 정의를 가지고 작업하고 있었던 것만은 아니었다. 그는 대담하게도 위험을 무릅쓰고 있었다. 그의 해석은 지성적인 것 이상이었다. 그의 몸에서 드러나는 태도는 참여를 보여 주었다. 그는 가족구성원들에게 지시하거나 그들을 방해할 때 앞으로 나아갔다.
>
> 나는 그가 분명히 내 우정을 느끼고 있어서 행복했다. 나는 이전의 내 슈퍼비전 회기에서 보여 주었던 내 대응이 신경이 쓰였다. 그래서 나는 그가 나와 함께하는 작업에 편안함을 느꼈다는 것이 기뻤다.

미누친의 치료 상담

나는 확인된 환자의 딱지를 데이비드에서 스텔라로 옮기려고 애쓰기 시작했다. 나는 아버지가 그녀에게 소홀했기 때문에 어머니는 의기소침해지고 쓸쓸하게 지내게 되었으며 그것이 그녀가 그녀의 아들에게 의지하게 된 원인이라는 주제를 발전시켰다. 하지만 이런 생각들은 호소력이 부족했다. 그리고 나는 부모들에게 그들의 행동이 만약 억제되지 않는다면, 그들의 아들의 눈을 멀게 할 것이라고는 직접적으로 말하지 않았다. 미누친은 매우 강도 높은 상담에서 바로 그렇게 했다. 사실 그의 작업을 4년이나 지켜보는 동안, 나는 미누친이 그보다 더 격렬하게 가족들에게 이의를 제기하는 것을 본 적이 없다.

그 회기의 초기에 미누친은 데이비드가 그 자신의 눈을 찌르는 것을 가리켜 그의 부모의 이익을 위해서 행하는 개인적인 보여 주기라고 불렀다. 그의 행동은 그들과 연결된 것이지, 그의 내면에 있는 그 어떤 것과도 연결되어 있지 않았다. 미누친은 말했다. "나는 유대인이에요. 그리고 나는 이런 것들을 이해합니다. 데이비드는 그의 어머니를 위해 그 자신을 희생하는 좋은 아들이지요. 이것은 유대인 배우들이 연기하는 그리스 비극이군요."

이것들은 단지 아이디어에 불과 했지만, 미누친은 거슬리는 스텔라를 의도적으로 무시함으로써 권력구조의 균형을 깨기 시작했다. 그녀가 계속해서 말하려 하자, 그는 그녀의 말을 가로막았다. 그녀가 데이비드의 강박적인 행동이 엄청난 양의 탄수화물을 섭취한다는 데에 그 원인이 있는 것은 아니냐고 물었을 때, 미누친은 그것은 말도 안 되는 소리라고 말했다. 데이비드는 미치지 않았다. 제정신이 아닌 것은 가족들이었다. 그는 그 지점에서 방을 나갔다.

그 부모는 싸우기 시작했다. 허버트는 스텔라를 아무도 상대하고 싶어 하지 않는 바보 같은 여자라고 했다. 데이비드는 조용히 있었지만 앞으로 몸을 숙이고는 부모들의 논쟁[의 과정]을 추적하고 있었다. 미누친은 돌아와서 모든 사람들이 방금 목격한 것을 극적으로 정리하였다. 감정적으로 품위가 손상된, 남편에 의해 방치된, 그녀에게 충실하게 남아 있기 위한 방법으로 그 자신의 눈을 멀게 해야 하는 아이에게 의지하는 것으로 위안을 삼으려는 아내[의 이야기]를 말이다. 그 순간 데이비드의 증상에 대한 이해는 완전히 체계적이게 되었다. 눈을 멀게 함으로써, 그는 어머니에게 삶에서 새로운 역할, 곧 아버지의 손에서 그녀를 떼어 내게 했던 그 역할을 부여해야 했을 것이다. 스텔라는 장애를 가진 데이비드를 돕기 위해 항상 그곳에 있어야 했을 것이다. 마지막에는 과장된 동작과 함께, 미누친은 출구는 없다고 말했다. 데이비드는 그의 부모에 대한 희생으로 그 자신의 눈을 멀게 하고 있었고, 스텔라는 그의 눈 역할을 하는 어머니가 될 것이었다. 그게 다였다. 그리고는 그는 밖으로 나갔다.

치료 상담에 이어졌던 그 슈퍼비전의 보고에서, 나는 데이비드의 증상의 진정한 체계적인 설명에 마침내 도달한 내 만족감을 검토했다. 이제 모든 것이 내게는 분명해졌다. 예상대로 미누친은 일관성이 없었다. 그는 그의 생각이 옳은지 그른지 여부는 상관하지 않는다고 말했다. 중요한 것은 그 생각들이 가족구조를 뒤흔들어 놓기에 충분히 새로운 것인지 여부였다. 치료는 가족들로 하여금 다르게 생각하고 행동하게 하는 창의적 과정이다. 사실 어떤 것이 참인지 거짓인지 우리는 결코 알 수 없다. 나는 처음부터 다시 불편해졌다. 동시에 이것은 가족들에게 도전하는 새로운 방법을 찾을 수 있게 나를 해방시켰다.

▌ 치료 상담을 하면서 나는 크게 곤란에 빠진 가족들에게 다가가는 데 항상 어려움

> 을 겪었다. 그들은 협조적이고 가르침을 요청하며 그들이 사실상 방향을 완전히 바꾸어야 한다는 지시를 기꺼이 따르는 것처럼 보이기도 한다. 나는 내 개입으로 가족과 치료사 모두에게 충격을 주어야 했다.
>
> 길은 변하고 있었다. 그러나 그는 여전히 낱말들의 힘을 믿었다. 전능하신 신처럼, 그가 [빛이 있으라는] 그 말을 한다면, 빛이 있게 될 것이다.
>
> 치료 상담은 높은 정서적 강도를 위한 이상적인 형식이다. [치료상담에서 컨설턴트를 하는] 치료사는 뺑소니 운전자와 같을 수 있다. 그는 합류하고 위로할 필요 없이 강력한 충격을 만들어 낼 수 있다. 그래서 나는 데이비드에게 그가 왜 병원에 있게 되었는지 물었다. 그는 점점 나아지고 있다고 말했다. 나는 그렇지 않다고 말했다. 그들은 그가 마치 정신이 나가기라도 한 것처럼 그를 대했지만, 정신이 나간 것은 바로 그의 가족이었다. 스텔라는 그의 기괴한 증상을 상세히 이야기함으로써 그를 변호했다. 나는 그가 그녀를 보호하고 있다고 말했다. 허버트가 스텔라를 공격했을 때, 나는 그가 잔인하다고 말했다. 그녀가 데이비드의 보호를 구하도록 그가 강요했으니까. 모든 요소는 가족구성원을 밀거나 당기는 것으로 해석되었다. 연결되지 않은 것은 아무것도 없으며, 자발적인 것 역시 아무것도 없었다. 그 해석의 '진실'은 중요하지 않았다. 중요한 것은 감정적으로 격앙된 회기에서 모든 것이 이해할 수 있는 것처럼 보였다는 점이다. 치료 상담이 끝날 무렵, 모든 것이 데이비드의 눈 찌르기에 묶였다. 모든 비극에서 그런 것처럼, 모든 것이 불가피한 자기 파괴적인 몰락으로 이어지고 있었다. 데이비드는 그의 가족을 위해 그 자신의 눈을 멀게 하려고 했다. 길은 그 예측을 가족의 개별화를 위한 도구로 사용할 수 있었다.

이어지는 다음 회기들에서 나는 예언을 몇 번이고 반복했다. 비통하게, 그러나 가차 없이 나는 그 가족에게 결국 데이비드가 스텔라를 위해 그 자신의 눈을 멀게 할 것이라고 말했다. 출구는 전혀 없었다.

그들의 슬픈 운명으로부터 내 주의를 딴 데로 돌리고 데이비드의 증상에 상호작용의 틀을 부여하는 것을 거부하려고 애를 쓰면서, 그 부모는 그들의 드라마가 제 기능을 발휘하지 못하는 자녀를 둔 다른 가족들의 문제보다 덜 비극적이라고 반박했다. 나는 그 말에 고개를 가로저었다. 그들의 드라마가 훨씬 더 비극적이었다. 그들의 아들은 의도적으로 그의 어머니를 위해 그 자신을 장애인으로 만들려 하고 있었기 때문이다. 나는 정중했고 침착했다. 그러나 그 부모는 매우 불편해졌다.

크리스마스가 다가왔을 때, 그 부모가 내게 아름다운 가죽지갑을 가져다주었다. 나는 그것이 내가 그만두게 하려는 뇌물일지도 모른다고 생각했다. 그래서 나는 그들에게 감사를 표하고는 그것을 돌려주었다. 그들과 함께하는 작업이 끝날 무렵에 데이비드가 그 자신의 눈을 멀게 하지 않는다면, 그때 비로소 그들의 선물을 받을 수 있을 것이라고 나는 힘주어 말했다.

우리 수련집단은 내가 그 선물을 거절했다는 사실에 충격을 받았다. 하지만 미누친은 그날 나를 도와주었는데, 그것은 그날 내게 매우 중요했다. 선물을 받는 것이 종종 적절할 수도 있지만, 이 경우에는 내가 옳은 일을 했다고 그는 말했다. 나는 그의 지지가 내가 기술적 문제를 어떻게 처리했는지에 대한 승인 그 이상이었다고 생각한다. 그는 내가 무례할 수 있다는 것을 개인적으로 기뻐했던 것 같다. 나는 불연속적일 수 있었다. 그리고 나는 그 가족들이 예상할 수 없었던 방식으로 대응함으로써 그들이 처한 상황의 심각성을 강조했다.

미누친은 또한 내가 내 자신의 개신교 가족을 허비츠 가족과 비교하는 그 이후의 회기를 즐기는 것 같았다. 그 가족은 일상적인 정형화된 양식들의 한가운데 있었다. 서로가 서로를 방해하고 모두가 서로의 관심사에 주의를 기울이면서 말이다. 나는 말했다, "모든 유대인 가족이 이렇습니까? 정말이지, 당신네 가족은 우리 가족과는 다르군요."라고. 그 가족들은 개신교 가족에 대해 토론하기 시작했다. 우리는 정말 차분하다. 가장 어려운 상황에 처해서는 언제라도 움직일 태세를 계속해서 갖추고 있지만, 우리는 서로를 위한 감정을 결코 드러내지 않는다.

"네, 여러분 말이 맞아요."라고 나는 말했다. "우리는 역경을 다루는 다른 방법들을 가지고 있지요, 그리고 세상을 보는 다른 방법도요. 여러분에 대해서 내게 떠오른 생각은, 여러분은 서로 친밀하지만, 여러분은 데이비드가 이 세상에서 그의 길을 갈 수 없을 정도로 세상이 위험한 곳이라고 그에게 가르쳤다는 겁니다. 그는 결코 여러분을 떠날 수 없을 거예요. 그리고 그건 앵글로색슨계 백인 신교도들에게는 매우 슬픈 일입니다. 우리 가족은 그렇게 친밀하지는 않지만 적어도 내 형제들과 나는 집을 떠날 수 있어요."

그 후 9개월이 지나면서 그 가족은 천천히 변하기 시작했다. 그 부모는 데이비드를 그들의 현미경 위에 올려놓는 것을 그만두었다. 그들은 계속해서 서로 싸웠지만,

데이비드는 그들에게 관여하지 않는 법을 배웠다. 그는 그의 부모들의 관심사의 한 가운데에 그 자신을 놓는 것을 중단했다. 그리고 그는 더 이상 그 자신의 눈을 찌르지 않았다. 입원생활을 한 지 18개월이 지나서야 그는 퇴원해서 집으로 돌아왔다.

데이비드의 행동이 변했다는 것이 분명해지자, 맏아들 허브가 부모의 중재자 역할을 맡았다. 계속되는 가족치료 회기에서, 허브는 부모의 관계에 관여하지 말고 그 대신에 그의 형제들과 더 많은 시간을 보내도록 지시를 받았다. [그 이전과는] 다른 연합이 형성되었고, [그 이전과는] 다른 유연한 경계선이 그려졌다. 데이비드는 증상이 사라진 상태를 유지했다. 마침내 그는 시간제 일자리를 구했고 그 자신의 친구를 만들기 시작했다.

미누친이 그 가족을 만나고 1년이 지나서, 그는 우리 모두를 치료 상담에 초청했다. 미누친이 일방경 뒤에 남아 있는 동안, 내게 그랬던 것과 마찬가지로 그 보이지 않는 관찰자들에게도, 그 가족은 그들이 얼마나 많이 변했는지 설명했다. 나는 이러한 변화가 정말로 그런 것인지 의심을 나타냈다. 그러나 그 가족은 나를 가로막았다. 이제 모든 아이가 부모의 문제에 이끌리는 것을 거부했다. 셸리는 결혼하기로 되어 있었다. 허브와 레베카는 이사를 해서 집을 나갔고 메리는 그녀 자신의 아파트를 찾고 있었다. 미누친은 방으로 들어와 그 가족은 정말로 변했다고 말했다. 내가 왜 그렇게 어리둥절했는지 그는 물었다. 분명히 나는 이 가족에게 효과적이었다.

스텔라는 미누친과 가졌던 첫 만남에 대해서, 곧 그가 어떻게 그녀를 가리켜 제정신이 아니라고 했는지 그리고 그녀가 얼마나 몹시 화가 났는지 등에 대해 말했다. 그녀는 이제 그가 무엇을 하려고 했는지 이해했고 그에게 감사하다고 말했다. 나도 내 슈퍼비전에 대해 같은 생각을 하고 있었다.

덧붙이는 말: 10년 후

허비츠 가족과 함께하는 치료를 종료한 지 2년 후, 허비츠는 폐암 진단을 받았고, 가족들은 다시 치료를 받았다. 그는 6개월 후에 사망했다. 스트레스를 많이 받는 그런 시간 동안, 데이비드는 결코 그의 눈을 찌르지 않았다. 그는 계속해서 시간제로 근무하는 일을 하고 1일 치료 프로그램에 참석했다.

그의 아버지가 사망한 지 6년 후, 한 사회복지사가 다른 도시에 있는 정신의학센터에 데이비드가 입원했다는 것을 내게 알리기 위해 전화를 했다. 몇 달 전, 허비츠 부인은 난소암 진단을 받았다. 아직 아무도 데이비드에게 그의 어머니의 건강상태를 말하지 않았다. 그녀가 살이 빠지고 머리카락이 대부분 빠지는 것을 그가 집에서 목격했음에도 말이다. 아무런 설명도 듣지 못했기 때문에 그는 점점 불안해졌고 8년 만에 처음으로 그 자신의 눈 찌르기를 재개했다. 그 사회복지사는 그 가족이 가족치료를 받기를 원하며 오로지 나와 함께하는 치료를 원한다고 말했다. 의료실행체제에서 그것이 가능하지 않았기 때문에, 나는 그 사회복지사에게 가족이 데이비드에게 진실을 말할 수 있는 가족치료 회기를 수행해 보라고 충고했다. [그런 방향의] 상담 회기가 열렸고, 데이비드는 마지막으로 그의 어머니를 보았다. 그녀는 몇 주 후에 사망했고, 데이비드는 그녀의 장례식에 참석하기 위해 24시간 통행증을 받았다.

허비츠 부인이 사망한 지 약 1년 후, 데이비드의 여동생 레베카가 내게 전화를 했다. 그녀는 랍비가 장례식장에서 읽었던, 허비츠 부인이 그녀의 자녀들에게 쓴 편지의 일부를 내게 읽어 주고 싶어 했다. 그 편지에서, 그녀는 그녀의 가족을 도와주었던 심리학자에 대해 이야기했다. 그는 그녀의 가족들이 직렬로 연결되어 있어서 전구 하나가 나가면 나머지 전구들 모두 다 나가게 되도록 상호 연결된 한 세트의 크리스마스트리용 전등과 같다는 인상을 그녀의 가족들에게서 받았다고 그녀에게 말한 적이 있었다. 그 치료사는 그의 역할이 그들을 다르게 연결시키는 것이라고 말했다. 허비츠 부인은 유언으로 그녀의 아이들에게 다음과 같이 말했다. "그 치료가 내게는 매우 힘들었지만, 그는 우리를 다르게 연결시키는 일을 해냈어. 그리고 이제, 비록 두 개의 전구가 나갔지만, 나는 너희들 각자가 계속해서 스스로 빛날 것이라고 확신하고 있어."

나는 두 가지 요점을 분명히 보여 주기 위해 크리스마스트리용 전등에 관한 이야기를 했다. 첫째, 비록 그 당시 허비츠 가족에게 아무런 변화도 가져오지 못한 '물렁한' 개입이었지만, 그럼에도 불구하고 그 은유는 그 가족에게 여성 가장을 접목했다. 둘째, 스텔라 허비츠와 내가 성장과 변화의 평행과정에 참여했던 그 힘겨운 해에 그녀와 나는 서로에게 지속적인 영향을 미치게 되었다. 나는 이 여성이 유언을 하면서 나에 대해 말한 것에 깊은 감명을 받았다.

10년 전에 길을 잃어 버렸던 그 사례의 한 측면은, 그 치료에서 개발된 근본적인 치료의 틀—아버지가 어머니를 무시했기 때문에 아들이 어머니에 대한 충성심에서 그 자신의 눈을 멀어 버리게 하고 있다는 것—이 내가 고안한 것이라는 사실이다. [그 사례의] 중간 회기에서 내게 유일하게 부족했던 것은 그 개입의 한층 더 강력한 태도였다. 미누친 그 자신은 그 가족과 함께했던 인상적인 치료 상담에서 그것을 성취했다. 제정신이 아닌 것은 바로 그 가족이지, 이 '유대인 배우들이 연기하는 그리스 비극'에서 그 자신의 눈을 멀게 할 운명에 처해 있는 그 아들이 아니라고 말하면서 말이다. 그의 고유한 도발적인 방법으로, 미누친은 내 개입에 열의를 불어넣어 주었다. 그 후속 회기들에서, 내 역할은 조용하고 엄숙하게 그 예언—"데이비드가 그 자신의 눈을 멀게 할 것[그의 운명]이 슬프지만, 그럼에도 [그 운명에서] 빠져나갈 길이 없다."—을 강화하는 역할이 되었다.[11)]

그 가족은 결국 변했다. 그러나 내가 한 것은? 미누친이 용케도 [내 치료 스타일의] 배선을 다르게 한 것일까? 짧은 대답은 그가 그 일을 시작했지만 그것을 끝내지 못했다는 것이다.

내가 애초의 장에서 쓴 것처럼, 미누친의 슈퍼비전에서 나는 구조적 가족치료사처럼 생각하는 법을 배웠고, 이제 나는 가족구조를 배치하는 데 훨씬 더 능숙해졌다. 궁극적으로, 미누친은 내게 구조적 가족치료사처럼 개입하라고 가르치지는 않았다. 딱딱하게 경직된 채 그 기능을 제대로 발휘하지 못하는 가족구조를 부수기 위해 큰 망치를 이용하는 것은 솔직히 내가 결코 완전히 익히지 못했던 도구이다. 직접 맞부딪치기는 내 강력한 갑옷이 아니다. 내가 해야만 한다면 나는 그것을 불러낼 수는 있겠지만, 그러나 그것은 내가 가족들과 함께하는 작업에서 내 첫 번째 전략은 아니며, 두 번째도 아니며, 심지어 세 번째도 아니다. 10년이 지난 지금, 나는 더 이상 그것에 대해 사과하지 않는다.

그 특별한 슈퍼비전이 있기까지, 내 치료 스타일은 잘 정의되지 않았다. 그리고

---

11) 역자 주: 그리스 비극을 가리켜 흔히 운명 비극이라고 한다. 『오이디푸스 대왕』에서 사람들은 신탁이 예언한 오이디푸스의 운명을 바꾸어 보기 위해 이런저런 일을 도모해 보지만 오이디푸스의 삶은 예정된 운명의 길에서 벗어나지 못한다. 아홉 번 죽었다 다시 태어난다 해도 바꿀 수 없는 운명이 가진 가공할 힘의 공포를 이용해서, 신탁과 같은 예언적 담론의 형식을 부단히 반복함으로써, 길 툰넬 박사는 그와 함께 작업하는 가족들의 치료 회기에서 그 가족들에게 충격을 가하여 획기적인 변화가 일어나도록 시도한 것이다.

미누친은 내가 좀 더 독특한 스타일을 개발하는 것을 도우려 하고 있었다. 불행하게도, 그가 원했던 스타일은 내게는 내 것이기보다는 그의 것이었다. 지난 10년이 지나는 동안, 나는 '물렁한' 목소리를, 곧 미누친이 몹시 싫어하는 것 같았던 바로 그 목소리를 되찾아 키웠다. 미누친이 내게 구조주의자처럼 생각하라고 가르친 반면, 내 스타일은 확실히 부드럽고 공감을 잘하며 따뜻하다. [내 치료 스타일의] 전선이 설치된 모습은 이와 같다. 지금 내게 [이전과] 다른 것은 내가 의도적으로 부드러움을 변화의 방법으로 이용한다는 점이다. 아이러니하게도 내 부드러움은 가족들과 커플들로 하여금 서로 더 많은 정서적 위험을 감수하는 것을 용이하게 하는 강력한 방법이 되었다.

이 사례에 대한 미누친의 슈퍼비전은 애초의 장에서 제시된 것보다 훨씬 더 어려웠다. 내가 가족과 더 강렬하게 (그리고 대립적이게) 되도록 돕기 위해 그는 나와 함께 작업하는 강도 (그리고 맞부딪치기)를 강화했다. 내가 가족에게 화를 내도록 만들기 위해 그는 슈퍼비전 클래스의 수련생들 앞에서 내게 화를 냈다. 그것은 수치스러운 경험이었다. 미누친은 그 당시에는 그것을 몰랐지만, 나는 동성애 남성이 가족치료사가 될 수 있는지에 대한 자기 회의로 개인적으로 고군분투하고 있었다. 내 부드러운 목소리, 힘이 없는 개입, 강력해지고 단호해지지 못하는 내 무능력에 대한 미누친의 가차 없는 비판은, 10년이 지난 지금에서 돌이켜 보건대, 아버지 같은 인물이 '내게서 한 사람의 사내man를 이끌어 내기 위해' 한 번 더 하게 하려는 시도인 것 같다. 그가 기량부족으로 보았던, 허비츠 가족과 함께 작업하는 내 부드러움과 이야기-풀어가기는, 나중에 그가 애초의 장에서 인정했다시피, 개인적으로 그를 신경 쓰이게 했고, 그래서 그는 나를 더욱 강인하게 만들기로 결심하게 되었다. 비록 그는 그 장에서 '부드럽고 공손한' 이의제기가 효과적일 수 있다고 썼지만, 내 감각에는 내가 가진 그 부분을 그가 정말로 싫어했던 것 같다. 어쨌든, 그는 내가 한층 더 자연스러운 자원을 개발하도록 나를 진지하게 격려하지 않았다.

바람과 태양이 길을 걸어가는 한 남자가 그의 옷을 벗게 할 수 있는 최선의 방법을 두고 대결하는 이솝 우화에 비유하자면, 미누친은 확실히 바람이었고, 나는 아무래도 태양이었다. 훌륭한 치료사는 태양과 바람 양쪽 모두가 되어야 하고 언제 어느 쪽이 되어야 할지 알아야 한다(Osimo, 2004). 대부분의 커플과 함께 [작업할 때], 나는 아무래도 태양이다. 나는 커플들이 성장하도록 그리고 그들의 자질들을 서로에게 제공하도록, 평행과정을 통해 돕기 위해 내 공감, 동정심, 그리고 긍정을 이용하려고 하니까 말이다. 나는 그 커플을 어떤 다른 영토—행동적이기보다는 확실히 더 감정적인 그런 영토—로 데려가려고 노력하고 방어적인 조종하기 없이 직접 서로 마주 보도록 그들을 그곳에 붙잡아 두려고 한다. 그러나 그 접근방식이 태양에 더 가깝다고 해서 그것이 가족에 대한 도전이 조금이라도 덜하다는 뜻은 아니다. 공감, 연민, 긍정은 서로 싸우고 있는 커플들이 치료사에게 기대하는 대응은 아니다.

내가 미누친에게 훈련을 받은 이후의 몇 년 동안, 나는 수정된 구조적 모델에 따르면서 대부분 동성애 남성 커플들과 함께 작업하는 것으로 나아갔다(Greenan & Tunnell, 2003). 많은 남성, 특히 동성애 남성들이 다른 남성들과 함께하는 것에 취약하다는 것이 얼마나 힘겨운 상황인지를 감안할 때, 치료사가 그 커플의 역학관계에 비판적이면서 거기에 강력하게 이의제기하는 것은 하나의 금기사항인 것 같다. 심지어 총체적인 목표가 친밀함을 향한 그들의 수용력을 신장시키는 것이라고 하더라도 말이다. 친밀해지는 것에 더 익숙해지려면, 우리는 그것을 연습해야 한다. 대부분의 동성애 커플에게 필요한 마지막 단계는 권력의 위치에 있는 누군가가 그들의 행동을 판정하고 더 나아가 그들에게 병리적 진단을 내리는 것이다. 실연은 내가 작업하는 방식에서 대단히 중요한 부분이지만, 나는 드러나는 상보성, 곧 각 남성의 수동성을 증가시킬 뿐이고 나를 적으로 바꿔 놓을 뿐인 그런 상보성에는 여간해서는 직접적으로 이의를 제기하지 않는다.

그 대신에 나는 그 커플에게 온화한—그러나 재촉하면서 가차 없는—코치가 되어 준다. 각 개인들 사이에서 물러나고 나아가고 하면서, 그 남성들 각각이 취약해지는 것에 대한 공포를 뚫어 낼 수 있도록 도우면서, 그들이 두려워하는 것이라면 그것이 무엇이든지 탐색하면서, 그리고 그다음으로 다른 한쪽이 더 깊은 연결과 친밀함의 순간에서 달아나기보다는 공감적으로 반응하는 것을 가능하게 하면서 말이다. 순전한 구조주의자는 그 지점에서 뒤로 물러나고, 그 남성들에게 다른 어떤 것을 하도록 이의를 제기함으로써 정형화된 양식의 균형을 흔들어 놓기 위해 일정한 거리를 두고 작업할 것이다. 구조적 작업에서는 이의제기가 이루어지며, 스스로 대응을 찾아내는 것은 그 커플에게 달려 있다. 이와는 대조적으로, 나는 그 커플과 가까운 거리에 머물면서 감정적 깊이와 친밀감을 향한 그들의 수용력을 증가시키려는 그 커플 사이에서 어떤 대화가 가능하도록 돕기 위해 치료의 차원에서 내 부드러운 목소리를 이용한다. 기술적으로 이 치료적 움직임은 넓은 의미에서 미누친[이 추구하는 개입의 방식]의 감각에서, 곧 내가 낡은 관계의 정형화된 양식을 방해한다는 의미에서 하나의 균형깨기이다. 그러나 이 움직임은 거칠고 대립적이며 도전적인 개입이기보다는 부드럽고 지지하면서 안내하여 데리고 가는 성격의 개입이다.

이것은 미누친과 함께한 훈련이 나를 어떻게 변화시켰는가 하는 질문으로 돌아가게 한다. 미누친은 내 자신의 목소리를 찾기 위한 내 안의 과정이 개시되게 하였다. 내가 애초의 장에서 썼듯이, 허비츠 부부와 함께 작업하기 시작했을 때 나는 가족들에게 너무 감정적으로 관여하는 것이 두려웠다. 나는 [모든 것을] 이지적으로 설명한다는 허울 뒤에서 망설였고 그 어떤 실제 위험도 감수하려 하지 않았다. 이런 분리된 스타일은 내가 허비츠 가족을 만났을 때 훨씬 더 두드러졌다. 데이비드가 그 자신의 눈을 찌르는 증상은 너무나 심각해서 그것이 나를 겁먹게 할 정도였으며 그것은 적절한 조치를 요구하는 사태로서 내게 기여하기보다는 나로 하여금 한층 더 머뭇거리게 하고 조심스러워지게 했다. 미누친은 내가 앵글로색슨계 백인 신교도다운 신중함에서 벗어나 활동하도록 만들고 나로 하여금 그 가족에 관여하도록 만들려고 애를 썼다. 그러나 나는, 그와 함께한 작업에서, 내 자신의 목소리를 찾지 못했다. 기실 미누친의 슈퍼비전 스타일에서 그것은 그의 일이 아니었다. 미누친이 가족들과 함께하는 그의 치료에서 그런 것처럼, 그가 그의 수련생과 함께하는 슈퍼비전에서 그의 임무는 무엇이 작동되지 않고 있는가 하는 것을, 종종 도발적으로, 분명하게 보여 주는 것이다. [그런 슈퍼비전 과정에서] 수련생은 안내 없이 해결책을 찾도록 남겨진다.

허비츠 가족의 사례에서 나에 대한 미누친의 분노한 맞부딪치기가 개인적인 변화과정을 촉발시켰지만, 내 치료적 목소리 찾기에서 그보다 정말 중요했던 것은 그가 했던 훨씬 더 대단한 일이었다. 그것은 1년 후 내가 동성애 남성임을 그에게 공식적으로 밝혔을 때 미누친이 보여 준 나에 대한 지지였다. 그 대화는 계획되거나 예상되지 않은 것이었다. 어느 날 슈퍼비전 클래스에서 이성애 커플의 역학관계에 이의를 제기하는 데 어려움을 겪고 있는 비디오테이프 속의 나를 그가 보았을 때 그것은 자연스럽게 일어났다. 나는 내 자신을 취약하게 만들고 있었을지라도 그저 진실을 말하는 것만으로도 그 지점에서 더 편안해졌다고 생각한다. 그래서 나는 동성애자이기 때문에 이성애 커플에게 이의를 제기하는 것이 두려웠다고 미누친에게 말했다. 미누친은 그 사례 슈퍼비전을 중단했다. 그는 이성애 가족들을 대하는 동성애 남성으로서 내가 가지고 있는 불안에 대해 그에게 이야기하도록 내게 용기를 불어넣었다. 그날 [그가 보여 준] 그만의 고유한 조심스러운 수용과 지지는 매우 심오했다. 여러 가지 질문을 하고 사려 깊게 귀를 기울이고 난 후, 그는 내 눈을 똑바로 쳐다보며 말했다. "그래요, 당신은 동성애 남성이에요. 그리고 당신은 가족치료사예요. 난 뭐가 문제인지 정말 모르겠군요. 당신은 당신 자신이 뭘 해야 하는지 잘 알잖아요."

10년이 지난 지금, 나는 미누친이 내게 했던 이의제기가 내담자 가족과 깊은 관계를 맺게 하려고 수련생에게 하는 슈퍼바이저의 호소이기만 한 것이 아니라 나로 하여금 그와 깊은 관계를 맺게 하려는 계책이기도 했다고 생각한다. 그는 내가 가족들에게 화내게 하려고 내게 화를 냈지만, 그 과정에서 나는 미누친에게 화가 났다. 이런 유형의 슈퍼비전(그리고 치료)을 수행하는 데서 생기는 위험은 수련생(그리고 가족들)이 떨어져 나갈 수도 있다는 것이다. 나는 그가 내 머리 위에 커피를 쏟아 붓는 시늉을 했던 그 맞부딪치기의 날로부터 나를 치유하면서 그 슈퍼비전을 받던 해의 나머지 시간을 보냈다. 내가 허비츠 부부와 더 구조적으로 작업함에 따라서, 미누친은 더 적극적으로 나를 지지하게 되었다. 나는 새로운 것을 시도하고 있었고 그는 내가 더 힘을 내도록 격려해 주었다. 우리가 그 맞부딪치기의 날에 대해 이야기하거나 그것을 '처리한' 적은 결코 없었지만, 우리는 어떤 방식으로든 치유과정을 통과하고 있었다(또는 여전히 통과하고 있다).

미누친의 방법들이 내가 내 자신의 치료적 목소리를 찾기 위한 여정을 시작하게 해 주었지만, 나는 그가 나를 조금은 덜 부끄럽게 하는 방법으로 도와줄 수 있었던 것은 아닐까 생각한다. 그렇긴 하지만 나는 또한 말해야겠다. 내 안에서 잠재성을 발견하고 그에게 가장 익숙한 '휘몰아치는 바람'의 방식으로 그것을 활성화시키려고 애씀으로써 그가 나와 함께 작업하면서 보여 준 위험을 무릅쓰기야말로 내가 남을 돕기 위해 특별히 애를 쓰는 것, 사람들에게 깊이 관여하는 것, 그리고 약간의 위험을 무릅쓰는 것의 시발점이었다고 말이다. 그것이 바로 내가 지금 커플들에게 하게 하려는 것, 곧 서로서로 관계를 맺으면서 위험을 무릅쓰는 것이다. 그러나 내 방법들은 어디까지나 바람의 그것이기보다는 태양의 그것이다.

12
혹독한 단련의 장으로

이스라엘라 마이어스틴(Israela Meyerstin)*

바브라 스트라이샌드(Barbra Streisand)가 영화로 각색했던 아이작 바세비스 싱어(Isaac Bashevis Singer)의 단편소설「예시바의 소년 옌틀(Yentl the Yeshiva boy)」[1)]에서 한 어린 소녀는, [탈무드에 해석된 모세율법을 엄격하게 준수하는] 유대인 공동체에서 여성에게는 학자가 되는 것이 허락되지 않았기 때문에, 지식을 향한 그녀의 갈증을 해소하기 위해 소년으로 변장했다. 이스라엘라에게는 [그 소설의 주인공이 그랬던 것처럼] 지식을 향한 갈증이 있었다.

나는 그녀를 여러 해 동안 알고 지냈다. 우리는 전문가들의 모임에서 자주 만났고, 그녀가 가족치료 프로그램을 총괄하던 셰퍼드 프랫(Sheppard Pratt) 병원에서 그녀는 나를 위한 워크숍을 개최한 적도 있었다. 그래서 그녀가 내게 슈퍼비전을 부탁했을 때 내 첫 번째 질문은 "왜죠?"였다. 그녀가 더 이상 훈련을 받을 필요가 없다는 것은 너무나 분명했다. 그녀는 가족치료의 거의 모든 학파들을 순례했다. 페기 팹, 굴리

---

* 이스라엘라 마이어스틴은 사회복지사이자 임상의이며 가족치료사로서 메릴랜드 주의 볼티모어에서 개인 상담소를 운영하고 있다. '미국 부부가족치료협회(American Association for Marriage and Family Therapy)'의 슈퍼바이저인 그녀는 25년 동안 치료사들을 가르치고 지도했으며 가족치료 분야와 관련된 많은 논문과 저서의 장들을 저술했다.

1) 역자 주: 싱어의 그 단편소설에서, 남성에게만 학문의 권리가 허용되는 동유럽의 유대인 공동체에서 태어난 소녀 옌틀은 랍비인 아버지에게서 몰래 탈무드를 배우면서 그나마 지식을 향한 그녀의 열망을 채운다. 그러던 어느 날 아버지의 죽음을 맞은 옌틀은 평범한 여성의 삶을 거부하고 그녀 자신을 찾아 떠나는 긴 여행을 시작하기로 마음먹고는 배움의 기회를 얻기 위해 남장을 하고 예시바(학교와 비슷한 공동체)로 향한다. 바브라 스트라이샌드는 그 소설을 뮤지컬 영화로 각색하여 1984년 41회 골든 글로브 시상식에서 작품상과 감독상을 받았다.

시안, 위클랜드, 밀란학파, 단기치료, 이야기치료, 구조적 치료, 그리고 내가 미처 기억하지 못하는 몇 가지 등등을 말이다.

그런데 문제는 바로 거기에 있었다. 그녀는 그것들을 모두 원래 그대로 기억하고 있었다. 그녀의 지식은 백과사전 수준이었다. 그녀의 치료 회기가 끝날 때쯤 그녀가 제시하는 밀란학파의 처방은 거의 모든 필수적인 요소를 담고 있었다. 그것은 중립적이었다. 곧 그것은 모든 가족구성원, 긍정적인 함축, 변화의 결과들, 그리고 변하지 않는 역설적 지시를 포함하고 있었다. 그녀의 이야기치료 접근법은 다시 이야기하기 위한 경로로서 예외를 탐색하는 데 결코 실패하지 않았다. 단기치료에서도 그녀는 항상 긍정적이었다. 구조적 모델에도 똑같이 정통했기 때문에, 그녀는 실연하기, 균형깨기 등을 창출하곤 했다. 그러나 불행히도 이스라엘라의 치료 스타일은 가족치료 분야의 상황과 비슷했다. 통합이 거의 이루어지지 않았다.

이스라엘라는 그 모든 새로운 접근법의 탐색을 결코 포기한 적이 없다고 나는 생각한다. 그녀가 완전히 그것을 통달하기 전까지는 말이다. 하지만 [그렇게 숙달하게 된 어떤 접근법에] 항상 빈틈이 있다는 것을 발견할 때마다, 그녀는 새로운 탐색을 시작했다. 나와 함께 슈퍼비전을 하려는 것은 그러한 새로운 시작을 의미한다고 나는 생각한다.

내 관점에서 보자면, 그녀의 스타일은 꼭 탈무드 같았다.[2] 그녀는 명쾌한 서사를 구성하기 위해 가족구성원들 사이에 있는 세부사항들에 주의를 기울였다. 그녀가 사람들에게 편하게 합류했고 가까이서 작업했으며 훌륭한 해설자였기 때문에, 가족들은 그녀를 좋아했고 그녀와 함께 향상되었다. 그래서 내 역할은 다소 복잡해졌다.

나는 그 사실을 의식하지 못하는 가운데, 유대인 전통 안에서 이스라엘라에게 합류했고 그녀에게 이의를 제기했다는 생각이 든다. 그녀가 조심성 있는 지성인이었던 반면에, 나는 자발성과 감정을 강조함으로써 대응했다. [나와 이스라엘라의 대립은] 하시디즘 성향과 탈무드 성향의 대립[3], 치유의 신비와 의미 탐색의 대립이었다. 이것은

2) 역자 주: 잘 알려져 있다시피, 『탈무드(Talmud)』는 유대인 율법학자들이 사회의 모든 사상과 관련하여 구전되고 해설된 것들을 집대성한 책이다. 그것에는 유대교의 율법, 전통적 습관, 축제, 민간전승 등과 관련된 것들이 극도로 상세하게 총망라되어 있다. 어떤 사람의 성향이나 일 처리 방식과 관련하여 '탈무드 같다'고 하면, 그 표현은 극단적으로 미세하게 구별하려고 하는 사람이나 사소한 것을 골치 아프게 따지려는 사람의 성향을 가리킨다고 한다.

3) 역자 주: 하시디즘(Hasidism)은 18세기 초 폴란드와 우크라이나에 거주하는 유대인들 사이에 널리 전파

> 이스라엘라가 지적인 것을 중심에 놓는 성향을 버릴 것과 그녀의 지식을 옆으로 밀어 놓을 것을 요구했다. 그녀가 가족[의 역동에서 이루어지는]춤에 대한 그녀의 개인적인 대응에 더 많은 주의를 집중하도록 돕기 위해서 말이다. 그렇게 될 때 그녀의 지식은 다시 나타나서 비로소 완성될 것이라고 나는 추정했다.

탈무드 전통의 정신으로, 나는 미누친의 해설과 관련하여 내 해설을 제공해야겠다. 미누친이 지식을 향한 내 갈증과 탐색을 정확하게 포착했지만, 내가 그를 슈퍼바이저로서 청한 것이 내 탐색을 끝내기 위함이었다는 것을 그가 알아차렸는지 나는 잘 모르겠다. 나는 현재 통용되고 있는 다른 가족치료 접근법이나 방법을 공부하는 것에 기대를 걸고 있지 않았다. 오히려 나는 미누친이 나와 내 치료 스타일 그리고 내가 내 자신을 이용하는 것을 다루어 주리라 생각했다. 나는 미누친을 '구조적' 가족치료사라기보다는 그의 방대한 경험과 임상적 지혜에 따른, 방법을 초월한 모든 분야의 통합적인 지식을 가진 사람이라 여겼다.

> 도가니(crucible): 열과 압력을 통해 또는 물질들의 모양, 강도, 성질을 바꾸는 다른 촉매를 통해 변형과정이 그 안에서 발생하는 내화성(높은 열을 견딜 수 있는) 용기. 도가니는 이러한 변형과정을 포함하는 반면에 [그것 스스로는] 구조적 온전함과 무반응성을 유지한다. (Schnarch, 1991, pp.158-159)

된 성속일여(聖俗一如)의 신앙을 주장하는 종교적 혁신운동을 가리킨다. 히브리어로 하시드(chassid)는 신의 약속을 수호하는 사람을 뜻한다고 한다. 이 운동에서는 복잡한 탈무드의 가르침이나 경전에 대한 믿음과는 반대로 신의 계시에 담긴 현재적 의미를 강조했다. 본문에서 미누친은 그 자신과 이스라엘라의 치료 스타일의 차이를 하시디즘과 탈무드의 대립으로 비유하고 있다. 미누친의 스타일에는 치료 과정에서 가족구성원들의 감정을 건드려 그들을 도발함으로써 그들이 그 자신을 변화시키면서 자발적으로 그들 가족의 역동에 변화를 가져오게 하는 측면이 있다. 미누친의 치료 스타일 전체를 가리켜 하시디즘의 지향이라고 말할 수는 없겠지만, 그가 그 자신의 치료 과정에 하시디즘의 요소를 부단히 도입하고자 하는 것은 분명하다. 그런데 미누친을 만나기 이전의 이스라엘라의 스타일은 가족치료와 관련된 많은 학파의 이론들을 숙지한 상태에서 가족들의 환경과 상황을 그 세세한 부분까지 참조하면서 이지적으로 분석하고 해석함으로써 문제를 해결하고자 하는 성격의 것이었던 듯하다. 이스라엘라와 함께하는 슈퍼비전에서 미누친은 그녀의 치료 스타일에 하시디즘의 요소가 스며들도록 유도한 것 같다.

치료사와 교육자로 20년을 보낸 후 다시 학생이 되어 훈련의 도가니[혹독한 단련의 장] 속으로 들어갈 위험을 감수하는 것은 가치 있는 중년의 모험처럼 보였다. 한동안 나는 가족치료 실천에 대한 내 지적인 지식이 내 경험적 능력과 불균형을 이루며 증가하고 있다는 사실에 점점 더 커지는 불편함을 느껴 왔다. 나는 최근 몇 년 동안 이루어진 내 이론적/임상적 선택이 단지 미학적 선호 이상의 것이었는지 그리고 그렇기보다는 충분히 성장하지 못한 자아의 영역을 가리고 있었던 것은 아닌지 의문을 가지기 시작했다.

치료사로서 나는 가족들 내부의 열정을 다루면서 한층 더 편안함을 느끼고 싶었다. 분노나 강한 감정이 불안을 야기하게 하지 않으면서 그리고 내 대응이 어떤 가족구성원을 보호하거나 다른 가족구성원들에게 이의제기하는 것을 회피하는 데로 잘못 흐르게 하지 않으면서 말이다. 나는 내 통찰력, 곧 과정을 관찰하는 능력—신념, 내용, 언어에 점점 더 주력하게 되면서 내게서 무뎌져 왔다고 내가 생각하는 능력—을 회복시키고 싶었다. 그래서 나는 [가족구성원들이] 내게 해 준 이야기의 밑바탕을 이루고 있는 드라마를 더 잘 파악할 수 있기를 원했다. 슈퍼바이저로서 나는 수련생들의 색다른 스타일을 가늠하고 그들이 이용할 수 있는 그들의 대응의 목록들을 확장하도록 돕는 내 능력을 미세하게 조정하고 싶었다. 치료와 슈퍼비전에서 나는 내 회기들에서 [내가 수행할 수 있는] 집중과 강도를 더 크게 발전시키고 싶었다. 그래서 나는 자아를 좀 더 신장시켜야 했다.

내가 슈퍼바이저에게서 구했던 자질들은 임상과 관련된 예술적 기교와 지혜, 이론적이고 실천적인 수준에서 그 분야의 발전들과 씨름하는 개방성, 통합적인 소질, 그리고 치료사의 자아 확대에 대한 관심이었다. 게다가 내가 내 자신을 그의 손에 맡겨 놓은 일종의 조각가인 슈퍼바이저는 신실함, 존경, 그리고 내 성장에 대한 관심이라는 개인적인 자질들을 가지고 있어야 했다.

나는 1948년에 뉴욕에서 태어났다. 내 부모님은 폴란드에서 온 유대계 이민 1세대였다. 그들은 미국에서 만났고 2차 세계대전 이전에 결혼했다. 전쟁이 끝난 후, 군복무에서 돌아온 내 아버지는 그의 부모님과 형 그리고 여동생이 집단수용소에서 살해되었다는 것을 알게 되었다. 1947년에 내 부모님은 세 살이 된 그들의 외동딸을 그녀의 급성맹장염 수술 후에 잃었다. 1948년에 이스라엘이라는 나라가 생겼고, 그 이름을 따서 내 이름이 지어졌다.

나는 내 부모님에게는 새로운 출발을 나타냈음이 틀림없다. 그들은 산산조각이 난 그들의 삶을 다시 합치려고 애썼으니까 말이다. 그들은 그들이 겪은 고통으로부터 나를 보호하기로 결심했다. 서로에게서 안정을 찾은 그들은, 아마도 서로가 경험했던 유산된 유년기를 보상하기라도 하려는 듯이, 그들의 아이들을 위해 길고 행복한 유년기를 만드는 데 전념했다.

내 어머니는 아이들이 잘 자라도록 끈기 있게 보살피는 보호자였으며 명랑하고 낙관적이었다. 보통의 수준으로 지적이고 현명했기 때문에, 그녀는 우리의 삶에 대한 열정으로 가득 차 있었고 우리를 지도하는 데 상당한 통제력을 발휘했다. 내 아버지는 민감한 기질을 가진, 친절하고 목소리가 상냥한 남성이었다. 안과의사로서 그는 진정으로 그의 환자와 학생들을 돌보았다. 그는 박식하고 지적이었으며, 여러 개의 언어를 구사했고 여러 권의 책을 썼다. 과학을 전공한 사람으로서 그는 어린아이가 물을 수 있는 '왜'라는 질문에 대한 모든 답을 가지고 있는 것 같았다.

나는 세 딸들 가운데 맏이이며 내 자매들은 나보다 각각 여섯 살과 여덟 살이 어리다. 내 어머니와 아버지를 향한 친밀감은 나를 진지하고 책임감 있으며 부모의 기대와 인정에 과도하게 예민한 아이로 만들었다. 교육은 우리 가족에게는 최고의 가치였다. 세 딸 모두 전문적 교육을 받도록 격려를 받았지만, 또한 엄마가 되어 아이를 양육하도록 장려되었다. 우리 부모는 항상 내 성취를 지원해 주었지만 위험을 감수하도록 권장하거나 힘든 도전을 강요하는 경우는 거의 없었다.

우리 가족은 조용하고 내성적이었다. 부모님은 좀처럼 싸우지 않았다. 긴장이 고조되면 어머니는 주름 장식을 단 깃털들을 달래고는 했다. 나는 자라면서 항상 내 어머니는 강한 사람으로, 내 아버지는 약한 사람으로 알았다. 돌이켜 생각해 보게 되고 나서야, 나는 아버지가 생각 이상으로 꺾이지 않는 분이었음을 이해했다. 내 어머니는 아버지의 우울함을 용인하기 어려웠기 때문에 그의 사기를 북돋워 주고는 했다. 말년에 아버지의 심장병이 우리 가족의 삶을 구성하고 부모님의 삶도 지배하게 되었다. 어머니는 가능한 모든 방법으로 그를 보호했다. 우리가 십대에 겪는 그 폭풍우로부터 보호하는 것을 포함해서 말이다. 그녀는 두 사람을 위해 점점 과대기능을 발휘했다. 우리 모두는 아버지가 돌아가실 수도 있다는 두려움과 함께 자랐기 때문에 어머니가 병을 얻어 65세에 췌장암으로 돌아가셨을 때 그것은 충격이었다. 아버지는 살아남았다. 어머니가 돌아가신 후 아버지는 시인이 되어 거의 80세까지 사셨다.

나는 도전적이지만 항상 가문을 책임지는 괜찮은 아이였다고 생각한다. 아마도 나는 가족의 복잡한 내부를 더 잘 이해하기 위해 가족치료사가 되었을 것이다.

나는 뉴욕에서 대학을 다녔고 그곳에서 남편을 만났다. 그는 여행, 모험, 그리고 더 많은 위험을 감수하기를 내 삶에 넣어 주었다. 그는 내가 이스라엘에서 학생으로 살 수 있도록 나를 편안한 가족의 품에서 떼어 놓았다. 그곳에서 우리는 우리의 두 가족들과 분리된 생활을 꾸려 나갔다. 25년 동안 우리는 외모와 성격이 모두 다른 세 명의 아름다운 소년들을 길러 왔다. 우리의 맏아들이 이제 집을 떠났으므로 가족주기의 새로운 부분이 시작되고 있다.

모든 학파를 철저하게 살펴보기

나는 1971년 이스라엘 하다사 병원에서 자원봉사 사회복지사로서 가족치료를 처음 접했다. 거기에서 나는 치료를 받고 있는 가족들을 일방경을 통해 관찰하였다. 한정된 언어능력 때문에 나는 비언어적 의사소통, 곧 가족 상호작용을 조직하는 비가시적 규칙들을 관찰하기 위해 내 눈을 이용하였다. 몇몇 빈곤 가족들과 작업하는 동안, 나는 다른 문화의 상대적 규범들을 배웠고 감정적 상황들이 사회경제적 맥락과 거의 분리될 수 없다는 것을 알게 되었다.

이스라엘에서 나는 내가 손에 넣을 수 있는 가족치료에 관한 모든 것을 읽었다. 내가 지켜보고 있었던 것이 아브너 바르카이(Avner Barcai)에 의해 실행된 '구조적 가족치료'라는 것을 알게 된 후 나는 더 많은 것을 배우기로 결심하고는 미국으로 돌아왔다. 해리 아폰테(Harry Aponte)가 우리 현장실습기관에 자문을 해 주러 왔을 때, 나는 열성적으로 사례들을 발표했다. 사회복지 석사학위를 마친 후 내 첫 직장은 텍사스주 갤버스턴에 있었는데, 그곳에서는 소수의 열정적인 가족치료사들이 1950년대에 다중영향치료Multiple Impact Therapy를 개발하였다. 갤버스턴은 가족치료가 반체제적 열정으로 꽃피웠던 매우 흥미진진하고 창의적인 학습 환경임이 드러났다. 나는 몇 년 동안 정신적 스승인 해리 굴리시안(Harry Goolishian)과 함께 [그 당시] 훈련과 치료에 사용되는 선호 모델이었던 공동치료를 하고 있었다. 내 특별연구원 신분이 끝난 후, 나는 지역정신건강센터에 준전문가들을 위한 가족치료 훈련프로그램을 마련해 달라는 요청을 받았다.

갤버스턴에서는 가족을 치료하는 데 실행 가능한 모델을 찾는 과정에서 새로운 생각들이 환영받았다. 1975년 존 위클랜드(John Weakland)는 새롭고 인기 있는 단기치료 접근법을 가르치기 위해 왔다. 내가 언어의 유혹을 경험한 것은 그때가 처음이었다. 언어는 [내게는] 낯선 영역이었다. 거기에서는 청각과 단어가 시각보다 더 높게 평가되었다. 갑자기 치료사들이 회기를 진행하는 동안, 가족들이 [꺼내 놓기를] 극도로 아끼는 부분들을 다루고 영리하게 공들여 만든 개입들을 수행하면서, 정중한 거리두기에 그들은 주목했다. 그들은 모델을 통합하는 데는 거의 관심이 없었다. 일단 새로운 파도가 해안으로 몰려오면 그것은 다른 생각들을 휩쓸어 버렸다.

1977년에 우리는 미국 동부의 알렌타운으로 돌아왔다. '필라델피아 아동지도클리닉'에 개설된 '외부연구자를 위한 프로그램'에 나는 참석했다. [거기서] 나는 '저항resistance'에 관한 페기 팹의 작업을 구조적 접근과 통합하고 싶었기 때문에 그녀와 함께 연구했다. 나는 밀란 팀의 스타일, 곧 그들이 이용하는 긍정적 함축, 팀 접근법, 그리고 한층 더 정교한 인지 스타일에 흥미를 가지게 되었다. 팀 접근법은 공동치료의 자연스러운 확장처럼 보였다. 그것은 내게 갤버스턴의 다중영향치료 이론을 생각나게 했다. 그것은 '집단 심리group mind'의 일환으로 치료사의 안전과 여러 가지 관점을 첨가했다. 내가 공동 지도한 훈련프로그램에서 집단슈퍼비전을 했을 때 팀 협업이 놀라운 학습 도구라는 것을 알았다.

알렌타운에서도 나는 내과질환을 앓고 있는 가족들에게 관심을 가지게 되었다. 그것은 어머니의 질환과 죽음이라는 시련을 겪는 동안 내 자신의 가족이 보여 준 정형화된 양식에 대한 관심이 증가한 결과였다. 나는 마침내 지적이고 정서적으로 내 관심을 끄는 영역을 발견했다. 그래서 나는 그것에 대해 더 많은 것을 내게 가르쳐 줄 전문적인 경험을 찾기 시작했다. 나는 어떤 가족의 주치의와 그의 사무실에서 공동으로 작업하면서 가족의 질병에 맞춘 가족 기능과 관련된 보웬의 관점을 배우기 위해 에드 프리드먼(Ed Friedman)과 협의했다.

1980년대 중반 우리는 볼티모어로 이사를 갔고, 그곳에서 나는 개인치료 업무를 재개했고, '세파드 프랫 정신병원'에서 가족치료 훈련프로그램을 시작했다. 해결중심 접근법의 등장과 함께, 나는 내 자신이 가족을 향한 긍정적인, 유순한 접근방식을 받아들이고 있다는 것을 알게 되었다. 그것은 모두 너무 자아-친화적인 것이었다.

하지만 내가 문제-한정적, 구성주의적, 공동의 언어, 그다음엔 이야기로 표현하는 아이디어라는 새로운 물결들을 뒤쫓는 동안, 서사와 대화에 대한 강조가 가족 상호작용 과정에 그림자를 드리웠을 때 나는 배가 떠나가지 않도록 고정시키는 밧줄을 잃어버린 것 같은 느낌을 받기 시작했다. 나는 가족 이야기와 가족 과정 사이의 관계에 대해 좀 더 명확히 하고 싶었다. 곧 말로 전달된 서사들을 가족 내에서 벌어지는 보이지 않는 드라마와 통합하는 방법과 그 두 가지[가족 이야기와 가족 과정]가 갈등을 일으켰을 때 대응하는 방법에 대해서 말이다. 나는 무엇이 근본적이고 고수할 가치가 있는지 내 자신을 위해 분명히 할 필요를 느꼈다.

내가 극히 중요하게 여기는 사실들에는 발달과 관련된 의무, 문화적 맥락, 그리고 젠더가 포함된다. 우리 삶의 생물학적 '사실들'—시간은 더 큰 크기, 복잡성, 노화, 그리고 죽음의 방향으로 이루어지는 물리적 변화를 가져온다—은 개인들로서의 사람들에게 영향을 미치고 그들이 다른 사람들과 관계를 구성함에 따라서 영향을 미친다. 나는 이러한 본질을 잃지 않으려는 가족치료를 추구했다. 그래서 나는 살바도르 미누친과 함께하는 내 훈련의 모험을 시작했다.

혹독한 단련의 장으로 들어가기

다시 학생이 되는 것은 자유로움과 동시에 두려움도 불러왔다. 그것은 자기-노출로 가득 찰 위험, 마침내 정체가 드러나게 될 위험, 그리고 실패자가 될 같은 느낌이었다.

내가 몇 달 동안 치료에서 좋은 관계를 가지면서 작업했던 커플을 나는 맨 먼저 발표했다. 에드워드는 지역 대학의 교수였다. 그는 똑똑하고 조리가 있었다. 캐시는 시간제로 근무하는 유치원 교사였다. 그녀는 유쾌하고 재치가 있었으며 공손했다. 에드워드와 캐시는 결혼한 지 14년이 되었고 두 자녀를 두었다. 상당히 전통적이었던 그들의 상보적 관계에는 유머와 애정이 있었다. 그러나 에드워드가 캐시를 야단칠 때에는 그것들에 분노, 비난, 그리고 절망으로 종종 그림자가 드리워졌다. 그의 독선적인 책임과 그녀의 무책임한 저항이라는 그 커플의 정형화된 양식은, 특히 금전 문제에서, 그들의 상호교류의 상당 부분의 특징으로 나타났다.

내가 발표한 문제는 그의 아내가 병원에 입원한 후 에드워드가 그의 아내의 양극성 장애 치료를 위한 안내를 요청했다는 것이었다. 나는 문제정의를 그녀의 진단을 넘어 일상생활로 확대하고 그들이 일과 재정 그리고 가정에서 맡아야 할 책임과 같은 쟁점들을 협상하도록 도우려 노력했다. 내가 보여 준 맨 처음 부분은 에드워드가 그녀를 과잉보호하는 부모처럼 행동하는 대신에 동반자로서 정서적으로 아내에게 호소하도록 격려하는 내 모습을 분명하게 보여 주었다. 나는 그것이 캐시의 무책임함을 증가시켰다고 설명함으로써 에드워드로 하여금 과대기능을 멈추도록 설득하려고 애썼다.

> 그 부분은 학구적인 것처럼 보이려는, 지적이고 고도로 언어감각이 있는 남편을 보여 주었다. 그는 배우기를 열망했고 이스라엘라의 설명에 많은 관심이 있었다. 그 아내는 유쾌하고 유연해 보였다. 그녀는 격려를 받으면 참여하기는 했지만 미소로 응대하는 수동성을 더 좋아했다. 이스라엘라는 합리성을 미끼로 그 남편의 관심을 끌고 있었지만 그들의 대화는 그 아내를 배제하고 있었다.

미누친은 테이프를 정지시키고 [내가 포함된] 슈퍼비전 그룹의 의견을 물었다. 그들은 내가 너무 중심적이라고, 곧 내가 전문가로서 너무 많은 말을 하고 있어서 그 커플의 상호작용을 용이하게 하지 않고 있다고 생각했다. 미누친은 다음과 같이 말했다. "당신은 정동을 제한하고 있어요. 당신은 머리로 작업하고 있군요. 그렇게 하는 것은 너무 인지적이에요. 설명이 너무 많아요." 그리고 좀 더 도전적인 어조로 그는 물었다, "그걸 어디서 배웠습니까?"라고.

나는 마치 얼어붙은 풀장에 던져진 것 같은 기분이 들었다. 나는 그룹과 슈퍼바이저로부터 그 어떤 인정도 받지 못했다. 나는 내 자신에게 다음과 같이 말해야 했다. "[이 얼어붙은 풀장에서라도] 수영을 계속하면, 너는 결국엔 [훌륭한 치료 상담을 할 수 있도록] 준비될 수 있을 거야. 너는 이전에도 노출의 두려움을 극복하고 살아남았잖아."

> 나는 정말이지 이런 설명들에서는 내 자신을 인식하지 못하겠다. 이스라엘라와 함께하는 내 슈퍼비전이 그녀의 경험의 수준을 존중한다는 의미에서 그녀의 인지 스타일에 맞추어 진행되게 하겠다는 내 결정에 따라, 내가 조절되고 있었고 부드러웠다고

> 나는 생각했다. 내가 권위를 뭉갠 것처럼 그녀가 경험했다면 그것의 원인은 아마도 그녀가 그 그룹 앞에서 노출되었다는 느낌을 받았기 때문이었을 것이고 뛰어나고 싶은 그녀의 욕구 때문이었을 것이다.

그 커플과 함께한 다음 회기에서는 캐시가 말을 더 많이 하도록 격려함으로써 더 많은 대칭을 도입하기 위해 나는 아주 많은 노력을 했다. 내 내면에서는 나는 그 커플이 더 많은 상호작용을 하도록 노력하면서 한 단위로서의 커플에 초점을 맞추는 쪽으로 옮겨 가고 있다고 느꼈다. 하지만 테이프를 제출했을 때, 나는 그러한 이동을 거의 보지 못했다. 내가 캐시를 북돋우고 있는 동안에도 에드워드가 고개를 끄덕여 나를 보충하고 있다는 것을 인식하고는 나는 당황했다. 미누친은 다음과 같이 말했다. "당신은 너무 합리적이에요. 당신이 이성과 언어에 특권을 부여하는 것이 그의 아내에게서 영향력을 빼앗으려는 그 남편과의 연합을 빈번히 계속되게 하고 있어요."

나는 이것을 알아차리기 위해서는 내가 과정-지향적인 치료사가 되어야 하는지 궁금했다. 언어에만 초점을 맞추는 것이 그 과정을 보이지 않게 만들었을까? 그것이 치료에 어떤 영향을 미쳐야 했을까?

> 이스라엘라는 그 아내와의 합류를 늘리고, 그녀의 욕구들에 집중하며, 그녀의 참여를 장려함으로써 내 슈퍼비전의 조언에 대응했다. 그러나 그녀 자신의 스타일이 여전히 지적이고 설명적인 것으로 남아 있었고 그것이 남편의 그것과 매우 유사했기 때문에, 그 결과는 또 다시 아내를 무능하게 남겨 두는 남편과의 대화였다.

우리는 캐시가 가계 재정과 관련하여 에드워드와 협상하도록 내가 격려하려고 시도하고 있는 부분을 포함해서 몇 분 더 계속해서 테이프를 보았다. "이것은 돈 문제가 아녜요."라고 미누친이 상기시켰다. "그것은 관계의 문제예요."

내게는 근본적인 어떤 것인 그 합리적인 것을 나는 어떻게 바꿀 수 있을까? "그게 내 유전자에 있다고요!" 나는 그렇게 저항했다. 미누친은 성격 변화가 필요한 것은 아니라고 대답했다. 단지 특정 맥락의 이동이 필요할 뿐이라는 것이다. 나는 그 이의제기와 맞붙어 싸웠다. 내가 비합리적이 될 필요가 있을까? 이성의 맞은편이 단순히 감정일 수 있을까? 나를 가두어 놓은 생각과 언어를 돌파할 방법을 찾아야 한다는 것을 나는 깨달았다.

다음 회기에서 나는 에드워드로 하여금 그의 위치가 터무니없는 극단임을 느끼게 하고 캐시로 하여금 그녀의 위치의 불편함을 경험하게 할 조각을 만들어 내기로 결심했다. 나는 에드워드가 캐시의 재정적 무책임의 죄에 대해 잔소리하는 동안 그의 손가락으로 그녀를 가리키면서 소파 위에 서 있게 했다. 나는 캐시에게는 한편으로는 뉘우치고 또 한편으로는 반항하는 태도로 그녀의 지갑을 움켜쥐고는 바닥에 무릎을 꿇고 있으라고 요청했다. 그리고 나는 내 사무실 벽의 거울을 이용하여 보이지 않은 그들의 정형화된 양식이 그들에게 비쳐지게 했다.

그 조각은 부부에게 강력하게 작용했다. [슈퍼비전] 그룹 구성원들은 그것을 마음에 들어 했다. 미누친은 그것이 내게 새로운 것이었는지, 아니면 내가 페기 팹의 작업을 익히 알고 있었는지 물어본 후, 그것을 가리켜 "매우 훌륭하다."고 했다.

> 이스라엘라는 지적 탐색에서 벗어나라는 나의 제안에 대한 응답으로 정말 멋진 조각을 만들어 냈다. 개인적으로 나는 이것이 학생으로서는 너무나 잘한 문제풀이라고 생각했다. 창의적이고 가족치료의 모든 학파에 대해 매우 잘 알고 있기 때문에, 이스라엘라는 그녀의 스타일을 바꾸지 않고도 얼마든지 정확한 기술에 접근할 수 있었고 그것들을 적절하게 이용할 수 있었다. 이것은 기법의 전환인 것이지 결코 변화가 아니었다.

마침내 나는 내가 해낸 것이 보상받을 거라는 생각이, 특히 그것이 치료 스타일의 참신함을 드러낸 것이라면 더욱 그럴 거라는 생각이 들었다. 기꺼이 나는 같은 회기의 후반부 장면도 보여 주었다. 거기에서는 나는 캐시의 극단적인 행동, 특히 그녀의 무책임을 재구성했다. 에드워드를 북돋워 주고 그의 아이들을 위해 멋진 유년기를 만들어 주는 데 '극단적인 책임감이 있는' 이라는 방식으로 말이다. 미누친은 정교하게 고안한 인지적 재구성이 변화를 가져오게 될지 의심했다.

내 식상한 스타일은 도전을 받았고 완패를 당했다. 미누친은 그의 이의제기에도 불구하고 나를 지지한다는 마음을 전달했다. 그러나 내가 이 문제를 해결하기를 기대한다는 것을 그는 분명히 했다. 나는 사용되지 않는 대안들을 찾아야 할 셈이었다. 하지만 이의제기만이 유일한 방법은 아니었다. 만약 내가 단순히 가로막혀 있었다면, 나는 꼼짝 못하게 갇혀 있다고 느꼈을 것이다. 미누친의 합류와 이의제기에는 다음과 같은 언급들이 포함되었다. "당신은 설명하는 데는 능숙해요." 그리고 그것에 빠르게 이어지는 "하지만 그것은 당신을 가두는군요." "낱말을 너무 많이 사용하잖아요." "더 직접적으로 하세요." "은유적인 언어를 더 많이 사용하세요." 등과 같은 언급들 말이다. 그것은 마치 누군가가 구체적인 설명 없이 새로운 방향으로 손전등을 비추고 있는 것 같았다. 나는 내 인지적 목록들이 쓸모없지 않다는 것을 느꼈다. 그러나 나는 그 너머로 확장해야만 하는 과정에 있었다.

그다음 회기에서 나는 가르치려 드는 에드워드의 논평에 이의를 제기하고 그의 잔소리를 가로막음으로써, 캐시가 한층 더 거리낌 없이 말하도록 격려하는 데 많은 시간을 보냈다. 캐시는 한층 더 소임을 감당할 수 있는 적극적인 모습이 되라는 초대에 저항했다. 에드워드를 바꾸려고 애쓰는 것은 절망적이라고 말하면서 말이다. 나는 그들이 그 조각의 형상을 하나의 시련으로서 반복하게 했다. 그리고 나는 캐시에게는 더 큰 동등성을 창출하기 위해 그들의 위치를 재구성하도록 요청했다. 그런 다음 나는 그들의 이상한 합의에 남아 있는 딜레마를 그들에게 남겨 두었다.

그다음 회기에서 내가 시도한 균형깨기의 노력이 그 체계를 그것의 한계 너머로 밀어붙인 것 같았다. 캐시는 한층 더 직접적으로 적극적이 되었고, 에드워드는 이번이 마지막 회기가 될 것이라는 뜻을 넌지시 내비쳤다. 캐시는 에드워드가 '꽉 죄는 기구'처럼 구는 것에 저항하고 있었다. 에드워드는 그의 아내에게 재정적 의무를 떠넘길 준비가 되어 있었다.

그 테이프를 보면서, 미누친은 에드워드와 다시 합류할 필요성을 지적했다. 그는 또한 내가 캐시로 하여금 에드워드가 휴식을 취하면서 즐기도록 그를 가르치게 그녀를 격려했으면 좋겠다는 제안을 했다.

미누친은 내가 그들의 언어에 너무 가까이 있는 것을 계속 쪼았다. "한층 더 깜짝 놀라게 할 은유를 사용하세요. 당신의 일을 당신은 잘 해내지만, 당신은 더 많은 도약을 해야 하고 더 많은 위험을 감수해야 해요."라고 하면서. 그 커플이 그들의 온도조절장치의 범위를 넘어서 나아갔던 것처럼, 나는 내 온도조절장치의 범위를 넘어서 나아가야 한다. 내 다음 도전은 어떻게 도약하느냐 하는 것이리라. 나는 내 아버지의 시들 가운데 하나에서 영감을 얻었다. 나는 내 아버지의 딸이기에 내게도 시적인 성향이 당연히 존재한다는 것을 깨달았다.

시인의 도약

시인은 도약을 해야만 하지
상상의 도약을, 그러니 버려야만 하지
산문의 수평상태를

그것은 연속을 다루지
한 평면에 있는 행동의 연속을.
양자quantum와 잘 사귈 것

물리학이 감지하는 세계
사차원의 세계, 그곳에서
시간과 공간은 중심으로 향해 가지

창조의 중심으로. 당신이 원한다면
창조주를 닮기를, 그의 희박한
낱말들을, 사물들을 발생하게 하는 낱말들을

우주에서, 만들어라 당신의
이미지들이 연관을 가지도록, 도약하면서
행간에 감추려고.

의식하라 당신은 움직이고 있다는 것을
높은 곳에서, 그곳은 공기가 희박한 곳.
추락할 위험이 있지
그렇고 그런 뻔한 세계로.
— 조지 고린(1990)

Poet's Leap

A poet as to take a leap
of imagination, abandon
horizonality of prose

that deals with sequences
of action in one plane.
Get acquaintrd with quantum

physics to perceive a world
of four dimentions, where
space-time goes to the heart

of Creation. If you want to
imitate the Creator, his sparse
words that made things happen

in the universe, make your
images relevant, leaping
to hide between the lines/

Be aware you are stepping
on high ground, where air is thin.
there is risk of falling into
world of the mundane.
— George Gorin(1990)

꽉 막힌 사례 또는 실패의 두려움에 직면하여

미누친은 에드워드와 캐시가 감정적 표현의 제한된 범위를 가지고 있다고 느꼈다. 그는 내가 한층 더 정서적인 가족과는 어떻게 지내려는지 물었다. 나는 그들의 상호작용이 나를 무기력하게 만들었던 어느 부부의 꽉 막힌 사례를 용기 내어 제출했다. 그렇게 하는 것은 실패에 대한 내 두려움과 만난다는 것을 의미했다. 하지만 나는 그 위험을 감수했다.

50대 후반의 부부인 제리와 수잔은 다른 두 명의 치료사를 거절한 후 내게 왔다. 제리는 엔지니어였고 수잔은 도서관 사서였다. 그녀는 최근 교통사고로 수술을 받았다. 그녀는 제리가 그녀의 욕구를 '이해'하고 있지 않으며 충분한 지지와 칭찬을 해주지 않은 것에 격노했다. 수잔의 모든 진료예약에 그녀를 수행했던 제리이지만, 그는 의사소통을 위해서는 상당히 불충분하게 노력했다. 수잔이 그녀의 욕구를 공개적으로 드러내고 제리가 친밀하게 반응했던 2개월의 기간을 제외하고, 그들의 상호작용은 수잔은 적대적으로 공격하고 제리는 그 자신을 방어한다는 특징을 드러냈다. 수잔의 욕설은 내게 꽤 눈에 띄었다. 제리의 방어적인 태도와 움츠리기는 눈에 잘 띄지 않았다. 그것은 수잔으로 하여금 판결을 받고 버려진다는 느낌이 들게 한 것인데도 말이다.

그 부부는 30년 동안 결혼생활을 해 왔고 이제는 청소년이 된 아들 하나를 두었다. 결혼 생활 대부분에 걸쳐서, 제리는 다양한 질병으로 고통받는 주요 환자였다. 수잔은 집안의 모든 것을 관리하는 관리자였다. 이제 난생 처음으로 그녀가 제리에게 의존하고 있었다. 그리고 그들은 교착 상태에 빠졌다. 나는 수잔이 잔뜩 찌푸린 채 투덜대는 맹비난에 내가 방해를 받는다고 느꼈고 제리를 동정했다.

> 이 부부는 지극히 까다로운 부부였다. 이 부부의 경우 아내는 남편이 하는 모든 발언의 자격을 박탈하고는[곧 남편이 아무 말도 못하게 해 놓고는] 그의 침묵마저 비난했다. 이스라엘라가 차츰 고조되는 분노라는 정형화된 양식에 개입하려고 애쓰는 동안, 그 아내는 그녀의 개입을 그녀의 남편과 합류하려는 것으로 경험했다. 그래서 그녀가 이스라엘라에게 이의를 제기했던 것이다.

그 사례를 발표하면서, 나는 실패로 끝난 개입들을 요약했다. 해결에 초점을 두었던 개입에서 시작하여 '장애를 가진 사람'의 요구들을 공통의 위협으로 표면화하기, 제리를 실습이 필요한 초보자로 정의하기, 그들의 분노를 취약성에 맞선 보호하기로 서술하기에 이르기까지 말이다.

> 나는 이스라엘라가 마음대로 처리할 수 있는 많은 목소리들뿐만 아니라 그녀가 치료사의 주머니에 그것을 넣고 다닐 수 있는, 곧 그것들을 그녀의 용도에 따라 별개의 정형화된 양식들로 이용 가능하게 할 수 있는 방식에도 또 다시 감명을 받았다. 그러나 그녀가 이 부부와 함께 작업하면서 사용하기 위해 선택한 타조 깃털[4]은 그녀의 풍부한 자원들 가운데서 선택할 수 있는 가장 유감스러운 선택이었다.

내가 선택한 첫 번째 부분은 커다란 베개를 집어 들어서 그들 사이에 있는 상징적인 장벽을 놓음으로써 그들의 반복된 비난과 방어라는 정형화된 양식의 반복을 중단시키려는 내 모습을 보여 주었다. 나는 그들이 어떻게 '전장의 참호'에 있었는지, 곧 아내가 남편의 관심을 잡아채기 위해 미사일을 쏘아대고 남편은 아내가 공격하니까 숨을 곳을 찾아 달려가는 그런 정형화된 양식에 그들이 어떻게 사로잡혀 있었는지 묘사했다. 미누친은 이 구체적인 조각을 좋아했다. 그는 "당신은 매우 창의적이에요."라고 말했다. 이것은 내 안에 있는 소중한 역량의 깊은 샘을 건드렸다. 미누친은 그 부부의 터무니없을 만큼 정형화된 양식과 그들 각각에게 공정해지려는 내 처세에 즐거워했다. "당신은 [그들보다] 더 터무니없어야 해요."라고 하면서 말이다. 합리적인 것에서 비합리적인 것으로 가는 일은 정말이지 하나의 도약이었다. 그러나 미누친은 주요한 혼란을 창출해 냈고 모든 낡은 경로들을 가로막았다. 나는 확장하기 위해 새로운 방법을 시도해야 한다는 엄청난 압박을 받았다.

4) 역자 주: 타조는 천적이 나타나면 머리를 모래에 처박는 습성이 있는 것으로 알려져 있다. 그 때문에 타조는 어떤 문제 앞에서 그것을 회피하려는 사람의 비유로 흔히 사용된다. 그런데 타조의 이런 행동은 2미터가 넘는 그 몸을 낮추어 작게 보이게 하려는 변신술이며, 땅으로 전해지는 소리를 듣고 주위 상황을 판단하기 위한 방어 전략이라고 한다.

> 나는 어떤 치료 체계에 거리두기를 도입하려고 애썼다. 그 치료 체계에서 그 아내는 그녀의 트라우마에 절망한 나머지 모든 사람에게서 지지를 요구했고 그것을 제공하는 그 누구든 마구 닦아 세웠다. 인생에서 봉착할 수 있는 진퇴양난의 저 터무니없음을 볼 수 있는 휘태커와 같은 능력이 그 부부의 복잡성에 고요를 도입하고 치료사에게 한숨 돌릴 수 있는 여유를 줄 수 있을 것이라고 나는 생각했다.

한층 더 터무니없게 하라는 지시를 엉망으로 만들면서 나는 두 가지 다른 개입들, 곧 하나는 인지적이면서 거리를 두는 것이고 다른 하나는 행동 지향적이면서 가장 가까이 가려는 것인 그런 개입들을 찾아냈다. 나는 슈퍼비전 팀이 보내는 것으로 되어 있는 정교하게 구성된 밀란 스타일의 편지를 만들어 냈다. 그것은 긍정적인 함축, 직접적이면서 삽입된 제안들, 분열된 의견들, 변화의 억제, 그리고 심지어 치료사가 부부의 정형화된 양식들을 바꾸려고 애쓴 것에 대해서도 비난하는 어이없는 웃음 등의 내용이 들어 있었다. 그러나 이러한 개입의 실행은 이 부부에게는 거의 영향을 미치지 않은 것 같았다. 그들은 단지 그들의 논쟁을 재개할 뿐이었다. 나는 그와 같이 감정적으로 격앙된 부부와 함께 작업하면서 멀리 떨어져서 수행되는 대체로 인지적인 그런 개입이 불충분한 지렛대임을 직접체험으로 경험했다.

> 밀란 스타일의 개입이라는 측면에서 보자면, 이스라엘라의 창조물은 완벽했다. 그러나 그 부부가 그것의 지적 내용에 반응할 수 없었던 순간에 도입되었기 때문에, 그것은 효과를 낼 수 없었다.

미누친은 내가 인지적 도구들에 지속적으로 의존하는 것을 즉각 물고 늘어졌다. "당신의 전두엽은 너무 활동적이에요. 나는 당신이 변연계로 가면 좋겠어요."라고 하면서 말이다. 나는 터무니없음을 창출하려고 애썼다. 나는 그 부부에게 바타카 방망이[5]를 제공했다. 그들은 이미 감정적 측면에서는 서로를 때리고 있었기 때문이

5) 역자 주: 바타카(bataca)는 게임의 일종이다. 방망이로 서로를 때리는 게임인데, 이 게임에서 사용하는 방망이는 부드러운 것으로 되어 있어서 상대방에게 물리적인 상처를 입히지 않는다. 텔레비전 오락프로그램에서 우리가 보고는 하는, 베개를 가지고 장난삼아 상대방을 때리면서 하는 놀이를 생각하면 이

다. 나는 그들이 마지못해 했던 목표 게임을 조직했다. 나중에 수잔은 내가 그녀의 감정에 귀를 기울이지 않았으므로 돌아오지 않겠다는 메시지를 남겼다. 나는 사과하기 위해 다시 전화를 걸었고 그들이 다시 돌아오도록 설득할 수 있었다. 그다음 회기에서, 나는 수잔의 고통, 두려움, 그리고 상처에 귀를 기울이는 데 정성을 들여서 집중했다. 그러나 그녀와 다시 합류하는 것은 힘든 일이었다. 제리와 연결하려는 그 어떤 노력도 그녀에게는 그의 편을 드는 것으로 여겨졌기 때문이었다. 나는 현재의 상호작용을 바꾸기 위해 그들의 생애 이력을 탐색하려 했다. 그러나 수잔은 그녀의 과거와 관련하여 해석을 제공하는 그 어떤 조사도 허용할 수 없었다. 그녀에게 행사되는 제리의 권력을 내가 처벌하는 것처럼 묘사했을 때에만 그녀는 만족했다. 그리고 그 순간에 제리는 비난을 받는다고 느꼈다. 나는 수잔과 다시 합류하는 데 성공했다는 것을 알았다. 그러나 제리가 돌아오려고 할 것인지는 분명치 않았다. 나는 수잔이 나를 못살게 군다고 느꼈지만 어떻게 건설적인 방향에서 내 자신을 탈출시켜야 할지 몰랐다. 그리고 이 모든 것과 함께, 나는 '변연계로 가기go limbic'에 노력을 기울이기로 되어 있었던 것일까?

아마도 안전한 거리를 확보하기 위해서인 듯, 압박을 받으면 내가 인위적이 된다는 것을 나는 직접체험으로 경험했다. 그것은 십중팔구는 '중립적인' 치료사로서, 신뢰를 받는 사회복지사로서, 그리고 비교적 남의 눈에 잘 띄지 않는 사람으로서 내가 살아온 세월 동안 강화된 타고난 성향이었을 것이다. 나는 너무 합리적이었는가? 아니면 내가 한층 더 감정적인 강렬함에 빠져들면 무슨 일이 벌어질지 나는 두려웠던 것일까?

나는 또한 그러한 도약의 학습에 대해 궁금했다. 어떤 사람들은 지지와 지도를 통해 더 잘 배우는 반면, 다른 사람들은 도전과 혼란을 통해 더 잘 배우는 것일까? 만약 내가 불안 속에서 인지적으로 가는 경향이 있다면, 불안을 유발하는 슈퍼비전이 어떻게 나를 [그런 경향으로부터] 풀어 주는 데 도움이 될 수 있을까? 나는 한층 더 감정적으로 관심을 쏟고, 내 감정을 이용하며, 연결되는 한편 이의를 제기해야 한다는 것을 이해했다. 내가 이 교훈을 흡수하는 데 도움이 된 것은 분명한 방향['변연계로 가라(GO

해하기 쉬울 것 같다.

LIMBIC)']과 그것의 방법에 대한 설명에 이어졌던 미누친의 이의제기와 그의 '[다른 곳이 아닌 바로] 그곳에 있기'였다.

뇌의 재진화 또는 변연계로 가는 도상에서

그다음의 회기에서 나는 일관되게 내 직감을 더 많이 점검하였다. 이것이 나로 하여금 어떻게 느끼게 하는 거지? 이것은 내게 무엇을 생각나게 하는 거지? 이제 남은 것은 시간과 연습의 문제일 뿐이기를 바라면서, 나는 감정들에 집중했고 그것을 사용하기로 결심했다. 나는 회기가 진행되기 이전과 진행되는 동안 그리고 진행되고 난 후에도 자유롭게 연상하기 시작했고, 회기에서 개인적인 이야기와 반응을 상당히 충동적으로 자청해서 하기 시작했다. 나는 '불연속적으로 된다는 것'이 무엇을 의미하는지 이해하기 시작했고, 처음으로 휘태커의 진가를 알아보았다. 나는 이 변화가 끼친 깊고 강력한 영향에 놀랐다. 판도라의 상자를 열었기 때문에, 나는 [많은 것을 잃은 것이 아니라] 오히려 보물 상자를 찾았고 새롭고 강력한 공동치료자 자원인 내 자신을 발견했다.

다음 슈퍼비전을 위해 나는 에드워드와 캐시 사례를 다시 발표했다. 그들은 조금은 더 잘하고 있었다. 나는 그들에게 하나의 환상을 떠오르게 해 주었다. 캐시와 아이들 그리고 개가 마치 회원제 고급 클럽에 있기라도 한 것처럼 따뜻하고 안락한 침대에 옹기종기 모여 있고, 에드워드는 [그곳에] 들어오고 싶어 문을 두드리고 있는 환상을 말이다. 나는 캐시가 그녀의 남편 쪽으로 돌아설 수 있도록 엄마와 아이들이 함께 있는 행복한 그림을 더럽히고 싶었다. 나는 그들의 어린 딸들이 결혼할 때 그들의 남편을 의지할 방법을 알고자 할지 아니면 그들의 어머니에게만 의지하면서 남아 있을지 큰 소리로 의문을 던졌다.

미누친은 이 회기에 대해 매우 긍정적인 피드백을 다음과 같이 해 주었다. "나는 당신을 좋아하고 당신이 매우 훌륭한 치료사라고 생각해요. 『뉴요커(New Yorker)』[6]에

6) 역자 주: 풍자만화와 다양한 문학작품으로 유명한 미국의 고급 주간지. 그것에는 고학력의 상위중류층 독자들을 대상으로 한 뉴스, 오락, 문학작품, 정치기사 등이 실려 있다.

나오는 이야기처럼 복잡하기 때문에 나는 당신의 작업을 지켜보는 것이 즐거워요." 그런 다음 그는 "당신의 언어는 이 부부, 특히 아내에게는 너무 뉴욕[냄새가 나는 것]이에요."라고 덧붙였다. 미누친은 합류에서 이의제기로 부드럽게 넘어가는 데 너무나 능숙하기 때문에 우리는 그가 낚싯줄을 던지는 것을 보기도 전에 이미 그의 낚싯바늘에 걸려 있을 정도이다.

미누친은 '변연계로 가는' 내 노력을 입증하는 그 불연속적인 '클럽' 환상을 좋아했다. 변연계로 가기는 내가 다른 경로에 접근하도록 도왔고, 은유는 이제 내게서 자유롭게 술술 나오고 있었다. 나는 왜 내가 모든 것을 걸러내는 인지적 여과장치를 가지고는 은유를 '생각'할 수 없는지 이해했다.

이 새로운 영역을 탐험하는 것은 신나는 일이었다. 나는 말의 관용어를 구체화함으로써 특이한 '조각술의 은유들sculptural metaphors'을 창출하는 내 자신을 발견했다. 나는 '전장의 참호들'[이라는 표현]이 가로막힌 의사소통을 분명히 보여 주도록 만들기 위해 베개를 이용했다. 화살과 표적지 같은 소품들은 적대적 상호작용을 극화하였다. 묶여 있는 밧줄은 손이 묶여 있는 것 같은 내 느낌을 묘사했다. 구체적인 조각의 형태로 어떤 관계의 은유적 묘사를 표현하고 표면화하는 것에는 더 깊은 경험을 이용할 수 있는 잠재적 가능성이 들어 있는 것 같았다.

수잔과 제리와 함께 작업하는 그다음 회기에서, 나는 수잔이 나를 못살게 굴지 못하게 하리라 결심했다. 나는 그들 각각이 서로가 서로에게 하는 비생산적인 논쟁을 줄이고 싶을 때 내게 이야기하라고 주장했다. 이렇게 해서 제리는 그 자신을 방어하지 않고 수잔의 두려움과 고통을 들어야 했고, 수잔은 그가 말하는 동안 조용히 있어야 했다. 그들은 각각 그 관계에서 잃어버린 것으로 보이는 것과 연애와 사랑의 소망에 대해 이야기했다. 나는 한쪽이 다른 쪽을 무력하게 만들고는 그들 각각이 홀로 남아 있는 비극을 제시했다. 나는 제리로 하여금 주도권을 잡도록 자극했고 수잔으로 하여금 문을 조금 열어 놓도록 자극했다. 그 슈퍼비전에서 미누친은 이러한 접근이 그들의 반작용을 감소시키는 데 유용했다고 느꼈다.

그다음 회기에서 제리는 수잔에게 여러 번 데이트를 신청했다고 보고했다. 나는 그가 그의 아내의 저항에도 불구하고 그녀의 환심을 사기 시작한 것을 지지하고 축하했다. 나는 '독을 뿜어내기'라는 그녀의 자기 서술이 서로가 서로에게 가지는 두려움과 불편한 취약성을 다루는 것으로부터 그들 모두를 보호하기 위한 것이라고 재구성했다. 나는 수잔의 건잡을 수 없음이 물속을 어둡게 하여 감지된 적들이 혼란스럽도록 오징어가 먹물을 뿌리는 것 같다고 비유했다.

나중에 나는 그 회기의 한 부분을 보여 주었다. 거기서 나는 장광설에 빠진 수잔을 중단시키고는 그녀로 하여금 내 손 둘레에 끈을 묶게 했다. 나는 그녀가 내 손을 묶었기 때문에 그녀를 돕고 싶지만 무력감을 느끼고 있는, 내가 빠진 진퇴양난을 묘사했다. 미누친은 내가 불연속적인 행동을 사용하는 것을 좋아했다. 그는 내가 지속과 반복을 통해 강도를 높여야 한다고 제안했다. 그는 수잔이 보여 주는 부당하게 괴롭히기를 향한 애착이 그녀의 격노를 굳히고 정당화시켰다고 느꼈다. 내 무력감을 강화시키기는 그녀가 때려 부술 수 없을지도 모른다는 사실에 대한 이의제기의 한 형태였다.

수잔은 제리가 병이 났다고 보고하면서 다음 회기를 취소하기 위해 전화를 걸었다. 그것은 마치 제리가 다시 환자가 되고 수잔은 관리자가 되는 것으로 돌아온 것처럼 들렸다. 수잔은 치료를 다시 받는 것에 관심을 표명했지만, 내가 감지한 것은 그들이 이전에 가졌던 관계의 균형이 회복되었다는 것이었다.

미누친은 제리와 수잔과 함께 작업했던 마지막 회기에서 내 스타일을 다음과 같이 유쾌하게 묘사했다. "당신은 가장자리에 있는 언어의 작은 세부들을 깨지락거리는 벌새와 같아요. 그 대신에 당신은 콘도르가 되는 법을 배워야 해요." 나는 종종 내가 진행하는 회기에 집중적인 강렬함이 부족하다고 느끼고 있었기 때문에 그것은 내 마음에 와닿았다.

벌새에서 콘도르로: 맹렬히 날아서

늘 그렇듯이 그 도전은 거대해 보였다. 나는 정확히 내가 쉽게 할 수 없는 것을 하라는, 곧 폭풍을 향해 걸어가라는 요청을 받고 있었다. 벌새는 작고 앙증맞으며, 윙윙거리는 소리를 내기 위해 1초에 70번이나 날개를 퍼덕인다. 콘도르는 날개를 거의 움직이지 않고도 먼 거리를 갈 수 있는 강력하고 우아한 비행사이다. 미누친이 제시한 콘도르의 이미지는 내게 남성의 행동 양식으로 치자면 대단히 적극적인 것을 가리킨다는 인상을 주었지만, 여성으로서 그리고 나만의 고유한 스타일로는 그것을 어떻게 시행해야 할지 나로 하여금 혼란스러운 상태에 놓이게 했다.

벌새에서 콘도르로 가는 것은 또한 경제적인 것을—적을수록 더 좋다는 것을 의미했다. 나는 말을 적게 하고 가족들이 서로서로 이야기하도록 격려하기 시작했다. 내가 내 불안을 잘 처리하고 지나치게 책임지려는 것을 절제하면, 최소한으로 개입하고 가족구성원들이 더 많이 작업하게 함으로써 그 작업이 끝나기를 기다릴 수 있는 인내심을 가지게 된다는 것을 나는 알았다. 내 역할은 한층 덜 중심적이 되었다. 나는 그들의 지속시간을 연장하고, 반복시키고, 또는 대응하지 않음으로써 상호교류를 강화시키는 촉매제에 가까웠다. 나는 한층 더 효과적이 되고 있다고 느꼈다. 나는 일을 덜 하고 있었고, 그래서 더 많은 일이 일어나고 있었다. 나는 내 비행을 안내할 수 있는 능력에 대한 새로운 자신감을 성장시키고 있었다. 그것은 내가 조심스럽게 염려하면서 인지적으로 회기들의 계획을 세울 때 느끼는 것과는 다른 느낌이었다. 나는 자발적인 자기 사용을 통해 리더십을 발휘하고 있었다.

치료 리더십을 향하여: 상상적 구성에 관하여

미누친이 내게 마지막으로 해 준 피드백은 "당신이 너무 가까이에서 언어에 귀를 기울이면 당신은 푹 빠지게 되죠. 리더십을 유지하기 위해서 당신은 가족에 대한 당신의 경험의 중심에 있어야 해요."였다. 내 내부의 자아에 귀를 기울이는 것은 내적 반응을 발견하고 정의하고 그것을 발판으로 사용하는 데 도움이 되었다. 나는 내 상상력에서 얻은 영감이, 그 가족이 가진 문제투성이의 언어, 기분, 현실, 무아지경을 초월하여 나를 다른 차원으로 이동시키도록 도울 수 있다는 것을 깨닫기 시작했다. 가족과의 협력은 필수적이었다. 그러나 상상력은, 특히 그것이 가족을 위한 움직임으로 바뀔 때, 내 치료의 영향력을 강화시킬 수 있는 핵심적인 내적 자원이었다.

수련과정이 끝나갈 무렵 나는 슬픔을 느꼈다. 나는 자아를 확장하는 것이 결코 단순한 과제가 아니며 또한 간단한 과제도 아니라는 것을 깨달았다. 오케스트라의 지휘자처럼 나는 모든 악기 자원을 사용할 필요가 있었다. 그 훈련은 치료, 슈퍼비전, 그리고 변화에 대해 내가 알고 있던 것을 확인시켜 주었다. 이것은 염분학saltology—도약의 공부와 관련이 있었다. 내게 가장 큰 성장은 강력한 이의제기가 관심과 거기에 있기와 균형을 이루었던 회기들에 뒤따라 왔다. 일단 손전등이 어떤 방향을 가리키고 내가 무엇을 바꾸어야 하는지 이해하게 되면, 나는 도전에 대해 고심할 수 있었고 앞으로 나아갈 수 있었다.

치료사들이 가족에게 결코 보이지 않는 것처럼, 슈퍼바이저들은 학생들에게 결코 보이지 않는다. 미누친은 직접적으로도 가르치고 간접적으로도 가르친다. 그는 수련생을 위하여 일종의 이중구속double-bind을 만들어 낸다. "당신은 그것을 하는 데 전문가이군요. 당신은 그것을 그렇게 잘하기 때문에 [그것에 빠져] 꼼짝 못하게 되는 거예요."와 같은 것을 말이다. 그는 행동을 긍정적으로 함축한 다음 그 유용성을 파산시켜 버린다. 그가, 관계의 긍정적인 힘에 의해 연료를 공급받은 강렬한 동기를 창출함으로써, 우리로 하여금 새로운 행동의 위험을 무릅쓰도록 자극함에 따라서 낡은 경로들은 차단된다. 대안들이 나타나는 순간 미누친은 그것들을 안정시킨 다음 그다음 도전으로 나아간다.

내 훈련 경험은 의심할 여지없이 많은 단계들, 곧 치료사의 기술, 스타일, 개성의 경향, 그리고 원가족 관련 프로그램 짜기 등과 연관된 변형의 과정이었다. 그 과정에는 압박감과 긴장이 요구되었다. 그 결과는 내 자신에 대한 믿음을 회복한, 한층 더 강하고, 한층 더 진성성이 있으며, 한층 더 탄력이 있는 치료사였다. 혹독한 단련의 장에서 겪은 내 경험에 대해 감사하면서 깊이 생각해 보건대, 나는 미누친이 그와 함께 작업한 가족들과 학생들과 개인적으로 관계하는 것에, 곧 그들 자신의 잠재력을 계속 성장시키고 확장시키는 사람들의 능력에 대한 깊은 믿음에 크게 감명을 받았다. 미누친의 강렬한 슈퍼비전 스타일과 관련하여 더욱 주목할 만한 것은, 우리가 그 혹독한 수련의 장을 떠날 때, 우리에게서 변형이 일어나도록 허락했던 그 작업을 바로 우리가 했기 때문에 우리는 우리 자신을 돌아보고 신뢰할 수 있다는 점이다.

덧붙이는 말: 10년 후

내가 '혹독한 단련의 장'에서 겪은 슈퍼비전 경험은 모두 위험을 감수하기, 도전하도록 북돋워지기, 그리고 내 자신을 확장하기에 관한 것이었다. 그 경험은 상담실을 훨씬 넘어선 파급효과를 산출하면서 내게 엄청난 최초 충격을 주었다. 시간이 지남에 따라 일부 효과가 약화되었지만, 중요한 자기 발견 과정이 시작된 이래로 그것은 현재에도 지속되고 있다.

1994년에 미누친과 함께 슈퍼비전을 시작했을 때, 내 맏아들은 대학에 가기 위해 집을 떠나고 있었다. 오늘은 내 셋째인 막내아들이 대학을 졸업하고 세상을 향해 그 길을 나서고 있다. 나는 다른 생애주기에 있다. 아주 훌륭하게 성인이 된 아들의 부모가 되고, 남편과 함께 새로운 여행의 모험을 즐기고, 글을 쓰고, 개인 상담실에서 상근으로 부부와 가족들과 함께 작업하는, 빈 둥지에 남게 된 부모의 삶 말이다. 이렇게 진화하는 맥락의 변화는 확실히 내 자기 발견의 과정에도 기여했다.

미누친과 함께한 훈련이 끝난 지 10년이 지난 지금, 나는 그 경험을 나의 직업 생활에서 가장 중요한 지점들 가운데 하나로 여긴다. 미누친과 함께 공부하고, 구조적 가족치료에서 더욱 수준이 높아지고, 나만의 스타일과 연관된 것들을 배우려는 포부는 미누친으로 하여금 내 작업을 면밀히 조사하게 하는 위험을 무릅쓰게 하는 데 도움이 되었다. 내가 내 임상작업에서 '통합integration'을 발전시키도록 도우려는 미누친의 노력은 내 열망과 잘 맞았다. 그러나 그는 [그렇게 되기 위해서] 수반되어야 하는 것들에 대한 더 분명한 비전을 가지고 있었다. 내 작업이 더 '통합'되기 위해서는 내가 내 치료 스타일을 확장해야 한다고, 곧 치료실에서 개인적인 치료의 '존재감'을 한층 더 확고히 할 수 있어야 한다고 그는 보았다.

내 슈퍼비전 경험은 비교적 짧은 경험(미누친이 뉴욕에서 보낸 마지막 해였던, 1994년 10월부터 1995년 4월까지 진행된 아홉 회기들)이었다. 그러나 그것은 강렬하고도 자기 발견으로 충만한 것이었다. 미누친은 내가 어떤 사람인지 이해했다. 그리고 그는 너무 정교한 내 인지 스타일에 합류하면서 이의를 제기했다. 그는 내게 상담실에서 개인적인 감정적 경험에 더 의존하라고 압력을 가했다. 이 책을 위해 쓰도록 요청을 받은 내 자전적 스케치는 내 감정적 스타일에서 원가족 관련 프로그래밍을 탐색하는 데 도움이 되었다. 슈퍼비전으로 인해 나는 내면의 '재진화re-evolution', 곧 더 큰 창조성을 가지고 내 자신을 이용할 수 있는 자유의 싹을 틔울 수 있었다. 미누친은 내게 불연속적 감정의 과정을 이용하는 칼 휘태커의 스타일을 적극적으로 수용하도록 격려했다. 나는 회기들에서 자유연상을 사용하고, 판타지를 구성하며, 구체적인 조각적 은유를 창출해 내기 시작했다. 내 초점은 행동적 상호작용을 분석하는 것을 넘어서 가족구성원들이 서로가 서로에게 가지는 정서적 스타일에 반응하는 것으로 확대되었다. 슈퍼비전이 끝나자, 나는 내 자신을 이용하는 것에 더 많이 의존하게 되었다. 그 때문에 나는 치료사로서 한층 더 단호해지고 유연해졌다고 느꼈다. 나는 한층 더 편안하고 효과적으로 이의제기를 이용할 수 있게 되었다. 학생들과 함께 작업하면서, 나는 그들의 임상 스타일에 한층 더 상황에 맞춰서 집중하는 것을 포함하기 위하여 대체로 지지하는 내 슈퍼비전 목록들을 확장해 나갔다. 게다가 미누친의 훈련에서 살아남은 이상, 나를 위협할 수 있는 것은 거의 없었다.

'하시디즘의 치유의 신비Hasidic Mystery of Healthing'에 대한 미누친의 초점은 어느 정도 예언적인 것이 되었다. 1995년 봄에 훈련을 받은 직후, 결국 중요한 안면 수술을 필요로 했던 피부암의 몇 가지 증상들과 격투를 벌이게 되었을 때 말이다. 내가 새롭게 발견한, 정서적 경험에 특별한 권위를 부여하는 것으로의 개방성은 내가 10년 동안의 의미 있는 영적 성장에 이르게 한 놀라운 개인적 치료 여행에 착수해서 내 건강을 향상시키는 데 도움을 주었다. 이 길로 들어서게 되자, 나는 영성과 의학적 질병에 대한 내 관심을 환자들을 위한 영적인 연구/토론 그룹을 개발하는 데 창의적으로 계속해서 적용해 나갔다. 그뿐만 아니라 나는 이러한 임상 작업을 내가 가진 유대인 배경과도 통합했다.

언젠가 움베르토 마투라나(Humberto Maturana)는 변화의 방향은 완전하게 예측될 수 없다는 의견을 제시한 적이 있었다. 그 훈련을 받은 다음인 1995년 여름, 나는 취미로 클레즈머Klezmer[7] 음악 그룹에 가입했다. 우리는 우리 자신을 '까불이들The Tummelers'이라고 불렀다. 나는 [내 연주 악기를] 기타로 시작해서 온갖 종류의 타악기로 확장했다. 나는 노래도 조금 하고 춤도 좀 췄는데, 그것들은 자연스러운 감정 표현을 필요로 했다. 어느 날 나는 내가 악기를 넣어 가지고 다니는 가방이 미누친과 함께하는 훈련을 위해 뉴욕으로 갈 때 가지고 다니는 것과 같은 가방이라는 것을 알아차렸다. 바로 그때에 나는 음악을 통한 정서적 자발성의 지속적 훈련을 향한 내 직관적 도약과 미누친의 슈퍼비전 사이의 연결성을 깨달았다.

배우려는 열망에 덧붙여서, 나는 치료사로서 검증과 인정을 받기 위해 미누친에

7) 역자 주: 클레즈머는 동유럽 유대인들이 생일이나 결혼식 등에서 연주하는 민속음악을 가리키는데, 그것은 그 음악을 추구하는 음악가를 가리키기도 한다. 이 음악은 미국에 들어오면서 전통적인 의례적 요소를 일부 상실하고 미국의 빅밴드와 대중음악의 요소와 결합되었다.

게 지도를 요청했다는 것을 안다. 미누친과 상호작용을 하는 것과 그에게서 긍정적인 피드백을 받는 것은 내가 가르치고 슈퍼비전을 하는 것에서 자신감과 편안함의 수준을 엄청나게 신장시켰다. 그것은 또한 자기표현을 강화시켜 주어서 그 후 몇 년 동안 소나기가 퍼붓듯 출판물과 발표물이 내게서 쏟아지는 결과로 이어졌다. 내가 내 자신에게 가지는 감각이 확장되었고 그것은 내가 새로운 장소로 나아가게 하는 데 도움이 되었다.

미누친과의 연결은 성장 과정을 작동하게 했지만, 그러나 9회기는 구조적 가족치료의 모든 복잡성을 흡수하고 특정 스타일에 특권을 부여했던 세월을 극복하기에는 충분하지 않았다. 나는 항상 완전히 새로운 방법을 통합하는 데에는 여러 해 동안 계속되는 훈련이 필요하다고 믿어 왔다. 게다가 우리는 새로운 행동들을 강화하는 맥락을 가져야 하는데, 내 개인적 상담실천의 고립된 환경은 그러한 기회를 제공하지 못했다. 내용에 초점을 맞추기보다는 진행되는 회기 안에서 이루어지는 상관적이고 정서적인 과정에 매우 잘 대응하면서 그것을 유지하는 것은 철저한 비디오테이프 검토와 지속적인 슈퍼바이저의 지도, 또는 비전을 강화하는 동료들과 함께하기를 요구한다.

그와 함께한 아홉 번의 슈퍼비전 회기 동안, 미누친은 내 기본 스타일을 확장하는 방법을 설명하거나 입증하기보다는 그것에 이의를 제기했다. 하나의 경로를 차단하면 대안들의 탐색이 산출되지만, 그것이 한층 더 실행 가능한 대안들로 자동적으로 이어지지는 않을 수 있다. 대개 이러한 새로운 방법들은 우리에게 제시되어야 하고 우리는 그것을 연습하고 강화해야 한다. 내게는 미누친이 해 준 더 많은 설명이 도움이 되었을지도 모른다. 하지만 내 치료에서 내가 덜 설명하게 한 것은 미누친이 발생하게 하려고 애를 썼던 내 스타일의 변화였다는 것을 나는 또한 알고 있다. 그래서 아마도 거기에는 어떤 동일한 구조의 의도가 있었을 것이다. 일단 내가 내 치료 회기에서 한층 더 개인적인 감정 표현을 보이기 시작하면, 미누친은 이러한 행동들을 안정시키기 위해 그것들을 재빨리 강화시켰다는 것을 나는 매우 잘 알고 있다.

내가 훈련을 받은 이후 2003년에 이르는 세월 동안, 나는 매년 여름 집중훈련 기간 동안 미누친이 가족들을 치료하는 것을 관찰함으로써 내가 배운 것을 계속 유지해 내고 강화하려고 애를 썼다. 그러나 시간이 지남에 따라 지속적인 강화가 잘 이루어지지 않게 됨에 따라 내 기술과 자신감 수준도 계속 줄어드는 결과로 이어졌다.

2001년 막내아들이 집을 떠났을 때, 즉 '현장에서' 보살피는 엄마 노릇을 끝냈을 때, 내가 기대했던 직업적인 에너지가 솟구치기보다는, 나는 휴식을 취하며 쉬고 싶어 하는 내 자신을 발견했다. 거의 30년 동안 임상작업을 하고, 거의 그만큼 많은 세월 동안 다른 사람들을 가르치고 다른 사람들의 사례를 지도한 후, 나는 이제 내 자신에게 투자하고 싶은 매우 시의적절한 충동을 느꼈다. 나는 아마도 내 자신의 임상 능력을 발달시키기보다는 가르치기와 슈퍼비전에 더 큰 의미를 부여했던 것 같다는 생각을 깊이 했다. 나는 내가 원래 생각했거나 원했던 것만큼 미누친과의 만남에 의해 완전히 '변형'되지는 않았다고 느끼기 시작했다.

2003년에 나는 미누친이 착수시킨 성장과정을 재개하기 위해 해리 아폰테와 매달 임상 슈퍼비전을 시작했다. 그 이전에는 정신역동과 관련해서는 훈련을 받지 않았던 골수의 체계적 치료사로서 임상작업을 시작한 이래로, 해리와 함께 작업한 결과로, 나는 현재 정서적 양식들의 상호작용의 밑바탕을 이루는 상호 맞물린 방어기제들에 대한 한층 더 수준 높은 이해를 얻어 가고 있다. 이 깊어지는 깨달음은 내 치료가 한층 더 '정서적 견인력'을 가지도록 도움을 주었다. 나는 개인들의 개인적 책임감과 서로 관련된 책임감에 한층 더 집중하는 법을 또한 배웠다. 때때로 나는 순간의 감정적 긴급사태들에 대응하기 위해 공허한 체계적 개념들을 내 스스로 뒤엎어 버리는 것을 발견하는데, 그것은 동요시키는 것이자 확장시키는 것인 그런 경험이다. 나는 지속적인 성장이 고통스러울 정도로 느리다는 것을 안다. 그러나 가족구성원들이 회기에서 한층 더 많은 화장지를 써 버리고 있다는 사실은 힘을 북돋워 주는 피드백이다. 구조적 가족치료는 내 기본적인 이론적 방향이다. 그러나 나는 그 분야의 축적된 기술적 지혜가 담긴 도구들의 가방에서 자유롭게 선택한다.

나는 항상 내 자신을 평생 학습자로 생각하는 것을 즐겨 왔다. 나는 사람은 성장하거나 정체한다고 믿기 때문이다. 그 점에서 미누친은 계속해서 하나의 고무적인 본보기가 되고 있다. 새로운 것을 개발하고 시대와 함께 그리고 시대에 앞서서 진화함으로써 말이다. 내가 가고 있는 현재의 경로는 활기를 주면서도 풍요롭게 해 주는 것처럼 느껴진다. 나는 미누친이 그 과정이 시작되게 한 '캔 오프너'가 되어 준 것에 감사한다. 지금에라도 나는 임상과 관련된 그의 예술가적 기교로부터 배울 수 있는 기회를 잡을 것이다. 내 자신에 관해 말하자면, 앞으로 펼쳐질 10년이나 20년의 세월 동안 나는 내가 개입할 때 한층 더 효율적이고 경제적이 되는 목표에 더 가까이

다가갈 수 있기를 희망한다. 나이와 경험과 동행하는 단순함과 우아함을 내가 추구하는 것처럼 말이다. 치료가 예술적인 것이라기보다는 대개는 지저분한 것이지만, 여전히 나는 내 치료를 피카소의 그림과 같은 어떤 것으로 만들기를 열망한다. 모든 것을 다 말해 주는 저 단순하면서도 자유분방한 필치가 낳은 그런 그림 같은 것 말이다.

13
남성과 의존: 동성애 커플의 치료

데이비드 E. 그린낸(David E. Greenan)*

첫 인터뷰에서 데이비드는 그가 동성애자라는 것을 내게 알려 주고자 했다. 심지어 그가 받은 가족치료 훈련에 관해 설명하기도 전에 그는 그 사실을 내게 말했던 것 같다. 그 정보를 가지고 내가 무엇을 해 주기를 그가 원하는지 나는 알지 못했다. 그가 그 사실을 혼자만의 비밀로 남겨 두고 싶어 하지 않는다는 것은 분명했지만 말이다. 하지만 그 자신을 그렇게 정의하는 것은 나를 이성애자로 정의하는 것이기도 했음은 물론이다. 그것은 우리가 성적 성향에 따라 정의된 다른 대륙들의 출신으로 만나야 하는 어떤 세계를 만들어 냈다. 그는 또한 그가 10년 동안 한 사람의 배우이자 연출가였다고 내게 말했다. 나는 내가 내 인생에서 실현하지 못한 야망들 가운데 하나가 극작가가 되는 것이었다고 그에게 말했다. 나는 그것이 그에게 어떠한 영향도 주지 않았다고 생각하지만, 내게는 그것이 두 대륙들을 이어 주는 다리가 되었다. 자기를 정의하기라는 이 쟁점은 슈퍼비전에서 우리 대화의 초점이 되었다.

포스트모더니즘이 가족치료에 도입한 문제들 가운데 하나는 다양성에 관한 그것의 집중이다. 지배 문화의 제국주의에 대한 도전은 어쩌면 우리가 타자에 맞서 보호받는 작은 영역의 세계를 만들어 낼 수 있을 것이다.

* 데이비드 E. 그린낸은 뉴욕에 살고 있는 가족치료사이자 심리학자이다. 그는 '미누친 센터'의 교수 요원이다. 그곳에서 그는 도심지역의 빈민 가족들을 위해 일하는 병원들에 상담을 해 주고 있다. 그는 콜롬비아대학교 사범대학의 외래 조교수로서 가족치료 박사과정 학생들을 가르치고 그들과 함께하는 슈퍼비전을 진행하고 있다. 그는 최고의 찬사를 받은 책 『동성애 남성들과 함께하는 커플치료(Couple Therapy with Gay Men)』의 공동저자이다.

데이비드는 동성애자 커플과 함께 작업하고 있었다. 그들은 다른 그 무엇보다도 그가 동성애자이므로 그들과 그들의 맥락을 잘 이해하리라고 믿었기 때문에 그를 선택했다. 데이비드가 그 사례를 나와 함께하는 슈퍼비전을 위한 사례로 가져오기로 결정했을 때, 그는 내가 그 커플과 치료사의 특이성들을 존중하고 보편적인 커플들의 측면에 대한 내 이해 안에서 그들과 합류할 수 있으리라 믿으면서 협소한 문화의 영역들의 경계선을 가로질렀다. 해리 스택 설리번(Harry Stack Sullivan)과 마찬가지로, "모든 인간은 누구든지 인간적이 아니기보다는 오히려 더 인간적이다."라고 나는 믿기 때문에 그의 결정을 환영했다. 그 믿음은 차이를 부정하거나 다양성에 반대하지 않지만, 그것은 우리의 복잡한 인간성의 특이성들을 통합한다.

아래에 이어지는 내용에서 분명히 밝혀지겠지만, 그 과정은 복잡했다. 데이비드도 나도 편치 않았다. 처음에는, 데이비드는 동성애자 공동체의 대변자격인 인물로서 내 자신과 다른 슈퍼바이저들의 편견에 맞서 '동성애자임gayness'을 방어해야 한다고 느꼈다. 나는 내 입장에서는 데이비드와 함께하기 위해서 발걸음도 부드럽게 해야 하고, 슈퍼비전에서 반응도 신중해야 하며, 내 이의제기들도 완화해야 한다고 느꼈다. 치료와 슈퍼비전이 진행되면서, 우리는 서로의 관점을 신뢰하는 법을 배웠다. 데이비드의 치료는 그가 단지 남성 동성애자인 가족치료사[1]가 됨에 따라서 한층 더 복잡해졌고, 그의 내담자들은 어떤 사회 집단의 대표자격 인물이 덜 되었고 그들이 커플로서 추는 춤에서 한층 더 특이해졌다.

제2차 세계대전의 막바지에 내 아버지의 기마 보병 중대가 이탈리아 침공을 준비하기 위해 북아프리카에 도착했을 때 나는 태어났다. 거의 3년 후, 내 아버지가 뉴잉글랜드 북부에 있는 집으로 돌아왔을 때, 나는 내 침대에서 "저 사람 누구야?"라고 외쳤다고 한다. 그 이야기가 정확하든 정확하지 않든, 그것은 내게 상징적인 의미가 있

1) 역자 주: '남성 동성애자인 가족치료사(a therapist who is gay)'라는 표현은 이어지는 몇 단락 뒤에 나오는 '남성 동성애자 가족치료사(a gay family therapist)'와 대비되는 표현이다. 전자의 표현에서는 '기족치료사'와 '남성 동성애자'가 서로 분리되지만, 후자에서는 그 두 가지가 하나의 정체성 안에서 결합된다. '남성 동성애자인 가족치료사'는 커플들(그들이 동성애 커플이든 이성애 커플이든)과 함께 작업하면서 그 자신이 동성애자라는 사실을 의식하지 않고서도 개입할 수 있겠지만, '남성 동성애자 가족치료사'는 모든 치료 과정에서 그 자신이 동성애자임을 끊임없이 의식하면서 개입하게 될 것이다.

다. 아버지 또는 남자 선배들이나 남자 친구들과 어떻게 친해져야 하는가 하는 것은 평생 동안 계속된 도전이었다. 내 경험에서 보자면 나는 그 점에서 특별하지 않다. 우리 집안에서 남성들은 어떻게 서로 경쟁해야 하는지 또는 어떤 과제를 놓고 어떻게 협력해야 하는지 알고 있었다. 그러나 우리는 우리의 감정을 표현하는 일에, 곧 서로를 향한 욕구를 인정하는 일에 어려움을 겪었다.

외국에서 돌아온 후, 내 아버지는 소도시의 내과의사로서 업무를 보면서 일에 파묻혔다. 그의 아버지처럼, 그 역시 가족의 좋은 부양자였다. 나는 삼남매 가운데 막내였다. 내 누나는 어린 아기였을 때 죽었다. 내 형은 네 살이나 더 많았고, 자라면서 나보다 항상 앞서 있었다. 나는 결코 그를 따라잡을 수가 없었다. 내가 중학교에 들어갈 때쯤이면 그는 대학에 갈 생각을 하고 있었다. 그리고 내가 고등학교에 다니기 시작할 때쯤이면, 그는 대학생활을 시작했다. 내 형과 나는 우리 가족체계에서 특별한 역할을 했다. 내 역할은 아버지가 부재할 때 그 대리자가 되는 것이었다. 그가 우리와 함께 있을 때에는, 나는 내 가족의 [갈등을 종식시키려고 애쓰는] 중재자의 역할을 하도록 끌어당겨졌다. 내 형은 운 좋게도 내가 늘 동경하던 역할인 반항아의 역할을 맡았다. 중재자의 역할을 하도록 끌어당기는 힘은 내가 벗어나기 어려운 힘이었다. 그리고 그것은 내가 한 사람의 가족치료사로서 초기에 가족과 함께 작업하는 방식에 영향을 미쳤다. 내 관점에서 보자면, 도전적인 가족들은 갈등[을 가진 가족]과 동일시되었고, 갈등은, 특히 남자들 사이의 갈등은 방지되어야만 하는 것이었다.

가톨릭교회의 가부장적 위계질서는 우리 가족의 감정적 역동과 병행하여 켈트족 혈통인 내 가족에서 중심적인 역할을 했다. 수녀들은 내게 교리 문답을 가르쳐 주었고, 계층 반란자가 되고 싶은 내 욕망을 길들이려고 시도하면서 내게 복종심을 심어주려고 애를 썼다. 신부는 이 체계에서 궁극적이고 냉담한 권위의 상징으로 남아 있었다. 문제는 그 또한 고해성사의 장막 뒤에 숨겨져서 이해하기 힘든 상태로 남아 있다는 것이었다. 내가 태어나기 전에 이미 돌아가신, 노동자 계층 이민자인 내 아버지의 부모는 성직자나 의사가 소도시에서 가장 존경받는 시민이라는 문화적 규범을 고수했다. 전하는 바에 따르면, 그들은 아버지에게 그들이 제시한 두 가지 직업 선택—그러니까 그는 신부나 의사가 될 수 있었다—가운데 하나를 고르게 하였다. 내게는 다행스럽게도, 그는 의사가 되는 쪽을 선택했다. 아일랜드계 미국인 2세대로서, 그는 동화되고 성공하도록 이끄는 강력한 견인력을 느꼈다. 아일랜드인의 악센트는 우리 집에서는 결코 들리지 않았다.

우리 가족에서 여성은 내 어머니 외에도 외할머니와 그녀의 세 자매가 있었다. 그녀들은 나와 내 동생을 애지중지했다. 여성들은 우리 가족의 정서를 표현하게 되었다. 남성들이 감정을 드러내는 것이 용서받을 수 있었던 유일한 때는 그들이 술에 만취해 있을 때였고, 그런 다음 그들의 감정 폭발은 '취중객설whiskey talkin'의 탓으로 돌려질 수 있었다. 이 규범은 동성 성애의 감정에 반대하는 다른 문화적 금기들과 함께 내게서 강화되었다. 성인이 되었을 때, 내가 남성에게서 받는 지지나 돌봄을 필요로 했을 때 나타나는 수치심과 나약함의 감정 때문에 나는 때때로 어려움을 겪어야 했다. 내가 어렸을 때 내면화했던 무언의 메시지의 측면에서 보자면 남성의 돌봄을 향한 내 욕구는 나약함이나 패배와 동일한 것이었다. 나는 이런 감정들이 동성애자인 내게 특별하다고 생각하지 않는다. 남성과 은밀한 욕구를 협상할 때 내가 경험할 수 있는 수치심은 내가 이성애 남성과 동성애 남성 양쪽 모두와 함께 작업할 때 관찰되는 반복된 주제이다.

원가족과 문화가 나를 미래의 가족치료사로 만드는 데 기여했다. 가족치료사라는 내 직업적 정체성을 형성한 또 다른 주요한 영향은 연극판에서 쌓은 내 초기 경력이었다. 심리학자가 되기 위해 대학원으로 돌아가기 이전의 10년 동안 나는 배우로서 훈련하고 일했다. 내 훈련의 대부분은 우타 하겐(Uta Hagen)과 허버트 베르호프(Herbert Berghof)와 함께한 것이었다. 작가가 어떤 극중의 상황에 놓인 등장인물의 상상적 '마치 ~처럼'을 상정하는 것에서 볼 수 있는 것처럼 연극의 본질은 인간의 행동을 조명하는 것이라고 그들은 강조했다. 우리가 인간으로서 공유하는 보편적 경험을 탐색하기 위해 자기를 관찰하고 우리 자신을 이용하는 것은 연극 경험의 본질적 진리와 기술의 토대를 형성했다. 그것은 치료사에게도 해로운 훈련이 아니었다. 내 원가족을 고려해 보건대, 내가 감정 표현을 독려하는 예술 형식에 마음이 끌렸다는 것은 놀랄 일이 아니다. 하지만 배우의 생활은 종종 만성적 실업 상태였다. 그것은 항상 근면하고 자급자족할 수 있어야 하는 내 가족의 가치와는 양립할 수 없었다.

1986년에, 에이즈의 급속한 확산 때문에 내가 겪었던 많은 상실에 대응하면서, 나는 에이즈에 잘 맞서고 있는 개인들이나 가족들과 함께하는 자원봉사를 시작했다. 나는 그 일이 도전적인 일이며 보람 있는 일이라는 것을 알게 되었다. 내가 파국적인 질병이 가족에게 미치는 영향을 연구하기 위해 학교로 돌아가기로 결심했을 정도로 말이다. 대학원 시절에는 나는 집단역학을 집중적으로 공부하기도 했다. 내가 특별히 흥미를 가졌던 것이면서 배우로서 내 초기 훈련을 확장시킨 것은 평행과정parallel process이라는 개념과 투사적 동일시projective identification의 개념이었다. 집단이 유발하는 감정과 행동을 이해할 수 있다면 하나의 전체로서의 집단의 심리적 과정에 대한 통찰력을 가질 수 있으리라는 것을 나는 알게 되었다. 비록 그 당시에는 몰랐지만, 이 훈련은 살바도르 미누친의 슈퍼비전을 받는 가족치료사 역할로 내 역할을 확장시키는 발판이 되기도 했다.

임상 인턴으로 일하기 시작하면서, 나는 대학원 시절의 초기에 자원봉사를 했던 것 이후로는 처음으로 가족과 함께 작업하기 시작했다. 인턴으로서 우리는 각 회기가 끝날 무렵에 코칭과 해결중심의 과제들을 받으면서 가족과 함께 작업하기 위한 전략적 모델을 배웠다. 슈퍼비전은 [슈퍼바이저가] 일방경 뒤에서 실제 상황으로 진행하는 방식이었다. 그것은 비교적 멋진 매개체였다. 그 회기에서 갈등은 최소화되었다. 가족들은 회기와 회기 사이에 많은 작업을 할 것으로 기대되었다. 회기들은 종종 특정 가족의 목표를 알아내고 부과된 과제와 관련해서 진행 상황을 추적하여 관찰하기 위한 점검 기간으로서 이용되었다. 가족 역동에 대한 가설을 만들기 위한 진단 도구로 내 감정을 이용한다는 개념이나, 치료실에서 가족이 어떻게 서로를 구성하는지 관찰하기 위해 치료실에서 실연하도록 격려하는 개념은 아직 가족치료사로서 내 [치료 방법의] 목록들의 일부가 아니었다.

박사학위를 마치면서 나는 미누친과 함께 슈퍼비전을 시작했다. 나는 또한 화학작용에 의해서 중독된 도심의 빈민지역 임산부 여성들을 위한 개입들의 체계를 개발하기 위해 연방정부의 지원금을 받아 작업하고 있었다. 우리가 노숙자 여성들을 위해 개발한 많은 개입은 다음과 같은 믿음, 곧 그들이 책임감 있는 여성과 어머니로서 그들의 역할을 다시 시작할 수 있다면 그들은 마약에 의지하지 않는 삶을 살도록 동기를 부여받게 되리라는 믿음에 초점이 맞춰져 있었다. 그들로 하여금 그들의 가족들과 재결합하게 할 수 있는 개입을 개발한다는 것은 자기-치유가 약물중독을 해소하는 데 필수적인 요소라고 단정하는 치료공동체의 전통적인 규범에 도전하는 것이었다. 동시에 나는 한층 더 전통적인 가족들과 함께 작업했고, 내가 박사과정을 밟는 동안 진전시킨 관심인 남성 커플들을 계속해서 보았다. 살바도르 미누친과 함께 슈퍼비전을 시작하면서, 내가 처음 발표하기로 선택한 가족은 아시아 중산층 가족이었다. 내가 슈퍼비전 사례로 남성 커플을 가져올 용기를 내기까지는 여러 달이 걸려야 했다. 돌이켜 보건대, 남성들과 함께하는 데 내가 취약하다는 감정에 맞서 나를 방어하기는 내가 슈퍼비전을 시작할 때부터 이미 동원되고 있었다는 것을 나는 깨달았다. 낡은 감정들, 내가 무능력자임이, 사기꾼임이 까발려진다는 것에 대한 두려움이 그것들의 보기 싫은 머리를 치켜들었다. 비록 나는 모든 남성이 이러한 감정을 공유한다고 생각하지만, 그 감정들은 남성 동성애자들에게 특별히 해로운 것이다. 사회가 우리로 하여금 흔히 '거짓 자아false self'를 제시하도록, 곧 이성애의 주류 문화에 순응하도록 부추기기 때문이다.

남성 커플과 치료 쟁점들

왜 그랬는지는 모르겠지만, 매우 길었던 겨울의 중간 무렵에 나는 남성 커플의 사례를 슈퍼비전을 위해 가져올 용기를 냈다. 내가 첫 인터뷰에서 미누친에게 내 성적 성향을 밝혔지만, 나는 처음부터 다시 그에게 내가 동성애자임을 공식적으로 밝히는 것 같은 기분이 들었다. 게다가 나는 슈퍼비전을 함께 받고 있는 내 동료들이 어떻게 반응할지 확신할 수 없었다. 다른 그 무엇보다 나를 불안하게 한 것은 그 커플이, 그리고 추론컨대 모든 동성애자가 어떤 질병을 가진 자로서 취급되리라는 두려움이었다.

> 이러한 연대의 욕구는 보편성이 아니라 특이성을 가진 개별 커플을 탐색할 것을 요구하는 치료의 과업을 위해서는 좋은 징조가 되지 못했다.

이 커플은 예술가인 로버트(30세)와 재무담당 이사인 사무엘(37세)로 구성되어 있다. 그들은 2년 동안 함께 살고 있었다. 로버트는 20대 중반까지 '커밍아웃'하지 않았으며, 이 커플 관계는 그가 첫 번째로 헌신하는 동성애 관계였다. 어린 시절부터 자신이 남성 동성애자라는 것을 알고 있었다고 보고한 사무엘은 여러 차례 장기간의 동성애 관계를 가진 적이 있었다.

내가 그 커플을 처음 만났을 때, 로버트는 야구모자와 운동복 셔츠, 청바지와 운동화를 신고 상담실로 뛰어 들어왔다. 그는 30세보다 훨씬 젊어 보였다. 그는 관계를 맺기 쉬운 편이었고 그의 삶의 세부사항들도 선뜻 얘기했다. 반면, 간간이 다른 색깔의 올이 섞여 있는 두꺼운 모직 천으로 된 비즈니스 정장을 한 사무엘은 신중해 보였다. 그는 월스트리트에서 오랜 시간 일했으며 종종 그의 일이 너무 많아 감당하기 힘든 기분에 젖을 때가 있다고 말했다. 그는 기진맥진해 보였고 그의 나이보다 훨씬 더 들어 보였다.

첫 번째 회기에서, 그 커플은 그들의 주요 문제가 의사소통의 어려움이라는 것을 알게 되었다. 그들은 바로 이전 해에 언약식을 가졌지만, 많은 동성 커플처럼, 그들은 아직 자신들을 가족으로서 명시할 의식은 개발하지 못했다. 로버트의 사교성과 그들이 서부지역 사람으로서 가진 매력에도 불구하고 그들은 신중해 보였다. 나는 그들이 겪고 있었던 특정한 문제들을 이끌어 내는 데 어려움을 겪었다. 안전책을 강구하면서, 나는 처음에는 커플로서의 그들이 아닌 개인으로서의 그들에게 초점을 맞췄다. 나는 커플[로서의 그들]에게 맞춘 초점에서 벗어나서 그들의 개인사를 탐색하는 가계도 작업을 수행했다.

양쪽 남성 모두 서부에서 자랐다. 사무엘은 골동품과 멋진 도자기로 둘러싸인 귀족적인 취향의 가정에서 자랐다고 말했다. 그의 가족은 감정을 표현하는 데 큰 어려움을 겪었다. 감정은 주로 지적인 말다툼을 통해 표현되었다. 원가족에서 그의 역할은 어머니가 화를 낼 때마다 그녀의 측근이 되어 '그녀를 달래는' 것이었다. 나는 그에게 세심하게 살펴지고 있다는 느낌을 받았는데, 내가 커플로서의 그들에게 이의를 제기할 작정이었던 개입을 시도했을 때, 나는 그가 나를 묵살한다고 느꼈다.

로버트는 양부모 슬하에서 자랐다고 말했다. 그는 경계선이 없고 감정적인 혼란이 그를 압도하는 매우 변덕스러운 노동자계층 가정에서 자랐다. 그는 20대 중반까지 남성 동성애자라는 것을 인정할 수 없었다고 화를 내며 말했다. 그는 심리적으로 연약해 보이지는 않았지만 정서적으로 불안정한 개인사를 보고했다. 대학 시절 그는 우울증 치료를 받았으나 졸업 후 별다른 증상을 겪지 않았다. 양쪽 남성 모두 개인치료의 이력을 보고했고 그것을 입증할 수 있을 만큼 심리학적 전문용어를 사용하는 데 능숙했다.

그 커플이 서로 경험했던 한 가지 스트레스 요인은 재정적 어려움들로 인한 압박감이었다. 로버트는 여러 달 동안 자신의 작품을 하나도 팔지 못해 돈에 쪼들려 있었다. 그는 몇 가지 잡다한 일들을 해 보았지만, 그 커플의 재정적인 압박감을 완화시킬 수 있는 것은 아무것도 없었다. 실제로 사무엘의 월급이 그 커플의 수입원이었고, 그는 그들의 가계를 잘 관리했던 것 같았다. 이런 사실들이 드러나면서, 나는 우리가 함께 작업할 것이 많다고 느꼈다. 우리는 8회기 상담을 진행하기로 약정했다.

갈등 회피

세 번째 회기가 진행되는 동안, 로버트는 다가오는 크리스마스 휴가가 걱정이라고 말했다. 작년은 그들에게 매우 힘든 한해였다. 로버트는 두 사람이 커플로 함께 지내 온 이래로 두 번째로 다른 남성과 잠깐 바람을 피웠다고 보고했다.

지난주 그들은 휴일 파티에 갔었는데, 그곳에서 사무엘은 술에 취해서 그들 관계가 불안정하다고 느끼고 있었던 로버트의 오래된 두려움을 휘저어 놓고 말았다. 사무엘은 그가 일에서 느끼는 긴장을 풀기 위해 술을 이용하곤 했다고 말했다. 그는 그의 음주량을 어느 술자리에서든 두 잔으로 제한하는 데 동의했었다. 나는 역시 그들 관계의 긴장을 완화시키기 위해 그들이 제3의 인물을 이용하는 것에 관심이 있었다. 그들은 치료가 지속되는 동안에는 외도를 하지 않기로 합의했다.

슈퍼비전을 위해 이 커플 사례를 가지고 왔을 무렵에, 나는 그들과 함께 작업하는 데 내가 무능하고 비효율적이라는 것을 점점 더 강하게 느끼고는 좌절했다. 나는 지난 두 회기들에서 회기가 진행되는 내내 그들의 차이를 일시적으로 수습하려고 애쓰면서 그 회기들을 종결했다. 그다음 회기가 시작되기 전에 그들이 갈라설지도 모른다고 두려워하면서 말이다. 돌이켜 보건대, 나는 대인관계에 관련된 갈등들은 항상 서로를 멀어지게 한다는 오래된 믿음에 사로잡혀 있었다.

좋은 소식은 그들이 큰 사건 없이 휴일을 무사히 잘 넘겼다고 보고했다는 것이다. 그들은 처음으로 크리스마스와 새해를 커플로서 함께 보냈다. 그들 각자 그들의 원가족에게 돌아가기보다는 다른 커플들과 어울리면서 말이다. 그들이 그들의 성인가족을 창출했던 것처럼 그들 자신만의 의례와 전통을 찾으려는 욕구를 정상적인 것으로 만들어 줌으로써 나는 이 새로운 행동들을 지지했다. 하지만 매 회기가 끝날 때마다 [생기는 감정의] 폭발이 계속되었다. 그것은 내가 허용하지 않은 어떤 작업을 그들이 필요로 한다는 것을 가리켰다.

> 데이비드는 두 가지 과제를 상정했는데, 그 가운데 한 가지만이 치료와 관련된 것이었다. 치료와 관련된 과제는 그가 로버트와 사무엘과 맺어야 할 관계였다. 그러나 그는 또한 그 자신을 어떤 집단[동성애 남성들의 집단]의 표준적인 전달자라고 생각했다. 그가 그들의 치료에서 실패한다면 남성 동성애자 커플의 치료를 실패한 남성 동성애자라는 비난을 받을까 봐 그는 두려워했다.
>
> 그가 다른 가족들과 작업하는 것을 보는 동안 내가 느낀 점은, 그는 남성 동성애자인 가족치료사이면서도 그 자신을 남성 동성애자 가족치료사라고 생각한다는 것이었다.[2)]

나는 그것을 모르고 있었지만, 어떤 평행과정이 이미 내 슈퍼비전 그룹에서 일어나고 있었다. 그 커플이 나를 그들의 관계에 들어오게 하면서 걱정했던 것만큼이나 나는 미누친이 나를 가족치료사로 생각하게 할 수 있을지 걱정스러웠다. 내 슈퍼비전 동료들은 내가 그 남성들을 개인으로서 매우 명확하게 묘사했지만, 커플로서 그들에 대해서는 그 어떤 요점도 제시하지 않았다고 말했다. 그 커플이 어떤 질병을 가진 자로서 취급될까 봐 그리고 내가 무능한 사람으로 인식될까 봐 내가 얼마나 걱정했는지 알고 있었기에, 나는 내가 얼마나 차분하게 보였는지 알기 위해 테이프를 지켜보면서 깜짝 놀랐다. 그 슈퍼비전에서 내가 했던 차분한 발표가 그 회기에서 사무엘이 보여 준 느긋한 태도를 얼마나 거울처럼 면밀하게 되비추는지 보면서 나는 또한 깜짝 놀랐다. 그것은 벌어지고 있었던 평행과정에 대한 추가적인 단서였다.

나는 내 무능력에 대한 불안과 두려움을 감추기 위해 전문가의 태도를 유지했다. 그러나 미누친은 다음과 같은 첫 번째 논평으로 내 두려움을 잠재웠다. "나는 남성 커플들을 많이 알지 못하고, 또 그 [남성 커플] 그룹이 그들과 함께한 경험이 그렇게 많은지도 확신할 수 없어요. 당신이 [그런 것들을] 우리에게 가르쳐 줘야 할 거예요."

---

2) 역자 주: '남성 동성애자인 가족치료사(a family therapist that was gay)'와 '남성 동성애자 가족치료사(a gay family therapist)' 사이의 대비적 의미는 역자 주 1)을 참조할 것.

나는 이 슈퍼비전이 걱정스러웠었다. 나는 데이비드가 마지못해서 동성커플 사례를 발표한다는 것을 알고 있었기에 나는 나나 슈퍼비전 그룹이 내비칠 수도 있는 동성애 혐오증이 그를 난처하게 하거나 그가 치료사로서 진행하는 과정을 방해하는 일이 절대로 일어나지 않게 할 작정이었다. 그래서 나는 그에게 우리를 가르치는 임무를 부여함으로써 슈퍼비전을 시작했다. 그리고 나는 [슈퍼비전을 진행하면서] 그 커플이 그들의 상호작용에서 보여 주는 정형화된 양식들과 데이비드가 시도한 대부분의 개입이 개인들의 통찰로 향해져 있다는 사실에 대해 언급하고 싶은 충동을 억눌렀다.

직접적인 이의제기를 피함으로써 나는 슈퍼비전과 관련된 자유를 축소시키고 나도 모르는 사이에 데이비드의 회피에 동참하고 있었음은 물론이다.

미누친의 언급들은, 내가 내 역할을 맡도록 힘을 북돋워 준 것 외에도, 그들이 이성애 커플과 공유하는 역동일 뿐만 아니라 남성 커플의 특징일 수도 있는 역동에 내가 초점을 맞추도록 도움을 주었다. 나는 남성 동성애자의 정체성 형성과정의 발달이론과 남성 동성애자들이 흔히 그들의 독립을 유지하기 위해 경험하는 과장된 욕구에 대해 생각했다. 일반적으로, 남성들은 독립적이 되어야 한다는 문화에 길들여진다. 그러나 남성 동성애자들에게는, 다른 남성과의 은밀한 관계에서 필요로 하는 의존이 그보다 우선하는 부끄러운 꼬리표에 대한 두려움을 불러일으킬 수 있다. 곧, 은밀한 남성[연인] 관계에 있는 성인으로서, 남성 동성애자들은 어린 시절에 많이 겪었던 부끄러운 사건들을 다시 경험할 수 있다. 그의 또래들이나 아버지 같은 인물들에 의해 '동성애자queer'이기 때문에 배척당했던 기억들을 떠올리면서 말이다. 그래서 다른 남성과 은밀한 관계에 있는 남성 동성애자가 [그에게] 안겨서 위로 받으려는 욕구를 경험할 때, 그런 욕구를 그가 '동성애자'라는, 곧 [그에게] 결함이 있다는 내면화된 동성애혐오 관련 꼬리표와 혼동하기 때문에, 그는 그런 욕구를 묵살할 수 있다. 게다가, 모든 커플의 경우와 마찬가지로, 의존 욕구는 융합과 얽힘에 대한 두려움을 불러일으킬 수 있다.

나는 내 개입이 그들로 하여금 커플로서 가지는 욕구에서 멀어지게 하고 있는 것은 아닌지 궁금했다. 미누친은 다음과 같이 내 두려움을 더 분명하게 해 주었다. "나는 그들이 커플이라고 생각하지 않아요. 그들에게는 커플로서 가지게 되는 상보성을 부인하는 측면이 있어요. 당신의 강조점은 개인과 함께 작업하는 데 놓여 있어요. 하지만 커플관계에서 의존은 좋은 일이라고 생각해요." 나중에 그는 이렇게도 말했다. "나는 그들이 커플로서는 어떤지 관심이 있어요. 하지만 나는 그들과 함께 구체적인 것으로 옮겨 가야겠군요. 가족이라면 이야기하기 그 자체를 가지고 이야기하기 때문이지요. 그들은 주로 일반적인 사항들에 대해 이야기하죠. 그래서 나는 세부사항들로 이동하려는 거예요. 당신이 사용한 지적 은유들은 효과가 없어요. 사무엘과 같은 지식인들에게는 그런 것들이 별로 새롭지 않기 때문이죠."

나 역시 비슷한 역동에 사로잡혔던 것은 아닌지, 그래서 슈퍼바이저에게 의존하는 것의 두려움에 맞서 방어하기 위해 지나치게 지적으로 작업했던 것은 아닌지 나는 궁금한 상태로 그 슈퍼비전 회기를 놓아두었다. 승인이나 인정을 향한 내 자신의 욕구는 나로 하여금 치료에서 한층 더 창의적이 되기 위해 지속해서 위험을 무릅쓰게 하고 응답을 얻지 못하는 것에 대해 가지는 내 취약성의 감각에 맞서 계속해서 방어하게 하고 있었다. 미누친과 함께 그리고 이 커플과 함께 계속 작업하는 동안, 의존 욕구를 배경으로 하고 있는 내 자신의 '사각지대'가 내게 한층 더 분명해졌다.

> 치료사의 스타일과 관련된 슈퍼비전이 가지는 복잡성들 가운데 하나는, 치료사의 치료 체계와 그의 작업 기술의 목록 확장에 초점을 맞추고 있는 동안, 내가 내 자신도 모르게 슈퍼바이지의 개인적인 삶의 측면들을 건드리고 있을지도 모른다는 것이다. 이런 현상은 대부분의 인간적인 만남의 특징으로 나타난다고 나는 생각한다. 그리고 나는 내 슈퍼비전의 의도를 알고 있지만, 내 개입이 어떻게 개인에게 반향을 불러일으키고 있는지는 나는 모른다. 이것은 치료와 슈퍼비전이 동형구조를 가지는 또 다른 방식이다. 슈퍼바이저가 존중을 받아야 하는 것은 그가 그의 개입의 효과들에 책임이 있기 때문이다.

이 커플과 함께하는 그다음 슈퍼비전 회기는 약 한 달 후에 있었다. 그 중간에 그들은 세 차례에 걸친 회기들에 참여했다. 이번에 로버트는 그 자신을 해치는 청소년기의 생각을 반복하는 것에 대해 불안하고 염려스럽다고 보고했고, 사무엘은 무기력하고 우울해 보였다. 그들의 분위기는 이전 회기의 분위기와는 대조적이었다. 그 회기들에서 그들은 패기만만했고 서로에게 다정했다. 이번 회기에서는 그들은 주말에 제3의 남성과 '성교를 했다'고 보고했다. 그들은 댄스클럽에 갔었는데, 그곳에서 다른 남성이 사무엘에게 성적 관심을 보였다. 그들은 그를 집으로 데리고 왔고, 그는 그들과 함께 밤을 보냈다.

나는 즉각적으로 '세 명이 함께하는 성행위'의 역동에 사로잡혔고 그것이 그 커플에게 안정을 무너뜨리는 영향을 줄 수 있겠다고 생각했다. 나는 그 사건에 회기를 집중시켰고, 그 사건을 사무엘이 관계를 책임지고 떠맡는 방식—커플과 융합되지 않으려는 개입으로 재구성했다. 사무엘이 그에게 분명하게 관심을 보였던 제3자를 도입한 것은 그[제3자]로 하여금 그들의 관계의 내밀함을 완화하도록 허용했다는 것이 그 커플의 춤에 대한 내 이해였다. 제3자는 일시적으로 사무엘이 로버트의 정서적 공허함의 감정을 다루어야만 하는 것으로부터 그를 구제해 주었다. 그 역동은 또한 한층 더 깊은 내밀함을 향한 가능성이 그 회기에서 증가하고 있었기에 그들의 관계 내에서 강화되고 있는 융합과 얽히기에 대한 양쪽 남성 모두의 두려움을 약화시키는 역할을 했을 수도 있다.

미누친은 그 회기에서 취할 수 있었던 또 다른 가능한 과정을 도입했다. "이성애자 부부가 내게 와서 섹스에 대해서만 이야기하면, 나는 그들로 하여금 누가 설거지를 하는지 이야기하게 해요. 그와 동일한 역동이 모든 상호교류에서 나타날 거예요." 회기의 끝 무렵에 그는 로르샤흐(Rorschach) 용어를 사용하며 다음과 같이 말했다. "나는 W의 반응이 아니라 Dd의 반응에 관심이 있어요. 일반적인 것들에서 구체적인 것들로 나아가세요."[3)]

> 이 지점에서, 나는 데이비드의 이데올로기가 그의 치료를 방해하고 있다는 확신이 들었다. 그는 동성 커플을 보고 있었다. 그와는 달리, 나는 다른 모든 커플과 마찬가지로 매일 일어나는 일상의 작은 것들에서 권력과 친밀감을 교섭하는 커플을 보고 있었다.

나를 혼란스럽게 한 것은, 그들이 세 명이 함께하는 성행위에 참여했다고 보고한

3) 역자 주: 'W'와 'Dd'는 스위스 정신의학자 헤르만 로르샤흐가 창시한 심리검사에서 사용되는 잉크 반점에 대한 반응영역을 채점할 때 쓰이는 기호들이다. 모두 네 가지가 사용된다. W는 반점 전체를 사용하여 반응한 경우, D는 흔히 사용하는 반점영역을 사용한 부분 반응의 경우, Dd는 드물게 사용하는 반점영역을 사용한 부분 반응의 경우, S는 흰 공간 부분이 사용된 경우를 각각 가리킨다.

그 회기에서, 사무엘과 로버트가 내가 그 전에 보지 못했던 방식으로 의사소통을 하고 있었다는 점이다. 그들은 처음으로 서로의 말을 들을 수 있게 된 것 같았다. 사무엘은 예술가로서 실패했다는 감정에 로버트가 압도되었을 때 그가 휩싸였던, 그를 '붙잡아 줘야' 한다는 두려움에 대해 말했다. 로버트는 사무엘에게 그가 들어주기만 한다면, 그가 굳이 붙잡아 줄 필요는 없었다고 말할 수 있었다. 로버트는 또한 20대 중반이 될 때까지 그 어떤 남성과도 사귀지 않은 채로 보낸 잃어버린 사춘기의 감각에 대해서도 말했다. 그들은 망설이면서 그들의 관계에 융합되고 흡수되는 두려움에 대해서도 서로에게 말했다. 나는 그들이 제3자를 그들의 관계에 도입한 역동에 집중하면서 머물고 있었다. 그들이 서로의 말을 들을 수 있는 능력이 증진되고 있다는 점을 강조할 기회를 놓치면서 말이다.

미누친은 주로 그 커플에 대한 내 근접성에 초점을 맞추었다. "당신은 그 관계에서 참신함을 만들어 냈는데, 그 점은 훌륭해요. 그러나 당신이 보고 있는 것은 위험해요. 당신은 그들과 너무 근접해 있어요. 새로움에 대한 당신의 반응은 도와주는 것이어야 해요. 그 대신 당신은 당신의 임상적 언어를 유지했어요. 그들은 하나의 커플 내부에 있는 개인으로서 그 자신들을 경험하면서 상보성을 발견하고 있어요. 구성주의의 언어를 이용하세요. 이렇게 말예요. '사무엘, 당신은 당신이 신뢰하는 로버트를 만들어 내고 있어요. 로버트, 당신은 아버지가 아닌 배우자를 만들어 내고 있어요.' 당신은 그들이 매우 훌륭하게 작업하고 있다고 그들에게 말해야 해요. 커플이 된다는 것의 진정한 발견은 서로에 대한 헌신임을 강조하고 그 행동을 강화하게 하는 것이 중요해요. 내가 강조하고 싶은 좋은 계기들을 보게 되면, 나는 나쁜 계기들을 차단시켜 버려요. 그렇게 하지 않으면 당신은 그 커플이 성취한 새로운 행동의 효과를 분산시키게 되죠."

나는 그 회기에서 관찰했던 새로운 행동을 지지하지 않았다. 이것은 관계 형성에 대한 내 이해의 사각지대였다.

그다음 내 발표가 있기 이전에 여러 주와 회기가 지나갔다. 그 커플은 다시 세 명이 함께하는 성행위를 가지고 실험했다. 나는 로버트가 그들의 관계에서 판돈을 올리려는, 그리고 제3자와 관계를 맺음으로써 사무엘을 감정적으로 각성시키려는 욕구에 초점을 맞춘 서사를 만들어 냈다. 많은 남성 동성애자 커플들이 '열린 관계open reiationship'[4]의 협상을 성공적으로 타결했다고 보고한다는 것을 알고서는, 대부분의 커플에게서는 외도가 일어나지 않는다는 내 입장에 나 역시 의문을 제기하게 되었다.

내가 발표한 회기에서 로버트는 매우 감정적이 되었고 사무엘은 너무나 지쳐서 작업할 수 없다고 말하면서 입을 다물었다.

> 내가 그 커플의 역동을 보았던 바와 같이, 로버트는 발랄하면서 꽤 요구가 많고 어린애 같은 젊은 남자였다. 사무엘은 그런 로버트에게 세심하게 계획된 주의를 가지고 대응했다. 로버트가 사무엘에게 화가 났을 때, 사무엘은 그의 속도를 늦추었고 세세한 것에 얽매였다. 로버트로 하여금 엄밀함을 찾도록 자극했던 무심함의 태도를 취함으로써 말이다.

나는 사무엘에게 짜증이 난 내 감정을 알고 있었고, 그가 나를 열외의 위치에 놓으려 한다는 점을 내가 인식하고 있다는 것을 알고 있었다. 나는 그에게 두 가지 선택 가능성을 제안했다. "우리는 회기를 끝낼 수 있거나, 아니면 당신이 스스로 정신을 차리기 위해 커피를 마시러 갈 수도 있어요!" 사무엘과 함께 있으면서 느끼는 내 좌절감을 알고 있었지만, 나는 그 커플이 내 감정을 이해하고 이용하도록 그들과 충분한 거리를 두지 못했다.

미누친은 그 테이프에 다음과 같이 응답했다. "사무엘은 당신이 그를 회기에 참여시키려고 할 때마다 당신을 화나게 하죠. 그게 바로 그가 로버트에게 하는 짓이에요. 그것이 말해 주는 바가 뭘까요? 그것은 바로 그 커플들의 영향력 사이의 역학이에요. 어떤 일이 벌어지고 있는지 느껴 보세요. 그리고 그것을 이용하세요."

나는 내가 다시 중재자라는 익숙한 역할을 맡음으로써, 곧 내 원가족에서 내가 했던 역할을 그대로 따라감으로써 그 커플들 사이의 정동affect에 모자를 씌우고 있는 것은 아닐까 생각하기 시작했다. 사무엘은 로버트에게 화가 나 있었다. 나는 그들 사이에서 움직였고 그 분노가 빗나가게 했다. 미누친이 지적했듯이, 내 언어조차도 비인격적 대상으로서의 정동에만 초점을 맞췄다. 로버트는 자신과 사무엘이 다른

4) 역자 주: 여기서 '열린 관계'는 연인관계에 있는 두 사람 가운데 누군가가 원한다면 그들 두 사람 이외의 다른 사람을 자유롭게 만날 수 있는 그런 관계를 가리킨다.

남성을 집으로 데려왔을 때 두려웠다고 말했다. 나는 [그 두려움의 대상과 관련해서] "누구에 대해서?"라고 하는 대신에 "무엇에 대해서?"라고 말했다. 그 효과는 그의 감정을 분리시키려는 것이었다.

평행과정이 내게 새로운 개념은 아니었다. 그러나 어떤 이유에서인지 나는 그 커플이 어떻게 함께 춤을 추는지 이해하기 위해 내 감정에 대한 내 자각을 이용하지 못했다. 나는 아직도 그들의 의사소통의 숨은 의미를 듣고 해석하는 데 자유롭지 못했다. 많은 남성처럼, 나는 그들 사이의 갈등을 고조시키는 것이 더 나은 친밀감을 위한 기회로 이어지기보다는 그들의 관계 해체로 이어질까 봐 두려웠다.

그 회기에서 예상보다 일찍, 사무엘은 피로감을 호소했다. 그는 또한 그들의 재정적 부담의 무게에 대해서도 언급했다. 그는 커플의 주요 수입원일 뿐만 아니라, 요리를 도맡아 하고 가계부 관리까지 하면서 가정을 부양하는 사람이었다. 미누친은 내가 그 커플과 지나치게 가깝지 않았더라면 사무엘의 억제된 분노가 그 관계의 불평등을 다루었다는 것을 보았을지도 모른다고 시사했다. 그는 부담의 가장 큰 몫을 짊어지고 있었지만 아무도 그것을 이해하지 못했다.

> 이성애자 커플과 함께 작업하는 그 어떤 치료사라도 어느 한쪽 배우자가 그렇게 많은 부담을 지고 있다면 아마도 조율하고자 했을 것이다. 그 상황은 아주 잘 보여야 했고 관계의 불평등은 탐색되어야 했다. 이 커플에서 착취당한 구성원으로서 사무엘의 입장은 어째서 치료이야기의 일부가 되지 못했을까? 그것은 이 커플이 그냥 하나의 일반적인 커플이 아닌 특이한 커플로, 곧 남성 동성애자 커플로 여겨지는 흥미로운 결과 때문인 것 같다. 커플에서는 당연한 것인 상보성의 쟁점이 모호해지는 경향이 있었다.

미누친의 지적들 때문에 나는 어느 정도 거리를 가질 수 있었기에 나는 중간 거리에서 역동을 볼 수 있었다. [미누친의 지적은 다음과 같은 것들이었다] "동성 커플은 미지의 지역에 있어요. 이 커플은 마치 동등한 권력을 가진 것처럼 작업하고 있지요. 그런데 그들은 그렇지 않아요. 그러나 이성애자 커플이 역할과 역할전환에 대해 말할 수 있는 곳에서, 동성애자 커플들에게는 전환할 수 있을 만큼 그렇게 분명한 역할이 없어요."

봄이 다가오자, 그 커플은 종결하고 싶다는 욕망을 드러냈다. 그 커플의 회기가 끝나갈 무렵, 로버트는 그들의 재정적 어려움을 완화시키는 데 도움이 되었던 수익성이 좋은 시간제 일자리를 확보했다. 그들은 또한 일들을 한층 더 균등하게 분배하는 가사분담의 협상을 타결했다. 양쪽 남성 모두 그들의 관계가 한층 더 안정적이 되었다고 보고했다. 종결의 시점이 다가오자, 우리는 치료 과정에서 그들이 성취한 것을 재검토했다. 그리고 나는 그들에게 확인해 주었다. 그들이 어려움을 겪게 된다면 검진을 위해 다시 올 수 있다고.

위기: 통찰력과 친밀감의 기회

그다음해 여름, 로버트의 계부가 갑자기 사망했다. 로버트는 전화를 걸어 이 갑작스러운 상실을 다루기 위해 몇 회기 정도 일정을 잡고 싶다고 말했다. 일대일로 진행되는 회기에서 우리는 그의 슬픔에 집중했다. 로버트의 계부는 로버트와 사무엘의 배우자 관계를 좀처럼 인정하지 않았지만 그의 아들이 남성 동성애자라는 것을 알고는 있었다. 남성 동성애자들로부터 자주 듣는 주제를 계속해서 말하면서, 로버트는 계부와 친밀해질 수 있었던 기회를 잃어버린 것에 대해 비통해 했다. 그의 계부는 그가 아이로서의 다른 소년들과 다르다는 것을 감지했지만, 그들은 그의 감지에 뒤따른 소원함에 대해 결코 이야기할 수 없었다. 로버트는 어른으로서의 그의 계부와는 가깝다고 느꼈다. 로버트는 장례식에서 그의 계부의 많은 친구에게서 그의 계부가 그들에게 그의 아들을 자랑했다는 이야기를 들었을 때 뒤섞인 감정을 경험했다. 그는 그들이 그런 대화를 나눈 적이 없다는 것이 슬프기는 했지만, 그의 삶에서 첫 번째로 겪는 심각한 상실을 다루면서 그의 계부가 그를 받아들였음을 그는 느꼈다.

그와 동시에 로버트는 그의 분노가 그로 하여금 다른 사람들과 거리를 두게 하는 효과를 가져왔다는 것을, 그리고 그가 어떻게 그 자신을 고립시켰는지를, 곧 원가족의 역동을 재연했던 정형화된 양식의 반복을 통찰할 수 있었다. 이 효과는 한 회기에서 그가 내게 화가 났을 때 우리 양쪽 모두에게 한층 더 분명해졌다. 그 회기에서 너무나 복잡해서 그런 방식으로는 대답할 수 없는 것이라고 믿었던 문제를 놓고 내가 그에게 즉답을 해 주지 않았기 때문에 그는 내게 화가 났었다. 내가 심각한 상실들에 수반되는 감정의 롤러코스터를 설명하려고 노력하는 동안, 그는 자기 안으로 침잠했으며 기가 꺾인 것처럼 보였다. 우리가 그의 감정을 탐색하는 동안, 로버트는 그의 계부의 죽음에 대한 큰 슬픔과 그것을 없어지게 하지 못한 나에 대한 분노를 또 다시 경험했다. 그가 그의 침잠이 내가 그를 도울 가능성을 방해한다는 것을 알게 됨에 따라서, 우리는 그것이 그와 사무엘의 관계에서도 가질 수 있는 평행 의미를 탐색했다.

그의 큰 슬픔에 대한 로버트의 대응—처음에는 자기 안으로 침잠하고 그다음에는 분노하는 것—은 반작용, 곧 내 자신도 경험한 적이 있고 다른 남성에게서도 보곤 하는, 연인의 죽음과 관련해서 우리가 겪게 되는 견딜 수 없는 자포자기의 감정에 맞선 방어였다. 그의 도피가 아니라 그의 분노를 내가 자진해서 목격한 것, 곧 그것의 의미와 그것이 다른 사람들과 관련해서 가지는 효과를 탐색한 것은 로버트로 하여금 그가 치료를 끝냈을 때 그렇게 비통해 하는 단계들을 통과하도록 도움을 주었다. 커플이 치료를 재개하고 우리가 새로운 수준에서 그들의 관계의 공동 구성을 탐색함에 따라서 이 작업이 얼마나 중요한 역할을 하게 될 것인지 나는 그때는 알지 못했다.

커플치료는 재개된다: 갈등은 성장으로 이어진다

늦가을 어느 무렵에, 여러 달 동안 내가 그들을 커플로 생각하지 않고 있었을 때, 로버트가 전화를 걸어서 커플상담 회기를 요청했다. 내가 로버트를 개인적으로 알고 있었기 때문에 사무엘이 내가 그의 동반자에게 더 많이 합류해 있다고 느낄지도 모른다는 사실이 내게는 걱정이었다. 하지만 사무엘이 돌아왔을 때 내가 그에게 합류하는 것을 조심하기만 하면 지속적인 커플 치료가 가능하리라고 미누친은 생각했다. 다시 합류하기를 용이하게 하는 데에는 로버트가 사별[과 관련된 애도] 작업을 하는 동안 그가 얻었던 통찰을 사무엘과 함께 재검토하는 것이 도움이 되리라는 권고를 그는 했다.

그 커플은 상당한 스트레스를 받고 있는 것이 분명했다. 사무엘은 최근에 월스트리트에서 긴 노동시간을 요구하는 새로운 고액 연봉의 일을 시작했다. 그는 기진맥진해 보였으며 그가 그렇다는 것을 확인해 주었다. 그의 일뿐만 아니라 로버트가 가하고 있는 감정적인 요구들 때문에 어쩔 줄을 모르겠다고 보고하면서 말이다. 로버트는 사무엘이 새 일을 시작한 이래로 그를 버렸다는 느낌을 받았다며 반박했다. 이것은 사무엘의 새 회사에서 최근에 열린 휴일파티에서 확인되었다고 그는 말했다. 그곳이 동성애자를 인정하는 회사였음에도 불구하고, 사무엘은 로버트를 동료들에게 친구라고 소개했다.

그런 일이 그들의 관계가 평범해졌다는 사실의 확인이라면서 로버트가 사무엘에게 크게 화를 내는 동안, 나는 사무엘이 침잠하는 것을 주시했다. 그의 눈은 로버트의 그런 태도가 지긋지긋하다는 기색을 보이는 것 같았다. 나는 두 사람의 입장 사이에서 장황하게 말을 늘어놓았다. 나는 "파티가 벌어지고 있는데, 그는 배제되었다고 느꼈군요."라는 은유로 로버트를 지지했다. 아마도 그들이 드러내고 있었던 격렬한 감정에 맞선 방어로서 합리적인 분석하기로 탈출하면서, 나는 설명과 함께 사무엘의 행동을 정상화시키기로 결심했다. 비록 직장에서 '커밍아웃' 했지만, 사무엘은 그 사무실 행사에서 과거에 겪었던 동성애혐오증homophobia의 부활을 경험했을지도 모른다. 나는 또한 남성 동성애자들이 '커밍아웃 할 때마다', 특히 이성애가 지배적인 문화의 환경에서 그들의 자존감이 위협받고 있다고 느끼는 것은 드문 일이 아니라는 것에 대해 이야기했다. 내 개입은 그 회기에서 감정적 폭풍이 구축되는 것을 진정시키지는 못했다. 사무엘은 로버트가 자신을 이해하지 못한다고 불평했으며 그 회기에서 뛰쳐나갔다. 너무나 지쳐서 이런 유형의 감정적 상호작용에 더 이상 참여할 수 없다고 말하면서 말이다. 비록 나는 공공연한 남성 동성애자로서 편안해지려고 투쟁하는 사무엘에 공감하기는 했지만, 내가 정서적으로는 '희생자'로서의 위치에 있는 로버트에게 합류했다는 것을 나는 그 회기의 끝 무렵에 깨달았다.

슈퍼비전에서 미누친은 내가 그 커플과 가지는 중간 거리에 대해 논평했다. 그는 로버트의 감정의 폭주에 대응하는 사무엘의 능력을 고려했을 때 내가 왜 사무엘과 합류하지 않았는지 궁금해했다. 로버트의 감정에 어쩔 줄을 몰라 하면서, 사무엘은 상호교류의 문을 닫았다. 그것은 로버트가 가진 버려짐의 두려움을 악화시켰다. 나는 그 커플과 더 가깝게 다가가 작업할 수 있었을까? 그리고 내가 그 회기에서 내 위계를 잃을까 봐 두려워하지 않을 수 있었을까? 이 질문은 내가 그 커플에 대한 내 감정을 이해하는 데 도움을 주었을 뿐만 아니라, 동시에 내가 미누친과 슈퍼비전 그룹과 맺은 내 관계에 대한 통찰을 하게 해 주었다. 슈퍼비전이 진행되는 이 2년차 기간 동안, 내가 다른 가족들을 발표하게 되면서, 나는 미누친을 한층 더 신뢰하게 된 내 자신을 경험하기 시작했다. 비록 나는 여전히 그의 인정을 원했지만, 나는 한층 더 기꺼이 대화에 참여했고 여전히 그의 지지를 받고 있다고 느낄 수 있었다. 이러한 한층 더 복잡한 관계가 그 커플의 치료로 어떻게 옮겨 가게 될지 지켜보는 것은 흥미로울 일이었으리라.

크리스마스 직전에 그 커플은 그들의 일과 휴일 일정 때문에 그들의 회기를 취소했다. 그러나 크리스마스를 며칠 앞두고 로버트는 전화를 걸어 자살충동을 느끼고 있다고 말하면서 개인 회기를 요청했다. 나는 그들을 커플로 보는 것이 한층 더 도움이 될 것 같다고 말했지만, 그는 혼자서만 만나겠다고 고집했다. 개인 회기가 진행되는 동안, 그는 지난 몇 달 동안 동료 조각가와 성관계를 가졌다고 밝혔다. 최근에 그 남성과 관계가 중단되면서, 그는 자신이 실패할 운명이라고 느꼈다. 사무엘이 그 사건을 알아차리게 되면 그들의 관계가 깨지게 될 거라고 그는 걱정했다.

구체적인 자살계획이 그에게 있는 것은 아니라는 점을 확인하고 그가 급작스럽게 자살을 시도하지는 않을 것이라고 평가한 다음, 나는 휴일이 끝나고 로버트와 전화 통화로 이야기하기로 약속했다. 내 간담이 서늘해지게도, 그는 약속된 시간에 전화를 하지 않았다. 나는 그의 집으로 전화했다. 그는 내 전화를 받고 깜작 놀라면서 기분이 한층 더 좋아졌다고 말했다. 그와 사무엘은 그들의 크리스마스 휴일을 즐기고 있었고, 그는 그저 예정된 시간에 전화하는 것을 잊어버렸던 것이다. 나는 그다음 주에 그들을 위한 예약 일정을 잡았다.

그 중간에, 나는 미누친과 회기를 가졌다. 내가 한 주요 질문은 좌절이나 분노와 같은 내 감정을 어떻게 처리할 것인가 하는 문제였다. 로버트가 그의 휴가를 즐기고 있는 동안 나는 크리스마스 내내 불안한 상태로 있었다. 우리는 상담을 약정했지만, 그는 그것을 이행하지 않았다. 미누친은 다음과 같이 상황을 비추어 주었다. “로버트는 그 자신이 희생자라고 주장하지요. 하지만 그는 그의 행동에 책임을 지지 않아요. 당신이 그를 돕기 위해 손을 내밀면, 그는 당신의 손을 찰싹 때리지요. 그것은 바로 그가 사무엘에게 하는 짓이에요.” 그러고 나서 나는 그 외도 사건의 비밀을 어떻게 처리할지 미누친과 함께 탐색했다. 우리 둘 다 이 시점에서 그 사건을 폭로하는 것은 파괴적이라고 생각했다. 우리는 그저 로버트가 스스로 선택한 ‘피해자’ 역할을 지지할 수 있을 뿐이었다. 우리는 그 사건이 그들의 관계에 큰 위협이 되지 않는다는 데 동의했다.

다음 회기에 들어갈 때, 나는 내 감정의 의미를 충분히 통찰하고 있다고 느꼈다. 이 감정들은 그 커플이 그들의 역동에서 가능한 유사점을 탐색하도록 돕기 위하여 내가 이용할 수 있었던 것들이다. 그러나 회기는 결코 계획대로 진행되지 않았다. 로버트는 혼자 와서 사무엘이 심한 독감으로 누워 있다고 보고했다. 여름 동안 그와 함께 작업했던 방식과 유사하게, 나는 그 회기를 한 쌍으로 이루어진 우리의 관계[5]에 집중하는 데 이용하기로 결심했다. 그 회기가 진행되는 동안, 그는 감정적으로 어쩔 줄 모르게 되는 느낌이 들 때 그가 분노와 원한을 가지게 된다는 것을 확인할 수 있었으며 이러한 감정을 진정시키기 위해 성관계를 가지고 있었음을 깨달을 수 있었다. 내게 도움을 청하며 손을 내밀고 그런 다음 내 도움을 거절하면서 그는 무력감과 고립감을 더 키웠을 뿐이었다. 이 역동은 그의 정서적 욕구를 위한 공간을 허용하지 않는 밀착된, 엉킨 가족enmeshed family의 일원이라는 어린 시절의 기억을 불러일으켰다. 내 도움의 제안을 거절하면서, 그는 학대받는 사람과 학대하는 사람의 익숙한 역동을 다시 만들어 냈다. 우리 각각에게 분명하지 않았던 것은, 미누친이 그다음 슈퍼비전에서 관찰했던 것처럼, 로버트가 그와 같은 '피해자'라는 역할로써 사무엘과의 관계에서 얼마나 많은 권력을 얻었는가 하는 것이었다.

다음 회기는 다른 두 커플들이 저녁식사를 하러 집에 들렀을 때 그들이 했던 말다툼에 관해 이야기하는 것으로 시작되었다. 로버트는 사무엘이 저녁을 준비하는 동안 아파트를 청소하는 것에 동의했었다. 저녁식사 시간이 다가옴에 따라, 사무엘은 로버트가 청소를 하지 않자 부아가 치밀었다. 그 회기가 진행되는 동안, 로버트는 그가 그 자신의 속도에 맞춰 일하는 것을 얼마나 좋아하는지 사무엘에게 연설을 늘어놓기 시작했다. 그가 파티를 위한 청소를 하지 않더라도 무슨 큰일이 일어나는 것은 아니라는 것이었다. 다시 한 번 나는 사무엘이 로버트를 그 자신에게서 떼어 놓으려고 할 정도로 그의 눈이 지긋지긋하다는 기색을 띠는 것을 주시했다.

나는 일어나서 그 커플에게 걸어가 사무엘에게 무릎을 꿇으라고 부탁했다. 로버트는 일어서서 계속 말을 해야 했다. 이 간단한 조치는 강력한 효과를 발휘했다. 그

5) 역자 주: 여기서 '한 쌍으로 이루어진 관계'는 '나(그린넨)'와 로버트가 맺고 있는 관계와 로버트와 사무엘이 맺고 있는 관계의 병렬적 구조를 가리키는 듯하다.

것은 양쪽 남성 모두에게 그들이 함께 구성하고 있는 역동이 분명해지게 해 주었기 때문이다. 사무엘은 처음에는 기뻐했다. 그러고 나서 로버트가 내 행동이 그를 얼마나 화나게 했는지 내게 알려 주자 그는 난처해했다. 나는 그가 사무엘에게 연설을 늘어놓다가 청중을 잃게 되었다고 생각한다고 말했다. 만약 그것이 그가 사무엘에게 가해지기를 원했던 충격이라면, 그는 계속해야 한다. 그렇지 않다면, 그는 사무엘과 소통하는 다른 방법을 탐색해야 할 것이다.

그러자 로버트는 말하기를 거부하고 내성적이 되었다. 양쪽 남성 모두 마치 폭발이라도 일어난 것처럼 불안해 보였다. 변화의 기회는 치료사가 기꺼이 체계의 평형을 무너뜨리려 할 때 생긴다는 미누친의 충고를 믿었기에 나는 갈등을 피하지 않기로 결심했다. 나는 그 회기 경험을 이용하여 로버트를 향한 내 감정에 관한 생각을 말했다. 나는 내가 그의 마음을 상하게 한 것 같고 그래서 그에게 신중할 필요가 있다는 것을 알게 되었다고 말했다. 나는 또한 그가 그 회기에서 얼마나 빨리 환자가 되었는지, 그리고 그것이 어떻게 그를 고립시키는 것처럼 보였는지 관찰했다. 우리 시간이 다 되어 감에 따라, 나는 그 커플에게 그들이 서로에게 이러한 역할들을 어떻게 만들어 냈는지 생각해 보라고 요청하면서 그 회기를 종결했다.

그 회기는 가족치료사로서 내게서 이루어진 행동의 급격한 변화를 표시했다. 정동에 대해 그저 이야기하고 갈등을 피하려고 하는 대신, 나는 [커플이 맺는 관계의 정형화된 양식들의] 체계에 개입해서 그 균형을 깨기 위해, 그 커플의 역동을 '지금-여기'에서 다시 실연하게 하는 방법을 이용했다. 감정들에 대해 그저 이야기하기보다는, 나는 그 커플을 물리적으로 움직이게 함으로써 그 감정들이 격렬해지도록 만들었다. 로버트는 사무엘과의 관계에서 '피해자 역할'을 맡으면서 자신의 권력을 경험할 수 있었다. 사무엘은 확인된 권력 불평등에 대한 대응으로 로버트를 어떻게 억눌렀는지 본능적으로 이해했다. 내게는 아주 많은 자기 점검이 필요한 일이었지만, 나는 그들이 [그들의 역동의 정형화된 양식에서] 벗어났을 때 그 체계의 균형을 다시 조정하지 않으려고 애를 썼다.

그다음 회기는 전혀 다른 느낌으로 진행이 되었다. 사무엘은 모든 에너지가 소진되었다는 느낌에 대해 이야기하면서 그리고 그가 그 자신을 위로 받게 하는 데 겪는 어려움에 대해 이야기하면서 그 회기를 새롭게 시작했다. 그는 그것[그가 그 자신을 위로 받게 하는 데 겪는 어려움]을 그의 유년기와 그의 앵글로색슨계 백인 기독교도 가족—

위로를 필요로 하는 것을 성격 결함으로 간주하는 가족—에 존재했던 규범과 연결시켰다. [그 규범에 따르면] 남성은 [단단해 보이도록] 윗입술을 굳게 다물고 있으라는 요구를 받았다.

나는 사무엘이 그렇게 터놓고 하는 얘기를 들은 적이 없었다. 어느 순간 그는 에이즈가 만연하기 시작한 이래로 그가 잃어버린 많은 친구들을 떠올리며 눈물을 흘리기 시작했다. 그것은 그에게 새로운 행동이었다. 그러나 로버트는 그 커플에게 익숙한 정형화된 양식으로 계속해서 반응했다. 사무엘에게 제안을 하면서, 그리고 그가 원하는 것을 요청하는 것이 그에게 얼마나 도움이 되었는지 말하면서 그는 독백을 시작했다.

잠시 후 나는 사무엘이 침잠하고 있다는 것을 알았다. 나는 로버트의 말을 가로막고 사무엘에게 기분이 어떤지 물었다. 그는 "나는 지금 강의가 진행되고 있는 교실에 들어가 있는 것 같아요."라고 말했다. 나는 그에게 로버트가 어떻게 말해야 그가 강의를 듣고 있다고 느끼지 않을 것 같으냐고 물었다. 사무엘은 대답했다. "다른 말로 하면 도움이 될 것 같아요. 그의 말은 모두 '나는 원한다.'로 시작하거든요." 나는 사무엘에게 왜 그것이 그를 화나게 했는지 물었다. 그 지점에서 사무엘은 그들의 관계에 대해 함께 대화를 해 나가던 데에서 스스로를 성찰하는 독백으로 옮겨 갔다. 그 회기의 나머지 부분에서는 우리는 로버트가 그를 지지하게 하는 문제를 가지고 사무엘에게 결여되어 있는 위로의 문제에 집중했다. 나는 그 작업에 그 커플에 대한 이의제기라는 틀을 부여했다. 사무엘은 관리인으로서 그의 역할을 포기하고 로버트가 그를 돌보도록 허락할 수 있을까?

이어진 슈퍼비전에서 많은 질문이 제기되었고, 미누친은 나를 편안하게 해 줄 수 있는 그 어떤 대답도 제공하지 않았다. "그 회기는 잘 진행이 됐지만, 나는 언제나 [그랬던 것처럼] 복잡성을 계속 요구해야겠군요. 로버트는 로버트의 관점에서만 이야기하고 있어요. 사무엘은 그의 말을 듣는 사람들을 믿지 않는다고 말하죠. 그가 로버트에게 '너는 항상 네가 어쩐다고 말해, 우리가 어쩐다고 하는 것이 아니라 말이지.'라고 했을 때, 당신은 왜 그를 지지하는 쪽으로 옮겨 가지 않았던 거죠?"

나는 아마도 그때 내가 보고 있는 것을 믿지 않았던 것 같다고 대답했다. [미누친이 말했다.] "당신은 사무엘이 변하는 것을 보았어요. 당신이 사무엘에게 합류하면 그가 당신을 받아들일 거라고 믿지 않았나요? 그들은 새로운 방식들로 대응하면서 다른 수준에서 작업하고 있어요. 이제 비로소 그들은 치료를 받고 있는 거예요."

슈퍼비전을 받은 지 한참이 지난 후에도 미누친의 이의제기는 내 안에서 계속 울려 퍼졌고, 나는 그 어떤 신속한 대답도 찾지 못했다. 그 대답의 일부는 내가 가족들로 하여금 새로운 관계 맺기를 발견하도록 활성화시키는 역동적 형태의 치료에 더 익숙해지는 데 있다는 것을 나는 발견했다. 이것은 나로 하여금 [가족들과의] 만남에서 내 존재 전체를 이용하도록 요구하는 치료 스타일이다. 이론에 의해 추동되긴 하지만, 그것은 단지 대화요법이기만 한 것은 아니다. 그것은 치료의 적극적인 형식이다. 이 연극은 아주 많은 인물이 등장하는 라이브 무대—모든 복잡한 상황으로 치료시간에 상연되는 인생극장이다.

그 대답의 또 다른 부분은 신뢰와 관계가 있다. 그 커플들이 수행하도록—정해진 대본이 없는 만남을 향한 신념의 도약을 이루도록 내가 그들에게 요청한 것을 나는 한층 더 기꺼이 믿어야 했다. 나는 인간으로서 겪는 우리의 경험을 우리가 공동으로 함께 가지고 있는 보편적인 진리를 밝혀내기 위해 치료시간의 성스러움을 믿어야 했다. 그것은 자기 자신의 이용뿐만 아니라 성장을 향한 인간의 잠재적 역량에 대한 믿음과 '우리'라는 집단적 지혜에 대한 신뢰 역시 요구한다. 나는 또한 내가 그 대답들에 책임이 없다는 것을 믿는 법을 배워야 했다. 내 역할은 체계의 균형을 무너뜨리고 질문들을 시작하는 것이다.

그 대답의 나머지 부분은 남성인 나와 관계가 있었으며 어떻게 남성들이 권력과 친밀감을 협상하고 의존 욕구를 인식하는지에 대하여 내가 어떻게 배웠는가 하는 것과 관계가 있다. 동성애자든 이성애자든 남성들은 강하고 천하무적이 되어야 한다는 문화에 동화된다. 그렇다면 우리는 나약함과 취약성이라는 불가피한 감정을 어떻게 다룰 것인가? 강하다는 이유로 도전을 받는 위험을 감수하는 것보다 차라리 희생자의 역할과 동일시하는 것이 더 안전한가? 어떻게 우리는 강인함과 나약함의 감정들과 독립과 의존의 욕구를 동시에 용인할 수 있을까? 이분법적으로 보이는 이 감정들이 하나의 연속선상에 존재하는가? 그리고 은밀한 관계에 있는 남성들은 어떻게 이러한 갈등을 함께 해결할까?

나는 모든 답을 찾았다는 부당한 주장으로 이 장을 끝낼 수 없다. 하지만 나는 로버트와 사무엘이 새로운 관계 형성의 방식을 발견했다고 보고할 수 있다. 그들은 서로의 역할에 한층 더 다재다능해 보였던 것만큼이나 융합과 밀착을 한층 덜 두려워한다. 그들은 그들의 상보성을 한층 더 많이 받아들이게 되었다. 사무엘은 그의 새로운 작품을 좋아한다. 로버트는 조각을 하는 동안 취미로 땜질하는 것을 좋아하는데, 그것은 사무엘에게 아무 문제도 되지 않았다. 그들은 서로의 특이함에 훨씬 더 관대하고 동시에 서로를 훨씬 더 지지한다. 그들의 기본적인 성격과 그들이 세상과 관계를 형성하는 방식은 변하지 않았지만, 그들은 서로 뜻이 다른 것에 한층 더 편안해 하는 것 같았고 서로의 필요에 도움이 되는 것에 의해서도 한층 덜 위협받는 것 같았다. 그들은 하나의 커플이 된다는 것에 대한 훨씬 더 큰 감각을 가지게 되었고, 그들이 치료를 종결했던 것과 같은 방식으로 나도 그들을 경험했다. 나는 그들의 체계에 들어가 이의제기하는 것에 한층 더 자유로워졌다고 느꼈다. 종종 그들의 가족과정을 목격하는 증인으로서, 아마도 그들의 성장을 지지하는 형처럼 행동하는 것이 나의 역할이었지만 말이다.

미누친은 가족과 함께하는 치료에서 발생하는 귀납법으로부터 자유로운, 인간관계를 탐색할 수 있는 안전한 장소를 제공함으로써 그러한 행동을 설계했다. 그러한 슈퍼비전 과정에서, 나는 성장을 촉진할 수 있는 관계의 힘에 대한 한층 더 큰 믿음과 신뢰를 얻었다. 슈퍼비전에 의해 제공되는 수용과 통찰력은 경험이 없는 가족치료사로서 느끼는 무능함과 수치심에 대한 내 두려움을 해독시켰다. 동시에 미누친은 남성 커플의 역동을 정상적인 것으로 만들었다. 은밀한 관계에 있는 남성 동성애자들의 독특한 특징들을 존중하면서도 그들의 역동을 모든 커플들에게 내재하는 투쟁들의 맥락 안에 배치함으로써 말이다. 그는 치료사로서 내게 믿음을 보이면서, 그는 내가 좀 더 복잡하게 생각하도록 내게 이의를 제기하고 또 내 힘을 북돋워 주었다. 이의제기가 거리를 만들어 낸다는 내 두려움은 슈퍼비전과 치료 작업 양쪽 모두에서 친밀감의 창출이라는 역설적이고도 치료적인 효과를 가져왔다.

내가 미누친과 함께 슈퍼비전을 시작하기 전에 겪었던 두려움은 치료 과정에 있는 커플에 대한 초기의 불신에 반영되었다. [이성애] 주류 문화에서 남성 동성애자들이 하찮은 존재 같은 기분이 들게 되는 것의 영향은 그들이 사회에서 소외되고 병자 취급을 받는 현실을 경험함에 따라서 남성 동성애자들 커플에게 파생되는 문제들로 이어진다. [남성 동성애자들 커플의] 치료는 양육과 의존을 향한 그들의 욕구를 정상적인 것으로 만들고 그들의 역할의 상보성을 상세하게 설명하는 데 초점이 맞춰졌다. 그들이 치료를 그만두었을 때, 나는 그들이 서로에 대한 관계에서 그리고 나에 대한 관계에서 덜 위계적이라고 느꼈다. 동시에 서로가 서로를 병리적인 존재로 볼 필요가 덜해졌고 그들 관계의 초기 단계를 협상하는 젊은 커플로서의 그들의 지위를 더 많이 수용할 수 있게 되었다. 그 치료와 평행하는 것은 내가 슈퍼비전에서 경험했던 역동이었다. 나는 존경스럽고, 내 성장을 위해 끊임없이 자극하는, 내가 비틀거릴 때마다 그런 나를 인내심을 가지고 지켜 주는, 내가 새로운 힘을 개발하도록 지도하는 연장의 남성 스승을 경험했다. 그리고 나는, 치료와 슈퍼비전이 종결되면서, 내 자신이 남성 커플과 유사한 신뢰와 존중의 관계에 있는 것을 경험했다.

덧붙이는 말: 10년 후

어디서부터 시작해야 할까? 아무것도 변하지 않았고, 그럼에도 불구하고 모든 것이 변했다.

한편으로는 아무것도 변하지 않았다. 10년 전 내가 쓴 장을 다시 읽어 보면서, 나는 그 당시에 내가 남성 커플과 함께 작업할 때 탐색되어야 할 더 큰 맥락으로서 동성애 남성의 정체성 형성과정과 남성성으로의 문화적 적응의 교차점을 이미 생각하고 있었다는 것을 발견하고 크게 놀랐다. 10년 후, 나는 길 툰넬과 함께 그와 같은 역동에 초점을 맞춘 책인 『동성애 남성들과 함께하는 커플치료(Couple Therapy with Gay Men)』(Greenan & Tunnell, 2003)를 공동 집필했다. 불행하게도, 남성 동성애자의 권리에서 약간의 진전이 있었음에도 불구하고, 남성 동성애자 커플들은, 10년 전에 그들이 그랬던 것과 마찬가지로, 안정된 장기적인 관계를 창출하려고 애쓰는 동성애가족들을 위해, 이성애주의와 동성애혐오증이 만들어 내는 도전들에 맞서 계속 투쟁하고 있다.

다른 한편으로 모든 것이 변했다. 10년 전, 나는 경험이 부족했고 가족치료사로서 매우 순진했다. 직업을 바꾸고 심리학자가 되었을 때에 나는 중년이었지만, 내가 미누친에게서 슈퍼비전을 받았을 때 나는 불과 2년 동안 가족치료 훈련을 받고 있었을 뿐이다. 그가 남성 동성애자의 협력자라는 사실에 마음이 편해졌고, 많은 남성 동성애자가 남성의 권위적인 인물들과 함께하면서 경험했던 이전의 수치심을 다시 만들어 내려고 하지 않게 된 이후에, 나는 그가 초보 가족치료사라는 한계를 가진 나를 도와줄 것이라고 믿었다. 그가 내게 처음으로 한 이의제기는 내가 체스(가족들과 함께 하면서 내가 정서적으로 과다하게 관련되는 것에서 벗어나게 해 주려고 그가 이용한 은유)를 두는 법을 배워야 한다는 것이었다. 비록 몇몇 동료들이 [미누친의 교육과 연관된 내 생각 때문에] 나와 논쟁을 벌일지 모르겠지만, 나는 내가 미누친의 체스게임을 한 번이라도 배운 적이 있는지 확신할 수 없다. 그보다 더 중요한 것은, 지난 10년 동안 나는 가족들과 함께하는 나만의 고유한 게임의 방법을 배웠다는 것이다.

미누친이 내게 가르쳐 준 것은, 내가 가족들과 함께 작업해 나감에 따라서 [내가 수행하는 모든 치료 설계와 개입의 바탕을 이루는] 내 내면의 도식의 일부가 된 것은, 가족의 역동을 과정의 수준에서 볼 수 있는 능력이다. 그러한 사고의 방식은 가족들이 서로 상호작용을 하는 과정에서 갇혀 버리게 된 곳과 관련된 가설을 내가 세울 수 있게 해 주는 지도를 만들어 낸다. 그 지도는 그들이 그들의 상호작용에서 한층 더 복잡하고 창의적이 될 수 있도록 도움을 주는 선택 가능성들을 제시한다. 내가 자살충동에 시달리는 사춘기 딸을 둔 카리브해 지역의 흑인 가족과 함께 작업하든, 아니면 혼합가족이 되는 압박감을 뛰어넘으려는 남성 동성애자들 커플과 함께 작업하든, 내게는 모든 가족이 치료에서 보여 주는 정보들과 세부사항들의 미로를 통과하도록 이끄는 안내자가 있다. 인종, 민족성, 계급, 그리고 성적 지향의 다문화적인 렌즈를 통해, 나는 어떤 예측 가능한 상보적 상호작용이 그들에게 표출된 문제를 유지시키는지 발견하기 위하여 가족 과정의 보편성을 살펴볼 수 있다. 그것은 미누친의 선물이다. 그리고 그것은 가족들이 치료 과정에 가져오는 아주 많은 문제를 내가 잘 다룰 수 있도록 도움을 준다.

미누친과 함께한 수련의 시간에서 가져온 다른 유산들은 첫째, 치료사들은 정신병리학의 렌즈를 통해 가족을 보는 것을 피해야 한다는 그의 믿음이었고, 둘째, 우리는 가족들이 상호연결을 통해 치유하도록 돕기 위해 아직 수면상태에 있는 그들의 힘을 탐색한다는 그의 주장이었다. '가족 연구'의 제도적 계승자인 '미누친 가족센터'에서 작업하는 동안, 나는 빈곤과/이나 약물남용이 원인이 되어 그 자신을 하찮은 존재로 여기게 된 가족들과 종종 상담 회기를 가지고는 했다. 내가 그렇게 할 때마다, 가족들이란 처음에 그렇다고 보이는 것보다 더 복잡한 것이라 여기는 이 새로운 방법은 권리를 박탈당한 사람들과 함께하는 작업에서 한층 더 나은 옹호자가 될 수 있는 기술을 내게 주었다.

우리가 함께 보낸 그 짧은 2년 동안 미누친이 내게 가르쳐 줄 수 없었던 것은 내 자신의 목소리를 발견하는 방법이었다. 그 방법의 발견은 10년 동안 가족을 보는 과정에서 이루어졌던 시행착오와 '미누친 센터'의 동료 슈퍼비전 그룹에서 생겨났다. 매주 조지 사이먼(George Simon)은 에마 헤니호비치(Ema Genijovich), 리치 홀름(Rich Holm), 그리고 나로 구성된 동료들의 그룹을 촉진시킨다. 우리는 비디오로 녹화된 가족 회기를 보면서 서로가 더 창의적이고 효과적인 가족치료사가 되도록 서로를 돕는다. 이 슈퍼비전 그룹은 가족치료사로서 내가 성장하고 확장하는 데 필수적인 요소였다. 나는 가족들과 함께하는 내 작업이 너무 격렬하다는 것을 알게 되었고, 또한 나는 개인 중심의 해결책에 초점을 맞추는 것이 너무 강력하다는 것을, 곧 체계적으로 집중하는 이 그룹의 지지를 받지 못한다는 것을 알게 되었다.

미누친에게 슈퍼비전을 받은 이후 여러 해 동안, 나는 회기에서 말 그대로 그의 목소리를 흉내 냈다. 내 자신의 치료 목소리를 찾기 위해 몸부림치는 동안 나는 그의 개입을 노골적으로 그대로 빌려 왔다. 그러던 어느 날 나는 나만의 양키 억양[6]을 이용하면서 가족들에게 도발적이 되고 그들에게 이의제기를 하는 내 자신을 발견했다. 나는 어느 가족에게 표출된 문제를 재구성하기 위해 내가 이용한 은유들이 나만의 것이라는 사실을 깨달았다. 가족들이 그들이 빠진 진퇴양난의 궁지에서 조금 떨어져 있을 수 있도록, 곧 그들의 유대관계에 한층 더 창조적이 되도록 내가 이용하곤 했던 유머들은 나만의 고유한 삶의 경험에서 나온 것이다. 이러한 자유는 여러 종류의 가족을 만나면서 얻은 경험과 동료들과 함께하는 슈퍼비전의 지지에서 비롯되었다. 그 슈퍼비전에서 동료들은 내가 내담자-가족의 과정에서 영향을 받도록 내 자신을 허용하는 것만큼이나 내가 내 자아의 이용을 확장하도록 계속해서 내게 이의제기를 해 준다. 미누친이 내게 가족치료사의 형상을 부여해 준 조각가였다면, 내 슈퍼비전 그룹은 내 이미지가 빛나도록 세련되게 다듬어 주었다.

가족을 위한 진단도구이자 변화도구로서 자기 자신을 이용하는 방법은 가르쳐질 수 없다. 각각의 치료사가 실천과 지속적인 슈퍼비전의 지지를 통해 그(그녀) 자신만의 고유한 목소리와 스타일을 찾기 위해 몸부림쳐야 하는 복잡한 심리학적 도구라

6) 역자 주: '양키 억양Yankee twang'은 미국 북부지역 사람들 특유의 비음 섞인 억양을 뜻한다.

는 사실을 나는 점점 더 인정하게 되었다. 미누친은 내가 가족치료사가 되는 길을 출발하게 하는 기술들을 내게 주었다. 더 중요한 것은, 그는 가족들이 어떻게 변화하고 그 과정에서 그들을 어떻게 도울지 생각하는 방법을 내게 주었다는 것이다. 하지만 내 슈퍼비전 그룹은 내가 내 보호막에서 벗어나도록, 곧 가족 역동의 격동하는 물속으로 들어가는 위험을 감수하도록 재촉함으로써 내 스타일을 확장시켰다. 이렇게 내 스타일을 확장하면서, 나는 가족과 함께 미지의 창조적인 공간으로 도약할 용기를 얻었다. 내가 항상 선호하는 스타일은 갈등을 최소화하는 것이었기 때문에 이러한 믿음의 도약은 내 입장에서는 용기를 필요로 했다. 그것은 미누친이 내게 준 기술을 내가 습득하고 소유한 후에만 일어날 수 있는 일이었다.

나만의 치료 목소리를 찾기 위해, 나는 내 과거로 돌아가서 이전에 연극활동에서 겪었던 경험들을 받아들였다. 연극은 인간이 된다는 것이 무엇을 의미하는지 그 보편성을 탐색하기 위한 현실의 궁극적인 조정기이다. 나는 일단 가족이 쓴 '희곡'을 확인하면, 나는 종종 그들이 제작한 것의 관찰자로서 내 관점에서 그들에게 '논평'을 해 줄 수 있다는 것을 배웠다. 나는 투명해지고 내 자신의 분투를 공유하며 우리에게 공유된 진퇴양난의 부조리를 인정하는 데 더 이상 주저하지 않는다. 그렇지 않다면, 나는 굴복의 의미로 두 손을 들어올리고 "여러분이 이겼어요. 여러분이 나를 물리쳤다고요! 여러분이 새로운 대본을 만들어 내도록 동기부여를 받고 있다고 나를 확신시킬 수 없다면, 우리는 문을 닫고 있는 거예요."라고 외치는 것이 부끄럽지 않다. 그런 식으로, 올바른 맥락을 고려해 보건대 가족이 그들 자신을 치유할 수 있는 고유의 힘을 가지고 있다는 내 믿음과 나는 조화를 이루고 있다. 나는 변화의 책임을 가족들 그 자신의 어깨에 지우는 법을 배웠다.

내 기술들을 연마하면서 보낸 그 후 몇 년 동안, 나는 내 가족들과 함께 미지의 공간으로 그 믿음의 도약을 이룰 수 있다는 자신감을 얻었다. 이제 내가 남성 동성애자라는 사실은 한계라기보다는 힘처럼 느껴지며, 내가 만나는 다양한 가족들과 함께 하는 작업에서 한층 더 유연해질 수 있는 능력을 내게 부여한다. 미누친은 해리 스택 설리번의 말을 인용하여 말했다. "우리 모두는 비슷하지 않기보다는 오히려 더 비슷하다." 그 말들에서 나는 위안과 힘을 발견한다.

14
똥 화가

웨이영 리(Wai-Yung Lee)*

웨이영과 함께하는 슈퍼비전의 춤은 다른 그 어떤 슈퍼비전들보다 한층 더 복잡했다. 그것은 하나의 위계적 관계에서 시작했다. 그 관계 안에서 나는 내 자신이 이해관계에 있지만 어느 정도는 거리를 두고 있다고 생각했다(그렇게 거리를 두는 것이 내가 선호하는 슈퍼바이저의 자세였다). 웨이영은 학문 탐구를 향한 상호 헌신을 모색하고 있었기에, 그녀가 교사와 학생이 함께하는 긴 여정과 관련시켜 생각하는 가까움을 내가 수용해야 한다고 주장했다.

그녀는 토론토에서 뉴욕까지 매주 비행기를 타고 옴으로써 그녀의 용무의 진지함을 증명했다. 그렇게 새벽에 출발해서 왔다가 집으로 돌아가는 비행기를 탈 때까지 그녀는 사무실에서 테이프를 지켜보면서 머물렀다. 슈퍼비전 그룹에서 그녀는 호기심이 많았고, 그녀 자신을 드러냄에 대한 두려움이 없어 보였으며, 언제나 나와 다른 슈퍼바이지들 사이에서 이루어지는 탐색적 대화에 참여할 준비가 되어 있었다.

교사로서 나는 그녀의 개입들이 가진 시적인 성향과 그녀의 대응에서 나타나는 어떤 엉뚱함에 마음이 끌렸다. 그녀는 그녀의 사고의 본질과 관련된 호기심을 불러일으키는 방식에서 관습에 얽매여 있지 않았다. 그녀가 정통파 유대인 환자에게 그의 신이 짓궂지 않느냐고 묻는 그런 것들을 나는 좋아했다. 그녀의 스타일에 들어 있는 어떤 것이 그녀로 하여금 의심을 이끌어 내지 않으면서도 논의가 금지된 질문을

* 웨이영 리 박사는 'HKU 가족연구소'의 책임자이자 홍콩대학 사회사업행정학과의 부교수이다. 그녀는 또한 뉴욕에 있는 '미누친 가족센터'의 교수 요원이다. 그녀는 살바도르 미누친과 함께 세 권의 책을 합작했다.

> 할 수 있게 했다. 서양인으로서 내가 이해한 바로는, 종종 어린아이와 같은 무방비의 개방성을 가지고 행동했던 매우 지적인 중국 여성이 여기에 우리와 함께 있었던 것이다.
>
> 그녀는 항상 질문했다. 그녀는 해답도 기대했고, 내가 해답들을 제공함에 따라서 나는 그녀의 스승이 되기 시작했다.
>
> 웨이영이 원했던 그런 스승이 된다는 것은 내 스타일이 확장된다는 것이기도 했다. 웨이영은 지식과 함께 가까움과 상호존중을 요구했다. 그녀의 학습을 촉진했던 위계적이면서도 협조적인 관계를 우리는 어느 정도는 그럭저럭 확립할 수 있었다. 어느 정도로는 나는 그녀의 탐색을 보완하는 법을 배웠다. 그녀가 바로크 양식과 같을 때[1], 나는 단순했다. 그녀가 사실에 근거했을 때, 나는 창조적이었다. 만약 그녀가 갑자기 옆길로 샜다면, 나는 중심을 지켰다. 나는, 그녀가 그토록 강력하게 가르침을 받기를 원했기 때문에, 내가 교사로서 성장했다는 것을 안다.

미누친이 처음에 그의 슈퍼비전에 참여할 후보자로서 나를 면접했을 때, 그는 내게 이렇게 물었다. "당신은 스스로를 미국계 중국인이라 생각합니까, 아니면 미국에 살고 있는 중국인이라 생각합니까?" 나는 성인이 된 후 내 삶의 시간을 대부분 북아메리카(주로 캐나다)에서 살았다. 하지만 미누친의 질문에 대한 내 대답은 생각할 것도 없이 바로 나왔다. "나는 미국에 사는 중국인입니다." 내가 뉴욕에서 살바도르 미누친과 함께 가족치료를 공부하면서 내 자신을 발견하는 데에는 긴 여정이 필요했다.

나는 복잡하면서도 빈사상태에 있는 중국의 전통적인 하위문화에 뿌리를 둔, 사람들이 콩가루 집안이라고 부를지도 모를 그런 집안 출신이었다. 내 아버지에게는 세 명의 아내가 동시에 있었다. 내 어머니는 두 번째 부인이었다. 그녀는 내가 세 살쯤 되었을 때 다른 남자에게로 떠났다. 나는 내가 가지고 있는 그녀의 유일한 사진을 내 사진첩에서 뜯어내 버리고는 아버지의 세 번째 부인 사진으로 대체했다. 그것은 단지 그녀가 그 부인들 가운데서 가장 예뻤기 때문이다. 새엄마도 다른 남자에게로

1) 역자 주: 잘 알려져 있다시피 바로크 양식은 장려함, 감각적인 풍요, 극적 효과, 생동감, 운동감, 그리고 긴장감을 그 특징으로 한다. 바로크 양식의 예술작품들은 기묘한 다양성을 보여 준다.

떠났을 때, 나는 모두에게 그녀가 기이한 사고로 죽었다고 말했다. 나는 그녀에게 화가 나서가 아니라 단지 아버지의 아내 두 명이 다른 남자들에게로 떠났다는 것이 아버지의 입장에서는 좋게 인식되지 않을 것 같았기 때문이다. 어렸을 때, 나는 자유자재로 사람들을 내 편으로 만들고 또 그들과 인연을 끊을 수 있는 마법을 가지고 있다고 생각했다. 내가 여성들과 맺은 유대는 주로 내 보모들을 통해서였다. 그리고 내가 성장함에 따라서 내게는 각기 다른 시기에 세 명의 보모가 있었다.

내게는 나보다 스무 살 더 많은 한 명의 남자형제만 있었다. 그는 평생 직업을 가져 본 적이 없었다. 결혼한 후에도 그는 여전히 아버지의 집에서 살고 있다. 그러나 그 집은 항상 사람들로 가득 차 있었는데, 저녁시간에 특히 그랬다. 사나흘 정도 피난해 있기 위해 가족들과 함께 왔던 친척들이 결국 영원히 머무르게 된 것은 전쟁이 끝난 이후였다. 그들의 아이들과 함께 일을 하러 왔던 과부가 된 하인들, 그리고 그 집에 난데없이 나타났던 이방인들이 함께 계속 머물렀다. 우리 집의 중앙 무대에 오른 참가자들 가운데 일부가 완전한 이방인들이라는 사실을 제외한다면, 우리 집은 일상생활의 많은 드라마가 펼쳐지는 배경일 뿐이었다.

그러므로 사람들이 우리 가족을 과도하게 밀착된 엉킨enmeshed 가족이나 유리된 disengaged 가족 가운데 그 어느 범주에 넣으려고 할지 나는 잘 모르겠다. 내 어머니 두 사람을 제외하고는 사람들이 결코 집을 떠나지 않는 것 같았으니까 [그런 특징에 따르자면] 우리 가족은 엉킨 가족이었다. 물리적인 공간은 계속 줄어들고 있었던 반면에 우리 모두의 한가운데에 많은 정신적 공간이 있었으니까 [그런 특징에 따르자면] 우리 가족은 유리된 가족이었다. 그것은 매우 다른 방식의 살아가기와 관계하기였지만, 내게는 잘 조직된 가정이었고 모든 관계들은 질서정연한 방식으로 교류했다.

내가 따라야 하는 명확한 가치들이나 확고한 제한이 없었기 때문에, 나는 결코 [논리적 근거에 따라] 추론하는 법을 배우지 못했다. 나는 삶의 규칙들을 제외하고는 사람들에게 절대적인 규칙이란 없다는 것을 배웠다. 어린 소녀였을 때, 나는 아버지가 그의 친구들을 접대했던 아편을 피우는 방에서 늦은 밤들을 보냈다. 아편 총opium gun[2]이 만들어 내는 연기와 파이프를 빠는 소리에 에워싸인 어른들이 하는 모든 대

2) 역자 주: '아편 총'은 아편을 담배처럼 연기로 흡입하기 위해 사용하는 파이프 모양의 도구를 가리킨다.

화와 이야기를 들으면서 말이다. 아버지는 말이 거의 없는 분이었고, 그가 유일하게 그의 감정을 표현했던 것으로 기억되는 순간은 목욕탕에서 유명한 중국 오페라의 파편들을 부를 때였다. 그에게서, 나는 설명의 필요 없이도 사람들은 어떤 상황을 이해할 수 있다는 것을 배웠다. 사람들은 서로 침묵하면서도 매우 가깝게 느낄 수 있다.

내 성역할 또한 모호했다. 나는 대학에 들어가기 전까지는 성적 차이에 별로 관심을 기울이지 않았다. 내가 열 살이 되었을 때, 아버지는 내게 납으로 된 탄환을 발사하는 총을 주셨다. 나는 새와 이웃집 창문을 쏘아 대며 돌아다녔다. 하루는 이웃집 아이에게 돌을 던졌는데, 그의 이마에서 피가 흘러나왔다. 나는 그가 죽을 거라는 생각에 너무나 두려워서 숨어 버렸다. 그렇게 숨어 있다가 결국 내가 집에 돌아왔을 때, 아버지가 이국적인 금붕어가 들어 있는 커다란 그의 수조(水槽)를 감탄하여 바라보면서 안뜰에 서 있었던 것을 나는 기억한다. 우아하게 헤엄치는 생명체들에게 눈을 고정시킨 채, 그는 내게 부드럽게 말했다. "왜 그랬니? 너는 커서 어떤 여성이 되려고 그러니?"

아버지에게서 나는 인생이란 주로 질문으로 가득 차 있고 그것들에는 해답이 필요 없다는 것을 깨달았다. 그러므로 나는 과도한 계획 세우기나 목표 세우기에는 거의 관심이 없었고, 확실히 그 어떤 감정 표현이라도 그것을 소란스럽게 하는 것은 내게 아무런 의미가 없었다. 아버지가 여행하러 집을 떠났다가 기차나 비행기를 놓쳐 곧 다시 나타났던 적도 여러 번 있다. 하지만 커다란 수조 안에서 헤엄치는 금붕어가 있거나 우리의 관심을 끄는 인생의 다른 오락물만 있다면 그런 것은 아무래도 괜찮았다.

아버지가 결국에는 돌아올 수 없는 여행을 떠났을 때, 나는 그것을 결코 믿지 않았다. 나는 아직도 그가 집에 돌아와서 비행기를 놓쳤다고 말하는 꿈을 반복적으로 꾸고 있다. 내 인지적 구성들의 목록에는 돌이킬 수 없는 최후와 같은 것은 존재하지 않는다.

내 유년시절은 내게 세상은 단지 무대 배경에 불과하다는 것을 가르쳐 주었다. 집에 무대가 있었고, 또한 침실 창문으로 바라보는 무대가 있었다. 그곳에서 나는 일상생활의 모든 부조리들을 목격했다. 나는 언젠가 고기 같은 것을 토막 낼 때 쓰는 큰 칼을 들고 남편을 쫓아가는 여자를 본 적이 있다. 그녀가 그를 따라잡았을 때, 그녀는 그 남자 대신에 그가 들고 있던 우산을 토막 쳤다. 남편에게 그가 집을 나가면 길거리에서 발가벗겠다고 말하더니 실제로 그렇게 한 여인도 있었다. 내 아버지는 언젠가 거리에서 걸인을 데리고 와 내 숙제를 도와주는 일자리를 제공했다. [우리 집에 머무른] 둘째 날 밤, 그는 그의 코를 때려 납작하게 만들었던 하녀 한 사람과 대결을 벌이려 했다. 그는 순식간에 거리로 돌아갔지만, 나는 숙제에 치여 꼼짝달싹 못하게 될 때마다 발코니에서 그에게 큰 소리로 계속해서 질문을 하고는 했다. 그는 내게 대답을 해 주는 것을 항상 행복해했다. 내 유년시절의 경험은 혼란의 무대였다. 그곳에서 사람들이 맡기로 선택한 역할들과 그 연극에 동조하는 규칙들은 모든 종류의 형태와 모양으로 변화되고 교환될 수 있었다. 베이트슨이라면 이것이야말로 사이버네틱스 이론이라고 말할 것이다. 나는 그것을 인생이라고 부르는 것을 더 좋아한다.

이 세상의 혼돈과 자극을 향한 내 사랑은 내 인생의 외롭고 비참한 순간으로부터 나를 구해 주었다. 내가 11세쯤 되었을 때, 한 남자가 우리 집 4층에서 뛰어내렸고 하필 내 창문 바로 밖에 떨어져 [그 자신에게서 흘러나온] 피 웅덩이 속에 눕게 된 적이 있다. 그때부터 나는 유령을 보기 시작했고 유령의 슬픔을 들을 수 있었다.

캐나다로 이민을 갔을 때, 나는 그런 시나리오들을 남기지 않았다. 나는 단지 더 큰 세계로 무대를 확장했을 뿐이다. 그러나 다른 많은 이민자처럼, 나는 과거로부터 내 보물들을 끌어모았고 내 가슴[에 그것들을 담아 두고는 그것]을 자물쇠로 잠갔다. 난 두 세계를 연결할 필요를 느끼지 않았다. 나는 창문으로 밖을 내다볼 때에는 항상 하얀 눈만 보았다.

그러므로 내가 리포터로서 내 경력을 시작했을 때 인생은 내게 완벽하게 수긍이 되었다. 내가 정신분석 작업을 배웠을 때 내 경험은 내게 깊이의 감각을 주기도 했다. 하지만 그 자신의 가족의식이 항상 조금은 초점이 맞지 않는 사람에게는, 내가 가족치료사가 되기로 결정한 것이 이상해 보이리라.

전문가의 맥락

나는 여러 해 동안 정신지체 분야에서 심리치료사로 일했다. 요즘엔 사람들이 그것을 가리켜 '발달(성장)이 지연된' 또는 '지적으로 장애가 있는'이라고 부르는 것을 선호한다. 그러나 아무리 그 이름이 여러 번 바뀌어도 정신적 결손 분야는 매우 일상적이라고 알려 있으며 또한 제도적 치료의 역사를 반영하는 것으로 알려져 있다. 그것들 두 가지가 함께 섞였을 때, 그것은 제어와 역제어의 장이었고 인간 드라마의 아주 재미있는 조각이었다.

이번에도 전문가의 창을 통해 봄으로써, 나는 내 아동기의 부조리들을 다시 돌아보았다. 나는 체중이 200파운드 나가는 젊은 여성을 보았는데, 그녀는 자기 어머니의 유명 브랜드 샤워 커튼을 그녀 자신의 오줌으로 적신 다음, 부유한 이웃들의 관심을 끌기 위해 욕실 창문 앞에서 발가벗었다. 그녀가 이른바 '바보'였기 때문에, 사람들은 아무도 그녀가 격노할 수 있다고 생각하지 않았다. 그가 자라는 동안 그를 깔아뭉갰기 때문에 그의 아버지를 결코 용서할 수 없었던, 그래서 그 자신과 그의 주변 사람들을 학대하는 직업을 택한 중년 남성도 나는 보았다. 나는 또한 희생자들을 자유롭게 풀어 주기 위해 그들이 그곳에 있었다고 선언하는 동안 그 희생자들을 가두어 놓았던 구조대원들을 보았고, 그들이 그들 스스로는 추구할 수 없는 꿈을 제공한다며 이리저리 바쁘게 뛰어다니는 자선단체들도 보았다.

내가 점점 더 많은 것을 보고 있는 동안, 내 창밖에는 유령의 무리들이 늘어났다. 나는 정신지체자들의 세계에 동화되기 시작했다. 우리는 모두 세상의 제약과 부과에 대처하는 불완전한 미완성의 생명체일 뿐이다. 행동과 관련된 문제들을 해결하기 위한 우리의 인지적 책략은 그 어떤 해결책도 없는 세상에서 해결책을 찾으려는 절망적인 시도일 뿐이라는 것을 나는 알았다.

우리는 고립된 상태에 있는 정신지체자를 다룰 수 없다는 것이 내게 분명해졌다. 그래서 나는 가족들과 함께 작업하기로 넘어갔고 직원교육을 제공했다. 나는 대체로 설명의 과잉에 의해 억제되고 제한되는 분야에서 모호성과 모순을 촉진했다. 하지만 내가 가족치료사와 체계 상담가로 여겨졌던 모든 순간마다, 나는 실제로 체계 안에서 이루어지는 상호작용의 정형화된 양식에 초점을 맞추고 있었다. 나는 더 큰 체계를 다루는 것과 대체로 똑같은 방식으로 가족을 다루었다. 나는 그 둘 사이의 경계선을 구별할 수 없었다.

유년시절부터 성인이 되기까지, 내 무대는 항상 한층 더 큰 세계였다. 나는 전혀 모르는 사람들을 연결시키는 데 능숙했지만, 가족구성원들이 낯선 사람으로 변했을 때 나는 그들과 무엇을 해야 할지 전혀 알지 못했다. 나는 내 자신에게 권태를 느끼기 시작했고 내 지평을 넓힐 필요가 있다는 것을 알았다.

먼저, 밀란(Milan)으로 갔다. 밀란 팀의 특징인 거리를 두는 자세와 언어를 사용하는 인상적인 방법과 함께하면서 나는 집에 있는 것처럼 편안했다. 왜냐하면 나는 창문을 통해서 사물을 보거나 분리된 태도로 사물을 보는 데 다년간의 훈련을 쌓은 서술자였기 때문이다. 내가 밀란에서 돌아와 미누친과 함께 작업하기 위해 갔을 때, 갑자기 집중조명이 나를 비추었다. 나는 그다음 2년 동안 미누친과 함께 훈련하는 수습기간을 시작했다. 내 작업을 무대 중앙에 올려놓고 그 결과로서 내 자신의 자아를 무대 중앙에 올려놓으면서 말이다.

빌 가족

내가 슈퍼비전을 위해 데려온 가족에게는 욕실 벽에 그 자신의 배설물을 묻힌 24세의 다운증후군 남성이 있었다. 그 사례는 그의 어머니가 위급사항으로 내게 부탁한 것이었다. 나는 조속히 그들을 볼 수 있도록 준비했다. 그러나 오기로 약속한 날에 빌만 그의 그룹홈 상담사와 함께 왔다. 나는 빌에게 왜 나를 보러 여기에 왔는지 물었다. 그는 그의 어머니가 그를 보냈다고 말했다. 이러한 반응은 정신장애 분야에서는 매우 전형적인 것이다. 치료는 환자의 가족과 담당 상담사들이 진술한 문제를 해결하는 방법으로 이루어진다. 나는 가족들이 빌과 함께 올 경우에만 그들을 만나겠다는 메시지와 함께 그들을 보냈다.

다음 회기에서, 나머지 가족(부모와 31세의 형 마이클)이 왔지만 빌은 없었다. 이 가족은 영국계 캐나다 사람들이었다. 그 부모는 둘 다 직업군인이었고 여전히 군인들이 풍기는 간단명료한 분위기를 유지하고 있었다. 그 어머니는 그들이 빌 앞에서는 빌에 관해 말하고 싶지 않다고 설명했다. 가족의 대화는 빌의 문제행동을 중심으로 이루어졌는데, 빌의 문제행동은 분명히 반복되는 역사를 가지고 있었다. 그 가족은 여러 가지 다른 조치를 취했지만 문제는 지속되었다.

이 부부는 발달장애가 있는 성인 자녀를 둔 많은 다른 부모의 특성을 공유했다. 장애아를 낳은 부모들은 온전한 아기를 낳고 싶었던 그들의 꿈이 상실되었음을 매우 애석해한다고 사람들은 흔히 말한다. 나는 그러한 애도가 고집스럽게 지속되는 것을 보았고, 또한 아이가 성장하는 동안, 그것이 사랑과 보호라는 이름으로 계속되는 지도와 교정의 형태를 취하는 것도 보았다. 장애인의 비극은 그들이 종종 어린아이 취급을 받는다는 것이다. 그들이 성년이 되었을 때조차도 말이다. 어린아이로 남아 있는 동안, 그들은 성인이 되었음에도 여전히 어린아이처럼 행동해야 하는 세계에서 살아가는 것에 격분한다.

빌은 정상적인 삶에 이르려고 애를 쓰는, 그래서 심지어 수염도 기르는 대단히 기능적인 젊은이였다. 식당에서 하는 잡일들을 견딜 수 있었지만, 그는 좌절할 때마다 화장실로 들어가 벽에 자신의 배설물을 마구 바르곤 했다. 이러한 행동은 그의 가족으로 하여금 그의 지능에 더욱 의문을 품게 만들었다. 가족들은 그가 정신지체자라는 사실에 모든 문제의 원인이 있다고 보았다. 그들이 그를 돕는 방식이 그를 더욱 화나게 했다. 그의 형 마이클은 좋은 형이라면 당연히 그래야만 하는 것처럼 그렇게 그와 잘 어울리려고 애썼다. 하지만 그들의 세상은 꽤 멀리 떨어져 있었으니, 한 사람은 지적인 세계에 살고 있는 출세한 건축가였고, 다른 한 사람은 그룹홈에서 제한된 삶을 살면서 그가 얻을 수 있는 직업이란 그것이 무엇이든 그저 잡일에 불과할 뿐인 그런 생활을 하고 있었다.

빌이 맞서고 있는 실패감은 나머지 가족들에게는 꽤나 낯선 것이었다. 그들에게 그의 분노는 상상도 할 수 없는 것이었기 때문이다. 따라서 모든 사람은 빌의 고통과 저항을 마주하는 대신에 그의 행동을 변화시키는 데 집중했다. 전문가들은 오랫동안 가족을 장애인 치료에 참여시켜야 한다는 것을 확인했지만, 그들의 방법 역시 지원과 이해에만 초점을 맞추고 있었다. 사람은 삶의 불공평함으로 크게 고통받는 사람들에게 온화해야 한다는 것은 많은 경우에 말이 필요 없는 윤리이다. 비록 체계의 경직성이 문제를 야기하거나 그것을 유지시킨다 해도, 체계를 흔드는 것은 정치적으로 옳지 않다.

그렇다면 만성질환자나 장애자가 있는 가족들에게 어떻게 한층 더 복합적인 치료를 제공할 수 있을까? 그것은 내가 훈련을 통해 추구하는 바가 되었다.

슈퍼비전

슈퍼비전을 받기 위해 이 사례를 가져갔을 때, 나는 이미 1년 동안 미누친과 함께 공부하고 있었다. 내가 받은 슈퍼비전의 첫해는 눈부시기도 하고 얼떨떨함으로 가득 차 있기도 했다. 그가 슈퍼비전에서 사용한 언어는 내가 이전에 경험했던 그 어떤 언어와도 매우 달랐다. 그는 가족들이 상호적으로 보여 주는 정형화된 양식과 치료사의 스타일 양쪽 모두에서 불연속성discontinuity을 만들어 내는 것에 대해 이야기했다. 비록 우리 대부분은 일관성의 가치를 가슴에 새기고 있다고 해도 말이다. 그는 학생들에게 치료의 이로움을 위해서는 [내담자와 가족들에게] '불공평하게' 굴고 '무책임하게' 굴라고 가르쳤지만, 우리 가운데 많은 사람에게 그렇게 불공평하게 굴고 무책임하게 구는 것은 심각한 잘못이었다. 그의 입장들은 이상했다. 그러나 거기에는 잠들어 있으면서도 깨어나기를 갈망하는 우리 내면의 일부를 건드리는, 그의 입장들과 관련하여 신기하게도 자유롭게 해 주는 무언가가 있었다.

그의 작업 방식인 강렬함, 그리고 그의 작업 도구인 일단락 짓기punctuation와 이의제기와 함께, 그는 체계적 사고를 반영하는 관계적 언어를 이용했다. 그것은 또한 이의제기와 애정 어린 돌봄의 혼합을 일관되게 함께 데리고 가는 변화와 움직임의 언어였다. 미누친에게 그를 대표하는 특징인 걷어차기와 어르기kicking and stroking는 결코 떼어 낼 수 없는 쌍둥이, 한쪽이 없으면 다른 한쪽은 아무런 쓸모가 없게 되는 그런 쌍둥이였다. 불편함에서 벗어나기 위해 사람들은 변화를 만들어 내는 그들의 힘을, 특히 누군가에게서 지지를 받을 때 이용하고자 한다는 믿음을 가지고, 그는 무질서와 긴장을 조성했다. 갈등이 없이는 갈등 해결도 없다. 우리는 우리 자신을 자유롭게 풀어놓기 이전에 먼저 우리 자신이 포획되게 해야 한다. 이러한 슈퍼비전 방식은 인지적 지도 방식과는 거리가 멀지만, 그것에는 인지적 요소가 포함되어 있다. 그것에는 우리가 가진 모든 능력을 작동하게 하는 모든 범위의 대인관계의 강렬함이 포함되어 있다. 똥[으로 그리는] 화가의 사례를 내가 맡았을 때, 갑자기 내 치료 스타일과 만성적인 문제를 가진 가족들과 함께하는 내 작업이 협력하기 시작했다. 그 가족은 배움의 상호교류를 위한 무대가 되었다.

미지의 영토로 뛰어들기

세 번째 회기에는 내 고집에 따라서 전체 가족이 왔다. 내가 슈퍼비전을 받기 위해 미누친에게 처음으로 소개한 것은 바로 이 특별한 면담의 비디오테이프를 통해서였다.

이 가족은 이성적 논리를 지지했으나 그들에게 가장 비이성적이고 터무니없는 문제를 안겨 준 아들을 만들어 낸 보수적인 가족이었다. 비록 한 가족으로서 왔지만, 그들은 내가 그들을 참여시키지 말고 빌하고만 이야기해야 한다고 주장했다. 그들의 주장이 내가 가진 불합리함의 감각을 활성화시켰고, 그래서 나는 빌과 우스꽝스러운 대화를 시작하기로 결심했다. 먼저, 나는 그가 욕실 벽에 그의 똥을 문지르는 것을 그의 '서명'이라고 불렀다. 그리고 그가 무엇을 그리고 어떤 손가락을 사용했는지, 그리고 손가락을 냄새 맡을 필요가 있는지 또는 없는지 자세히 설명해 달라고 부탁했다. 그런 대화가 부모들을 매우 불편하게 했음은 물론이다.

그 가족 회기에 대한 내 설명을 듣고 나서, 미누친은 내 개입에 대해 우아한 설명을 해 주었다. "어떤 손가락을 사용하는지, 냄새를 맡는지 안 맡는지를 묻는 것이 문제 해결하기예요. 웨이영은 사람들이 해결하려고 애를 쓰는 문제는 풀 수 없는 방식으로 조직되어 있다고 말하는군요. 그리고 여러분이 그 문제의 차원에 덧붙이게 된다면, 해결책은 달라질 필요가 있지요." 그는 내게로 몸을 돌려 말을 이었다. "더 확장하고 싶으면 당신은 그가 아빠의 얼굴을 그리고 싶은지, 아니면 그리고 싶은 것이 엄마인지 물어볼 수 있겠죠? 그가 거기에 성기를 넣고 싶어 하는지, 아니면 해부학적으로 정확해지고 싶지는 않은지 당신은 물어볼 수도 있겠지요. 당신이 그 증상을 확대하려는 지점에서는 당신은 문제를 다르게 다룰 필요가 있어요."

내 스타일 가지기와 내 한계 드러내기는 고사하고, 내 작업을 상세하게 설명하기조차 내가 생각했던 것만큼 그렇게 쉽지 않았다. 어느 순간 나는 빌을 대화에 참여시키지 않은 채, 그 가족과 그에 대해 이야기하고 있는 대목을 보여 주고 있었다. 미누친은 나를 추적하여 뭔가를 발견하기로 결심한 모양이었다. 그는 말했다. "빌이 이야기를 하나요?"

웨이영: 그는 매우 막연하게 얘기해요…….

미누친: 당신이 그걸 어떻게 알죠?

웨이영: 여기서는 아니지만, 그는 얘기해요…….

미누친: 그와 이전에 얘기해 본 적 있어요?

웨이영: (중얼거리듯) 네.

빌이 대화에 참여하는 부분을 그에게 보여 주는 것 말고는 내게 달리 선택 가능성은 없었다. 그 부분에서 나는 가족들이 어떻게 그들의 뛰어난 언어 기술로 빌을 침묵시킬 수 있었는지 이야기하고자 했다. 내가 그 대화를 주도했다. 빌이 두어 번 참여하려고 했지만, 나는 그 주제에 한층 더 관심이 있었다. 장애인에게서 나오는 미묘한 몸짓이 단지 내게 중요한 것으로 등록되지 않았던 것 같다. 집중조명이 그에게 비쳐질 때마다 커튼을 내리는 사람이라는 의미에서 가족들이 대화의 몇몇 지점에서 빌을 '커튼 맨'이라고 묘사했을 때, 그것은 한층 더 가슴 아픈 일이 되었다. 그의 기운을 북돋워 주어서 그가 말할 기회를 이용하는 대신에, 나는 가족들에게 '커튼 맨'의 '레퍼토리들'을 어떻게 확장할 것인지 생각해 달라고 부탁했다. 빌이 물었다. "레퍼토리가 뭐예요?" 그의 형이 설명하기 시작했다. 내가 생각하기에는, 그의 설명은 그다지 명확하지 않았다. 그래서 나는 레퍼토리의 의미에 대한 설명을 그에게서 인계받았다.

미누친이 말참견을 했다. "무엇을 얘기할지 그들에게 얘기하는 것이 아니라 '그와 함께 얘기해요.'라고 말함으로써 나는 그들이 저 젊은이에게 얘기하는 방식의 진단을 내릴 거예요. 사람들이 그와 대화하는 방식에 귀 기울이는 과정에서, 나는 의사소통을 하려고 애를 쓰면서도 그렇게 할 수 없는 경험을 필요로 할 거예요. 나는 돕고, 비판하고, 밀어붙이고, 수정하고자 할 거예요. 그런 다음 몇몇 지점에서든 아니면 다른 지점에서든 우리는 침묵의 과정에 대한 어떤 종류의 이해에 도달하게 될 거예요."라고 말했다. 그런 다음 그는 내게로 몸을 돌렸다. "그렇게 하는 대신에, 당신은 침묵에 대해 얘기하는군요. 당신이 가진 내용의 관점에서 당신은 침묵에 이의를 제기하고 있어요. 또한 형식의 관점에서, 당신은 그들이 하고 있는 일을 정확히 당신이 하고 있어요."

빌어먹을! 나는 내 자신에게 욕을 퍼부었다! 미누친의 집중을 약화시키려고 나는 그에게 다른 부분을 보여 주기 위해 옮겨 갔다. 거기에서 나는 가족들에게 어떤 이야기를 해 주고 있었다. "매주 저는 슈퍼비전을 받으러 뉴욕으로 간답니다. 제 선생님은 항상 제가 낱말들을 너무 믿는다고 말씀하세요. 제가 낱말들을 너무 믿는다고 제 선생님이 생각하신다면, 저는 제 선생님이 여러분들을 여기서 직접 만났으면 좋겠어요." 가족들이 소리 내어 웃었다. 내 슈퍼비전 그룹의 친구들도 소리 내어 웃었다.

미누친은 아무런 표정도 보이지 않았다. 그는 앉더니 내 눈을 똑바로 쳐다보았다. "나는 당신이 가족과 함께하는 작업에서 매우 성공할 거라는 생각이 들어요. 내 문제는 어떻게 하면 내가 당신과 함께하는 작업에서 성공할 수 있을까 하는 거예요."

"당신은 나로 하여금 추상적이 되도록 강요하고 있고, 나는 당신으로 하여금 구체적이 되도록 강요하고 싶어 하죠. 그리고 당신이 이기고 있어요."

그런 다음 그는 다음과 같이 부드럽게 말했다. "당신이 하고 있는 작업은 틀리지 않았어요. [맞다 틀리다 따지는] 그런 것은 부분적인 거예요. 나는 당신이 뭔가 다른 것을 할 수 있는 자유를 누렸으면 좋겠어요. 나는 당신이 당신의 작업 목록에 포함시키지 않은 것들을, 곧 구체적이고 경험적이며 관계적인 것들을 당신의 목록에 포함시켰으면 하고 바라는 거예요."

그는 그 회기를 흉내 내기 위해 일어나서 두 학생과 악수하기 시작했다. 그들이 마치 빌과 마이클 형제이기라도 한 것처럼 말이다. "마이클, 참 대단해! 빌, 네가 한 일이 마음에 들어." 그런 다음 그는 내게로 몸을 돌려서 그의 설명을 다음과 같이 마무리했다. "[당신의 개입에는] 정교함도 없고 언어도 없어요. 그저 그들이 하고 있는 것에 대한 이해만 있을 뿐예요. 당신은 너무 똑똑해요. 난 당신이 그렇지 않은 척했으면 좋겠어요. 바보인 척해 보세요."

우리가 수업을 막 마치려고 할 무렵에 갑자기 미누친이 내게 말했다. "내가 당신에게 바라는 것은 당신이 실연시키는 법을 배우는 거예요. 우리가 그렇게 오랫동안 힘들게 노력해 왔는데 왜 그게 아직까지 안 되는지 난 잘 모르겠군요."

나는 큰 불편함과 불안 그리고 강한 혼란스러움을 느끼며 걸어갔다. 많은 생각들이 내 속을 뒤흔들었다. 내가 치료에서 실연하기를 사용한 적이 없다는 것은 사실이었다. 예전에 이른바 구조적 가족치료사라 불리는 많은 치료사가 가족구성원 한 사람으로 하여금 다른 사람에게 얘기하도록 말하는 것을 보았을 때, 그것은 내게는 인위적이고 자의적으로 보였다.

내 스타일이 문제가 되고 있는 상황이었으므로 내가 항상 수동적인 관찰자는 아니라는 것 또한 내게 확실해졌다. 나는 내 신발을 벗어서 신발 집착증에 걸린 남자에게 건네주는 것과 같은 일을 하고자 했고, 그의 부모와 보호관찰관은 그것을 충격에 휩싸여 지켜보고 있었던 셈이었다. 또는 나는 랍비로 하여금 짓궂은 사람이 되도록 애를 쓰고자 했던 것이다. 나 자신만의 무대가 주어질 때, 나도 역시 가족들과 춤을 추고자 했다. 그러나 가족들의 실연을 만들어 낼 수 없는 능동적 치료사는 모든 대화와 행동들의 흐름을 통제하면서 중앙집권적인 위치에 머무르기 십상이다. 그녀[3]가 [가족들에게서] 추출한 이야기는 기본적으로 그녀 자신의 생각에서 나온 것이다. 그녀가 그것을 가족들과 함께한 공동 작업이라 설명하려고 할지라도 말이다.

한층 덜 중앙집권적인 입장을 취하기라는 이 선택권은 내게는 새로운 것이었고, 어찌된 일인지 내가 그것을 이해하는 데에는 1년이 걸렸다. 이상한 것은 만약 미누친이 처음부터 곧바로 그것을 말했다면, 나는 아마도 그것을 단순히 기술에 대한 가르침으로 취급하려고 했을 것이고 그것과 관련해서 충분한 생각을 하려고 하지 않았을 것이라는 사실이다. 나는 이제 이전에는 내가 그렇게 할 수 없었던, 실연의 이로움을 산출해 낼 수 있는, 다른 기술을 창안하거나 또는 그것을 창조적으로 이용하도록 성장해 오면서 그 방법을 배우는 사람의 뒤를 따르는 위치에서 내 자신을 발견한다.

가족치료의 첫걸음

나는 그 가족을 다시 보기를 초조하게 기다렸지만, 막상 그들이 돌아오자 무엇을 해야 할지 막막했다. 나는 오직 내가 말에 대한 의존에서 벗어나야 한다는 것만 알았다. 그러나 언어가 없이는 토크쇼를 무성영화로 만드는 이상한 입장에 나는 갇히게 되었다. 함께 치료 회기를 이끌어 갔던 활기찬 대화는 이제 사라지고 긴장감으로 대체되었다. 불안한 가운데, 구조적 치료와 관련하여 내가 기억하는 유일한 것은 구조적 가족치료의 특징을 대표하는 악수하기였다. 그래서 나는 그들과 계속 악수를 했

3) 역자 주: 이 장뿐만 아니라 이 책에서 웨이영이 집필한 부분에서는 가족치료사를 가리킬 때 대체로 여성 대명사로 표시된다.

다. 그것은 처음에는 어색하고 거의 우스꽝스러웠다. 하지만 나는 계속해서 그렇게 하면서, 회기가 진행되는 동안의 짧은 휴식이 연속성을 방해하기 위해 할 수 있는 것들을 이해하기 시작했다. 나는 작은 움직임들에 주의를 기울이기 시작했다. 연극에서 그런 것처럼, 나는 몸짓을 발견했고 그들만의 독특한 상호교류를 가진 가족조직들의 사진을 보기 시작했다.

나는 지난 회기에서 그 가족에게 그들이 매우 고지식하며 불합리에 대해 아무것도 이해할 수 없다고 말했다. 그래서 그들은 빌이 똥으로 그린 그림의 의미를 이해할 수 없었던 것이다. 내가 틀렸다는 것을 증명이라도 하려는 듯, 그 아버지는 그의 아내의 가발을 쓰고 와서는 매우 장난스러운 자세로 있었다. 마이클은 그의 아버지의 행동 때문에 두드러지게 당황스러워 했고 화를 냈다. 그가 그에게서 가발을 빼앗아 자기 머리에 쓰기 전까지는 말이다. 그런데 이상하게도 그 다음에는 그도 낄낄거리는 태도로 있었다.

내가 형제간의 연결을 활용하지 못했던 지난번 슈퍼비전의 그 장면을 회상하면서, 나는 의도적으로 그 행동을 다시 실연했고 어떤 말로든 개입하는 것을 자제했다. 나는 빌에게 그가 어떻게 그의 형의 얼굴을 그릴 수 있는지 우리에게 보여 달라고 부탁했다. 빌은 그것을 진지하게 받아들였고, 상징적으로 벽에 그림을 그리는 동안 한 손으로 마이클의 얼굴을 잡고 있었다.

빌 : 나는 큰 붓을 사용하고 있어요.
마이클: 화장실에 있었다면 어땠을까? 똥을 사용하려고 할까?
빌 : 아냐! 그렇게 하지 않을 거야.
마이클: 어째서? 전에도 그런 생각을 해 봤잖아.
웨이영: 동생이 당신 얼굴을 똥으로 그리지 않을 거라고 하는 건 아주 좋은 일이에요.
마이클: 그래요, 퍽이나 좋군요. 얘가 그렇게 말해 주니 기쁘네요.
웨이영: 그는 누구 얼굴을 똥으로 그리려고 할까요?
마이클: 좋은 질문이네요!
빌 : (짜증을 내며) 난 그걸 위해 내 똥구멍을 사용하지 않을 거야.

이 대화가 계속되고 있는 동안, 그 어머니는 매우 긴장한 듯 보였다. 그녀의 남편의 장난스러운 분위기를 보완하기 위해, 그녀는 밀짚모자를 쓰고 느슨하게 늘어진 옷을 입고 왔지만, 그녀가 양손으로 두 팔을 꽉 움켜잡은 채 의자에 기대어 똑바로 앉아 있었기 때문에 그녀의 편안한 옷차림이 어색해 보였다. 나는 그녀가 그렇게 긴장한 것에 대해 언급했다.

어머니: 그게 문제였어요. 태도가 아니고요. 저는 선생님 의견에 동의해요, 그건 정말 좋은 대화였어요. 자기가 어떻게 생각했는지 또는 무엇을 하고 있었는지 빌이 우리에게 설명을 해 주는 것을 저는 결코 들어 본 적이 없거든요.

웨이영: 여러분을 이 치료에 오게 한 것도 그 '문제'였어요.

어머니: (천천히) 그게 화장실의 함축된 의미였어요. 그리고 얘는 마땅히 그럴 만하지만, 그것을 자신이 했던 나쁜 일과 연결시켜요. 그리고 얘가 그걸 반복하고 싶어 하는 건 아녜요. 그리고 아마 앞으로 얘는 그걸 다신 반복하지 않을 거예요.

아버지: 그것은 종종 불쑥 일어나는 그런 일들 같은 거예요. 마치 화산이 폭발하는 것처럼 말이죠. 어떤 지점에 이르면 쾅! 얘는 원래 그래요. 얘가 팔레트를 가지고 다녔다면, 얘는 당연히 벽에다가 색깔을 칠했을 거예요. 그런데 팔레트를 가지고 있지 않으니까, 얘는 이유가 어찌 됐든 근처에 있는 것은 무엇이든 사용하는 거예요.

이 청년의 비극에 대해 주의를 환기시키면서, 미누친은 말했다. "그에게 더 높은 수준의 기능을 요구하는 동시에 그를 어린아이처럼 대하는 부모가 그에게는 있군요. 그래서 아버지는 화산이 있다고 말하는 것이겠고, 화산은 똥일 수 있거나 다른 그 무엇이라도 될 수 있겠지요. 내가 그와 같이 생각했다면, 나는 빌이 그 어떤 일을 해도 그것을 이룰 수 없는 그런 자리에 놓이게 된 그의 무력감과 분노를 표현하도록 그와 함께했을 거예요."

비록 그가 계속해서 내 초점을 관계들로 옮겼다고는 해도 미누친은 분명히 내가 평상시에 자리하고 있는 중앙집권적인 위치에서 벗어나려는 내 시도에 기꺼워했다. 치료사가 어떤 실연을 효과적으로 이용하기 전에 그는 디자이너가 무대를 활용하는 것과 대체로 똑같이 공간과 움직임의 적용을 이해할 필요가 있다는 것이 내게 분명해졌다. 언젠가 미누친은 다음과 같은 언급을 한 적이 있다. "하나의 실연은 회전목마와 무척이나 비슷하게 작용합니다. 일단 여러분이 그것을 작동시키면, 그것은 저절로 돌아가지요. 치료사에게 관찰하고 생각하게 하는 기회를 허락하고, 또 그가 더 가까이 다가가야 하는지, 그 자리에 머물러야 하는지, 또는 그 순간에 유용하다고 여겨지는 어떤 입장을 그것이 무엇이든지 취해야 하는지 결정하는 기회를 허락하면서 말이지요."

나는 그것이 진실임을 확실히 알았다. 내가 가족들을 동원해 그들끼리 행동하게 했을 때, 그것은 내가 에너지를 다르게 사용할 수 있게 해 주었을 뿐만 아니라, 정말 놀랍게도 빌이 말하기 시작했다!

다음 부분에서 나는 빌의 어머니에게 왜 화장실 상황과 대면하기가 그렇게 어려웠는지 물었다.

어머니: 이 특별한 행동은 그의 기록에 남으니까요. 만약 얘가 일자리나 일거리를 얻으려고 노력한다면, 만약 누군가가 이런 종류의 일에 대해 알고 있다면, 또는 얘가 그걸 다시 하게 된다면, 얘는 직업을 잃게 되겠지요.

웨이영: 그도 그걸 알고 있다고 생각해 보지는 않았나요?

어머니: 저는 얘가 그것을 알고 있는지 어쩐지 모르겠어요. 얘는 충분히 듣긴 했겠지만…….

빌 : (중단시키며) 당연히 알지!

모든 사람이 빌에게서 나온 그런 분명한 진술에 놀랐다. 빌의 어머니는 그녀가 들은 것을 믿을 수 없었다.

웨이영: 그가 지금 당신에게 말하고 있잖아요.

어머니: (빌에게) 뭐라고, 얘야?

빌 : 물론 나도 안다고요.

어머니: (믿지 못하며) 네가 그걸 알고 있다고?

빌 : 네.

어머니: 그래서 지난번에 그 일을 했을 때, 그것 때문에 네 직장을 잃게 될 거라는

걸 네가 알고 있었다는 거야?

빌 : (끄덕이며) 어, 어!

마이클: (빌에게) 그게 네가 그걸 한 이유라고? 직장을 잃으려고 네가 그랬다고? 아니면 네가 그렇게 한 건 다른 이유가 있는 거야?

장애인의 곤경은, 그가 분명한 진술을 내놓을 수 있을 때, 아무도 그것을 믿지 않는다는 것이다. 우리는 그의 진술이 단지 우연의 일치가 아니라 이해에 기초하고 있는지 확인하기 위해 그에게 몇 번이고 확인해야 한다. 그가 그것을 포기하기로 결심할 때까지 말이다. 잠시 확신에 찬 태도를 보여 준 후, 빌은 흔들리기 시작했다. 그는 다시는 그러지 않겠다고 말했다. 다행히 마이클은 그 자신을 바로잡을 수 있었다.

마이클: 아니, 아니, 아니, 내 뜻은 그게 아니야, 빌. 네가 지난번에 그걸 했을 때, 그때가 마지막 직장에서였던 거야?

빌 : 어, 그래, 퀸즈파크에 있었어…….

마이클: 그게 네가 마지막으로 한 곳이야?

빌 : (느릿하게) 난 그렇게 믿어.

마이클: 그럼 네가 그걸 했을 때 그들이 널 해고할 거라는 걸 넌 알고 있었어?

빌 : 응.

마이클: 네가 직장을 잃게 될 거라는 걸 넌 알았다는 거잖아. 그게 네가 원했던 거야?

빌 : 갑자기 지루해지기 시작했어.

마이클: 지루해지기 시작했다고, 그 일이? 어째서? 그들은 네게 다른 일거리는 주지 않았니?

빌 : 아, 그들이 그랬어!

마이클: 뭐가 그렇게 지루했어?

빌 : 그들은 내가 그것을 두세 번 하길 원했어.

마이클: 같은 걸?

빌 : 계속, 계속.

마이클: 왜? 처음에 제대로 하지 않았기 때문이야, 아니면…….

빌　: 그들은 그게 충분히 깨끗하지 않다고 말했어.

마이클: 설거지를 하고 있었니?

빌　: 아니, 난 양상추를 씻고 있었어.

마이클: 제대로 씻지 않았니?

빌　: 그건 그 사람들 생각이야!

구체적이고 분명한 방식으로 장애인과 대화하는 기술을 발명한 사람은 누구든지, 그들이 어떻게 장애인들에게서 자발성을 개발할 기회를 박탈했는지 그리고 그들 자신도 모르는 사이에 그들이 어떻게 장애인들을 평범하고 기계적이게 만들었는지 전혀 알지 못했다. 보통 때라면, 나는 그 대화를 넘겨받아서 마이클에게 좀 더 자연스러운 방식으로 빌과 대화하는 방법을 지도하고자 했을 텐데, 내 생각이 바뀌었다. 그들이 함께 이야기하는 한, 그들이 어떻게 이야기하든 상관없었다. 그들은 '화장실에서 그림 그리기'의 이유를 계속 탐구했다. 그런 다음, 애초에는 그 주제가 불거지기를 원하지 않았던 그 어머니가 그들과 함께 방문했던 친구의 집에서 빌이 어떻게 그것을 했는지 이야기하기 시작했다. 회기가 끝나긴 했지만, 그 아버지는 내가 그것에 대해 알아야 한다고 주장했다. 떠나기 전에 나는 가족들에게 말했다. "그래서 빌은 당신 모두를 '응가, 응가'로 만들었군요!"

미누친: 왜 그런 말을 했죠?

웨이영: 저는 그 부모님이 빌을 정말로 거부했다고 생각해요. 그들은 마치 빌이 문제라도 되는 것처럼 그를 보고 있어요, 그래서 저는 그들에게 그 문제를 돌려주려고 했어요.

미누친: 어떤 증상을 관계적인 메시지로 변형하는 것은 그 증상에 다른 의미를 부여하게 됩니다. 그것은 더 이상 "내가 응가, 응가 해"가 아네요. 빌에게는 그가 똥을 싸면 그것은 그가 아버지에게도 똥을 싸고 어머니에게도 똥을 싸는 것이 되지요. 그 가족의 관점에서 보면, 그것이 관계적이라는 것은 하나의 인정이에요. 하지만 이것은 단지 첫 단계일 뿐이고, 그다음은 "넌 그 똥을 어떻게 만들어 내지?"가 되는 거예요. 당신은 그의 증상을 조절하고, 자극하고, 정리하나요? 그렇다면 당신은 그 거절을 다루기 시작할 수 있어요.

나는 그 거절들을 구체적인 용어로 다뤘을 거예요. 우리에게는 여기 빌과 이야기를 나누고 있고 분명히 그 일을 아주 잘하고 있는 형이 있지요. 나는 그 아버지에게 빌과 얘기하라고 했을 거고, 그 어머니에게도 빌과 얘기해 달라고 요청했을 거예요. 그런 다음 나는 그 형에게 그들이 빌에게 어떻게 얘기하는지 보라고 했을 거예요. 그들이 빌과 마치 의논하는 것처럼 그렇게 빌에게 말을 건네나요? 그들은 빌에게 일방적으로 말하나요? 그들은 빌에 대해서 이야기하나요? 어떤 행동을 하는 것이 아니라 대화를 하는 방식으로 그들은 빌과 의견을 나눌 수 있을까요?

미누친은 내가 제출한 테이프를 보는 데 분명히 관심이 있었다. "당신은 이 젊은이를 비인격화하는 과정을 보여 주고 있어요, 그리고 당신은 매우 잘하고 있어요. 매우 훌륭해요. 나는 아주 즐겁게 그것을 보고 있어요."라고 말하면서 말이다.

나는 지금 그 회기를 체계적 사고의 첫 단계 학습으로 간주하고 있다. 나는 그 회기에서 치료적 자세를 확장하기 시작했고, 또한 교사나 문제해결사 역할을 하는 대신에 체계가 저절로 작동될 수 있도록 활성화시키기 시작했다. 불편한 순간들이 있었지만, 그 불편함을 겪음으로써 실제로 더 의미 있는 방법으로 가족에 합류하고 있었다는 것을 나는 배웠다. 나는 그들의 곤경을 경험하고 그들 또한 나를 한층 더 개인적인 방식으로 경험함에 따라서 이제 내가 그 가족의 일원이 되었다고 생각했다.

동양과 서양의 만남

다음 회기에서 나는 거절이라는 문제를 다루려고 계획했다. 그러나 빌은 늦었고, 마침내 그가 치료 회기에 나타났을 때, 그의 아버지는 그가 늦었다는 것 때문에 즉각적으로 그를 적대시했다. 그런 상황은 실연을 펼칠 수 있는 좋은 기회였기에 나는 마이클에게 그들이 무슨 말을 하고 있는지 빌에게 설명해 달라고 부탁했다.

마이클: (빌에게) 너도 알다시피, 아빠와 내가 말할 때, 우리는 매우 빨리 말하고, 과장된 말을 사용하며, 거의 울부짖는 짐승들처럼 말해. 우리가 그런 것들을 할 때 아마도 네가 그 대화의 일부가 되는 것이 어렵다는 걸 네가 안다고 우

린 생각해. (빌은 그런 걱정을 다루는 데 익숙하지 않아 불편해 보였다.) 그게 우리가 얘기하던 거였어. 난 잘 모르겠어, 우리가 옳은지 그른지 네가 말할 수 있는지. 네가 버려졌다고 느끼지는 않는다고 말했잖아?

빌 : (억눌려져 있는 목소리로, 고개를 숙이고) 내가 그런 것을 아는 건 아냐.

아버지 : 우리가 너를 사랑한다고 생각하니?

빌 : 내 마음속으로는, 그래요.

아버지 : 마음속으로. 우리 마음은 어떨까?

빌 : (그의 손을 가슴에 얹으며) 오케이, 가족의 마음.

아버지 : 우리는 너를 사랑해.

빌 : 좋아.

아버지 : 내가 너를 사랑하니?

빌 : 물론 그렇겠죠.

아버지 : 그게 정직한 대답이야? 아니면 내가 널 사랑한다고 말했을 때 너는 내가 그냥 농담한다고 생각했니?

빌 : 아빠 말은 진심이에요.

아버지 : 내가 화를 낼 때는 어떨까, 그때도 내가 널 여전히 사랑할까?

빌 : 그럼요, 아빠는 그래요.

아버지 : 화가 났다고 해도 아빤 너를 사랑해. 그게 진실이기 때문에 너도 아는 거지.

웨이영 : (빌에게) 몇 살이지?

빌 : (쾌활하게) 스물여섯 살이요, 이제 스물일곱 살이 돼요.

웨이영 : 스물일곱 살로 넘어가는 스물여섯 살이라는 거지. 잠시 동안이지만, 네 아버지가 너한테 얘기하는 걸 보면서 난 네가 여섯 살인 줄 알았다. (마이클은 그렇다고 대답했다. 빌은 내 말에 기분이 상했다.)

웨이영 : (빌에게) 형에게 물어봐. 네 형은 내 말에 동의해.

빌 : (마이클을 보면서) 내가 여섯 살이라고 생각해?

마이클 : 아빠가 너한테 말할 때, 네가 여섯 살인 것처럼 말하는 것으로 들렸어.

아버지 : (방심하며) 왜? 왜 그런 말을 했어?

마이클은 아버지와 빌 사이의 대화를 반복하면서 그의 아버지를 흉내 냈다. 그들은 이야기를 계속했고, 빌은 침묵했다.

실제로, 그 가족은 마이클과 아버지 두 사람이 하는 쇼로 돌아왔다. 그들이 자신들의 고통과 분함을 다룰 수 있도록, 나는 그들 각각이 그 안에서 빌과의 관계를 고심해야 하는 시나리오를 만들 수도 있다고 생각했다. 나는 말했다, "미술사학자인 케네스 클라크(Kenneth Clark)는 진짜 예술은 눈을 즐겁게 하는 것이 아니라 영혼을 감동시키는 것이라고 말했어요. 만약 여러분이 화장실에서 빌의 그림을 꺼내 현대미술박물관의 그림처럼 액자에 넣는다면, 그 그림이 여러분에게 말하는 것은 무엇일까요? 당신들의 영혼을 감동시키나요?"라고. 나는 빌에게는 가족들을 마주해서 보라고 요청했고, 가족들에게는 빌이 그 그림 자체가 된다면 그들 각각은 어떤 영향을 받는지 물었다.

아버지: (빌에게) 내가 그것을 볼 때, 그것은 정말 나를 화나게 한단다. 그것은 내 마음을 움직여 내 아들 가운데 하나가 그걸 했으리라는 것을 알게 해.

마이클: 그것이 아버지를 괴롭히는 것은 아버지가 그것을 부끄럽게 여기기 때문이에요.

웨이영: (마이클에게) 당신도 그것을 부끄럽게 여겼던 거 아닌가요?

마이클: (바닥을 보며) 저는 그가 내 동생이기 때문에 부끄러워요. 벽에 똥을 칠해서 뭔가 표현하는 그런 이상한 방법. 그것보다 더 좋은 방법이 있잖아요.

웨이영: 뭐가 그렇게 이상한가요? 그는 그림을 그리기 위해 실제 삶의 요소를 이용하고 있는 거잖아요. (방 안의 분위기가 격앙되었고, 모두가 침묵했다.)

어머니: 저는 그것이 아무것도 아닌 것처럼 우리가 가식적으로 지낼 수 있다고 생각하지 않아요.

아버지: (그녀에게 빌을 보라고 가리키며) 그 그림이 여기에 있어. 얘가 바로 그 그림이라고. 그것이 우리가 겨누고 있는 것이고.

어머니: (빌을 격하게 바라보며) 바로 그게 내가 가장 궁금해하는 거야. 난 그게 이해가 안 돼. 넌 어떻게 그런 일을 할 수가 있니?

아버지: 오케이. 우리가 좋아하지 않는 추상적 예술이 있는 거야. (어머니는 화가 나서 남편과 말다툼을 시작하더니 조용히 앉아 있었다.)

웨이영: 그게 그녀에게 뭘 하는 거지? 이 그림이…….

어머니: (분노하며) 그것은 그림이 아녜요. 그건 장애물이에요. 내가 하고 싶은 말을 하는 게 내게는 허락되지 않아요. 그것 때문에 짜증이 나요. (빌을 향해) 난 그게 추상 예술이든 아니든 관심 없다, 내가 아는 한, 그건 애당초 예술이 아니라는 거야. 그건 어떤 표현, 아주 끔찍한 표현이지. 그건 내가 이해할 수 없는 어떤 거야. 그래서 그게 날 불안하게 해.

아버지: (빌에게) 벽에 칠한 똥이 예술일까?

빌: (당황해서) 아니, 그렇지 않아요.

아버지: 그럼 뭐야?

빌: (엄숙하게) 모든 게 엉망진창이잖아요!

웨이영: 그가 그 자신의 삶이 엉망진창이라고 당신에게 말하고 있군요!

어머니: 제가 들은 것 중 최고의 대답이네요.

여기서 미누친이 논평했다. "웨이영은 놀라운 이야기꾼이군요. 그녀는 똥을 그림으로 만들 수 있습니다. 그런 다음 그녀는 그 [똥의] 의미를 바꾸고, 빌은 똥 덩어리고, 가족은 부끄러워하고, 등등. 하나의 이야기! 여기에서 말할 수 있는 또 다른 이야기가 있는데, 그 이야기는 '그것은 진술을 하는 이상한 방법이다'라는 마이클의 언급에서 귀결되어 나오는 것이지요. 그리고 그 이야기에서 다음과 같은 대응적인 진술이 나오네요. '이 가족에게는 다른 방법이 없다. 그리고 여러분은 똥으로 만들어진 어떤 이야기라는 창작품의 일부이다. 당신의 가족들 속에서는 당신이 유성 물감을 사용하거나 수성 물감을 사용할 수 없는 이유가 틀림없이 있을 것이다. 아마도, 여러분의 가족은 여러분이 똥으로 그림을 그리는 것 이외에 다른 그 어떤 것도 하지 못하게 할 것이다.' 그것은 다른 스토리이지요." 그는 나를 향해 돌아서며 말했다. "그것은 내 미적 감각을 즐겁게 하는 이야기이지, 당신의 미적 감각을 즐겁게 하는 이야기는 아니군요."

"그 두 이야기 사이에 어떤 차이가 있을까요?" 그가 학생들에게 물었다. "웨이영이 하는 이야기에서 사람들은 부끄러움, 당혹감, 죄책감을 인정하게 될 거예요. 내 이야기에서 내가 원하는 것은 빌이 가족들에게 화를 내야 한다는 것이지요. 내 이야기는 상호교류를 이끌어 내는 이야기입니다. (내게로 몸을 돌리면서) 당신의 이야기는 이해하기와 감정을 이끌어 내는 이야기지요." 그런 다음 그는 [학생들을 향해 다시 몸을 돌리며] "그녀에게는 꽤 효과적인 스타일이 있지만, 그것은 불완전해요."라고 말했다.

나는 미누친의 칭찬에는 항상 새로운 이의제기가 뒤따른다는 것을 알고 있었다. 이제까지 그의 이의제기와 만난다는 것은 하나의 모험이 되어 왔다. 내 안에서 결국엔 한 줌의 창조성을 끌어냈던 지적이고 대인관계적인 교류로부터 나는 자양분을 얻었고 힘을 얻었다고 느꼈다.

미누친은 계속해서 말했다. "공격성의 회피는 꼭 가족에게서만 나온 것이 아녜요. 그것은 웨이영에게서 나온 것이지요. 그녀가 공격성과 적대감이 없는 삶의 그림을 선사했으니까요. 그것은 실제 삶보다 더 근사하지요." 나를 보면서 그는 그의 요점을 강조했다. "가족에 관한 당신의 그림은 자애로운 분위기인데, 가족들은 살인자들이지요. 당신이 가족치료의 분야에 있다는 것을 그리고 가족들은 보수적이라는 것을 당신이 받아들이지 않는다면, 사람들을 산산조각 내는 유기체들을 억제함으로써, 당신은 가족들이 그들을 위해 만들어 내는 자리들을 넓히도록 사람들을 도울 수 없을 거예요. 당신의 회기들은 너무 많은 설탕을 두른 생일 케이크와 같아요. 당신은 어떻게 해서든 당신의 회기들에 부드러운 회전을 주려 하고 있지요."

공격성의 달콤한 맛

나는 미누친에게 다음과 같이 말하면서 그다음 슈퍼비전을 시작했다. "지난번 슈퍼비전을 받으면서, 제게 가장 인상 깊었던 것은 제 회기에는 공격성과 적대감이 없다고 선생님이 말씀하신 부분이었습니다. 그리고 선생님은 그것이 아마도 중국인으로서 제가 가진 배경 때문일 거라고 생각한다고 하셨어요. 저는 [그 자리를] 떠나면서 그렇지 않다고 말했습니다. 오랜 역사를 가진 다른 나라와 마찬가지로 중국도 적대감과 공격성에 대해 알고 있으니까요"

사실 나는 지난 수업 이후 2주 동안 몹시 화가 났었다. 관습에 얽매이지 않는 집안을 출신 배경으로 하고 있었기에, 나는 비합리적이고 비이성적인 사람으로, 또는 무책임한 사람으로 보이는 것을 전혀 개의치 않았을 것이다. 나는 심지어 괴팍하고 예측할 수 없는 사람으로 보이는 것조차도 즐겼을 것이다. 그런데 달콤하다니, 그것도 설탕처럼 달콤하다니! 그것은 그야말로 충격이었다. 2주 동안, 나는 개를 걷어찼고 아주 좁은 아량으로 걸어 다녔다. 눈에 들어오는 사람이면 누구에게든 대들면서 말이다. 나는 그 가족이 돌아오기를 기다렸고, 그들이 돌아왔을 때 나는 내 사무실에서 발견한 한 타래의 끈으로 그들을 묶었다. 나는 거미처럼 내 거미줄을 치고 공격할 순간을 기다렸다.

내가 한 타래의 끈으로 그들 주위에 거미줄을 짜기 시작하자 가족들은 놀랐다. 처음에는 그들의 몸을 묶고 그다음엔 그들의 손과 발을 묶으면서 나는 그들 주위를 말없이 걸었다. 그 아버지와 마이클은 이 게임을 즐기는 것 같았으며 내가 그들과 하고자 했던 또 다른 게임으로 보았다. 그 반면에 그 어머니와 빌은 평소와 같이 자극을 받지 못하였다.

내가 이 전략을 시작했을 때, 나는 그 대립이 어디에 이를 것인지 알지 못했다. 나는 단지 내가 그 가족과 똥[으로 그린] 그림의 연관성을 보여 주기 위해 그들에게서 공격성을 끌어내야 한다는 것을 알고 있었다. 나는 그들의 평정을 뒤엎을 방법을 찾기 위해 애썼다.

웨이영: 당신들은 얼마나 자주 빌을 사랑한다고 말하죠? 서로를 사랑한다는 말은 얼마나 자주 하죠?

마이클: 당신은 그것을 믿지 않는다는 건가요?

웨이영: 내가 믿는 걸 말해 줄게요. 여러분 모두 아시다시피, 나는 다른 문화에서 왔습니다. 사랑은 우리가 그렇게 흔히 사용하는 단어가 아녜요. 그리고 당신이 말하는 방식은 내게 군대와 연관된 것들을 떠올리게 하는군요. 당신이 말하는 방식은 마치 성공적인 살인을 저지른 후에 당신의 군복에 훈장을 달고 그것을 사랑이라고 부르는 것과 같아요.

아버지: (찌푸린 얼굴로) 그건 너무 이상합니다!

마이클: (안절부절 못하며) 그건 정말로 가혹한 것 같군요. 저는 당신이 서로에 대한 우리의 감정과 관련해서 우리가 잘못됐다고 그런 방식으로 비난하는 것처럼 느꼈어요.

웨이영: 당신 기분이 어떤지 모르겠지만, 당신이 빌을 말로 죽이는 것 같아요…….

아버지: 우린 그렇게 할 수도 있어요. 우리가 그렇게 해 버리는 편이 더 나을 수도

있다고요!

웨이영: 당신들은 말로써 그를 죽이고 나서 몸에다가는 사랑을 장식하죠.

어머니: (소리 지르며) 뭐라고요? 당신 지금 뭐라고 했어요?

아버지: 우리가 사랑으로 몸을 장식한다니!

미누친은 VCR을 멈추고 말했다. "나는 이것이 당신의 스타일의 확장이라고 생각해요. 그리고 당신은 더 높은 수준의 복잡성을 성취하려고 애쓰고 있어요. 내 생각에는 이전에 당신은 과정을 통제하는 것을 한층 더 필요로 했는데, 이제 당신은 과정을 통제하는 일을 그만두는군요. 아주 훌륭해요."

그 회기에서 나는 계속해서 그 가족을 도발했다.

웨이영: 마이클, 당신도 알다시피, 당신과 당신 아버지 사이에서 이루어지는 춤은 줄곧 계속되어 온 춤이에요. 당신 둘이 그렇게 함께 춤을 추는 한, 다른 사람들은 모두 그 춤에서 제외될 겁니다. 만약 당신이 그 그림에 없다면, 당신 아버지와 어머니는 어떻게 될 건지 난 그게 궁금하군요.

마이클: 아, 저도 모르겠어요. 선생님은 제가 그걸 추측해 보길 원하시는 거예요?

웨이영: 당신은 [그 춤에서] 나와서 그들이 그것에 어떻게 대처하는지 볼 수 있겠어요? 아주 재미있을 거예요. 빌을 대하면서 당신은 거의 이 가족의 엄마가 된 것 같으니까요. (빌이 웃는다.)

마이클: 글쎄요. 저는 제가 걔와 더 가깝다고 생각해요. 저는 제가 걔를 한층 더 잘 이해한다고 생각해요. 제 말은 그렇다고 제가 걔의 엄마 역할을 한다는 뜻은 아녜요.

웨이영: 왜 당신 어머니를 위해 당신은 그 일을 해야 하죠?

마이클: 글쎄요. 어머닌 우리와는 다른 세대에 속해 있다고 저는 생각해요. 제가 그러는 건 그것과 많은 관련이 있죠.

웨이영: 그녀를 보호하려는 건가요?

마이클: 아녜요. 전 어머니를 보호하려는 게 아녜요. 저는 빌에게 삶이 어떤 것인지 한층 더 정직한 시각을 제시하려고 노력하고 있을 뿐이에요.

웨이영: 당신은 [삶에 대한] 어머니의 시각이 마음에 들지 않죠? 당신은 그녀의 시각

을 불신하죠?

마이클: (약간 화를 내며) 아네요, 전 제 어머니의 시각을 의심하지 않아요!

미누친은 테이프를 다시 멈추고 언급했다. "이것은 웨이영에게 완전히 새로운 것이네요. 그것은 그녀에게는 완전히 새로운 경험이에요! 그녀는 [이전에는] 그렇게 작업하지 않았죠. 그런 수준의 관계적 전언들에 몰두하기, 그것은 지금까지 제가 보아 온 바로는 처음이네요."

그것은 발견의 순간이었다! 나는 이 지점에 이르기까지 자기 성찰적 수준에서만 관계들을 이해해 왔다. 나는 내 생각을 제공하는 데에는 능숙했지만 대담하지는 못했으며, 확실히 위험을 무릅쓰는 데에는 능숙하지 못했다. 그런데 어떻게 이런 변화가 일어났을까? 슈퍼비전을 받는 동안 그리고 그 밖에서 일어났던 모든 일이 그 변화와 관련이 있기라도 한 것처럼 보였고, 마침내 그것은 내가 굳이 [그렇게 하려고] 생각하지 않아도 자연스럽게 일어났던 것 같았다.

그 회기 동안 열기는 계속 올라갔다. 마이클은 그 끈에서 몸을 빼내려고 애를 썼지만, 그것은 이제 헝클어졌다. 그는 화장실에 가야 한다고 했지만, 그 끈이 그의 움직임을 제한했다.

아버지: 그럼 이제 너는 벽에 [그림을] 그리지 않을 거냐?

마이클: 아뇨, 전 그렇게 화나지 않았어요. 저는 벽에 그리지 않을 거예요. (빌이 엄지손가락을 치켜세웠다.)

어머니는 점점 더 동요하고 있었다. 그 방의 긴장은 참기 어려웠다.

아버지: (혼란스러워 그의 머리를 흔들며) 나는 우리가 이것을 어디로 가져가는지 잘 모르겠어요.

어머니: 저도 잘 모르겠어요. 나는 우리가 뭘 얻으려고 이렇게 애를 쓰고 있는지 정확히 모르겠어요.

이 지점에서 나는 마이클의 도움을 간절히 원했다. 그를 빼려고 아주 힘들게 작업한 후에, 나는 내 자신도 모르게 그를 다시 회기에 끌어들였다.

웨이영 : 마이클, 당신과 아버지 사이에서 자연스럽게 대화가 된다는 것이 재미있군요. 그런데 당신 아버지와 어머니 사이에서는 대화가 잘 없네요.

마이클 : 제 아버지와 저는 양쪽 다 솔직하게 말하는 편이고, 제 어머니는 그다지 솔직하게 말하는 편이 아니라서…….

웨이영 : 그렇다면 그들에게 삶은 어떤가요? 당신이 없다면 두 개의 비석 같을까요?

빌 : (행복하게) 아, 맞아요!

(마이클은 폭발 일보 직전에 있는 그의 어머니를 유심히 바라보았다. 그녀의 눈길이 순간적으로 내 눈을 찔렀다.)

어머니 : 제가 그 이유는 잘 모르겠지만, 오늘 선생님은 우리를 아주 나쁘게 그려 주시는군요.

웨이영 : (마이클에게) 당신은 자라는 동안 항상 그들을 엿듣는 사람이었나요? 당신은 항상 그들이 말하는 방식에 귀를 기울였지요? 내 생각에 당신은 그들의 관계가 잘 풀리게 하는 데에 당신 인생을 바칠 것 같아요.

아버지 : 오, 제발요. 선생님은 아주 심한 농담을 하시는군요.

마이클 : 아네요. 전 그렇게 할 수 없어요.

웨이영 : 그게 당신의 두 아내가 당신을 떠난 이유인가요?

아버지 : 앤 아내가 두 명이 아녜요…….

마이클 : 한 사람뿐예요. 저는 제 가족이 아내라고 생각하지 않아요.

웨이영 : 만약 당신이 당신 아버지와 그렇게 가까이서 춤을 춘다면, 어떻게 다른 사람이 당신의 인생에서 당신과 함께 춤을 출 수 있을까요?

마이클 : (자신 있게) 저는 많은 사람과 춤을 출 수 있어요. 저는 많은 사람과 가까워질 수도 있고요, 그건 문제가 되지 않습니다. (그의 목소리가 부드러워지면서) 제 아내는 저와 가까워질 수 없어서 저를 떠났어요. 그녀는 단지 저를 좋아하지 않았어요. 이건 정말 또 다른 쟁점입니다. 저는 그녀가 저와 관계를 맺지 못한 것이 제가 제 가족과 맺는 관계 때문이라고 생각하지 않습니다.

두 형제가 그 끈의 매듭을 푸는 동안 빌은 주의 깊게 귀를 기울였다.

웨이영: (어머니에게) 당신이 나와 의견이 많이 다른 것 같은 만큼이나, 나는 당신이 여기에서 유일한 진짜 사람이라는 생각이 들어요. 당신에겐 공격성이 있으니까요, 당신에겐 분노가 있어요. 그리고 여기 있는 이 세 남자들, 그들에게서는 공격성이 별로 보이지 않아요. 당신은 그걸 어떻게 설명할까요? (아버지가 웃었다.)

마이클: 전 모르겠어요. 저는 공격적인 사람이 아니에요. 공격성은 저를 불안하게 해요.

웨이영: 공격성이 당신을 불안하게 한다고요? (마이클이 고개를 끄덕였다.) 당신은 당신 자신만의 적대감으로 뭘 하죠?

마이클: 저도 몰라요. 어쩌면 제가 그것을 제 자신에게로 향하게 하는지도 모르죠.

미누친은 이 지점에서 논평했다. "그래서 우리는 매우 흥미진진한 갈림길에 서 있어요. 웨이영이 새로운 작업 양식을 탐색하고 있는 것은 분명해요. (나를 향하면서) 당신은 두 가지 양식을 사용하고 있어요. 하나는 당신에게 친숙한 것, 곧 언어의 활용이죠. 당신은 그것에 아주 능숙하죠. 사랑을 죽은 사람에게 달아 주는 훈장으로 비유한 사랑의 은유는 정말 훌륭해요. 그것에는 모든 수준의 은유적 강도가 들어 있어요. 하지만 그것은 당신이 할 줄 아는 거예요. 그런데 당신은 그걸 다른 방식으로 하고 있어요. 당신은 일대일 대응에서 사람들과 개인적으로 일하고 있고, 그것은 새로운 것이에요. 그리고 새롭기 때문에 한층 더 어렵지만, 당신은 그것을 하고 있어요. 분명히 마이클은 이 회기를 그를 위한 치료 회기로 경험하고 있군요."

슈퍼비전이란 경험의 이야기이고, 브루너(Bruner)의 말처럼 "이야기들은 그것들의 수행을 통해서만 변화시키는 것이 된다."고 한다면, 의심할 여지없이 내 가족치료의 회기는 내 슈퍼비전의 실연일 뿐이었다. 그러나 그 이야기 개념은 너무 무난한 것 같았고, 사람들 사이의 만남의 깊이에서만 얻어지는 느낌인 최고로 고조된 상태의 감정을 내가 경험하고 있을 때의 그 순간과는 거리가 있는 것 같았다. 직접 체험을 통해, 나는 공격성조차도 친밀감의 행위가 될 수 있다는 것을 알게 되었다. 흥분해서 완전히 제정신이 아닌 어떤 아내에게 그녀의 남편이 칼을 들고 그녀를 쫓아다니는 이유는 "그가 당신에게 더 가까이 다가가려고 애를 쓰고 있기 때문"이라고 말한 것은 사랑의 여신 사티어가 아니었던가?

삶에 그 의미와 목적, 그리고 마법을 부여하는 것은 인간관계이다. 이상하게도 교사와 학생의 관계는 서양 문화에서는 대단히 인기 있는 주제가 아니다. 오히려 교사는 부처와 같다. 그들은 환상의 영역에 속해 있다. 당신이 당신 스스로 가치가 있다는 것을 증명하기 위해 떠난 길에서 그들을 만난다면 당신은 그들을 죽일 필요가 있다.

나는 내 개인이나 직업과 연관된 삶에서 많은 사람에게 배웠지만, 배움의 과정을 통해 나와 함께 여행하는 스승을 나는 한 번도 모셔 본 적이 없었다. 특정한 기간 안에 그리고 특별히 연출된 시나리오 안에서 내가 진부해졌다고 그가 느꼈을 때는 나를 밀어붙이고, 내가 한계에 이르렀다는 것을 그가 알았을 때는 내게 이의제기를 해 주고, 내 분투가 소진되었을 때는 나를 성장시켜 주고, 내가 작은 성취라도 이룰 수 있었을 때 소중하게 여겨 주는 그런 누군가를 말이다. 결국 나는 학생이 된다는 것의 이점을 충분히 이용했다.

강도의 높이

미누친은 지난 회기 이후에 나에 대한 슈퍼비전을 완료할 것을 고려했지만, 공격성이 높아짐에 따라서 그 가문의 대하소설은 계속되었다. 결국 폭발이 일어났다.

다음 회기에서 빌은 그의 가족이 도착하기 전에 나를 찾아왔다. 그는 그의 '가족들'에게 거절당했다는 느낌이 든다고 말하면서 "아버지는 나를 먼지 취급해요."라고 덧붙였다. 나는 그가 어떻게 느끼는지 가족에게 알려 주라고 그를 북돋워 주었다.

그러나 나중에 가족이 우리와 합류했을 때 빌은 다른 사람이었다. 그는 다시 어린아이로 변했고 평소처럼 얼버무렸다. 관련이 없는 일을 꺼내고 모든 신뢰를 잃어 가면서 말이다.

내 격려로 빌은 마침내 그의 부모들에게 집에서 거절당했다고 느꼈다고 말했다. 그의 어머니는 즉각적으로 이 생각이 빌과 내가 따로 있을 때 내게서 이식되었을 거라는 뜻을 넌지시 내비쳤다.

어머니: 우리가 여기 오기 전에 빌이 당신과 이야기했을 때, 그가 "전 우리 가족에게

거절당했다는 기분이 들어요."라고 말했나요? 그게 그가 사용한 말들인가요?

웨이영: 그것들은 그가 여기서 사용한 바로 그 단어들이에요.

마이클: 맞아요, 그게 걔가 여기서 사용한 단어들이에요.

아버지: (빌을 가리키며) 걔한테 물어봐!

어머니: (재판관처럼 행동하며) 좋아! (빌에게, 단어 하나하나를 또박또박 말하며) 네가 거절당했다고 말했을 때 그 말이 무슨 뜻인지 솔직히 이해하니?

아버지와 어머니는 양쪽 모두 거절이 무엇을 의미하는지 빌이 알았는지 그것을 그들이 확신하는 것이 매우 중요하다고 주장했다. 빌은 중얼거리기 시작했다.

웨이영: (빌에게) 네가 마음을 열고 싶어 하지 않는 게 당연해. 오늘 거절에 대해 이야기했을 때, 그것은 마치 네가 가족에게 폭탄을 떨어트린 것과 같았어. 그들이 그것을 주의 깊게 듣는 것은 매우 어려운 일이야. 그게 그들이 화를 내는 이유야…….

어머니: 그래요. 우리는 화가 나요. 우린 걔가 그 말을 이해하지 못한다고 생각하니까요.

웨이영: (아버지에게) 당신은 엄청난 능력을 가진 사람이에요. 그의 감정을 마주하는 것을 당신은 왜 그렇게 힘들어하죠? 이 아이는 바로 당신 아들이기 때문에 힘든 것 같아요, 그렇죠?

아버지: (퉁명스럽게) 무엇과 마주하기 위해서요?

웨이영: 당신이 그를 거절했을지도 모른다는 사실과 마주하기 위해서요.

아버지: 그렇지 않을 수도요……. 내가 확실히 그랬을 거예요……. 하지만 그렇지 않을 수도…….

웨이영: 아무래도 그가 당신에게는 잘못된 결과물이죠. 그렇겠죠?

아버지: 글쎄요, 그래요, 아마 실망했을 거예요. 난 오래전에 그것을 극복했다고 확신하지만, 여전히 있어요. 여전히 거기에 어떤 부끄러운 요소가 있어요. 나는 '부끄러운'이라는 단어를 쓸 겁니다. 그런 게 있어서는 안 되는 거지만, 있어요. 그래서 당신은 도대체 뭘 할 수 있는 거죠? (주제를 바꾸며) 들어보세

요, 저는 빌이 자신의 마음을 거리낌 없이 말할 배짱을 가지고 있다는 것에 감탄했어요.

웨이영: 그러면 그를 축하해 주세요. "빌, 네가 그렇게 말해 줄 수 있어서 정말 행복해."라고 말씀하세요.

그 아버지는 빌에게 몸을 숙였다. 그는 빌에게 손을 내밀고 그를 껴안으려고 나아갔다. 하지만 그가 그렇게 하자마자 곧 모든 것이 정리되었다는 것을 나타내면서 아주 다정한 태도로 빌의 어깨를 가볍게 두드리는 것을 나는 보았다. "감언이설로 그렇게 하지 마세요."라고 내가 말했던 것은 바로 그때였다.

번개에 맞기라도 한 것처럼 그 아버지는 벌떡 일어나더니 내게 손가락질을 하며 소리를 질러대기 시작했다.

아버지: 내게 뭘 하라고 말하지 마세요. 내가 처리할 거예요. 그러니 무엇을 해야 할지, 어떻게 행동해야 할지 내게 말하지 말아요.

웨이영: (차분해지려고 애쓰며) 왜 당신은 내게 화를 내는 거죠?

아버지: 당신이 그 말을 한 사람이니까요. 빌은 그것으로 기분이 상하지 않았어요. 그리고 그것으로 그 어떤 모욕도 있어서는 안 돼요. (마이클이 개입하려고 애쓴다.) 그래, 난 지금 감정적이야, 감정적이라고! 빌어먹을 중국인들이 돈만 밝히든 아니든 상관없어.

마이클: (벌떡 일어나서 소리 지르며) 아버지, 제발! 막말 좀 하지 마세요. 제발 좀 닥치세요! (그들은 서로 말로 밀어붙이기 시작했다.)

아버지: (고함지르며) 내게 손가락질 하지 마 인마!

마이클: (계속 가리키며) 들어 보세요, 아버지가 큰소리를 내고 아주 불쾌해지기 전에 제가 말하려고 했던 건 말예요. 아버지가 빌을 안아 주기 위해 다가갔을 때, 이미 아버지는 엄청 마음이 상하셨다는 거예요, 거의 우시는 것 같았어요.

어머니: 그는 정말 마음이 상했어요.

마이클: (손으로 의자를 두드리며) 그래요, 괜찮아요. 받아들이세요!

아버지: (감정적으로 소리 지르며) 난 받아들인다니까.

어머니 : (나를 손가락으로 가리키며) 그녀가 원흉이에요.

마이클 : (어머니를 무시하며) [아버지가 보여 준] 이 모든 공격성들이 시작되기 전에, 아버지는 빌을 껴안았어요. 그리고 전 아버지 목소리에서 목메는 것 같은 소리를 들었어요. (아버지가 동의하며 고개를 끄덕였다.) 왜 아버지는 개를 그냥 안아 줄 수 없는 거예요?

이 질문은 내 진술로 모든 것이 망가졌다고 주장하는 아버지에게서 또 다른 폭발을 촉발시켰다. 마이클의 얼굴 또한 분노로 질식할 지경의 모습이었다. 방 안에는 엄청난 혼란과 긴장감이 감돌았다. 그 아버지와 아들은, 배경으로 울려 퍼지는 그 어머니의 목소리와 함께 소리 지르기 시합을 벌이고 있었다.

웨이영 : 오늘은 빌이 그의 주장을 제기할 수 있는 첫 번째 시간입니다. 그리고 그 강렬함을 생각해 보세요. 당신이 그와 가까워지는 것이 얼마나 힘든지 생각해 보세요. 내가 감언이설을 하지 말라고 한 것은 빌을 안아 주러 갔을 때 당신이 한 행동이 아주 근사했다고 생각하기 때문이에요. 그다음, 당신이 웃으면서 재빨리 그것을 잊어버리려고 했을 때, 제가 그때 원하는 건…….

아버지 : (기회다 싶어 내게 다시 싸움을 걸면서) 선생님은 제 얼굴을 보지 않았습니다.

어머니 : 당신도 걔 얼굴을 보지 않았잖아요.

아버지 : 자, 빌이 [마음에] 가지고 있는 것을 말할 수 있어서 저는 기쁩니다. 그리고 지금 제가 그렇듯이 제 목소리가 목멘 것처럼 들렸고 제 눈에서 눈물이 어린 것처럼 보였다는 마이클의 말은 맞습니다. 하지만 선생님이 그렇게 하실 때 저는 정말 열 받아요. 그리고 선생님은 매우 자주 그렇게 합니다. 선생님은 뭔가 진전되고 있는 것을 망쳐 버렸어요. 제 얘기는 이상 끝. 어디 계속 가 봅시다.

웨이영 : (가족에게) 자, 그것과 관련해서 제게는 문제가 있군요. 그가 제 국적과 모든 것을 모욕했을 때, 저는 그와 함께 작업할 수 없을지도 모르겠다는 생각이 들었습니다. 그것은 제가 받아들일 수 없을 만큼 모욕적인 것이에요. 빌은 이제까지 그런 것들을 받아들여 왔어요, 아마도 그랬을 거예요.

빌 : 네, 그랬어요!

웨이영 : 그걸 받아들여 왔다고? 하지만 난 그렇게 하지 않을 거야.

빌 : 만약 그런 일이 계속된다면, 난 집을 떠날 거예요.

웨이영 : 난 당신 가족과 함께하면서 한 가지를 느껴요. 감당할 수 있도록 좋게 만들지 않으면 무거운 물건을 가져가기란 너무 어려운 일이에요. 오늘 변화가 있었어요. 그런데 당신에게 경고하고 싶은 것은 정형화된 양식을 반복하지 말라는 겁니다. 그리고 당신은 내게 화를 내기에 이르렀어요. 당신과 제가 우리의 감정을 회복할 수 있도록 잠시 제가 당신을 떠나 있도록 하겠습니다. 그렇지 않으면 당신과 계속 작업하는 것이 매우 힘들 거예요.

나는 방을 나갔다. 사실은 다시 내 호흡을 찾는 것이 몹시 필요했기 때문이었다. 그 아버지는 눈물을 흘렸고, 내가 나가 있는 동안 온 가족이 함께 이야기를 하고 있었다.

이번 회기 또한 슈퍼비전에서 많은 혼란을 야기했다. 수업 시간에 그렇게 많은 덜컹거림을 만들어 냈다는 것을 알았을 때, 나는 언젠가 미누친이 내가 강렬함을 잘 참아내지 못하는 것이라고 여겼던 것을 넘어섰다는 사실을 깨달았다!

미누친은 사려 깊었다. "그녀가 한 일은 아주 비범했어요."라고 하면서 그는 계속 이어서 다음과 같이 말했다. "그녀는 이미 평소의 [정서적 강도의] 문턱을 넘어선 가족에게 강렬한 촉발을 강요했어요. 사실 그는 그녀를 공격했고, 그녀는 살아남았어요. 그리고 그녀는 방을 나가면서 말했지요. '나는 당신이 나를 비난하도록 내버려 두지 않을 거야. 그러나 당신은 당신 가족들 가운데 누군가를 비난하지.' 그리고 그렇게 나간 것은 멋졌어요. 그것은 매우 중요한 순간이었거든요. 감정적인 것들이란 받아들일 수 있는 것이라고 그녀가 말하니까요." 그런 다음 그는 나와 악수를 하고 일어났다.

나는 여전히 집요하게 계속했다. "그 남자가 저를 공격했을 때 그는 [저를 공격한 것] 그 이상의 일을 했다고 저는 생각해요. 그것은 중요한 치료적 순간이었던 것 같은데 (……)" 미누친은 미소 지으면서 답했다. "당연하죠. 당신은 그 가족을 그들이 절대적으로 익숙하지 않은 감정적 교류 수준으로 이동시켰고, 당신은 그 어느 쪽에도 익숙해지지 않았죠."

치유와 배움의 과정

이 가족과 함께하면서 내가 했던 모든 조치들을 이용하여, 나는 미누친과 대화하고 있다고 생각했다. 마찬가지로 내가 미누친과 상호작용할 때, 그 가족은 내 도약의 발판이 되었다. 나는 두 층위의 만남들을 별개의 것으로 볼 수 없었다. 그것들은 두 개의 평행선으로 시작되었지만, 훈련이 효과를 거둠에 따라서 그것들은 겹쳐졌다. 하나가 다른 하나를 넘어서 [그리고 다른 하나가 그 하나를 넘어서] 확장되면서 갈수록 [양쪽 모두] 다른 단계로 나아가면서 말이다. 슈퍼비전이 끝나 감에 따라서 그 평행선은 만나서 하나가 되었다. 내가 미누친에게서 실제로 배운 것은 옮겨 가기의 치료였다는 것을 훨씬 나중에야 이해할 수 있었다. 내가 그와 함께 공부하기 위해 온 첫날부터, 그는 내게 그와 함께 이동해 가자고 요청했던 것이다. 당연하게도 나는 가족치료 회기에서 온화하고 제한적인 분위기에 너그럽지 못하게 되었고 그래서 강제로라도 능동적으로 움직여야 한다고 느꼈다. 돌이켜 보건대, 그 가족과 함께 했던 전체 과정은 하나의 고원에서 다른 고원으로 옮겨 가고 있었다. 내 슈퍼비전 경험의 거울 이미지처럼 말이다.

마지막 슈퍼비전 후 4개월 만에, 나는 마침내 모든 장애물과 방해물들을 제거하고 그 어머니의 위치에 도달했다. 그 두 형제는 가족 회기에 계속 참석하는 동안, 그들은 편안히 앉아서 그들의 부모가 서로를 상대하도록 내버려 둘 수 있었다. 그 아버지는 그의 역할을 재개하고 그의 아내를 위로할 수 있었는데, 그는 이 지점에서 마이클에게서 손을 떼게 된 것에 적응하고 있었다. 아이들이 집을 떠날 준비를 하고 있는 다른 부모들처럼 이 부부는 서로를 위로하는 법을 배우고 있었다.

치료가 끝났을 때, 그 어머니는 내게 그녀가 그린 한 점의 수채화를 주었다. 그것은 그녀가 '개울가에서'라고 이름 붙인, 야생화 한 다발의 아름다운 이미지가 들어 있는 그림이었다. 우리 모두가 똥 같은 불운으로부터 가족을 벗어나게 하려면 새로운 색깔을 찾아야 한다는 뜻을 나타내는 그녀의 몸짓으로 나는 그 그림을 받아들였다.

나는 3년 후에 처음으로 그 가족을 방문했다. 나는 오직 그 부모들과만 만났다. 그들은 내게 마이클이 집을 떠나 해외여행을 하고 있다고 알려 주었다. 빌은 계속해서 그룹홈에 거주하고 있었다. 그는 더 이상 똥으로 그림을 그리지 않았으며 계속해서 똥과 가까이 하지 않고 있었다. 그는 아주 가끔 그저 화재경보기를 누를 뿐이었다.

덧붙이는 말: 10년 후

얼마 전 파티에서 누군가 내게 살바도르 미누친을 어떻게 아느냐고 물었을 때, 나는 "그는 내 스승입니다."라고 대답했다. 근처에 있다가 우리의 대화를 우연히 들은 미누친이 그를 향해서 말했다, "나는 그녀의 선생님이었지만, 우리는 이제 동료입니다."라고.

이 일화는 미누친과 내가 우리의 관계를 정의하는 바로 그런 방식으로 [우리가 처해 있는] 흥미로운 난처함을 보여 준다. 내게 스승은 멸종위기에 처한 종이자 매우 희귀한 선물이다. 사람들은 많은 동료를 가질 수 있고 많은 사람으로부터 배울 수 있다. 그러나 스승을 가진다는 것은 매우 특별한 경험이다. 그러나 미누친은 그 역할을 두려워하는, 마지못해 [그 역할을] 하는 스승인 것 같다. 그리고 그는 스승을 위계적 지위로 간주할 뿐이다. 수년 동안 나는 미누친을 스승으로 만들려고 애써 왔고, 그는 그런 진퇴양난으로부터 벗어나기 위해 나를 동료로 만들려고 애써 왔다.

나는 항상 내 자신을 자유로운 영혼으로 여겼지만, 미누친의 훈련은 나를 좌초시켰다. 그가 나를 한층 더 책임감 있는 임상가로 만드는 데 성공했기 때문에, 어린 왕자에게 "나를 길들인다면, 너는 나를 책임져야 할 거야."라고 말한 늑대처럼,[4] 그 역시 나를 책임져야 한다고 나는 생각했다. 내게는, 이러한 의존성과 상호의존성의 요소들은 바로 그의 가르침의 핵심요소들이다. 나는 여러 해 동안 초점 없이 방황했다. 그가 일단 나로 하여금 어떤 과정에 전념하게 하면, 나는 그가 단지 '치고 빠져나가도록' 허락하려 하지 않았다.

하지만 미누친은 내가 그를 스승으로 모시려는 것을 일종의 자기비하로 해석한다. 때때로 그는 그것을 문화적 현상으로 보기도 한다. 언젠가 인도에서 온 숭배자가, 스승들을 소중히 여기는 아시아의 독특한 문화를 나타내면서, 그의 출입구 바닥에 입을 맞추었을 때 겪었던 그의 불편함을 그가 내게 말한 적이 있다. 나는 그가 든 예시 때문에 매우 마음이 상했다. 나는 그의 발밑 바닥에 입 맞추고 싶은 생각이 추

4) 역자 주: 본문에서 '어린 왕자'와 '늑대'의 이야기는 생텍쥐페리(Antoine Marie Jean-Baptiste Roger de Saint-Exupery, 1900~1944)의 『어린왕자(Le Petit Prince)』에 근거하고 있는 듯한데, 웨이영은 '여우'를 '늑대'로 착각한 것 같다.

호도 없다고 그에게 말했다. 나는 그가 우리 사이의 매우 특별한 관계에 단순히 문화적인 회전운동을 가함으로써 그것을 약화시켰다고 느꼈다.

몇 년 동안 우리는 같은 토론을 계속해 왔다. 그는 계속해서 스승이 되는 것을 거부하고 있고, 나는 계속해서 그를 스승으로 모시고 있다.

외래수련생 그룹의 수련이 끝난 지 얼마 되지 않아, 미누친은 나를 '가족학연구소'의 교수진에 합류하도록 초대했다. 나는 곧 홍콩으로 돌아왔고 그곳에서 '가족학연구소'의 지부 연구소를 열었다. 나는 1년의 6개월은 홍콩에서 일하면서 보냈고 나머지 6개월은 미국에서 일하면서 보냈다. 미누친은 홍콩대학교에서 진행된 훈련프로그램에 나와 함께 합류하기 위해 홍콩으로 왔다. 대단히 큰 흥미를 유발하게 하는 그의 훈련 워크숍이 끝날 무렵, 홍콩에서 그리고 심지어 중국에서 내 작업을 계속해서 확장할 것을 그는 내게 제안했다. 그는 말했다. "나는 기타리스트 세고비아와 같아요. 당신이 그를 무대에 오르게 하고 그에게 기타를 들려주면 그는 대가처럼 연주하겠지만 무대에서 벗어나면 그는 노인일 뿐이지요. 가족과 함께 있을 때, 나는 여전히 최선을 다할 수 있지만, 나는 매번 공연이 끝난 다음에는 매우 지쳐요. 이제 당신이 기타를 잡고 작업을 계속해야 해요."

나는 그의 말에 큰 슬픔을 느꼈다. 나는 그의 제안을 거절했다. "저는 선생님의 기타가 되고 싶지 않아요. 저는 그 책임을 감당하고 싶지 않아요!" 그는 부드럽게 말했다. "당신은 당신의 동포들이 가엾지 않은가요? 그들의 행복에 기여해야 할 필요성을 느끼지 못 하나요?" 나는 계속 싫다고 말했다.

지금까지 가족치료는 여전히 내게는 지적인 추구였다. 나는 지적 자극을 즐겼지만, 나는 또한 강한 지도자 뒤에 숨어서 그가 그의 전폭적인 분투를 견뎌 내도록 돕는 것도 즐겼다. 홍콩을 떠나기 전에 그는 누군가가 어떻게 마법의 주문을 암송함으로써 마법을 발견했는지에 대한 이야기를 내게 들려주었다. 어찌된 일인지, 나는 그 이야기의 세부사항들을 기억할 수 없을 것 같았기에, 그 마법의 주문을 홀로 남아 있게 했다. 나는 그가 내게 전하고 싶어 하는 마법을 거절하고 있다는 것을 알고 있었다. 내가 그것을 배우게 되면 나는 책임을 져야 할 것이니까 말이다.

하지만 나는 그토록 주저했음에도 불구하고, 홍콩에서 내 체류는 6개월에서 8개월이 되었고, 곧 그 대학교와의 계약은 전임계약이 되었다. 애초에 우리가 임시변통으로 운영했던 연구소는 부부 및 가족 치료에 대한 연구, 훈련 및 실습을 전담하는 학제간 연구팀을 온전하게 갖춘 '홍콩대학교 가족연구소'가 되었다. 내가 중국 본토로 내 훈련을 확대했을 때, 미누친은 그 훈련을 돕기 위해 돌아와 주겠다고 했다. 그것은 9.11 비극 직후였고, 그 당시에는 단 한 대의 비행기도 미국을 떠날 수 없었다. 우리 연구소의 영국인 동료들인 길 바네스(Gil Barnes)와 앨런 쿡린(Alan Cooklin)이 홍콩에서 나와 함께 그를 기다리고 있었는데, 우리는 그가 미국을 떠날 방법이 없을 거라고 확신했다. 우리는 심지어 전화로도 그에게 닿을 수가 없었다. 그가 도착하기로 예정되어 있던 날 하루 전날, 그의 아내인 패트(Pat)는 새벽 5시에 내게 전화를 했다. 그녀가 그를 보스턴에서 몬트리올까지 차로 데려다 주었고, 그곳에서 그는 정기 항공편을 타기 위해 토론토로 가는 비행기를 탔다는 것이었다. 그는 다음날 아침 8시에 홍콩에 도착했다. 흥분되고 활기찬 모습으로, 오기로 한 약속을 지켜야만 했다고 하면서 말이다.

지난 10년 동안, 미누친과 나는 서로 다른 두 세계에서 살고 있었고, 우리의 길은 계속해서 교차하고 있다. 그는 스승이 되고 싶어 하지는 않았던 반면에, 훌륭한 스승이라면 하게 되는 것들을 그는 계속해서 보여 주었다. 나는 그의 동료가 되는 것을 거부했던 반면에, 나 또한 긴밀한 협력과 지속적인 임상적 관점의 교환을 통해서 그의 견해들을 지키고 확장하는 법을 배웠다. 그가 비상근 상태로 근무하면서 그의 일을 서서히 줄여 가는 동안, 그는 내가 무엇을 하고 있는지 알아보기 위해 전화를 걸곤 했다. 나는 내가 겪었던 흥미진진한 사례들과 모험들을 그와 공유하곤 했다. 때때로 나는 특정한 사례들에서 내가 얼마나 성공적이었는지 말하곤 했다. 그러면 "그건 지루해요! 나도 그렇게 하는 건 알아요. 내게 새로운 걸 말해 봐요!"라고 하는 것이 그가 말하는 전부였다. 그런 식으로 행동함으로써, 미누친은 새로운 모험의 탐색에로 계속해서 나를 파견했다.

어느 날 그녀가 겪었던 문화혁명 기간 동안의 경험이 내가 이민자로서 겪었던 내 자신의 상실감을 활성화시켰던 중국인 환자의 사례에 대해 나는 미누친에게 말했다. 그 여성이 우리나라를 더 나은 곳으로 만들기 위해 투쟁하고 있을 때, 나는 스스로 자진해서 하는 망명 생활의 형식으로 외국에서 살고 있었다. 평행선을 이루었던 우리의 삶의 길들이 치료적 만남 동안 교차하게 됨에 따라서, 그 여성의 이야기는 내 자신의 이야기에 합쳐졌고, 그것은 나로 하여금 눈물을 쏟게 했다. 우울증을 앓고 있던 이 환자는 내 반응에 매우 활기를 띠었다. 내 반응은, 문화혁명의 이야기가 중국의 청중들에게 식상하게 된 지 이미 오래인 상황에서, 그녀의 서사에 새로운 의미를 제공하는 것 같았다. 미누친은 귀 기울이더니 이번에는 이렇게 응답했다. "이것은 새로워요. 나는 그런 것을 할 수가 없었어요." 나는 그 응답을 다음과 같은 것을 내게 알려주는 그만의 말하기 방식으로 받아들였다. 그의 말은, 사람들과 함께하는 작업에서 내 자신만의 독특한 경험과 스타일을, 곧 기존의 치료적 작업 틀에서 가져온 그 어떤 기술도 넘어선 무엇인가를 채용함으로써 마침내 내가 자아를 사용하는 데에서 나만의 길을 찾았다는 뜻이었다.

수년 동안, 우리는 세 권의 책을 공동으로 집필했고 중국과 홍콩에서 수차례나 함께 가르쳤다. 나는 그가 모든 평범한 인간의 허약함에 영향을 받음으로써 어떤 종교의 큰 스승 같은 인물에서 현실의 개인으로 변하는 것을 보아 왔다. 때때로 나는 그에게서 인간으로서 취약한 일면을 보기도 했다. 우리가 『가족과 부부 평가하기(Assessing Families and Couples)』라는 책을 공동으로 집필하는 동안, 그가 공동 저자인 마이크 니콜스(Mike Nichols)와 내게 쓴 편지에서 그 자신이 '건강한 성인 남성에서 병든 늙은 남성으로' 옮겨 가는 것을 바라보는 우울함에 대해 말하는 것을 보고 나는 혼란에 빠졌다. 그러나 내가 그의 인간적인 면을 더 많이 보면 볼수록, 나는 그를 한층 더 많이 스승으로 여긴다. 비록 [그가 스승으로서 주는] 교훈이란 것이 더 이상 가족치료에 관한 것이 아니라 삶에 관한 것이긴 하지만 말이다.

최근 뉴욕의 '미누친가족센터(Minuchin Center for the Family)'에서 열린 훈련 회기에서 어떤 그룹의 학생들에게 나는 '똥 화가' 사례의 테이프를 보여 주고 있었다. 테이프가 만들어진 지 15년이 지났지만, 내가 그것을 보는 동안, 나는 여전히 슈퍼비전의 강렬함과 그것이 가족치료 회기에 미치는 병행적 영향을 느낄 수 있었다. 그 모든 경험은 마치 방금 일어난 일처럼 내게 생생했다. 내가 바로 거기에 있었던 것이다. 곧 내가 아무리 멀리 여행할 수 있었다 하더라도, 많은 새로운 경험에 의해 형성된 내 치료 스타일이 그토록 많이 확장될 수 있었다 하더라도, 내가 그 비디오의 이미지들과 대면하는 동안, 나는 다시 한 번 그 어려운 자리에 앉아 반복해서 내게 이의를 제기하면서 나를 성장시키는 스승을 마주하고 있는 내 자신을 발견했다.

분명히, 스승이 된다는 것은 어렵게 얻어지는 명예이자 그럴 자격이 있는 소수에게만 수여되는 직함이다. 다시 한 번 나는 살바도르 미누친을 내 스승이라고 기쁜 마음으로 선언하고, 그는 비록 본의 아니게 그 길을 걸었다고 하더라도 단순히 그 사실을 받아들여야 한다.

내가 이 글을 썼을 때, 미누친과 나는 우리의 시간을 온전하게 새 책의 편집에 투입하며 며칠을 보내고 있었다. 그것은 매우 격렬했고, 우리는 종종 의견의 일치를 보지 못했다. 그 일이 끝날 무렵에, 미누친은 그가 쓴 편지를 내게 직접 전달했다. 거기에는 다음과 같은 내용이 적혀 있었다.

> 학생이 동료가 되고, 그다음에는 공동 저자가 되고, 또 그다음에는 그 스승에게는 새로운 방식으로 그 스승의 논리의 방향을 확장시키는 사람이 되는 것을 지켜보는 것만큼 '마지못해 스승의 역할을 하는 사람'을 기쁘게 하는 것은 달리 없겠지요. 우리 책에서 당신이 집필한 장은 보석과도 같아요. 그것은 심미적으로 즐겁게 하면서도 그 논리에서는 눈이 부실 정도이니까요.
>
> 사랑과 고마움을 함께 담아서, 미누친.

그 메시지는 빈센트 반 고흐의 푸른 붓꽃들이 인쇄된 카드에 씌어 있었다. 나는 이것이 살바도르 미누친에게는 새로운 행동이라고 믿는다. 10년이 넘는 세월이 흐른 후, 우리는 점차 우리가 서로에게 고집스럽게 맡기고자 했던 그 역할을 해냈다. 그 과정에서 우리 각자는 또한 새로운 색깔의 선물을 발견했다.

15

빈 그릇 채우기: 앤디 쇼우어*의 이야기

웨이영 리(Wai-Yung Lee)[1]

나는 앤디에게 그의 치료 스타일을 묘사하는 선정적인 타블로이드 신문[2]의 헤드라인을 써 달라고 요청했다. 앤디는 망설임 없이 칠판에 이렇게 썼다. "인간적인 치료사는 그 자신을 빈 그릇이라고 묘사한다."

나는 대답했다. "나는 빈 그릇을 채우는 책임을 지고 싶지 않아요. 그것들에는 바닥이 없어요."

그렇게 내가 앤디와 함께하는 만남이 시작되었는데, 그 과정은 우리 양쪽 모두의 가치를 높여 주었다.

앤디는 내가 지금까지 만났던 가장 헌신적인 학생 가운데 한 명이었다. 테이프를 볼 시간이 있을 때마다 그는 사무실에 오고는 했다. 그가 훈련을 마칠 무렵, 그는 내 회기들을 수백 번 보았다. 대단히 영민하고 겸손한 수련생의 슈퍼비전을 진행할 때 가장 난감한 문제는 어떻게 하면 가르치지 않을 수 있는가 하는 것이다. [앤디와 같은

* 앤드류 쇼우어(Andrew Schauer)는 임상사회복지사였다. 그는 이 장에 서술된 기간 동안 뉴욕 자메이카의 '퀸즈 아동지도센터'에서 가족들과 함께 작업했다. 미누친 박사와 함께 공부한 후에, 쇼우어는 보스턴으로 이주했고 그곳에서 가족치료사로서 그의 일을 계속하려는 계획을 세웠다. 그러나 그는 보스턴으로 온 지 얼마 되지 않아 갑자기 사망했다.

1) 역자 주: 웨이영 리는 앤드류 쇼우어와 함께 수련했던 그룹 구성원들 가운데 한 명이었다. 그녀는 비디오테이프, 사적인 대화, 앤디가 기록한 노트, 그리고 미처 끝내지 못한 그의 원고 등을 토대로 추적한 것들에 근거하여 이 장을 완성했다.

2) 역자 주: 타블로이드(tabloid) 신문은 흥미 위주의 짤막한 기사에 유명인의 사진을 크게 싣는 것을 그 특징으로 한다. 미누친의 요청은 앤디가 그런 타블로이드 신문에 소개된다고 가정했을 때 그 자신을 광고할 수 있는 자극적인 표현을 상상해 보라는 의미의 요청인 듯하다.

유형의 수련생들에게] 내가 한 모든 진술은 만다라, 곧 구도의 길이나 모범으로 추종해야 할 방향으로 변형될 수 있기 때문이다.

앤디의 작업에서 문제가 되는 것은 그것이 효율적이라는 점이었다. 그는 내가 서술했던 모든 기술들을 숙달해 버렸다. 그런 다음 그는 제이 헤일리에게 갔고, 그다음에는 휘태커에게 갔다. 그리고 그는 우리 각각의 믿을 만한 복제품 역할을 할 수 있었다. 그리고 가족들은, 곧 그를 전문가로 인정하는 가족들은 그의 지시를 따랐다. 자녀가 있는 가족들과 함께 작업할 때면, 그에게는 자녀와 대화하는 온화한 방법이 있었고 또한 부모들과 관련해서는 그들로 하여금 양육을 더 잘할 수 있게 격려하는 온화한 방법이 있었다. 하지만 그의 치료 목표에 대해 말해 보도록 부추기면, 그는 그의 "모르겠어요."[라는 대답으]로 돌아가곤 했다. 내가 그의 그런 대답을 다른 말로 바꿔 표현한다면, 그것은 "내가 아는 것으로 말해 주세요."였다. "만약 그가 알고 있으면서도 알고 있다는 것을 모른다면, 그는 잠들어 있는 것이다. 그를 잠에서 깨워라."라는 유교의 격언을 우리는 공유했다.

나처럼 되려는 앤디의 노력을 존중하면서도 그 자신이 되는 것이 그에게 한층 더 바람직하다는 것을 나는 알고 있었기에, 그와 함께하는 내 슈퍼비전에는 항상 그를 들볶는 측면이 있었다. 나는 그가 그의 발표를 그의 무지함이나 혼란의 선언과 함께 시작할 것이라고 예상하곤 했다. 그래서 나는 그가 테이프를 보여 주면서 시작하라고 권하곤 했다. 나는 그것이 그가 그 자신을 드러내는 것보다 그에게 더 바람직하리라는 것을 알았기 때문이다. 그러나 그 들볶기는 유순한 것이었고, 그에게 그것이 필요 없게 될 미래에 대한 기대를, 그러면서도 다시 온화한 들볶기로 감싸인 그런 기대를 수반했다.

내가 앤디와 겪었던 갈등은 내 기억에는 없다. 그는 항상 내 의견을 그의 성장에 대한 내 관심의 표시로 받아들였다. 그리고 그에게 보인 내 개인적인 반응은 그가 그의 지식을 온전히 그 자신의 것으로 통합시킬 때까지 참을성 있게 기다리는 것이었다. 그가 발표한 사례에 내가 논평을 하고 싶을 때, 나는 흔히 다음과 같은 수식 어구로 말문을 열었다. "나는 당신을 가르치지 않아야 한다는 것을 알아요. 왜냐하면 당신이 나를 믿을 거니까. 그러나(……)" 그렇지 않은 경우에는 나는 내가 직접 가르치지 않고 다른 수련생들에게 앤디의 작업에 대해 논평하도록 요청하곤 했다.

내 목표는 앤디로 하여금 앤디 자신에게 접근하게 하는 것이었다. 그 목표에 이르는 길이 바로 어떻게 하면 앤디를 가르치지 않고 가르칠 수 있는가 하는 것이었다.

앤드류 쇼어가 나와 함께했던 슈퍼비전의 이야기는 [이 책에 수록된] 다른 이야기들과 다르다. 그 점 때문에 우리는 깊은 상실감을 느끼고 있는데, 그가 지금 여기서 그 자신에 대해서 말할 수 없기 때문이다. 이 책의 한 장을 쓰기 시작했지만, 그는 이 책이 끝나기도 전에 죽었다. 앤디의 수련 그룹 구성원들 가운데 한 명이었던 웨이영 리는 비디오테이프, 사적인 대화, 앤디가 기록한 노트, 그리고 미처 끝내지 못한 그의 원고 등을 토대로 추적한 것들에 근거하여 이 장을 완성했다.

2년의 훈련과정 동안 앤디의 슈퍼비전 비디오테이프를 검토하면서, 나는 한 사람을 알기 위해서는 그 사람의 역사에 대해 얼마나 많이 알아야 하는지 궁금해지지 않을 수 없었다. 훈련과정 동안에 있었던 앤디의 성찰들과 내적 사유들을 앤디 없이 확인하기 위하여, 우리가 그의 경험을 가지고 무엇을 할 수 있을까? 우리는 그의 지식의 탐구, 인정 욕구, 실패에 대한 불안감, 고통, 기쁨, 환상, 소망, 거절의 두려움, 그리고 멘토 구하기 등을 확인할 수 있을까?

가족치료사들은 과거에 이르는 중요한 실마리와 미래의 예측들을 제공하는, 지금-여기에서 이루어지는 상호작용의 정형화된 양식에 의존한다. 앤디의 지금-여기는 앤디의 수수께끼에 이르는 중요한 단서를 우리에게 제공해 주는 많은 시간의 테이프로 포착된다. [앤디의] 이야기가 펼쳐지는 동안, 앤디는 다수의 페르소나를 떠맡으면서, 곧 하나의 얼굴에 다른 하나의 얼굴이 이어지면서 그 모습을 드러내기 시작했다. 그의 모든 요소가 그것 자체들임을 나타내면서 풍부하고 복합적인 하나의 통일체로 진화할 때까지 말이다.

앤디[가 집필하려다 마무리하지 못했던] 장은 다음과 같이 시작되었다.

'가족학연구소'에서 가족치료를 3년간 공부한 다음에, 나는 드디어 살바도르 미누친 박사의 수련생 그룹에 들어가게 되었다. 그 전 해에 나는 호르헤 콜라핀토(Jorge Colapinto)와 함께 오후 2시 수업에 참여하기 위해 매주 화요일 오전 9시에 와서 미누친이 상담과 치료를 하고 수련생들을 가르치며 학회에서 발표하는 [모습이 담긴] 비디오테이프를 보면서 오전 시간 전부를 보냈다. 나는 사탕가게에 있는 아이와 같았다. 테이프에 붙어 있는 손 글씨로 쓰인 라벨들은 내가 점점 더 치료 분야의 대가급 임상의이자 큰 영향력 있는 인물일 뿐만 아니라 예술가라 여기게 되었던 누군가의 작품을 살펴보는 새로운 모험을 약속해 주었다.

앤디가 새로운 수련생들의 그룹과 함께했던 첫 번째 훈련 회기 동안, 미누친은 슈퍼바이지들에게 치료사로서 그들의 스타일을 설명해 줄 것을 요청했다. 앤디의 차례가 되자 그는 칠판으로 가서 그릇 그림을 그렸다. 그런 다음 그는 "저는 빈 그릇입니다!"라고 말했다.

이것은 교사를 향한 직접적인 도전이었다. 빈 그릇은 하나의 역설이다. 그것의 모양과 형태는 행동을 요청하지만, 그 그릇을 채우려는 그 어떤 시도도 그것의 공간을 빼앗아 버린다. 당신이 앤디가 그 자신을 그린 그 그림을 받아들인다면, 당신은 그가 한 단계 아래 위치에 있다고 주장하는 입장에 놓이게 된다. 당신이 그것을 거절한다면, 당신은 앤디를 거부하는 것처럼 보이게 될 것이다. 만약 당신이 그에게 어떻게 해서 그 자신의 그런 불가능한 관점을 가지게 되었는지 묻는다면, "아래에 있는 사람은 그 어떤 추락도 두려워할 필요가 없다."는 강력한 전술을 보지 못한 채 당신은 온화한 자기반성적 양태로 이끌리게 된다. 또한 앤디의 가치를 높이려는 그 어떠한 효과도 그를 무력하게 만들 것이다.

앤디는 두 아이를 다루는 데 문제가 있는 부부 사례를 제시했다. 그의 발표는 무지함을 호소하는 것과 같은 성질을 지니고 있었고 도움을 요청했다. 그는 시작했다. "저는 선생님께 어젯밤 제 진료에서 보았던 가족의 첫 번째 회기를 보여 드리고자 합니다. 그들에게 무슨 일이 일어나고 있는지 저는 잘 알 수 없기 때문에, 그들에게 일어나고 있다고 선생님이 생각하시는 것을 제게 말씀해 주셨으면 합니다." 평소에 했던 것과는 반대로, 미누친은 앤디의 발표 스타일에 대해서는 아무 말도 하지 않았다. 앤디는 그곳에 있지 않기로 결정한 선생님의 피드백을 기다리며 남아 있어야 했다. 우리가 비디오테이프에 녹화된 그의 상담 회기와 관련하여 다양한 의견과 제안들을 제공하면서 그 그룹 [슈퍼비전] 회기를 계속 진행하는 동안 우리는 그의 불안감이 더욱 고조되는 것을 느낄 수 있었다.

마침내 수업의 끝 무렵에, 미누친은 그가 왜 앤디에게 피드백을 제공하지 않았는지 우리에게 말했다. "앤디는 그의 발표에서 내가 하는 말을 무용지물로 만드는 조직을 만들어 냈어요. 그는 '나는 빈 그릇이다, 나를 가득 채워라.'라고 말했어요. 내가 빈 그릇을 채우면, 나는 그에게 도움이 되지 않아요. 그래서 난 옴짝달싹 못하고 있어요!"

그런 다음 그는 앤디의 생각을 해석하는 것은 도움이 되지 않는다고 그룹 수련생들에게 말했다. [그가 그렇게 말한 것은 다음과 같은 이유 때문이었다.] "만약 그가 빈 그릇이라면, 그리고 내가 그에게 그가 생각하고 있는 것을 말한다면, 앞으로 생산될 와인은 좋은 와인이 되지 않을 것이기 때문이지요." 미누친은 짧게 그의 의견을 말했다. 그의 목소리는 앤디의 목소리처럼 부드러웠고, 얼굴에는 아무런 감정도 보이지 않았다. 그러나 그 그룹의 모든 수련생들은 그것에 감명을 받았다. 균형을 잃었기 때문에, 앤디는 그 선생님에게 무슨 뜻인지 물어보려고 안간힘을 썼다. "저는 이해하지 못했습니다."

"당신은 나중에 알게 될 거예요."라고 미누친이 대답했다. "다음 주에 알 수도 있고, 아니면 절대로 알지 못할 수도 있고요!"

2년 후, 앤디가 미누친과 함께하는 학습의 경험에 대해 글을 쓰고 있을 때, 그 첫 회기는 여전히 그에게 가장 큰 영향을 끼친 것이었다.

> 나는 창피스러웠고 당황스러웠으며, 무엇보다도 묵살당한 느낌이었다. 동료들 가운데 몇몇은 나를 변호하기 위해 조치를 취해야 한다고 생각했다. 몇몇 동료들이 그 장면의 불편함으로부터 우리를 벗어나게 하려는 명백한 시도를 했음에도 불구하고, 미누친은 그의 방향을 계속 밀고 나갔고 그가 본 것을 되풀이했다. 내가 내 자신을 제시했던 방식으로 내가 어떻게 사람들의 손을 묶고 있는지 이해하지 못했다고 말했을 때, 미누친의 대답은 아마도 내가 미래에는 그것을 이해할 수도 있거나 그렇지 않을 수도 있다는 것이었다. 그는 내가 내 자신을 드러내면서 선호하는 방식과 내게 맞추지 않겠다고 말하고 있었으며 또한 변화해야 하는 사람은 나라고 말하고 있었다. 이것은 치료에서 보여 주는 그의 자세와 비슷했다.
>
> 나는 충격에 빠진 채 첫 발표를 마치고 교실을 떠났다. 나는 나에 대한 최악의 신념이 인간 가치와 치료의 고등위원회 법정에서 비준이 되기라도 한 것 같은 느낌이 들었다. 그러나 그와 동시에 내 마음속에서 무엇인가가 들끓기 시작했다. 나는 첫 번째 수업에 대해, 특히 미누친이 그 수업과 관련해서 몇 가지 입문자들

> 을 위한 언급들을 하면서 그것으로부터 우리가 무엇을 기대할 수 있는지 말했을 때에 대해 생각하기 시작했다. 치료는 무엇보다도 미지의 세계로 뛰어들도록 치료사가 가족에게 보낸 초대라고 그는 말했다. 가족은 어떤 문제를 가지고 온다. 그 문제는 명백하게도 어떤 증상이다. 그러나 가족들은 한 사람의 개인이자 가족의 일원으로서 그들 자신이 가진 지나치게 제한된 관점들에 의해 방해를 받는다는 점에서 그들은 보통 의식되지 않는 문제들을 가지고 있는 셈이다. 그러한 제한하는 견해들은 사람들의 문제해결 능력을 제한하고 손상시키는 행동하기, 바라보기, 그리고 생각하기의 선호된 방식들에 대한 충성심으로 표현된다. 그러나 그러한 충성심을 바꾼다는 것은 미지의 세계로 뛰어들기를 의미한다. 그것은 친숙한 것들이 검증되지 않은 대안들에 의해 버려져야 한다는 것을 의미한다. 그 충성심이 강할수록, 곧 존재함의 친숙한 방식에 더 깊이 뿌리를 내리고 있을수록, [미지의 세계로] 뛰어드는 것이 한층 더 어렵다.
>
> 그런 것들을 생각하는 동안, 내가 가족치료사가 되고 싶다면, 나는 내가 선호하는 정형화된 양식들을 내려놓기와 미지의 세계로 뛰어들기의 느낌과 친숙해져야 한다는 것을 깨달았다. 하지만 우리는 어느 지점에서 그것을 할 수 있을까?

그리하여 앤디는 그의 슈퍼바이저와 무언의 계약으로 들어갔다. 앤디는 그의 노트에서 다음과 같이 썼다. "나는 확장하기 위해 거기에 있었고, 그는 밀어붙이고, 지지하고, 발로 차고, 때리고, 비판하고, 농담하고, 애원하면서 내가 그것을 할 수 있도록 돕는 데 필요한 것들은 무엇이든 하고자 했다."

구조적 가족치료사의 변신

빈 그릇이라는 페르소나를 폐기한 후, 앤디는 전혀 모르고 있었던, 속이 꽉 찬 사람으로 그 자신을 보여 주기 시작했다. 그는 구조적 가족치료사가 되기 위해 여러 해를 바쳤으며 구조적인 개념에 매우 익숙해졌다. 그는 그 기술들을 잘 알고 있었고 구조적 가족치료사가 행하기로 되어 있는 모든 것들을 하고 있는 것 같았다. 그 결과 미누친은 그 자신이 그의 슈퍼비전에서 흥미로운 딜레마, 곧 그저 지도와 도로 표지

판을 따라갈 뿐인 기계적인 구조적 가족치료사를 어떻게 하면 더 높은 대인관계의 수준에서 작업하는 한층 더 복합적인 치료사로 변신시킬 것인가 하는 딜레마와 마주하고 있다는 것을 알아차렸다.

미누친은 학생들에게 "나는 때때로 악몽을 꿉니다. 그리고 그 악몽은 내 초기의 작업[과 관련된 저서들]을 읽은 사람들이 내 학생이 되고, 나는 그들의 슈퍼비전을 담당해야 하는 것입니다. 그들이 [그 책들의 내용을 따라서] 하고 있는 것이 잘못되었다고 나는 말할 수 없는데, 내가 그 책들을 직접 썼기 때문이지요. 그리고 그런 사람의 슈퍼비전을 담당하는 것은 20년이나 30년 전 내 자신의 슈퍼비전을 하는 것과 같아요." 미누친이 앤디의 작업을 살펴보는 동안 미누친의 악몽이 현실로 나타났는데, [그 악몽은] 이번에는 스승의 삶과 작업을 열렬히 숭배하는, 키가 182센티미터인 잘생긴 수련생의 모습으로 왔다.

앤디가 제출한 사례들 가운데 하나는 모로코인 남편과 콜롬비아인 아내로 이루어진 가족이었다. 그들에게는 그들의 규율을 따르지 않는 두 명의 어린아이들이 있었다. 남편과 아내 사이에는 많은 갈등이 있었다. 앤디는 그 부부가 TV가 있는 침실에서 어떻게 저녁을 먹는지 묘사했다. 그 아내는 그녀의 남편에게 저녁을 차려 달라고 부탁하고는 했고 그 남편은 화를 내고는 했다. 그러다가 그가 채널을 바꿔 달라고 하면 그녀는 거절하곤 했다. 그 남자는 독선적이고 냉담했던 반면에 그 여자는 폭발적이었다. 그가 그녀를 묵살할수록 그녀는 더욱더 관심을 요구했다. 그 부부 사이에는 그 어떤 상호적인 협상도 없었고, 그 아이들은 그들 가운데 어느 누구에게도 귀를 기울이지 않도록 배웠다.

앤디는 그 부부가 말다툼을 벌이는 대목을 보여 주었다. 앤디는 남편에게 이의를 제기하고 아내를 지지함으로써 그 부부의 균형을 깨고 있었다.

앤　디: 그런 뜻이 아니었다고, 그리고 미안하다고 아내한테 말할 수 있을까요?

남　편: 그래. 내가 당신에게 뭘 말하려는 건 아니었어. 내가 무릎을 꿇고 빌 게(웃는다).

앤　디: 아녜요, 아녜요! 당신은 그것을 정말 잘 해 놓고는, 그걸 무효로 만들었어요! (그를 지지하기 위해 그의 뒤로 간다.) 부인에게 미안하다고 말해요. 그것만 하면 돼요. 그렇게 할 수 있으면 괜찮아질 거예요.

그 지점에서 미누친은 테이프를 정지시키고 어떤 여학생에게 슈퍼비전을 인계받도록 요청했다. 그 동료 슈퍼바이저는 앤디에게 말했다. "당신은 아내를 지지하고 있었지만, 당신이 그녀를 지지하는 방법은 그녀의 남편이 하는 것과 거의 같은 방식으로 그녀를 무시했네요." 나머지 학생들도 앤디는 그 아내가 그녀 자신의 힘으로 싸우도록 돕는 대신에 그 아내를 위한 전투를 벌이고 있다고 느꼈다. 한 학생은 그 남편의 문화적 배경이 앤디가 도입하려고 애쓰는 그런 종류의 전략을 허용하려 하지 않을 것이라고 말했다. 그 그룹은 이미 희생자가 된 한 여성이 그 회기에서 다시 희생자가 되었다는 결론을 내렸다.

앤디는 분명히 그 피드백 때문에 불편해했다. 그는 미누친의 반응을 기대했다. 미누친은 그를 무시하고 있었다. 그는 낮은 목소리로 이렇게 읊조리며 앉아 있었다. "그 어머니는 변할 거예요. 그 어머니는 변하지 않을 거예요." 마침내 그가 앤디에게 관심을 기울였다. 그는 앤디가 그 회기에서 그럭저럭 갈등이 벌어지게 하는 일을 해냈으며 그 아내를 지지함으로써 그 갈등의 강도를 높였다고 말했다. 그것은 유용한 것으로 판명될 수도 있다. 그는 계속해서 다음과 같이 말했다. "하지만 내가 그와 같은 일을 하게 되면 난 항상 마음이 편하지 않게 되죠. 나는 그 주 동안 가족들에게 전화를 걸어 '무슨 일 있었어요?' 라고 말하고 싶어지고요. 이런 종류의 작업은 불확실성을 견딜 수 있는 치료사의 능력을 필요로 하죠. 남편이 사과해야 한다고 주장한 것은 앤디가 불확실성을 참아낼 수 없기 때문이에요."

그 해 동안 몇 번이고 반복해서, 미누친은 앤디를 애매성의 탱고 속으로 끌어들였다. 그의 '어르고 걷어차기'는 때때로 따로따로 이루어졌다. 다른 때는 그것들이 함께 일어나기도 했다. 그런 일이 일어날 때, 이상한 것은 학생들이 그 순간에는 걷어차였다는 것만을 느낄 수 있다는 점이다.

이 장을 쓰면서, 나는 미누친에게 왜 앤디에게 그렇게 못되게 굴었는지 물었다. 그는 이렇게 말했다. "나는 앤디를 사랑했어요. 그는 전형적인 구조적 가족치료사였어요. [전형적인 구조적 가족치료사라 불릴 수 있는] 그런 사람이 있다면 그건 바로 앤디예요. 그는 합류하기와 구조화하기에 능숙했어요. 그는 매력적이었어요. 그리고 그는 치료의 측면에서는 권위가 있는 사람이었지요. 그러나 그는 너무 구체적이었어요. 그는 지도를 따라가는 데 너무 능숙했어요. 나는 그가 안정성에서 벗어나기를 바랐어요. 그가 다른 자원들을 활용하고 좀 더 복잡한 수준에서 그 자신을 이용할 수 있도록 말이죠. 그것을 이루기 위해서 나는 그를 세게 두드려야 했고 그 자신을 위한 개인적인 경험을 만들어 내야 했어요. 그는 복합성을 경험해야만 했어요. 말로만 하지 않고 직접 실천해 봄으로써 말이지요."

나는 말하고 싶었다. 그가 선생님이 염두에 두고 있는 변화를 알아차리지도 못할 때 [그 변화를 위해] 소동을 벌이는 대신에 어째서 그에게 그냥 말해 주지 않았느냐고 묻고 싶었지만 나는 삼갔다. [그 질문에 대해] 미누친은 아마도 "그때에는 그 변화란 것이 무엇인지, 그리고 어떻게 그런 변화에 이를 수 있는지 나도 몰랐어요. 앤디는 다른 사람의 도움 없이 그것을 이해해야 했어요. 내 임무는 오로지 그를 움직이게 하는 것이었지요."라고 대답하리라는 것을 나는 알았기 때문이다.

나는 훈련이 때때로 정원 가꾸기와 같다고 생각한다. 우리는 씨를 뿌린다. 그런 다음 우리는 그것들에 물을 줄 수 있지만, 그것들은 스스로 그것들의 성장을 이루어 내야 한다. 실상 우리는 [그것들에 대한] 통제력이 거의 없다.

앤디는 그 시절과 관련해서 다음과 같이 썼다.

> 그 협약에 대한 신뢰를 나는 결코 잃어버리지 않았다. 나는 미누친이 두 그룹의 치료사들과 함께 일하는 것을 보았고, 그가 특정 개인들과 더 성공하거나 덜 성공하는 것을 지켜봤지만, 그는 항상 사람들의 성장에 헌신했다. 그의 협약은 내게는 언제나 명료했다. 그의 입장은 우리는 우리가 스스로 그렇다고 생각하는 것 그 이상이라는 것이었다. 그의 슈퍼비전은 여러모로 그의 치료와 같았다. 그는 우리가 보지 않았던 것을 보았고, 우리가 (더 나은 치료사이기를) 원한다고 말하는 것과 변해야 했던 것 사이의 역동적 긴장의 위치에 우리를 데려다 놓았다. 여기에 함축된 것은 우리가 변화할 수 있다고 그가 믿었다는 점이다.

앤디가 그의 성장에 대한 스승의 헌신을 묘사한 것은 미누친에게서 배우기에 대한 그의 헌신을 묘사한 것이기도 했다. 그들의 합류는 너무나 완벽할 정도로 공들여 만들어졌기에 그러한 학습 환경에서 앤디가 다른 사람이 되는 것을 가능하게 했다. 나는 내가 그의 비디오테이프에 녹화된 회기들에서도 보았던 새로운 에너지를 가지고 그가 슈퍼비전 회기에 들어가는 것을 보았다. 그의 열린 감성을 조금도 잃지 않은 그의 얼굴에는 활기가 넘쳤다. 그 시절에 대해 앤디는 다음과 같이 썼다.

나는 여러 수준에서 변하였다. 사람들이 그들 스스로 생각하는 것보다 한층 더 유능하고 능력이 있다는 가치를 천천히 흡수했다. 내 치료소에 있는 사람들이 내담자의 한계들에 대해 이야기하고 있는 반면에, 나는 접근되지 못했던 그들의 힘들에 대해 내가 생각하고 있다는 것을 알았다. 나는 할 수 있고 두려워하지 않는 내 자신의 그런 부분에 접근해야 하는 맥락에 미누친이 나를 데려다 놓았다는 것을 깨닫게 되었다.

내 초점은 내 자신에게서 벗어나서 치료 과정을 이해하는 데 훨씬 더 많은 관심을 가지기로 옮겨 갔다. 확장하고 싶으면서도 내가 가진 낡은 지도들map에 충실한 채로 머무르려는 내 자신만의 갈등을 나는 지켜봤다. 그것은 마치 [뚜껑을 열면 용수철에 달린 인형 등이 튀어나오게 되어 있는] 깜짝 장난감 상자 밖으로 나가고 싶으면서 그런 에너지가 방출될 수 있는 올바른 맥락을 필요로 하는 그런 상자와 같았다.

빈 그릇이 채워지기 시작하자, 미누친은 앤디에게 한층 더 많이 농담하기 시작했다. 그는 심지어 앤디의 입장을 '방어'하기도 했다. 그 그룹에 있는 다른 학생이 자기를 비하하는 발언을 함으로써 비평을 완화시키려고 애를 쓸 때면 그는 말하곤 했다. "아니, 당신은 그 입장을 취할 수 없어요. 앤디가 이미 그 자리를 예약해 버렸어요. 당신은 다른 접근법을 찾아야 할 거예요."

슈퍼비전의 중간 단계는 배움의 가장 어려운 기간이다. 우리가 이전의 학습에서 그토록 잘 알고 있는 것은 새로운 것을 위한 공간을 마련하기 위해 재검토되거나 심지어 포기되어야 할 필요가 있다. 그러나 기대되는 것은 약속된 땅을 흘끗 보는 것만큼 그렇게 분명하지 않다.

2년차의 말쯤에, 앤디는 이미 발표한 사례를 재검토했다. 한부모인 아버지와 그의 두 아들들로 구성된 가족은 복잡한 가족치료사를 만드는 과정을 묘사하는 캔버스가 되었다.

소원해진 이탈리아계 미국인 부부는 마이클(12세)과 에밀리오(10세)라는 두 명의 어린 자녀를 두었다. 별거 후, 그 아이들은 그들의 어머니가 더 이상 그들을 다룰 수 없다고 선언할 때까지 어머니와 함께 살았으며, 그때에 아버지는 집으로 돌아왔고 어머니는 이사를 나갔다. 확인된 환자는 에밀리오였는데, 그는 가정과 학교에서 관리하기가 대단히 어려운 것으로 묘사됐다.

그 사례는 당시 어머니와 함께 살던 에밀리오가 멍이 든 채 학교에 왔을 때 앤디에게 맡겨졌다. 그 사례를 둘러싸고 많은 혼란이 있었다. 그 가족 내에서 '많은 신체적인 것'이 있었다는 것 외에는 어느 누구도 무슨 일이 일어났는지 모르는 것 같았다.

앤디는 그 부부의 결혼을 11년간의 싸움이라고 묘사했다. 별거했음에도 불구하고 그 아버지는 여전히 그의 아내 집에서 꽤 많이 기거했다. 그리고 그는 계속해서 그녀와 성관계를 가졌다. 그는 어린이 야구 리그에 깊이 관련되어 있었고 그의 아들의 축구팀을 지도했다. 에밀리오도 천사 같은 공포의 대상들 가운데 하나인 작은 소년, 곧 어머니와 싸울 때 눈에 보이는 것은 무엇이든 박살내 버리는 아름다운 작은 소년이었다. 그는 테니스 라켓으로 그녀의 고풍스러운 도자기 등잔을 깨뜨린 다음 한밤중에 달아났다. 그 어머니는 그녀의 아이들에게 대단히 화가 났고 언어적으로도 육체적으로도 폭력적이 되었다. 그 아버지는 그의 아내가 "아이들을 통해 그를 난폭하게 다루었다."고 불평했다. 그 가족은 긴장으로 가득 차 있었고, 모든 사소한 일이 반항과 분노의 눈사태를 촉발시켰다.

구조적으로 사고하기에서는 위계적 문제와 경계선 문제의 중요성이 강조된다. 어른들은 아이들이 아이들일 수 있도록 어른이 되어야만 한다. 그러나 미누친은 종종 일부 구조적 가족치료사들이 그것 안에서 위계질서와 권위를 강요하는 기계적인 방법에 충격을 받았다. 일부 학생들이 구조적으로 개입하는 테이프들을 관찰하면서, 그는 놀란 기색을 보이며 다음과 같이 물었다. "우리가 여러분에게 그렇게 하라고 가르쳤나요? 우리가 그랬다면, 그 모델에는 확실히 한계가 있는 거죠!"

앤디는 지도를 잘 갖추게 되었지만, 유능한 치료사는 유능한 배우 같아야 한다. 대사를 외우는 것만으로는 충분치 않다. 처음부터 끝까지 우리는 무대에서 그 인물로 살아야 한다. 그렇지 않으면 우리는 예술을 위해 일하고 있는 것이 아니라, 아무튼 우리는 우리 자신을 위해 일하고 있는 것이다. 이제 앤디의 예술가적 기교가 슈퍼비전의 초점이 될 수도 있었다.

> 나는 테이프[에 녹화된 영상 속]에서 앤디가 상냥하고 지식이 풍부한 교사처럼 사무실에 앉아 있는 것을 지켜보았다. 그는 내 자신만의 고유한 몸짓을 정확히 흉내 낸 몸짓으로 끼어들었다. 그는 어느 한 가족구성원이 다른 가족구성원의 영역을 침범하는

것을 막기 위해 교통경찰처럼 팔을 뻗치곤 했다. 그는 두 가족구성원이 서로에게 이야기하도록 가벼운 몸짓으로 권하곤 했다. 그는 아이들과 함께 있으면서 편안해했고 그들에게 항상 정중하게 얘기하기의 방법을 찾았다. 그는 많은 시간 동안의 내 작업을 보고 나서, 내 스타일의 한층 더 부드럽고 온화한 판본을 개발했다. 문제는 앤디의 동작 하나하나가 괜찮아 보였지만 그에게 치료의 목표에 대한 확신이 부족하다는 것이었다. 그리하여 그의 회기는 그 가족의 분위기와 앤디의 기분 맞춰 주기의 욕구에 따라서 갈지자형으로 나아갔다.

문제해결사는 재조직한다

앤디는 문제해결사였기 때문에 항상 가족 내에서 해결할 문제를 찾았다. 행동과 관련된 문제가 아주 많은 아이와 함께 일하는 것은 그에게 적합했는데, 항상 해결해야 할 문제들이 있었기 때문이다. 앤디에게는 작은 세부들을 분석하려는 성향이 있다는 것과 그가 더 큰 그림을 보지 못하는 것에 미누친은 많이 놀랐다. 미누친은 앤디가 자신의 개입을 미시적으로 검사할 수 있도록 도와주려는 그의 모든 노력이 앤디를 그의 생각에 더욱 얽매이게 만드는 결과를 초래할 뿐이라는 것을 깨닫기 시작했다. 미누친은 아마도 제이 헤일리가 앤디에게 한층 더 좋은 슈퍼바이저가 되었을 것이라는 견해를 내놓았다. 헤일리는 그가 어떻게 느꼈고 무엇을 했는지는 굳이 묻지 않고 목표를 달성하기 위해 가족이 있는 방으로 그를 보냈을 것이라고 미누친은 말했다. 그와 같이 최종 결과에 집중하기는 앤디에게 더 큰 목표에 대한 적절한 관점을 제공하고 그로 하여금 사소한 일에 대한 집착에서 벗어나게 했을지도 모른다.

앤디가 슈퍼비전에서 이탈리아계 미국인 가족을 다시 발표했을 때까지 두 소년은 그들의 아버지와 함께 살기 위해 갔다. 그리하여 앤디는 그 아버지와 그의 두 아들들을 만나고 있었다. 아이들을 다루는 데, 특히 에밀리오를 다루는 데에 무능을 선언한 것은 이번에는 그 아버지였다. 앤디는 그 아버지가 화장실에 있는 동안 두 아들이 싸우고 있었다고 수련생들에게 설명했다. 그 아버지는 그의 말을 듣지 않는 소년들에게 소리를 질렀다. 그는 그들의 라디오를 부숴 버리겠다고 위협했다. 소년들이 반응을 보이지 않자 아버지는 너무 화가 나서 화장실에서 나와 정말로 라디오를 부숴 버렸다.

앤디는 그 아버지를 지지하기로 결정했다. 미누친은 앤디가 그렇게 한 것 때문에 그를 칭찬했다. 그는 말했다. "그 아버지는 난폭하지 않아요. 그는 단지 파괴적일 뿐이죠. 아마도 그는 그들이 그의 말을 듣도록 만들기 위해 그렇게 크게 폭발할 필요는 없었을 거예요. 하지만 당신은 맨 처음에 그것을 지지하면서 '분명히 그들은 당신이 크게 폭발해야만 당신의 말을 듣게 될 거예요.'라고 말하지요. 나중에 그는 한층 더 작은 것들도 효과가 있다는 것을 배우겠죠. 당신이 원하는 것은 그 아버지가 [그의 아이들을 다루는 데] 유능해지는 것이고 그가 양육하게 하는 것이에요. 그러나 그가 무능하다면 그는 양육할 수 없어요. 그는 그의 무력함에 그렇게 화를 내는 것이니까요. 좋아요, 그 아버지를 지지하기로 한 것은 잘한 일이에요."

그 테이프의 다음 대목에서, 에밀리오는 그의 아버지가 [겉면에는 선수의 사진이, 그 뒷면에는 그 선수의 기록 등이 인쇄되어 있는] 그의 야구 카드들을 치워 버리려 한다고 그에게 소리를 질러 대고 있었다.

앤 디: 에밀리오, 잠깐 중지. 무슨 일인지 집중해 보자.

에밀리오: (오직 카드만 생각하며) 아빠가 내 카드들을 찌그러뜨리고 있잖아요!

앤 디: 에밀리오! 지난번에 네가 여기 왔을 때, 우리는 [어떤 일에서] 네 자신이 잘못한 부분을 살피는 것에 대해 얘기했어. 그리고 지금 우리가 이해해야 하는 게 바로 그거야.

에밀리오: 내가 잘못한 부분이 있어요. 그렇지만 아빠가 잘못한 부분이 더 많아요.

앤 디: 네가 잘못한 부분은 뭐지?

에밀리오: 아빠가 카드를 달라고 했을 때 내가 잡아당겼어요. 아빠가 나한테 얘기하고 있을 때 나는 내 카드들에 정신이 팔려 있었어요. 나는 아빠에게 집중하지 않았어요.

앤 디: 그렇게 네가 그걸 이해한다는 건 아주 중요해. 그게 바로 잘못한 부분이야. 그래, 네 말이 맞아. 아빠에게도 역시 잘못한 부분이 있지. 다른 사람에게도 잘못한 부분이 있어. 네 말이 정말 맞아.

미누친이 테이프를 정지시켰다. "아주 잘했어요, 앤디! 하지만 그런 상황에서 나는 당신이 그 아버지를 칭찬할 수 있었다고 생각해요. 우리 치료사가 성공했을 때 가족에게는 그들이 성공했고 우리는 아무것도 하지 않았다는 느낌이 남겨져야 한다고 헤일리는 항상 주장하지요. 그건 매우 불공평하지요. 우리는 우리가 그 일을 했다는 걸 가족이 알아 주기를 원하니까요. 헤일리는 가족이 우리를 전혀 생각하지 말아야 한다고 말합니다. 그것은 치료사를 매우 우울하게 만들 수 있지요."

앤디의 테이프의 다른 대목이 계속되었다.

아버지: 에밀리오. 방금 앤디 선생님과 말하면서 네가 이해한다고 했지. 그럼 이 카드들을 다시 가져가려무나. 처음부터 다시 하면서 네가 정말 이해했는지 한번 보자. 이제 이건 내게 맞서는 네 싸움이 되어 버렸는데, 넌 [이 싸움에서] 이길 수 없을 거야. 넌 이제 열 살이고 난 네 아빠니까, 그리고 난 네가 무엇을 하든 그 일에 너무 정신이 팔려서 "아빠, 뭐라는 거야."라고 하지 못하게 할 거니까. 아빤 결코 네가 이기게 하지는 않을 거야.

앤 디: 당신이 지금 말하고 있는 것은 아이들이 때때로 당신을 싫어하게 할 정도로 당신이 너무 지나치게 그들에게 마음을 쓰고 있다는 거예요.

아버지: 예, 그래요. 아이들이 심지어 "우리 아빠는 너무 심술궂어."라고 생각할 수도 있겠죠.

미누친은 그 테이프를 정지시켰다. "여기서 앤디는 절대적으로 필요하지는 않은 긍정적인 회전을 가하고 있어요. 그 아버지가 그의 아들에게 하고 있는 말은 '빌어먹을 권력 작용의 문제에서는 내가 이길 거야.'이니까요. 그리고 그것은 좋아요. 앤디는 아이들을 사랑하는 온화한 영혼의 소유자이지요. 그래서 그가 그 아버지에게 말하는 것이지요. [당신의 말로] 당신이 정말로 의도하는 것은 당신이 아이들을 사랑한다는 것이라고 말이지요. 그 아버지가 정말로 의도하는 것은 '권력 작용에서 나는 이겨야만 하니, 너는 이 싸움을 멈춰라!'인 것이지요. '내게는 권위가 있고, 내가 너보다 더 크고 더 많이 먹고 근육도 더 많아. 그러니 나는 네 엉덩이를 걷어차 주마.' 라고 그 아버지가 말했을 때, 앤디는 그를 이성적으로 만들려고 애를 쓰지요. 그 아버지는 새로운 권한에 대한 새로운 감각을 즐기고 있고, 앤디는 변화가 시작되자마자 그 변화를 조절하는군요." 그는 그 테이프를 다시 돌리기 시작했다.

아버지: 난 네 친구가 아니야, 난 네 아빠야.

앤 디: 자, 보세요. 톰, 그건 당신이 나보다 더 잘 아는 육아의 중요한 부분이라고 나는 생각해요. 난 부모가 아니거든요. 아이들이 그렇게 하고 싶어 하지 않더라도 스스로 책임지는 법을 배우도록 당신은 도와야 해요. 그리고 나는 당신이 기꺼이 그들이 그렇게 하도록 도울 것이라고 생각해요. 아이들은 자라고 있거든요.

아버지: 당신이 말하는 다른 모든 것들, 나의 좋은 자질들, 내 장점들, 내 사랑……. 아이들은 이미 그들이 그것을 누려 왔다는 것을 알고 있어요. 하지만 동전의 이면은 제 편에서든 아이들의 편에서든 육아에는 기질과 근성이 필요하다는 거예요.

그 테이프를 다시 한 번 정지시키면서 미누친은 다음과 같이 논평했다. "이 남성은 그가 그 자신의 육아법을 설명해야 할 정도로 그것에 관해 너무나 확신이 없어요. 앤디는 치료사로서 이 남성과 비슷한 접근법을 가지고 있군요. 그는 설명할 필요가 있고, 나는 치료를 하고 있어요. 그는 '그건 정말 대단하군요!'라고 말할 수 없어요. 그는 말하죠. '~이기 때문에 그건 대단한 거예요.' 그는 모든 것에 대해 설명하고 싶어 하는 것을 참지를 못해요."

"정말이지 이건 아주 좋은 치료 회기입니다. 당신의 치료 회기는 이제 그 안에서 사람들이 변화하고 있는 치료의 일부분이에요. 그러나 당신이 치료의 강렬함을 증가시키면서 치료에서 가르치고 설교하는 경향을 줄이는 방법을 배운다면 당신의 치료 회기는 훨씬 더 경제적이 될 거예요."

> 슈퍼비전 과정의 그 지점에서 나는 앤디의 변화에 편안함을 느끼고 있었다. 나는 그가 가족을 복잡한 방법으로 살펴보고 있다는 것을 알았다. 그는 치료 목표를 확립했고 그 과정에 참여한다는 감각을 가지고 체계로 들어갔다. 내가 논평을 했을 때, 나는 집단 동료들 사이의 대화에 참여하고 있는 것 같은 기분이 들었다. 우리의 변화된 관계의 효과가 나를 아주 기쁘게 했다.

위계질서와 양육

앤디가 보여 준 다음 회기의 문제는 에밀리오가 스쿨버스를 끊임없이 놓치고 있다는 것이었다. 그는 또한 학교생활을 잘 하지 못하였다. 좋은 공부 습관을 가지도록 아이들을 지도할 수 있는 방법을 놓고 앤디가 그 아버지와 의논하고 있는 동안, 마이클은 귀 기울이고 있었지만 에밀리오는 그렇게 하지 않았다. 에밀리오가 울기 시작하면서 외투를 그 자신의 머리에 씌웠다. 아버지는 계속해서 얘기했고, 아이는 점점 더 마음이 상해서 "닥쳐! 닥치란 말야!"라고 말했다. 그러나 아버지는 계속해서 꾸짖었다.

앤 디: 아이가 세 살짜리처럼 행동하는 저런 순간에는 당신은 아버지로서 무엇을 하죠?

에밀리오: (징징거리며) 가자고!

아 버 지: 그게 제 시험대예요. 에밀리오가 문제가 있다는 걸 저도 알아요. 그런데 그의 문제가 뭐죠? 아이가 숙제를 하지 않을 만큼 무엇을 두려워하는 걸까요? 아니면 아이 안에 있는 보이지 않는 어떤 유령과 아이가 싸우고 있는 걸까요? 그만 좀 해. 에밀리오, 넌 도대체 왜 숙제를 할 수 없는 거야? 무슨 귀신에라도 씌웠어? 뭐가 무서운 거야 에밀리오?

에밀리오: (악을 쓰며) 아무것도 아니야!

아 버 지: 그럼 넌 숙제를 하지 않겠다는 거야? 숙제를 할 수 없다는 거냐고?

에밀리오: 가자니까!

앤 디: 당신은 열심히 노력을 하시는군요…….

아 버 지: [제가] 이해심이 있는 편인가요?

앤 디: 언어적인 측면에서는요. 아이가 외투를 그의 머리에 씌우고 "닥쳐!"라고 말했을 때 그게 뭘 뜻하는지 당신은 알아요. 에밀리오는 당신이 더 많은 말을 하도록 유도하고, 그런 다음에는 좀처럼 당신의 말을 들으려 하지 않는군요.

에밀리오: (트림한다)

아 버 지: (자제시키며) 죄송합니다.

에밀리오: 죄송합니다!

아 버 지: 그의 한계들이 한층 더 명확하게 제시되어야 해요.

앤 디: 그게 무슨 뜻이죠?

아 버 지: 조치들과 명확한 처벌들과 그의 행동의 결과들이 있어야 한다는 거죠. (에밀리오는 이제 외투를 벗고 바닥에 발을 딛고 차분하게 앉아 있다.)

앤 디: 그는 결국 스스로 책임을 지기 시작할 겁니다. 그래서 당신이 선택을 하는 데 부담이 덜어지게 될 거예요. 보세요. 그는 잔소리에 반응하지 않아요.

아 버 지: 저도 알죠.

분명히 그 아버지와의 대화는 앤디의 전략적인 사고하기의 일부였다. 그는 가족 거리family street의 양쪽 모두에서 작업하고 있었다. 그가 어른들만의 대화에 그 아버지를 끌어들이는 동안, 그는 또한 그의 무기력한 장광설을 중단시키면서 에밀리오에게 그 자신을 정리할 공간을 제공하고 있었다. 나는 앤디가 갈등에 연루된 두 가족구성원들을 끌어들이는 방법과 관련해서 미묘한 차이가 있는 이해를 할 준비가 되어 있다고 생각했다.

미누친: (앤디에게) 그 아버지가 아이를 통제하는 것을 당신이 지지하는 동안 당신은 에밀리오가 그 자신을 통제하도록 용기를 북돋워 줄 수 있었을 거예요. 당신은 다른 방식으로 양쪽 모두를 끌어들일 수 있었어요. 그 아버지에게는 "통제하는 것에 편안해지세요."라고 하고, 그 아이에게는 "네가 어떻게 하면 아버지를 네 등에서 떼어낼 수 있을까?" 라고 하는 식으로 말이죠.

사실 열 살짜리 아이가 통제되는 것을 원하지 않는다면 당신은 그 아이를 통제할 수 없어요, 그래서 그로 하여금 자기 통제의 과정에 참여하게 하는 것이 중요한 거예요. 당신이 그 아버지를 지지하고 그 아이와도 연결될 수 있었던 반면에, 당신은 실제로는 에밀리오를 끌어들이지 않았죠.

이건 감성적인 것의 연구와 연관된 문제예요. 당신에게 감성적인 어떤 감각이 생겨나서 그것이 당신에게 말했어야 했어요. 앤디, 당신은 이것이(당신의 개입이) 한쪽으로 치우쳤다고 생각하지 않나요? 당신에게는 무척 많은 공간이 있지만, 당신은 한쪽 구석에서만 일하는 것을 선택했어요.

앤 디: 그렇습니다. 저도 그렇게 느꼈습니다. 하지만 어찌된 일인지 저는 제약을 받았습니다. 저는 그걸 어떻게 해야 할지 몰랐으니까요.

미누친: (믿을 수 없다는 듯 고개를 흔들며) 난 그게 문제가 아니라고 생각해요. 당신은 그걸 어떻게 하는지 알고 있으니까 말이죠. 나는 당신이 모르는 걸 얘기하고 있는 게 아네요. 무엇 때문에 당신은 좁은 데로 움직였을까요?

앤 디: 제가 거기 앉아 있을 때, 제 감정이 이중적이었던 것 같습니다. 저는 아버지와 아들 모두에게 반응했고, 제게서 튀어나온 반응들 둘 다 부정적인 것이었습니다. 저는 그 아버지가 수다를 떨면서 그의 아들의 말을 듣지 않는다고 느꼈습니다. 저는 그게 싫었습니다. 그와 동시에 저는 소리를 질러 대며 그의 아버지에게 닥치라고 말하는 그 아이가 거슬렸습니다. 그렇게 저는 두 가지 반감을 가지고 앉아 있었습니다. 그래서 저는 그런 감정 상태로부터 물러나 앉아 있을 수 없었고 그것을 건설적인 방법으로 활용할 수 없었습니다.

미누친: 나는 감성적인 어떤 감각, 곧 어떤 느낌이 순간에 딱 오는 그런 감각에 관해 계속 얘기하고 싶군요. 내가 그걸 어떻게 가르쳐야 할지 분명히 알지는 못하지만, 그것은 침묵을 위한, 일시적인 멈춤을 위한, 무위(無爲)를 위한 기민함 같은 거예요. 난 지금 뭘 해야 할지에 대해 얘기하고 있는 게 아네요. 이 지점에서 당신은 아직 그것을 가지고 있지 않아요. 앤디, 당신은 통제를 지속했어요. 하지만 나라면 그 순간에 어떤 말을 어떻게 해야 할지 모르기라도 하는 것처럼 그렇게 그 아이와 얘기하고자 했을 거예요. 나는 그것을 어떻게 가르쳐야 할지 전혀 모르겠어요. 공간의 사용은 언어로 가르쳐지지 않거든요.

앤 디: 저는 그 회기에 갇힌 기분이 들었습니다. 저는 뭔가 옳지 않다고 느꼈습니다. 그게 제가 제 테이프에서 보여 주고 있는 모습의 이유일 겁니다. 저는 그것(제가 느낀 것)을 가지고 그[제가 보여 준 것]보다 더 나아가지 않았습니다. 아마도 그건 제 자신에게 물어봐야 할 좋은 질문일 겁니다. "내가 뭘 감지하지 못하고 있는 걸까?"라고 말입니다.

나는 문득 깨달았다. 내가 동료로서 앤디에게 얘기하고 있는 반면에 앤디는 가르

> 치는 사람으로서 내게 대답하고 있다는 것을. 나는 웃기 시작했으며 주머니에서 동전을 꺼내 다른 학생들에게 던지기 시작했다. 학생들도 웃었으며 나와 서로에게 동전을 던지기 시작했다. 나는 내가 요점을 짚어 냈다고 생각했지만 확신하지는 못했다.

미누친: 앤디, 칼 휘태커의 상담사무실을 본 적이 있어요? 그곳엔 장난감으로 가득 차 있었지요. 당신은 장난감을 사용하나요?

앤 디: 한번은 제가 어떤 어머니와 그녀의 아들과 함께하기의 대부분의 시간을 주사위 놀이를 하면서 보냈습니다.

미누친: 당신이 말을 하는 동안 바닥에 앉아요.

앤 디: (따르며) 저는 너무 재미있어서 그들에게 상담료를 청구하지 말아야 한다고 생각했을 정도입니다.

미누친: 아니죠. 그건 당신이 잘못 생각하는 거예요. 그때 당신은 치료를 하고 있었지요.

걸으면서 동시에 껌 씹기

앤디는 무언가 꿍꿍이가 있기라도 한 것 같은 모습으로 다음 발표회에 왔다. 그는 평소대로 차분하고 절제된 태도를 유지했지만, 그 가족과 함께한 치료 회기를 그가 설명하기 시작함에 따라서, 드러나기를 기다리고 있는 어떤 발견의 암시 같은 것이 있었다.

그가 다음과 같이 말했다. "제가 어느 정도는 하고 있다고 생각합니다. 저는 걸어가면서 껌을 씹고 있어요. 아직 전 풍선을 불고 있지는 않아요. 그런데 지난 회기 동안에 여러분이 제게 동전을 던지는 것과 함께 [문갑이 꼭 맞게 닫히는 것처럼] 뭔가 딸깍하는 소리가 제게 들렸어요. 그들은 다투고 있었으며, 에밀리오는 화가 나 있었고 뭔가를 오해했어요. 그는 그 순간 한층 더 적대적이었지요. 저는 여러 가지 일을 했는데, 그것들은 그 테이프 전체에 걸쳐서 자리를 잡고 있지요. 그래서 저는 여러분에게 그것들 가운데 몇 가지를 말씀드리고 마지막에 일어났던 일을 보여 드려야겠다고 생각했습니다."

앤디는 목소리를 가다듬으며 그가 이제 막 보여 주려고 하는 것과 관련해서 긴장감을 조성했다. 그는 말했다. "그들은 숙제를 두고 다투고 있었어요."

앤디가 이야기하고 있는 동안, 그는 평소에 그가 발표하던 방식도 바꾸고 있다는 것이 [함께 슈퍼비전을 받고 있는] 수련생들에게는 분명했다. 긴 연속적인 사실들과 사건들을 보고하는 대신에, [다음에서 보는 바와 같이] 그는 이제 재미있는 이야기꾼이 되었고, 수련생들은 그들의 마음을 사로잡혔다.

앤 디: 그 아버지가 에밀리오에게 다시 비판적일 때 이번에는 저는 칼 휘태커와 그의 평행플레이에 대해 생각했습니다. 그래서 저는 에밀리오에게 벌을 주어야 한다는 생각을 과장했고 거기에 유머를 끌어들였죠. 저는 가족들에게 "우리가 에밀리오를 두들겨 팰까요?"라고 말했어요. 저는 의자에서 일어나 장난으로 그를 두들겨 패는 시늉을 했고, 그도 웃었죠. 그런 다음 저는 바타카bataka 방망이들을 꺼냈어요. 거 왜 있잖아요. 크고 무거워 보이지만 그 속에는 푹신한 것으로 채워 넣은 그 방망이들 말예요, 저는 그걸 꺼냈죠. 우리가 그걸 가지고 사람들을 두들겨 팬다고 해도 사람들을 조금도 다치게 할 수 없잖아요. 그래서 저는 "모두 에밀리오를 때립시다!"라고 말했어요. 그런 다음 우리 모두는 그를 사정없이 때리기 시작했고, 그는 웃고 있었죠. 그리고 전 그에게 바타카 방망이를 던져 주며 "네 자신을 방어해!"라고 말했어요. 바로 그 순간에 분위기가 다 깨져 버렸죠! 그리고 거기에 아무런 의미도 없었어요! 여러분도 아시다시피, 제 성향은 뭔가를 가르치고 싶어 하고 또 그것을 꼭 하는 것이잖아요.

미누친: (분명히 기뻐하며) 이것은 앤디의 스타일이 아니죠. 이것은 어떤 감정을 창출해 내기 위해 논리를 중단시키는 것이에요. 그리고 그는 완전히 새로운 개입의 자유로부터 작업하고 있어요. 앤디, 당신은 내가 아는 어떤 사람보다 더 많은 테이프를 시간과 관심을 기울여 지켜봤지요. 이번에 당신은 당신이 알고 있는 것을 마침내 실행에 옮겼군요.

앤 디: 그렇습니다! 저는 a에서 b로, b에서 c로, c에서 d로 진행하는 평상시의 제 노선을 따르려고 하지 않았습니다. 제게는 평소 다니는 노선이 있었지만,

저는 그것이 아닌 다른 것을 그저 하고 보면서 한층 더 자유롭다고 느꼈습니다.

미누친: 그렇게 하려면 당신은 그 과정을 당신이 따라갈 수 있다는 자신감을 가져야 해요. 그 어떤 지점에서든, 그 과정이 진행되는 그 어디에서든 당신이 그 과정을 통제할 수 있다는 것을 당신은 알아야 해요.

앤 디: (빨리 테이프를 앞으로 감으며) 선생님께 보여 드리고 싶었던 또 다른 대목이 있습니다. 그 아버지가 어린이 야구 리그에 몸담고 있어서 제가 야구와 관련된 은유를 이용했는데, 그들은 그것을 놓고 다투게 되었습니다. 전 그들로 하여금 가족 조각을 만들어 보게 했습니다. 저는 그것에 대해 그렇게 많이 읽지 않아서 그것이 공식적으로 어떻게 이루어져야 하는지 잘 몰랐습니다. 그렇지만 저는 그들이 다시 빠져들게 된 평상시의 궤도에서 벗어나고 싶었습니다. 그렇게 그것은 비언어적인 또 다른 [형식의] 개입, 곧 불연속인 개입이었습니다. 그러고 나서 그 회기가 끝날 무렵에 그들은 마침내 서로 이야기하게 되었습니다. 그 아버지는 귀 기울여 들을 수 있고 그 아들은 무례하지 않다는 것을 저는 알게 되었습니다. 그리고 저는 그것이 좋은 결말이라고 생각했습니다.

아버지: (불만스럽게) 저는 제 아이에게 얘기하려고 애를 썼습니다. 하지만 아이는 제 말에 귀 기울이려 하지 않았어요.

앤 디: 왜 그런 일이 생기는 걸까요? (아버지와 아들이 다투기 시작한다.) 자, 그만들 하세요. 도대체 어떻게 된 일인지 아시겠어요? 저는 당신이 가족 조각을 만들어 봤으면 좋겠어요. 아무 말도 하지 마시고요. 제가 조각을 만들라고 하면, 당신은 무슨 일이 일어나고 있는지 보여 주는 위치에 당신 자신을 놓으면 됩니다.

그 아버지는 첫 번째 조각을 만들었다. 그는 에밀리오의 손을 그 자신에게 맞대어 놓게 하고는 마이클을 그의 팔로 감쌌다. 그런 다음 그는 에밀리오를 바닥에 눕혔다. 그 아버지와 마이클이 비난하는 태도로 에밀리오를 가리키는 동안 에밀리오는 그의 발을 그의 아버지에게 들이댔다.

그러고 나서 앤디는 에밀리오에게 조각을 해 달라고 요청했다. 에밀리오가 마이클에게 앉아 달라고 부탁했다. 그런 다음 그는 그의 손을 그의 아버지에 맞서서 들어 올렸고 그의 아버지의 손을 마이클에 맞서서 들어 올리게 했다.

앤디는 아버지의 조각들과 에밀리오의 조각들 사이의 유사성에 대해 언급했다. 그들은 무슨 일이 일어나고 있는지에 대해 의견이 일치했다. 그런 다음 앤디는 마이클에게 조각을 만들어 보라고 요청했다. 마이클은 아버지와 에밀리오에게 서로 손을 잡고 서로를 밀쳐 달라고 부탁했다. 그는 그런 다음 뒤로 물러서서 재미있어 하는 표정으로 "그래요, 이게 지금 벌어지고 있다고 내가 보는 거예요."라고 말했다. 앤디는 테이프를 정지시켰다.

앤 디: 그렇게 번갈아 [가족 조각들을] 만들고 난 뒤, 그들은 무슨 일이 일어나고 있는지에 대해 서로 얘기하기 시작했습니다.

미누친: 앤디가 순전히 구조적이고 건조한 중간거리 유형의 개입에서 칼 휘태커와 버지니아 사티어와 페기 펩의 목소리를 혼합하기로 이동한 것에 대해 여러분 어떻게 생각합니까? 그는 오염되었군요! (학생들이 웃었다.) 하지만 언제 우리는 변신하게 될까요? 아마도 책을 버리기 위해서라면, 여러분은 졸업을 해야 하겠죠? 여러분은 졸업을 해야만 뛰어 오를 수 있습니다. 앤디, 당신은 항상 중간거리에서 작업해 왔어요. 당신의 치료는 [개입의] 순서들의 내적 질서에 따라 통제되어 왔지요. 그런데 이제 당신은 불연속적으로 작업하고 있어요. 어떻게 그런 일이 벌어진 거죠?

앤 디: 글쎄요. 아마 그건 제가 작년에 선생님 수업에 참여하기 시작했을 때로 거슬러 올라갈 겁니다. 제 첫 번째 발표에서 저는 안간힘을 쓰면서 아무것도 모른다고 말할 정도로 정말 조심스러웠습니다. 하지만 선생님은 그것을 받아들이지 않으셨습니다. 제가 제 자신을 빈 그릇으로 표현한다면 선생님께서는 저를 도와줄 수 없다고 하셨죠. "난 당신을 도울 수 없어요!" 그 말씀에 저는 속상한 마음을 떨쳐 버릴 수 없었고 묵살을 당했다고 느꼈습니다. 저는 정말 정성을 들여서 심사숙고하면서 상황을 종합해 보았습니다. 그리고 저는 [제 자신에게] 말했습니다. '내가 사람들에게 미지의 세계로 뛰어들라고 요청하려면, 그러려면 나는 내 스스로 그렇게 할 수 있어야 해.'라고 말입니다. 그래서 지난 2년 동안 저는 그렇게 하려고 애를 썼습니다.

저는 매우 조심스러운 사람이기 때문에 그렇게 하는 것이 괴롭고 힘들었습니다. 그것은 뛰어오르기의 연속이었습니다. 우리가 한 번 뛰어오르게 되면, 우리는 다음 단계와 마주하게 되고, 그때 우리는 [우리 자신에게] '글쎄 나는 이번엔 더 멀리 뛰어오를 수 있을까?'라고 말합니다. 그래서 저는 다음 점프가 무엇인지 이해하고 용기를 내어 그것을 하는 전체 과정이 있다고 생각합니다. 지난 2년 동안 저는 선생님이 불연속적이고 비언어적이며 유희적으로 되기의 시범 설명 같은 것으로서 사람들에게 때때로 물건들을 던지시는 것을 지켜봤습니다. 그것에는 그 어떤 의미도 없는 느슨하게 풀려 있는 어떤 해방 상태에 대한 감각 같은 것이 있었습니다. 하지만 제게 그것은 제가 시도해 볼 수 있는 일종의 결정체를 이룬 점프와도 같았습니다. 그래서 그것[제 나름의 점프]은 여러 가지 목소리들로 합쳐지게 되었습니다.

미누친: (미소를 보이며) 지금 당신이 하고 있는 말은 대단히 실망스럽군요. 당신은 그렇게 하는 데 2년이나 걸렸다고 말하고 있으니까요.

앤 디: (웃으며) 그렇군요. 제가 그렇게 하는 데 2년이나 걸렸네요!

에필로그

달라이 라마(Dalai Lama)는 미누친의 가르침을 내게 상기키는 말을 한 적이 있다. 그건 대략 다음과 같은 것이었다. "나는 여러분이 이미 알고 있는 것은 그 어떤 것도 말하지 않았으며, 나는 여러분이 정말로 가지고 있는 것은 그 어떤 것도 가져가지 않았습니다." 그는 또한 불교의 두 가지 실천에 대해서도 이야기했다. 낮은 수준의 실천은 규칙들과 따라야 할 도로 표지판을 필요로 하는 사람들을 위한 것이고, 그 반면에 높은 수준의 실천은 모든 제한을 뛰어넘어 마침내 존재의 자유에 이를 수 있는 사람들을 위한 것이다.

앤디는 이 장의 초고를 다음과 같이 썼다.

돌이켜 보건대, 이 성취는 내 욕망과 헌신 사이의, 힘을 주는 동료들과 함께하는 집단과정과 제자들의 역량을 심오한 수준에서 긍정한다는 측면에서 그의 신넘대로 살아가는 독특하고 영향력 있는 스승과의 만남 사이의 복합적인 상호작용 덕분이라고 나는 생각한다.

빈 그릇의 역설은 내가 처음에 이해했던 것보다 훨씬 더 복잡하다. 앤디가 그 자신을 그렇게 묘사했을 때, 아마도 그것은 사람을 바보로 만드는 말이라기보다는 그를 깨우쳐 줄 특별한 선생님을 요청하는 것이었기 때문이다. 미누친이 첫 회기에서 앤디의 발언을 일축했을 때, 그는 사실 도전적인 여정에 착수하는 파트너로 앤디와 관계를 맺었던 것이다.

수련과정이 끝날 무렵, 나는 앤디에게 미누친과의 경험을 한 문장으로 요약해 달라고 부탁했다. 그는 "나는 매우 운이 좋아요!"라고 대답했다. 나는 그의 감사를 겸손하게 표현하기의 방식으로 받아들였지만, 운이라는 것이 그것과 너무 많은 관련이 있다는 데 동의하지 않았다. 이 장을 쓰기 위해 마지막 회기까지 앤디의 서사시를 따라갔을 때, 나는 지식 추구가 그 상호교류에서 분명하게 드러나는 흠잡을 데 없는 학생-교사 관계에서 다시 한 번 충격을 받았다. 이 단순한 우아함은 내게 배움에 대한 욕망을 다시 불러일으켰다.

미누친이 5년 넘게 지도하는 모습을 보고, 같은 선생님과 함께 여행하는데도 학생들이 직접 그들 자신의 여정을 계획하는 것을 본다. 그들은 함께 출발한다. 그러나 곧 그들은 서로 다른 행보와 진행 방식들을 보여 준다. 어떤 사람은 아주 멀리 가기도 하지만 어떤 사람은 어느 순간 꼼짝 못하게 되는 것 같고 완전히 자유로울 수 없다. 누군가는 앤디가 첫 수업 동안 갇혀 있었다고 말할지도 모른다. 지켜보면서 나는 그가 걱정되었고 그가 그 코스를 갈 수 있을지 궁금했다. 그의 동료 학생들처럼 아마도 나도 그의 선생님만큼 그에 대한 믿음이 없었을 것이다. 나는 비판받는 위치에 있을 때 겪게 되는 내 자신의 많은 불안과 분노를 그에게 투영했고 따라서 앤디와 같은 학생이 우리 성인 학생들이 많이 들고 다니는 감정보따리로부터 자유롭다는 것을 이해하지 못했다. 그는 그의 비전을 실현시킬 슈퍼바이저를 신뢰할 수 있었다.

앤디 자신도 이런 우아한 설명을 내놓았다. "만약 당신이 당신의 자아와 친밀하고 선생님이 그것을 열라고 손을 뻗친다면, 그것은 매우 고통스러울 것이다. 그러나 만일 당신이 열려 있다면, 그것은 행복이 될 것이다." 그런 관점에서 보면 빈 그릇에는 확실히 배움이 일어날 수 있는 열린 공간이 들어 있다.

그릇은 또한 배와 같다. 짐이 실리면 그 배는 멀리 항해한다. 앤디는 훈련을 마친 직후 심장마비로 갑자기 사망했다. 선생님과 동료 학생들 모두 그의 죽음을 애도한다.

앤디에 대하여 내가 가지고 있는 이미지를 벗기면서, 나는 내 탐지를 벗어났을지도 모르는 그의 다른 이야기 조각들이 궁금해진다. 이것이 진정한 앤디 이야기일까? 아니면 앤디가 지식과 지혜를 추구하는 데 있어서 구속과 혼란스러움으로부터 자유로운 사람이었으리라는 것은 나의 상상일까? 우리가 그렇게 될 수 있는 것보다 훨씬 더 순수한 사람이 있을 수 있을까? 아니면 그것은 단지 완벽한 학생의 페르소나를 바라는 사람들의 착각일까? 우리는 결코 확신할 수 없다. 그러나 우리가 그의 탐구정신 때문에 감동하고 풍요로워지는 한 누가 절대적인 대답을 필요로 하겠는가?

에필로그

살바도르 미누친(Salvador Minuchin)

이렇게 우리는 많은 이야기와 이야기꾼을 가지게 되었다. 그들은 인간적이 아니기보다는 오히려 더 인간적이다. 그들은 모두 똑같은 언어로 말을 하고, 똑같은 문화적 한계를 공유하며, 심지어 비슷한 꿈을 가지고 있는지도 모른다. 그러나 그 이야기꾼들은 서로 다르다. 그들은 그들의 독특함을 분명히 보여 준다. 주의 깊게 귀 기울여 보면, 우리는 지역 사투리들, 이념적인 관용구들, 유대인 전통 음악, 테네시 윌리엄스의 플롯들을 들을 수 있다. 그리고 그 이야기꾼들 각각에게는 그들의 치료의 핵심을 형성한 개인적인 신념 체계가 있다.

마거릿 메스킬과 데이비드 그린낸의 이야기는 현대적인 미국인의 이야기이다. 그들은 젠더 혼란과 젠더 권리에 대해 이야기한다. 그들은 더 큰 집단의 대변인이다. 마거릿은 불평등에 대한 여성주의자들의 다시 균형 잡기와 함께 가는, 남성들이 가지고 있는 의도하지 않은 틀에 박힌 묵살에 대해 이야기한다. 스스로를 깃발을 들고 있는 사람으로 여기는 데이비드는 가까움이라는 눈가리개들에 대한 교훈적인 이야기를 제공한다.

우리는 샤갈의 그림에 나오는 푸른색 지붕 위에 걸터앉아 그의 시를 읽고 있는 이스라엘라 마이어스턴의 아버지를 볼 수 있으며, 또한 확실성을 향한 그녀의 욕구를 그녀의 심미적 유산과 조화시키려는 과정에서 그녀가 겪는 어려움을 볼 수 있다.

한나 레빈은 사회적 정의를 꿈꾸었던 책임감 있는 사람들의 사라져 가는 세계에서 온 사람이다. 그녀의 이야기들은 사람들의 충족되지 않는 욕구에 대해 말해 주고, 또한 관리의료의 세계에서 우리가 목격할 수 있는 개인적인 노력의 열정들과 한계들에 대해서도 말해 준다.

길 툰넬은 향기 없이도 목련의 완벽함을 가져온다. 거기에는 어떤 세계가, 거기에서 갈등은 형태 속에 깊이 감추어져 있고, 표면들은 우아하고 혼란들은 연기되며, 사람들은 비명을 억제하면서 부드럽게 말하는 그런 세계가 있다.

아담 프라이스의 이야기들은 성공한 중산층의 광택지 위에 씌워져 있는데, 그 이야기들에서는 고통이 길들여져 있기 때문에 그 어떤 것도 맞거나 틀리지 않는다. 소정의 검사를 마친 진실들로 이루어진 그 세계에서 아담은 설명하지 않고 폭발하는 잭슨 가족의 격노와 만난다.

웨이영은, 보라색 크레용을 가진 해롤드[1)]처럼, 앞으로 나아가는 동안 그녀의 세계를 구성했다. 그녀가 구성한 세계에서는 현실들과 꿈들이 뒤섞이고, 구두점들과 단락들이 유배 보내지며, 부처님의 그림자가 미소 짓는다.

앤디 쇼우어는 가장 '미국적'이다. 그에게는 성취는 노력의 축적에서 나온다는 믿음이 있었다. 그의 세계에는 의심이 깃들일 공간이란 그 어디에도 없었다. 아마도 그 자신에 관한 것 말고는 말이다.

그들은 치유의 힘이 있는 사람들이 가진 어떤 특권적인 세계의 한 부분이었다. 그들[치유의 힘이 있는 사람들]의 목소리가 너무 강제적이었다는 사실과 그들은 그들의 별로 관계가 없는 사고에 귀를 기울이고 그것을 인정할 필요가 있었다는 사실에 우리는 동의했다. 그들의 장에는 그들의 변신의 여정이 기록되어 있으며, 또한 치료사의 확장을 동반하는 몸부림이 기록되어 있다.

덧붙이는 말: 10년 후

내가 가르쳤던 예전의 제자들이 애초의 장들을 집필한 지 10년 후에 쓴 것들을 내가 읽는 동안, 나는 뿌듯했다. 그들이 쓴 것들에서 나는 서로 다른 여섯 가지 내 자신

1) 역자 주: '해롤드와 보라색 크레용'은 크로켓 존슨(Crokett Johnson)이 쓰고 그린 그림동화의 제목이다. 그 동화에서 '해롤드'라는 이름의 꼬마가 보라색 크레용을 가지고 앞으로 나아가면서 생각하고 상상하는 것을 그리면, 그렇게 그가 그린 것들은 그대로 현실이 된다.

의 판본들을 만났다. 분명히 슈퍼비전 과정 동안 각각의 제자들은 이제 막 시작하는 가족치료사로서 그들에게 필요했던 것들에 대한 상호보완적인 대답을 내게서 얻어냈다.

슈퍼비전은 본래가 순환적인 대화이며, 그것이 진화함에 따라서 서사들이 변화하고 참여자들은 서로가 서로를 변화시킨다. 길 툰넬과 마거릿 메스킬이 각각 내게 제시한 '살(Sal)'과 '미누친 박사'라는 두드러지게 상이한 판본들을 우리는 달리 어떻게 설명할 수 있겠는가?

모든 후속편이 그런 것처럼, 이 후속편은 여기 참여한 슈퍼바이지들과 함께하면서 내가 택했던 접근법들에 관한 증언들, 내가 택하지 않았던 다른 길들에 대해 성찰하는 시간, 그리고 그 당시에는 옳은 것처럼 보였기에 저질러진 실수들에 대한 통찰을 제공한다. 또한 모든 회고가 그런 것처럼, 그것은 과정들을 재검토하면서 새로움을 얻을 수 있는 기회를 가져다준다. 슈퍼바이지들은 저마다 슈퍼바이저로서 다른 나를 만났기 때문에, 그들 각각을 내 자신의 더 늙은 판본과 함께하는 대화에 참여시키는 방식으로써, 나는 그들이 나중에 덧붙인 말들에 응답하고 싶다. 10년 전에 우리가 만난 이후에는 그 만남이, 설령 있다고 하더라도, 거의 없는 슈퍼바이지들(마거릿 메스킬, 아담 프라이스, 길 툰넬)과 대화하는 것으로 나는 시작하겠다. 그런 다음 나는 이스라엘라 마이어스턴, 데이비드 그린낸, 웨이영 리와 대화하는 것으로 계속해서 이어가겠다. 내 회고담은 그들 각자에게 보내는 편지의 형태를 취할 것이다.

마거릿에게

10년 전, 나는 당신을 연결과 도전의 능력을 갖춘 명민하지만 경험은 부족한 치료사로 봤어요. 당신의 잠재력을 스스로 인식하지 못하고 있기 때문에, 당신이 정신병과 가족들을 두려워한다고 나는 생각했지요. 그러므로 당신은 가르치는 사람으로서 내가 보여야 할 헌신을 내게서 이끌어 냈어요. 나는 당신을 안내하고 보호하면서 기쁨을 느꼈지요. 그래서 당신이 다시 양육을 받는 것 같은 경험은 당신을 가르치는 사람으로서 내가 했던 대응에 상보적인 것이었어요.

우리의 관계에는 다른 요소가 있었지요. 나는 라미레즈 가족에게 정말 친밀감을 느꼈어요. 나는 그들에게서 마치 내 일가친척과 같은 느낌을 받았으니까요. 나는 당신과 내가 슈퍼바이저와 슈퍼바이지로서 작업할 뿐만 아니라 공동치료사로서도 함께 작업하고 있다는 생각이 들었어요. 결국 그 가족들은 그들을 도우려는 우리의 노력에 대한 응답으로 호전되기라는 선물을 우리에게 선사함으로써 우리의 헌신에 응답했지요. 치료 체계의 일부로서 우리 모두는 그 과정에서 치유하기의 기쁨을 느꼈습니다.

사랑을 담아,

미누친

아담에게

당신이 불확실성에서 어느 정도 위안을 찾았다니 나는 참 기쁘군요. 나는 당신과 나 사이에 있었던 숨겨진 논쟁을 기억해요. 당신은 우리가 사용하는 직업적 전문 용어의 사소한 부분까지 다루는 데 너무나 능숙해서 남의 이목을 의식하게 되는 위험에 처할 정도였지요. 당신도 알다시피, 나는 사회 정의에 대단히 충실해요. 그래서 나는 당신에게 나만의 판에 박힌 틀을 부과했고, 레이먼드와 카산드라 부부와 당신 사이에 만남이 이루어지는 방향으로 나는 당신을 밀어붙였어요. 그들은 우리가 살아가는 점잖은 공간과는 매우 다른 공간에 살고 있는 사람들이었으니까요.

우리가 모른다는 사실을 받아들여야 하고 또 우리가 부족함과 무능함과 함께 해야 한다는 사실을 당신이 받아들이게 되었다니 나는 참 기쁘군요. 우리가 통제할 수 없는 세상에서 살아남기 위해서는 그런 것의 인정이 필수적이라는 사실을 나는 알고 있으니까요. 당신도 인정했다시피, 슈퍼비전에 대한 내 생각은 항상 그것이 개인의 성장을 향해 가는 트레킹이라는 것이었어요. 나는 치료사의 스타일을 확장시키기 위한 버팀목으로서만 슈퍼비전 기술을 사용하지요.

사랑을 담아,

미누친

길에게

우리의 논쟁을 대화로 바꿀 수 있을지 봅시다. 먼저, 당신이 슈퍼비전을 받고 있을 때, 내가 학생들에게 이의를 제기했던 방식이 가혹했다는 것에 동의하기로 하죠. 분명히 나는 내가 당신에게 끼친 고통을 몰랐어요. 이제라도 나는 그것에 대해 사과합니다. 이제는 나는 학생들에게 반응하면서 한층 더 부드러운 스타일(태양과 바람의 혼합물)을 가지게 되었다고 당신에게 알려 주고 싶군요. 그렇게 우리는 둘 다 변했지요.

10년 전에 우리의 상호작용과 관련해서 몇 가지는 잘 작동되지 않았어요. 당신은 사회심리학자로서, 곧 비임상 분야의 종사자로서 슈퍼비전을 받으러 왔어요. 그리고 당신은 많이 알고 있었죠. 어떤 면에서는, 당신의 지식과 이론에 대한 의존이 나를 위협했다고 나는 생각해요. 당신은 약간의 허세를 부리며 당신의 깃털을 전시했어요. 그와 동시에, 당신에게는 학습을 향한 열정이 있었고 당신은 가족치료사가 되고 싶어 했지요.

내가 단단한 가족 구조들을 부수기 위해 필요 이상으로 '큰 망치' 를 사용했다는 당신의 견해는 가끔씩만 옳다고 나는 생각해요. 당신이 참여했던 슈퍼비전 그룹의 다른 구성원들과 내가 했던 대화들이 그 증거이지요. 하지만 내가 허비츠 가족과 가졌던 상호교류의 경우에는 당신의 견해가 맞았어요. 그 가족은 가족구성원들이 강렬한 감정으로 연결되어 있고 또 희박하고 혼란스러운 서사들로 연결되어 있는 가족이라고 나는 생각했어요.

나는 구조적 가족치료가 사고하기의 한 방식이라고 생각해요. 그리고 많은 훌륭한 가족치료사—내가 당신을 거기에 포함시키는 치료사들의 그룹—에게는 그들의 기술을 실천하는 매우 다른 방법들이 있다고 나는 생각해요. 당신이 당신에게 아주 잘 맞는 당신의 목소리를 찾아 왔던 것처럼, 아마도 지난 10년 동안 당신이 향했던 그 방향에서 당신은 계속해서 확장시켜 나가겠지요. 하지만 당신이 함께해 온 동일한 주민들과 함께 작업하고 있는 다른 치료사들도 똑같이 효과적인 '태양과 바람'의 다른 혼합물을 발견해 왔다고 나는 생각해요.

사랑을 담아,

미누친

이스라엘라에게

우리가 슈퍼비전 회기를 아홉 번밖에 가지지 않았다는 사실에 당신만큼이나 나도 놀랐어요. 우리의 마주침의 강렬함을 설명하려고 애쓰면서, 나는 다음과 같은 이야기를 하게 되었죠. "1800년대에, 우리 증조부모님들은 유대인들이 살도록 허락된 우크라이나의 유대인 촌에서 이웃으로 살았지요. 그곳에서 그들은 탈무드의 열정적인 연구에 참여하면서도 다른 한편으로는 하나님과의 유대의 기쁨을 춤추는 하시디즘파 유대인의 자유를 은밀히 부러워했어요.” 약간의 신비스러운 방식으로, 아이작 싱어의 소설들에서 그런 것처럼, 우리 증조부모님들의 후손인 우리는 여전히 그들이 꾸었던 불완전한 꿈들과 씨름하고 있지요. 당신은 탈무드 성향의 선생과 함께하는 슈퍼비전에 왔고, 뜻밖에도 그가 ‘춤’을 좋아한다는 사실을 간파했죠.

당신이 해리 아폰테를 새로운 안내자로서 선택한 것은 현명한 일이에요. 그에게도 역시 ‘학습’과 ‘춤’ 사이의 논쟁이 있지요. 그에게 ‘학습’의 대변자는 토마스 아퀴나스이고, ‘춤’의 대변자는 아시시의 프란치스코[4]예요.

지난 10년 동안 내내, 내가 ‘미누친센터’에서 열었던 모든 워크숍에 당신이 참여해 왔다는 것을 나는 알고 있지요. 내가 내 자신을 반복할까 봐 항상 걱정하고 있기 때문에, 내가 여전히 성장하고 있다는 사실의 증언이 되어 주기를 당신에게 기대했나 봅니다. 당신이 항상 그리울 겁니다.

사랑을 담아,

미누친

데이비드에게

우리의 행로들은 지난 10년 동안 여러 번 교차했지요. 나는 정말이지 우리 행로의 ‘후속편’에 대해서는 말할 수 없어요. 우리는 여전히 함께 작업하고 있으니까요.

당신에게 체스 두는 것을 배우라고 말한 기억은 내게 없지만, 에이즈로 죽은 많은 당신의 친구들을 돌봐 주고 애도한 후에 심리학자가 되기로 결심했다고 당신이 말했던 것을 나는 분명히 기억해요. 나는 당신을 보호하고 싶었던 것 같아요. 가족들이 그들이 겪는 고통의 소용돌이로 치료사를 당기는 힘을 나는 알고 있었으니까요. 나는 당신이 참여관찰자, 즉 연극의 용어로 말하자면 ‘관객이자 동

2) 역자 주: 아시시의 프란치스코(Francesco of Assisi)는 프란치스코회의 창립자로서 또 한 명의 그리스도라고 불렸을 정도로 예수 그리스도의 생애와 가르침에 충실히 따른 것으로 유명한 이탈리아의 성인이다.

시에 헌신적인 비평가'가 되는 법을 배워야 한다고 생각했어요.

벨뷰 병원에서 우리가 임신상태의 약물중독 여성들의 가족들과 함께 작업했던 시절에 나는 그 가족들을 향한 당신의 헌신은 물론이거니와 그들을 '섬기는' 기관들의 관료들과 함께 일하면서 그들을 다루는 당신의 능력을 존중하게 되었지요. 그리고 그 시절 동안 당신이 '미누친센터'를 이끌면서 보여 준 온화한 영향력을 지켜보며 나는 즐거웠어요.

슈퍼비전의 과정에 대한 당신의 의견들이 내 마음에 드는군요. 그것은 실제로 슈퍼바이지들에게 기술들은 담은 주머니, 사고하기의 방식, 걷기 시작할 용기를 제공해 주지요. 하지만 자기 자신만의 목소리를 찾기 위한 여정은 길고도 외로운 것이지요. 그것이 궁극적으로는 보람 있는 일이긴 하지만 말예요. 세월을 거치면서, 나는 스스로 많은 동료의 목소리를 모았지만, 그 목소리들은 항상 스페인어의 억양으로 말하기로 귀결되더군요. 당신이 치료의 과정에서 당신의 추정들과 신념들을 내담자 가족들에게 강요하지 않으면서 당신의 기억과 경험을 치료 도구로 자유롭게 변형할 수 있을 때에야 비로소 당신은 진정으로 치료의 능력을 가지게 되겠지요.

사랑을 담아,

미누친

웨이영에게

나는 지금 10년 전의 당신을 기억해 내려고 애쓰고 있어요. 그동안 우리가 공유해 온 많은 경험들 때문에 그것이 쉽지 않군요.

매주 새벽에 토론토를 떠나 뉴욕으로 오는 비행기를 타고 왔다가 저녁에는 토론토로 돌아갔던 당신은 조용한 사람이었어요. 배움을 향한 그런 헌신이 내 관심을 사로잡았지요. 하지만 나는 당신을 '읽을' 수 없었어요. 당신은 분명히 총명했지만, 나는 당신이 종잡을 수 없이 흔들린다고 생각했지요. 나 같은 위계적인 선생에게는, 서로 상충되는 많은 이야기에 동등한 원자가[3]를 부여하는 당신의 능력이 뭔가 결함이 있는 것처럼 보였어요. 나는 그것이 중국 철학의 일부일 거라고 생각했지만, 당신은 중국 민족의 역사는 침략과 잔인함의 사건들로 가득하다는 것을 내게 상기시켜 주었지요. 어쨌든 나는 당신이 가족과 함께 작업할 때 명백하게 정의된 관점에 전념하도록 요구하는 것을 내 임무로 삼았어요. 그 과정이 진전됨에 따라서 불가피하게 당신이 방향을 바꿔야 할 거라는 사실을 내가 알고 있었으면서도 말이지요.

당신이 똥 화가의 가족과 함께한 작업에 대한 슈퍼비전이 우리 관계를 확고해지게 했지요. 당신이 그 가족과 함께 작업하는 동안 당신은 가족치료사로서 당신의 여정을 시작했다고 나는 생각해요.

그때 이후로 당신은 당신에게 많은 것을 할 수 있는 재능이 있다는 것과 당신의 성취에 편안함을 느끼는 것에 거부감이 있다는 것을 발견했지요. 확실히 우리의 관계에 변화가 있었어요. 그런 변화는 그 어떤 중요한 슈퍼바이저-슈퍼바이지 관계에서든 근본적인 것이지요. "[선생에게 배운] 학생이 동료가 되고, 그다음에는 협력자가 되고, 또 그다음에는 그 스승에게는 새로운 방식으로 그 스승의 논리를 확장시키는 사람이 되는 것을 지켜보는 것만큼 그 스승을 기쁘게 하는 것은 달리 없겠지요."[4] 핀터[5] 연극에서 그런 것처럼 안내하고 혁신시키는 능력은 슈퍼바이저로부터 슈퍼바이지에게로, 곧 내게서 당신에게로 움직이게 마련이지요. 그리고 바라건대 우리 모두 그 변화에 편안해집시다.

사랑을 담아,

미누친

3) 역주: 원자가(valence)는 원자의 고유한 성질을 가리키는 값들 가운데 하나로 이웃한 동일한 원자 또는 다른 원자와 화학 결합을 형성할 때 가질 수 있는 화학 결합의 수를 나타낸다. 예를 들면, 물의 분자(H2O)에서 산소의 원자가는 2가(價)이며 수소의 원자가는 1가(價)이다.

4) 역자 주: 미누친은 그가 웨이영에게 이미 보냈던 편지의 구절을 여기서 인용하고 있다.

5) 역자 주: 핀터는 2005년에 노벨문학상을 수상한 영국의 극작가 해롤드 핀터(Harold Pinter, 1930~2008)를 가리킨다.

참고문헌

AAMFT Founders Series. (1990). Videotape produced by the American Association for Marriage and Family Therapy, Washington, DC.

Anderson, H. (1994, November). *Collaborative therapy: The co-construction of newness.* Workshop presented at the American Association for Marriage and Family Therapy Conference, Chicago, IL.

Anderson, H., & Goolishian, H. A. (1988). Human systems as linguistic systems: Preliminary and evolving ideas about the implications for clinical theory. *Family Process, 27,* 371-394.

Badinter, E. (1980). *Mother love, myth and reality.* New York: Macmilan.

Bateson, G. (1972). *Steps to an ecology of mind.* New York: Ballantine Books.

Bell, N. W., & Vogel, E. F. (Eds.). (1960). *A modern introduction to the family.* Glencoe, IL: Free Press.

Boyd-Franklin, N. (1989). *Black families in therapy: A multisystems approach.* New York: Guilford.

Brown, L., & Brodsky, A. M. (1992). The future of feminist therapy. *Psychotherapy, 29,* 51-57.

Coontz, S. (1992). *The way we never were: American families and the nostalgia trap.* New York: Basic Books.

Doherty, W. J., & Carlson, B. Z. (2002). *Putting family first: Successful strategies for reclaiming family life in a hurry-up world.* New York: Henry Holt.

Doherty, W. J., & Carroll, J. S. (2002). The citizen therapist and family-centered community building: Introduction to a new section of the journal. *Family Process, 41,* 561-568.

Donzelot, J. (1979). *The policing of families.* New York: Random House.

Falicov, C. J. (1983). Introduction. In C. J. Falicov (Ed.), *Cultural perspectives in family therapy* (pp. xiv-xv). Rockville, MD: Aspen.

Fisch, R. (1978). Review of problem-solving therapy, by Jay Haley. *Family Process, 17,* 107-110.

Foucault, M. (1980). *Power/knowledge: Selected interviews and other writings*. New York: Pantheon.

Gergen, K. (1985). The social constructionist movement in modern psychology. *American Psychologist, 40,* 266-275.

Gorin, G. (1990). *Life on edge: Poems by George Gorin*. Chicago: Adams.

Greenan, D. E., & Tunnell, G. (2003). *Couple therapy with gay men*. New York: Guilford.

Hoffman, L. (1985). Beyond power and control: Toward a "second order" family systems therapy. *Family Systems Medicine, 3,* 381-396.

Johnson, S. M. (1996). *The practice of emotionally focused therapy: Creating connection*. New York: Brunner/Mazel.

Lee, W.-Y. (2002). One therapist, four cultures: Working with families in greater China. *Journal of Family Therapy, 24,* 258-275.

Maturana, H. R., & Varela, F. J. (1980). *Autopoiesis and cognition: The realization of living*. Boston: D. Reidel.

Mazza, J. (1988). Training strategic therapists: The use of indirect techniques. In H. A. Liddle, D. C. Breulin, & R. C. Schwartz (Eds.), *Handbook of family therapy training and supervision* (pp. 93-109). New York: Guilford.

McGoldrick, M., Giordano, J., & Pearce, J. K. (1996). *Ethnicity and family therapy* (2nd ed.). New York: Guilford.

Minuchin, S. (1974). *Families and family therapy*. Cambridge, MA: Harvard University Press.

Minuchin, S. (1984). *Family kaleidoscope*. Cambridge. MA: Havard University Press.

Minuchin, S., & Fishman, H. C. (1981). *Family therapy techniques*. Cambridge, MA: Harvard University Press.

Minuchin, S., Montalvo, B., Guerney, B., Rosman, B., & Schumer, F. (1967). *Families of the slums*. New York: Basic Books.

Minuchin, S., Nichols, M. P., & Lee, W.-Y. (2007). *Assessing families and couple: From symptom to system*. Boston: Allyn & Bacon.

Minuchin, S., Rosman, B., & Baker, L. (1978). *Psychosomatic families: Anorexia nervosa in context*. Cambridge, MA: Harvard University Press.

Osimo, F. (2003). Annotations for the sun and the sind. *Ad Hoc Bulletin of Short-Term Dynamic Psychotherapy, 7,* 23-46.

Papp, P., (Ed.). (2000). *Couples on the fault line: New directions for therapists*. New York: Guilford.

Papp, P., & Imber Black, E. (1996). Family themes: Transmission and transformation. *Family Process, 35,* 5-20.

Pirotta, S., & Cecchin, G. (1988). The Milan training program. In H. A. Liddle, D. C. Breunlin, & R. C. Schwartz (Eds.), *Handbook of family therapy training and supervision* (pp. 38-61). New York: Guilford.

Schnarch, D. M. (1991). *Constructing the sexual crucible: An integration of sexual and marital therapy*. New York: Norton.

Selvini Palazzoli, M., Cirillo, S., Selvini, M., & Sorrentino, A. M. (1989). *Family games: General models of psychotic processes in the family* (V. Kleiber, Trans.). New York: Norton.

Simon, G. M. (1995). A revisionist rendering of structural family therapy. *Journal of Marital and Family Therapy, 21*, 17-26.

Simon, G. M. (2003). *Beyond technique in family therapy: Finding your therapeutic voice*. Boston: Allyn & Bacon.

Simon, G. M. (2004). An examination of the integrative nature of emotionally focused therapy. *The Family Journal: Counseling and Therapy for Couples and Families, 12*, 254-262.

Skolnick, A. (1991). *Embattled paradise: The American family in an age of uncertainty*. New York: Basic Books.

Stone, L. (1980). *The family, sex and marriage: England, 1500-1800*. New York: Harper & Row.

Thomas, F. N. (1994). Solution-oriented supervision: The coaxing of expertise. *The Family Journal: Counseling and Therapy for Couples and Families, 2,* 11-18.

Walters, M., Carter, B., Papp, P., & Silverstein, O. (1988). *The invisible web: Gender patterns in family relationships*. New York: Guilford.

Whitaker, C. A. (1976). The hindrance of theory in clinical work. In P. J. Guerin (Ed.), *Family therapy: Therapy and practice* (pp. 154-164). New York: Gardner.

찾아보기

인명

내용

Salvador Minuchin

구조적 가족치료의 창시자이자 가족치료 분야의 거장 중 한 사람이다. '필라델피아 아동지도클리닉(Philadelphia Child Guidance Clinic)'과 '가족연구소(Family Studies)'의 대표를 역임하였으며 뉴욕대학교 정신의학과의 연구교수를 역임하였다. 2017년에 유명을 달리하기까지 많은 가족치료사에게 가족치료에 관한 풍부한 원천과 창조적인 영감을 제공하였다. 그의 주요 저서로는 가족치료 분야에서 가장 기본으로 인정받는 『가족들과 가족치료(Families and Family Therapy)』(1974), 『가족치료의 기술(Family Therapy Techniques)』(공저, 1981), 『가족들과 커플들 진단하기(Accessing Families and Couples)』(공저, 2006), 『가족치유(Family Healing)』(공저, 2008), 『가족치료의 기예(The Craft of Family Therapy)』(공저, 2013) 등 다수가 있다.

Wai-Yung Lee

홍콩대학교의 가족연구소 소장이자 사회복지 및 사회행정학과의 조교수를 역임하였다. 1990년대부터 미누친과 함께 공부하고 작업하였으며 '미누친센터(The Minuchin Center)'의 교수 요원을 역임하였다. 미누친에게서 가족치료 슈퍼비전을 받으며 그와 인연을 맺은 이래로 미누친의 제자이자 동료로서 깊은 유대를 맺었다. 현재는 AAFT(Asian Academy of Family Therapy) 창립 회장이자 임상교수로 재직 중이다. 부모 갈등에 대한 자녀들의 반응에 관한 그녀의 연구는 국제 가족치료의 영역에서 획기적인 작업으로 평가받는다. 그녀의 저서로는 『문제는 가정에서 시작된다(故事從家開始)』(2011), 『가족치료로서 나의 작업(我的家庭治療工作)』(2012) 등의 중국어 저서가 다수 있으며, 미누친과의 공저로는 『가족들과 커플들 진단하기』가 있다.

George M. Simon

1990년대부터 미누친과 함께 공부하고 작업하였으며 '미누친센터'의 교수 요원을 역임하였다. 그는 뉴욕에서 커플치료와 가족치료를 주로 하고 있으며, 뉴욕의 돕스 페리에 있는 '아이들 마을(The Children's Village)'의 실무자들을 가르쳤다. 미누친과의 공저로는 『가족치료의 기법을 넘어서(Beyond Technique in Family Therapy)』(2002) 등이 있다.

역자 소개

이인수(Lee Insoo)

현재 이인수심리상담연구소 '앤 아더 라이프(& Other Life)' 대표로 개인 및 부부 · 가족상담과 가족치료전문가 수련 및 교육을 진행하고 있다. 상명대학교 복지상담대학원 가족상담치료학과 교수를 역임하였고, 한국가족치료학회 부부가족상담 슈퍼바이저와 한국상담학회의 수련감독급 전문상담사로 활동하고 있다. 임상 경력으로는 미국 '필라델피아 아동 · 가족치료훈련센터(Philadelphia Child and Family Therapist Training Center)'에서 미누친의 구조적 가족치료모델을, '보웬센터(The Bowen Center)'와 '다문화가족치료연구소(Multicultural Family Therapy Institute)'에서는 보웬가족치료이론을 수련하였다. 주요 저·역서로는 『한국 가족을 중심으로 한 부부 · 가족상담 핸드북』(공저, 학지사. 2020), 『나도 부모가 처음이야: 새로 배우는 부모교육』(공저, 어가, 2017), 『구조적 가족치료의 기술』(공역, 하나의학사, 2017), 『부부의 심리학』(공역, 2007, 학지사), 『가족치료 임상에서 삼각관계 활용: 보웬의 체계적 가족치료 적용』(공역, 시그마프레스, 2005) 등 다수가 있다.

미누친의 가족치료 마스터하기

- 성장과 변신의 여정 -

Mastering Family Therapy:
Journeys of Growth and Transformation (2nd ed.)

2022년 3월 25일 1판 1쇄 인쇄
2022년 3월 30일 1판 1쇄 발행

지은이 • Salvador Minuchin · Wai-Yung Lee · George M. Simon
옮긴이 • 이인수
펴낸이 • 김진환
펴낸곳 • (주) 학지사
04031 서울특별시 마포구 양화로 15길 20 마인드월드빌딩
대표전화 • 02)330-5114 팩스 • 02)324-2345
등록번호 • 제313-2006-000265호

홈페이지 • http://www.hakjisa.co.kr
페이스북 • https://www.facebook.com/hakjisabook

ISBN 978-89-997-2637-8 93180

정가 23,000원

역자와의 협약으로 인지는 생략합니다.
파본은 구입처에서 교환해 드립니다.